DICCIONARIO BÁSICO DE PENSAMIENTO CIENTÍFICO, FILOSOFÍA Y LÓGICA

MAURICIO FAU

DEDICATORIAS

A mis hijos Elías León y Selva Luna, mis amores incondicionales

AGRADECIMIENTOS

A mis amigos Eduardo y Claudio, sin los cuales esta obra no existiría

A mi amigo Alejandro Barton por sus útiles correcciones

A Rocío Pichon Rivière, a quien corresponde una buena porción de este Diccionario

PREFACIO

Elaborar este diccionario –y los demás que forman la colección de Diccionarios Básicos– ha sido una tarea ardua e intensa, pero muy satisfactoria.

Las miles de horas dedicadas al trabajo se ven recompensadas por la convicción de que el lector encontrará un material realmente valioso, realizado con la mayor seriedad.

En lo personal, me ha sido de suma utilidad el verme ante el desafío de elaborar un contenido que incluya las más diversas manifestaciones del pensamiento, con la convicción de que es desde el conocimiento de lo diverso como se constituyen las propias convicciones.

Sin caer en un eclecticismo vacío ni oportunista, la legítima aspiración a la objetividad científica se topa indefectiblemente con la toma de posición, la cual –a la inversa– es puesta en cuestionamiento, es interpelada, por ideas diferentes e incluso antagónicas.

Estoy convencido de que la verdadera libertad del hombre pasa, no por una pretendida objetividad dogmática, sino por la posibilidad de tener acceso a todas las voces, a todos los discursos, a todos los conflictos. Sólo de ese modo –es decir conociendo perfectamente aquellas ideas que no son las nuestras– podremos realmente *elegir* de un modo no dogmático las propias.

La vieja idea ilustrada del enciclopedismo mantiene su vigencia. El objetivo de este Diccionario es aportar un granito de arena en la titánica lucha por la liberación humana de toda forma de opresión.

Si por intermedio de este libro el lector logra aprender y aprehender algo más de lo que ya sabía. O mejor, si se topa con ideas que contradicen las suyas hasta hacerlas tambalear. Si se produce esa *sacudida*, entonces el objetivo estará cumplido. Las grandes revoluciones de la historia requieren tanto de una transformación social material como de un cambio en la cabeza de sus protagonistas.

El autor

DATOS BIOGRÁFICOS

DEL AUTOR

Mauricio Fau se graduó en la Licenciatura en Ciencia Política en la Universidad de Buenos Aires, UBA.

Cursó también estudios de grado en la Carrera de Derecho de la UBA y en la Carrera de Periodismo de la Universidad de Morón.

Asimismo realizó materias de posgrado de la Maestría en Ciencias Sociales con especialización en Ciencia Política de la Facultad Latinoamericana de Ciencias Sociales, FLACSO.

Asistió a diversos talleres y seminarios en instituciones educativas, entre ellas el Instituto Argentino de Desarrollo Económico, IADE.

Representando a FLACSO participó con una ponencia en las Jornadas Nacionales Nietzsche 1994 y su exposición forma parte del libro alusivo, editado por la Editorial Universitaria de Buenos Aires, EUDEBA.

Ha colaborado también con publicaciones vinculadas a las Ciencias Sociales y co-dirigió programas radiales de temática histórico-política.

Profesionalmente, se desempeñó como docente de la Carrera de Ciencia Política de la UBA y actualmente es Director del Departamento Académico de la firma *Soluciones Universitarias*, especializada en la elaboración de materiales didácticos para el ingreso a la Universidad.

DE LOS CORRECTORES

Rocío Pichon Rivière cursa actualmente la Carrera de Filosofía en la Universidad de Buenos Aires. Ha revisado, ampliado y corregido gran parte de este Diccionario, con especial mención a los temas de Lógica y Epistemología.

Tanto Rocío como el autor quieren manifestar lo valiosas que han resultado para la elaboración de este Diccionario las clases teóricas de los docentes Cristina González y Alejandro Cassini, de la materia Filosofía de la Ciencia y Alberto Moretti, de la materia Lógica, ambas de la Carrera de Filosofía de la UBA.

Alejandro Barton es Licenciado en Ciencias Biológicas en la Universidad de Buenos Aires, UBA. Actualmente está desarrollando el Doctorado en la Facultad de Ciencias Exactas y Naturales de la UBA.

Se desempeña además como docente de Biología en el Ciclo Básico Común de la UBA, CBC.

Ha revisado, ampliado y corregido los temas vinculados con los aspectos biológicos y evolutivos.

Del léxico del secundario al lenguaje universitario: un salto al vacío

Es un lugar común coincidir en las deficiencias de lectura y en las carencias de vocabulario con la que egresan la mayor parte de los alumnos del nivel medio. Se trata de un problema crónico de incierta resolución.

Muchas veces se cree, sin embargo, que los alumnos de los últimos años del secundario y los ingresantes a la Universidad poseen un pretendido "nivel" universitario del que en realidad carecen, o se piensa que estas falencias se pueden remediar proponiendo a los alumnos pasar de tener que leer dos o tres páginas semanales a libros enteros cuyo léxico les termina resultando incomprensible.

Nuestro criterio pedagógico se basa en la convicción de que lo complejo puede y debe ser sintetizado en forma breve, completa y clara. Es por ello que este Diccionario Básico aspira a subsanar ese auténtico salto al vacío que se produce en la experiencia del alumno que pasa de una preparación insuficiente a nuevas exigencias y desafíos.

En este sentido, el Diccionario Básico no pretende suplantar la imprescindible lectura sino, por el contrario, servir de herramienta de consulta que allane el camino de la comprensión de los contenidos de las obras.

Diccionario, enciclopedia, diccionario especializado

Nuestro Diccionario Básico pretende llenar un espacio que considera vacío. De nuestro contacto cotidiano con los alumnos y de investigaciones que hemos realizado ha surgido que los estudiantes no disponen de un material de consulta que se ajuste a su nivel, ya sea por exceso o por defecto.

Tomemos, por caso, la entrada "hipótesis". En un diccionario de uso corriente quizá se la encuentre (o no, como ocurre frecuentemente); sin embargo, obtendremos una definición más ligada al lenguaje de sentido común que a la terminología científica. O, en caso de que la definición hable en el sentido buscado, lo hará de manera pobre e incompleta.

Tal vez en una enciclopedia la definición se amplíe, pero difícilmente aborde la cuestión vinculada directamente con los temas y autores que el estudiante necesita analizar.

En el otro extremo, los diccionarios especializados ofrecen definiciones tan desarrolladas y detalladas que terminan por agobiar al estudiante que tal vez quería tener una referencia rápida del concepto para poder continuar con su lectura y se encuentra con que la entrada "hipótesis" ocupa cinco, ocho o doce páginas.

Otro ejemplo: en el CBC se estudian muchísimo los paradigmas de Thomas Kuhn. En un diccionario común es casi imposible hallar esa definición. En una enciclopedia puede ser que haya alguna referencia si buscamos "Kuhn" y nada más. Y en un diccionario especializado de Filosofía o Epistemología, vamos a encontrar un desarrollo tan grande que excede las posibilidades de entendimiento y las ganas de leer del alumno ingresante.

En cambio, en nuestro Diccionario Básico el alumno encontrará el término justo que está estudiando, como "Paradigma (Thomas Kuhn)", con una explicación breve, pero precisa y completa, en función de sus necesidades.

De este modo, este Diccionario Básico –que incluye más de mil quinientas entradas– intenta ser un traje artesanalmente elaborado para el alumno que está finalizando la secundaria, está en el ciclo básico de ingreso a la Universidad o en los primeros años de su carrera.

En esta obra, el estudiante encontrará el término que busca, con el tratamiento que necesita y la extensión justa, porque nos basamos en prácticamente la totalidad de la bibliografía propuesta en los programas de las materias específicas: Introducción al Pensamiento Científico, del Ciclo Básico Común de la Universidad de Buenos Aires (CBC) y el sistema a distancia UBA XXI, Metodología de las Ciencias Sociales, del ingreso a Ciencias Económicas y materias como Lógica, Epistemología, Filosofía y otras de los diversos cursos de ingreso utilizados en las universidades públicas y privadas.

La obra que está en manos del lector es el resultado de veinte años de especialización en el segmento del ingreso universitario, lapso en el cual quien esto escribe y diversos colaboradores han elaborado materiales didácticos basados en la lectura, el análisis y la síntesis de alrededor de tres mil obras de los más diversos temas y autores que abarcan las Ciencias Sociales y las Humanidades.

Remisiones

El lector encontrará una cantidad poco habitual de remisiones, es decir, de términos que son remitidos a otro por medio de la expresión "Ver...X término".

Lo que a primera vista puede parecer una exageración se justifica en la preocupación por lograr el objetivo de que las definiciones buscadas sean encontradas. De nada serviría disponer de miles de términos si el usuario no llegara con facilidad a la definición buscada.

Es muy común que los alumnos conozcan un término por una acepción pero no sepan que ese mismo término suele utilizarse con otra. Por ejemplo, si sólo hiciéramos figurar la entrada "positivismo lógico", el estudiante que encuentre en su bibliografía los términos "empirismo lógico", "neopositivismo" o "Círculo de Viena" no lograría vincular a éstos con aquel concepto. El criterio, en general, ha sido definir a todos los sinónimos bajo la denominación más habitual o conocida. Por ejemplo, las entradas "Lógica matemática", "Lógica moderna", "Lógica nueva" y "Lógica simbólica" han sido remitidas a "Lógica formal" por ser ésta la expresión de uso más habitual.

Hemos utilizado remisiones, incluso, para los plurales. Lo justificamos en nuestra experiencia docente: cuando el alumno busca "condición necesaria" y no lo halla difícilmente busque "condiciones necesarias". Optamos por no dejar cabos sueltos y colocamos la remisión correspondiente.

Preferimos, entonces, pecar de sobreabundantes y reiterativos antes que dar por sentados conocimientos que buena parte de los estudiantes no tiene. La finalidad es siempre que las definiciones sean encontradas.

Referencias cruzadas

El Diccionario Básico utiliza las clásicas referencias cruzadas EN VERSALITA que permiten pasar de una definición a otra vinculada y así sucesivamente.

Así, partiendo de una definición del Diccionario Básico es posible recorrer diversas rutas: el conjunto de una teoría, cotejar teorías diferentes, asociar y agrupar términos, etc.

En el Diccionario Básico es posible recorrer la obra completa de un autor o la estructura fundamental de una teoría por medio de sus conceptos claves. Por ejemplo, tomando como punto de partida la entrada "positivismo" es posible acceder a decenas de definiciones relacionadas, tales como "inducción", "empirismo", "monismo metodológico", "explicación", "ley científica", "razón", "progreso", "Comte", "Hume", "Bacon" y muchas más. Sucesivamente, cualquiera de estas entradas puede convertirse en punto de partida de nuevas derivaciones, tal como sucede con los llamados mapas conceptuales.

Otras características del Diccionario Básico

- ➤ CONTEXTUALIZACIÓN RÁPIDA: en las entradas referentes a personajes históricos y pensadores, inmediatamente después del apellido y nombres se ofrecen datos como la fecha de nacimiento y muerte, nacionalidad, profesión, etc.
- ➤ TÉRMINOS NO UNÍVOCOS: en el caso de las entradas cuyas definiciones dependen de la teoría en la que se encuadren, esto se aclara específicamente. Por ejemplo, en la entrada "Contexto de descubrimiento" se dirá "para Popper, el contexto de descubrimiento es X cosa, para el inductivismo es Y cosa y para Bachelard es Z cosa". Esto es útil a los alumnos para comparar y advertir la diversidad ideológica que tienen muchos términos, reforzando el espíritu pluralista y crítico, reconociendo las cargas ideológicas diferentes y hasta opuestas.
- ➤ INTERDISCIPLINARIEDAD: cada uno de los Diccionarios Básicos por materia están a su vez agrupados en un único cuerpo: el Diccionario Básico Interdisciplinario, que permite relacionar todas las entradas y los temas en un todo coherente.
- ➤ OBRAS CLAVES: libros fundamentales con su autor y fecha en el que fueron escritos. Por ejemplo, *La lógica de la investigación científica* (Karl Popper, 1934). Este recurso resulta muy útil para comenzar a leer un libro ya que permite contextualizarlo (con la época y el lugar en que se hizo) y ver sus ideas principales.
- ➤ TÉRMINOS CLAVE DE UN AUTOR: se trata de términos pertenecientes o muy ligados a un autor en particular. Por ejemplo, "Núcleo central" (Imre Lakatos) o "Obstáculo epistemológico" (Gastón Bachelard).

- ➢ INICIAL: en la definición se utiliza la inicial de la entrada en cuestión. Por ejemplo, en la entrada "Inductivismo ingenuo" se planteará "Según el II la ciencia comienza con la observación..."
- ➢ EJEMPLOS: cada vez que lo hemos considerado necesario se han introducido ejemplos aclaratorios.
- ➢ CUADROS: hemos introducido algunos esquemas y sinopsis de invalorable utilidad por su capacidad de síntesis.
- ➢ MAYÚSCULAS: hemos reservado las mayúsculas para las denominaciones de las disciplinas. Así, la disciplina "Filosofía" lleva mayúscula y la "filosofía de Descartes" no.
- ➢ LETRAS CH Y LL: de acuerdo con las recomendaciones de la Asociación de Academias de la Lengua Española para los diccionarios, las letras ch y ll no figuran en forma independiente sino que aparecen en el orden correspondiente dentro de la c y la l respectivamente.
- ➢ OPUESTOS: cuando se lo consideró necesario en algunas entradas se han incorporado los usos contrarios. Por ejemplo, ontología-deontología.
- ➢ TÉRMINOS DE OTRAS LENGUAS: las palabras pertenecientes a lenguas distintas del español son presentadas *en letra cursiva*.
- ➢ BIBLIOGRAFÍA: al final del Diccionario Básico el lector hallará una profusa bibliografía cuidadosamente seleccionada que constituye una verdadera biblioteca esencial del Pensamiento Científico, la Filosofía y la Lógica.

A

A fortiori: Un **razonamiento** es AF cuando contiene **enunciados** que no pertenecen a la **prueba** principal de la **conclusión** pero que refuerzan esta prueba, dando apoyo a la misma conclusión. De esta conclusión se dice que es AF verdadera. Hay otro sentido en que se usa esta expresión, según el cual un argumento es AF cuando el razonamiento contiene adjetivos comparativos y se basa en la transitividad de las relaciones que ellos expresan. Por ejemplo: "5 es mayor que 2 porque 3 es mayor que 2 y 5 es mayor que 3."

A posteriori: **Enunciado** que necesita de la **experiencia** sensible para su fundamentación. Es una propiedad del **conocimiento** y por extensión de los **juicios** y **enunciados informativos.** Opuesto: *a priori*.

A posteriori (**Immanuel Kant**): Ver *a priori*.

A priori: Se trata de todo **enunciado** que no precisa de la **experiencia sensible** para su fundamentación, porque se apoya en principios de la pura razón, que son anteriores a toda experiencia sensible. Es una propiedad del **conocimiento** y por extensión de los **juicios** y **enunciados informativos.** Opuesto: *a posteriori*.

A priori (**Immanuel Kant**): Antes de **Kant**, filósofos como **Leibniz** y **Hume** afirmaban que los **enunciados** AP son analíticos y viceversa (Hume los llamaba *relaciones de ideas* y Leibniz *verdades de razón*). Kant distinguió el par *a posteriori*-AP del par *sintético-analítico* y desde entonces es una acalorada discusión filosófica la de si acaso todos los enunciados AP son analíticos y todos los enunciados *a posteriori* son sintéticos o si en cambio estas categorías presentan más combinaciones (por ejemplo, si existen enunciados que sean a la vez *a posteriori* y analíticos). Kant sostuvo que existen **juicios sintéticos AP** (en particular, los enunciados matemáticos y físicos, entre otros). Kant entiende la apriodidad como una **necesidad** absoluta pero no como la necesidad **lógica** de que una **tautología** sea verdadera, pues estos tipos de verdades son formales (hablan acerca del correcto uso de **símbolos**, son verdades analíticas) y no hablan acerca del mundo. Por ejemplo: "Todos los hijos tienen padres biológicos" es necesariamente verdadero porque así se define el término "hijo". Pero esta afirmación no nos permite saber nada acerca de si hay hijos en el mundo real ni hacer **predicciones** ni **explicaciones** causales de **fenómenos empíricos.** Los enunciados AP sí pueden hablar acerca de la **empiria**; en ese caso son sintéticos, pero son independientes de ésta en un sentido **epistemológico:** un juicio AP no se justifica por referencia a la **experiencia** sensible. Lo AP no se aplica a la **cosa en sí** sino sólo a los fenómenos.

Abducción: Ver **razonamiento abductivo.**

Academia (Grecia, siglo V a.C.): Denominación de la escuela filosófica establecida por **Platón**, situada en el Jardín de Academo.

Accidente: Tipo de **falacia de atinencia** que consiste en aplicar una regla general a un caso particular cuyas circunstancias "accidentales" hacen inaplicable la regla. Por ejemplo, **Platón** encuentra una excepción a la regla general de que uno debe pagar sus deudas: "Supongamos que un amigo, cuando está en su sano juicio, me ha entregado armas para que se las tenga, y me las pide cuando no está en su sano juicio; ¿debo devolvérselas? Nadie diría que debo hacerlo..." (***República***, libro I).

Accidente inverso (generalización apresurada): Tipo de **falacia de atinencia** donde se trata de generalizar a partir de un caso atípico. Por ejemplo, al considerar el efecto de las drogas sobre los que abusan de ellas, podemos concluir que todas las drogas son dañinas y requerir que su venta y su uso sean prohibidos por **ley**.

Acontecimiento (Karl Popper): La clase de todos los **enunciados singulares** que hacen referencia a un mismo hecho concreto y particular. Por ejemplo, "La pelota P ha caído en dos segundos desde una altura de 4 metros, el 11/12/04 a las 23 hs, en la cancha de fútbol 5 *Fatigatti*", "Cuando tiré mi pelota se elevó cuatro metros y cayó en dos segundos, en mi último cumpleaños, a la noche", "Dicembre the 11th 2004, 11 PM: ball P has fallen in 2s from a high of 4m, ...", es un A. Es decir, un A es un hecho particular desde un punto de vista lingüístico. Opuesto: **evento**, que refiere a los aspectos generales.

Acto (Aristóteles): Existencia real (lo efectivamente realizado) en oposición a la sola posibilidad de existir (**potencia**, lo aún no realizado). Por ejemplo, en un partido de fútbol hay muchos goles en potencia pero –si el resultado fue 3 a 1- sólo hubo cuatro goles en A. Otro ejemplo: un hombre siempre tiene la potencia de morir y la *actualiza* cuando muere, de una vez y para siempre.

Ad baculum: Ver ***argumentum ad baculum***.

Ad hoc: Vocablo latín que significa "para esto", argumento pertinente que se utiliza en relación con un tema que se está tratando. También, algo que se hace exclusivamente con un fin específico o en el lugar o el momento justos.

Ad hominem: Ver ***argumentum ad hominem***.

Ad ignoratiam: Ver ***argumentum ad ignoratiam***.

Ad misericordiam: Ver ***argumentum ad misericordiam***.

Ad populum: Ver ***argumentum ad populum***.

Ad verecundiam: Ver ***argumentum ad verecundiam***.

Adecuación: Ver **validación**.

Adorno, Theodor Wiesengrund (1903-1969): Filósofo alemán **hegeliano** de **izquierda**. Recibió influencias de Benjamin, Lukács y **Freud**. Pilar de la **Teoría Crítica** o **Escuela de Frankfurt**, desde donde sostuvo que la **sociedad** occidental industrializada niega la posibilidad del pensamiento crítico y lleva a la **cosificación** y mercantilización de todo, incluso de la vida misma. Impugnó a la **ciencia** moderna, a la que consideró envenenada de **positivismo** y presa del **principio de identidad**, a lo que opuso la **dialéctica negativa**, es decir, una crítica que se detiene en la **antítesis** o **negación**, en la no-identidad. De este modo, aunque es evidente su coincidencia con las críticas **marxistas** del **capitalismo**, no comparte con aquel la posibilidad de superar a éste, sosteniendo una concepción pesimista de la evolución social.

Afirmación: 1. Enunciado de una **proposición afirmativa** (cuya **conectiva** principal no es la **negación**). **2.** Enunciado de una proposición que se pretende que sea verdadera. Opuesto: **negación**.

Afirmación empírica singular: Parte de la **estructura** de una **teoría** científica, convencionalmente denominada "**nivel 1**". Son aquellos **enunciados** referidos a una situación particular que describen lo observable, ya sea de manera directa o por medio de instrumentos de **observación**. Por ejemplo, "En el preparado que está ahora en el microscopio hay bacterias."

Agnosticismo: (Del griego *agnostos*, "desconocido"). **Doctrina** que afirma la imposibilidad de acceder al **conocimiento** de la realidad trascendente y absoluta y de la **esencia** de las cosas. Para el A, el mundo que nos rodea, o algunos de sus aspectos, no es **objetivo**, sino que es producto de nuestra **razón** y de los sentidos. Es **agnóstico**, por ejemplo, el que afirma que no puede *establecerse* la existencia o inexistencia de Dios (lo que no es lo mismo que *afirmar* su existencia, como hace el creyente ni su inexistencia, propio del **ateo**). La teoría de **Kant** sobre la imposibilidad de conocer la **cosa en sí** es un ejemplo de A. Lo mismo puede decirse de la afirmación de **Confucio**, acerca de la imposibilidad de la mente humana para conocer a Dios. También fueron partidarios del A Protágoras y A. Toynbee.

Agnóstico: El que rechaza la posibilidad de acceder a un **conocimiento** absoluto. Opuesto: **gnóstico**.

Agustín: Ver **San Agustín**.

Agustinismo: Doctrina teológica y filosófica de **San Agustín** que plantea que el hombre sólo hace lo bueno cuando orienta su libre voluntad a Dios y por tanto es iluminado por la gracia divina y que —de lo contrario- cae en la perdición llevado por el pecado. De raíz neo-**platónica**, sostiene que las ideas se producen en la mente a partir de las **percepciones** sensoriales. El A fue el pensamiento dominante en la **Edad Media**, hasta el siglo XII, cuando comenzó a recibir críticas del **tomismo**.

Alegoría de la caverna (Platón): Metáfora con la que **Platón** trata de explicar las relaciones entre el hombre y la **verdad**. Platón nos propone imaginar a unos hombres encerrados desde niños en una caverna, por cuya entrada penetra la luz. Estos hombres sólo pueden ver los objetos que tienen delante, ya que las cadenas les impiden dar vuelta la cabeza. Detrás de los hombres hay un fuego que los alumbra, y luego hay un camino acompañado por una pared con dibujos de hombres y animales. Lo único que los hombres ven son las sombras de sus siluetas proyectadas por el fuego, lo que los lleva a pensar que lo que ven es la realidad (no conocen otra cosa). Sin embargo –dice el filósofo- si liberamos a esos hombres y los hacemos mirar a la luz, no verán nada, porque estarán enceguecidos. Resultado: querrán volver a las sombras, que les parecerán lo único real. Y se opondrán a salir de la caverna. Si, a pesar de ello, los obligamos a salir, verán primero las sombras, luego los hombres y objetos reflejados en el agua, luego la luz de los astros, y por último podrán mirar al Sol. A la larga, se darán cuenta de que el Sol produce las estaciones y los años, y que es la causa de todo lo que veían en la caverna. Si esos hombres regresan a la caverna, no verán nada, porque pasarán de repente de la luz a la oscuridad. Los hombres que están en la caverna y que nunca salieron de ella verán, en cambio, más que los que hayan salido. Estos hombres pensarán que los que salieron enceguecieron por salir de la caverna, por lo que reforzarán su idea de quedarse en ella, y resistirán hasta la muerte con tal de evitar salir. Entonces: la caverna es el mundo en que vivimos, el mundo de las apariencias, mientras que afuera de la caverna, en la luz del Sol, están las esencias y la verdad. Platón nos dice que salgamos de lo aparente y vayamos en busca de la verdad, de lo esencial. (La **alegoría** es expuesta en su obra *República*, libro VII).

Alético: (Del griego *aletheia*, "verdad"). Referido a la **verdad** o el "desocultar".

Alienación: Proceso o situación en que algo o alguien es o se convierte en un extraño para sí mismo. Mientras que en **Hegel** la A es ideal, **Feuerbach** la vio ligada a la **religión**: el hombre está alienado porque inventa un Dios superior a él. En los *Manuscritos de 1844* de **Marx** la A es centralmente material (aunque también reconoce la A espiritual), y se basa en la **propiedad privada de los medios de producción** –forma máxima de la A-, que hacen que al productor de la riqueza no le pertenezcan su **tiempo de trabajo**, ni las herramientas que utiliza, ni el producto de su **trabajo** (que pasa a ser **trabajo muerto, mercancía** en manos del **capitalista**), ni el **sentido** que el mismo tiene, ni en definitiva su propia vida, que van a manos de la **clase social** explotadora. Decía Marx que el trabajador, en la **sociedad capitalista** era "un mero apéndice de carne en una máquina de hierro". El término tiene también otros significados: en lo jurídico (venta o transferencia de un **bien** o **derecho**), en lo psicológico (demencia) y en lo sociológico (disolución de los lazos que unen a un **individuo** con los demás).

Althusser, Louis (1918-1990): Filósofo francés, nacido en Argelia. **Marxista estructuralista**, planteó el predominio de las **estructuras** económicas, sociales y políticas por sobre la iniciativa de los **individuos** para transformar la **sociedad**. De hecho, son esas estructuras las que constituyen a los sujetos y los convierten en agentes del **sistema**. Creador de la categoría de los **"aparatos ideológicos del Estado"**, sostuvo que las estructuras del marxismo no pueden captarse por la experiencia inmediata (propio del **empirismo**), en especial su categoría central, el **modo de producción**. De hecho, no existe la "sociedad", sino los modos de producción. Así, la **ideología** es la aceptación (falsa, ilusoria, mítica) de que las cosas son obvias y que –por ende- no hay nada que preguntarse garantizando –de este modo- la dominación de la **clase** dominante. Planteó también una polémica división entre un "joven Marx" -humanista y hasta cierto punto idealista-, y un Marx "maduro", científico (rayano en el **positivismo**), que es el único que A reivindica.

Ambigüedad: Aquello que puede interpretarse de distintas maneras. Se produce cuando una palabra tiene más de un **significado (polisemia)**. La A sólo puede reducirse o eliminarse por medio de la evaluación del contexto. Por ejemplo, "Vela" (A lexical) o "El animal de Alejandro comió muchísimo" (A sintáctica). Ver **antibología.**

Ambigüedad de la inducción: Es una de las **paradojas de la inducción**, el problema de que hay evidencia o elementos de **prueba** disponibles que proporcionan una base para dos **argumentos** inductivamente correctos y cuyas **conclusiones** se contradicen. Al desarrollar su **sistema** de **lógica** inductiva, **Carnap** propuso como solución al problema, el requisito de prueba total, según el cual un **razonamiento inductivo** debe tener entre sus **premisas** toda la evidencia disponible y relevante (de modo que no puede haber otro razonamiento con premisas diferentes y **conclusión** contradictoria). Por ejemplo: 1) Un micro con destino a Neuquén va a hacer un viaje sin paradas ni desvíos y ha sido revisado recientemente por un inspector, según el cual el micro cumple con todos los requisitos de seguridad. Además lo maneja un chofer prudente. Por lo tanto, es probable que el micro llegue a destino a la hora indicada, 2) El micro está en buenas condiciones salvo porque hoy a la mañana se le han roto los frenos. Por lo tanto, es muy probable que no llegue a destino a la hora esperada.

Amoral: Que no tiene **moral**. Por ejemplo, los animales son A. Se distingue de lo *inmoral*, que es lo que va en contra de la moral.

Análisis: (Del griego *análisis*, "desatar" o "descomponer"). Separación o división de los elementos o partes de un todo para su estudio detallado. Opuesto: **síntesis**.

Análisis estadístico: Cuantificación de **datos** previamente recolectados a partir de la formulación de una **hipótesis** de trabajo. Un ejemplo de AE es la **encuesta**.

Análisis *ex ante*: Análisis que parte de la recolección de **datos** o hechos acaecidos para buscar sus **causas** y elaborar **hipótesis** explicativas. El AEA es propio del **inductivismo.**

Análisis *ex post*: Análisis en que ante un **problema** dado se propone una solución posible a modo de **hipótesis** a partir de la cual se buscan determinados **datos**. El AEP es propio del **método hipotético-deductivo**, entre otros.

Analiticidad explícita: Proposición analítica, donde la relación entre los términos es visible. Por ejemplo, "Todas las odontólogas son odontólogas".

Analiticidad implícita: Proposición analítica, donde la relación entre los términos está parcial o totalmente oculta. Por ejemplo, "Todas las odontólogas son mujeres".

Analítico (Immanuel Kant): En **lógica**, un juicio es A cuando su predicado está ya contenido en el **sujeto**, por lo que no le agrega nada nuevo. Es decir que se trata de una **tautología**. Por ejemplo, "El triángulo tiene tres lados". Opuesto: **sintético**. (Ver **enunciado analítico**).

Analogía: Razonamiento que lleva al descubrimiento de lo desconocido, partiendo de algo conocido cuyas características, propiedades o **funciones** sean semejantes en algún aspecto. Por ejemplo, a partir de saber que había seis planetas que ejercían atracción gravitatoria sobre Urano -lo cual explicaba una parte de las perturbaciones sufridas por éste- se hizo una A por la cual se llegó a la **conclusión** de que había un séptimo planeta aún desconocido. Basándose en esos **datos**, otros científicos descubrieron rápidamente al planeta que hoy conocemos como Neptuno.

Anamnesis (Platón): Recuerdo.

Anarquismo epistemológico: Ver **anarquismo metodológico**.

Anarquismo metodológico (Paul Feyerabend): Postura minoritaria dentro de la **epistemología** surgida a fines de la década de 1960, que plantea el "no-método", el rechazo de la necesidad de una **metodología**, fundado en la creencia de que siempre que la **ciencia** ha avanzado lo ha hecho en contra de las reglas metodológicas vigentes.

Anaximandro (611-546 a.C.): Filósofo **presocrático** griego, de pensamiento **secular** y científico. Afirmaba que el hombre surgió a partir de los peces y que existe en el mundo una **sustancia** primordial única (*ápeiron*) que garantiza el equilibrio general y de donde provienen todas las cosas.

Anfibología: Tipo de **falacia de ambigüedad**. Un **enunciado anfibológico** puede ser verdadero en una interpretación y falso en otra, porque su **significado** es confuso (es decir que se trata de una **oración** de doble **sentido**). I. Copi relata el siguiente ejemplo: cuando Creso, rey de Lidia, planeaba una guerra contra Persia, consultó al oráculo de Delfos, quien contestó que "Si Creso emprende la **guerra** contra **Persia**, destruirá un reino poderoso." Encantado con la **predicción**, Creso inició la guerra, pero perdió. Creso protestó al oráculo por la predicción falsa. El oráculo respondió que la predicción era correcta. Al desencadenar la guerra, Creso destruyó un poderoso reino: ¡el suyo propio!

Animatismo: Ver **animismo**.

Animismo: Creencia de que en todos los seres y **fenómenos** naturales hay un espíritu, alma o Dios al cual hay que adorar. **Doctrina** que toma como principio vital al alma. El A primitivo fue la base de la **religión** y del pensamiento **idealista** posteriores. Según E. **Tylor**, es la forma más antigua de **religión**. En **Psicología** evolutiva se llama A a la tendencia del niño a dotar de vida y de voluntad a los objetos que lo rodean.

Anomalía (Thomas Kuhn): Los problemas que se le presentan a un **paradigma** se dividen en tres clases: problemas que se consideran irrelevantes (como cuestiones religiosas, metafísicas, etc.), **enigmas** y **anomalías**. Los enigmas son los problemas que la **ciencia normal** se dedica a resolver. Una A se presenta cuando se reconoce que un **dato empírico** ha violado las expectativas creadas por el paradigma. Frente a una A los científicos pueden ajustar algún capítulo de su paradigma para que aquel dato anómalo se convierta en lo esperado y deje por tanto de representar una A. De lo contrario, si la A es importante puede provocar una **crisis** del paradigma científico y en casos extremos una **revolución científica**.

Antecedente: Se llama A a la **proposición** ubicada a la izquierda de la **conectiva condicional** (ver **consecuente**). En el **lenguaje natural** esta proposición va siempre encabezada por el término **"si"** o algún equivalente ("cuando", "en el caso de que"). Por ejemplo, en la oración "Voy a ser feliz si me recibo y no cumplí todavía los ochenta" el A es la **proposición molecular** "Me recibo y no cumplí ochenta".

Antinomia: Par de **hipótesis** contradictorias entre sí. Por ejemplo, "llueve" y "no llueve". Por extensión, se llama A a toda **dicotomía** o planteo con dos alternativas opuestas entre sí.

Antítesis: **Proposición** contraria a otra llamada **tesis**, y que se resuelve en una tercera, llamada **síntesis**. En la **dialéctica**, es el momento de la **negación**. En la **escolástica** este es el nombre que se le daba a la **hipótesis del absurdo** en una **prueba indirecta**.

Apodíctico: Proposición necesariamente verdadera e irrefutable. Por ejemplo, la afirmación **cartesiana** "**Pienso, luego existo**" suele considerarse evidente por sí misma. (Ver **proposición apodíctica**). Para **Aristóteles**, un **razonamiento** es A cuando es **válido** y sus **premisas** son verdaderas.

Apofántica: Aristóteles usaba los términos *apófansis* o *lógos apofantikós* de la misma manera que nosotros usamos "**proposición**" u "**oración informativa**". Para la **lógica aristotélica**, todas las proposiciones eran reductibles a la forma "S es P", porque la función fundamental de una proposición consistía en mostrar, dar a conocer, declarar, revelar. Para esta concepción, el verbo "ser" era el nexo lógico fundamental que permitía mostrar la naturaleza de las cosas. Las formas A fundamentales eran cuatro (las **proposiciones categóricas**) y bastaban para construir los distintos tipos de **silogismo**: universal afirmativa, universal negativa, particular afirmativa y particular negativa.

Apolíneo (Friedrich Nietzsche): Todo aquello vinculado con Apolo, **símbolo** de la armonía, la belleza y la moderación. Se opone al exceso y desenfreno de lo **dionisíaco**.

Aporía: "Camino sin salida", dificultad **lógica** insuperable o insuperada propia de un problema especulativo. Ejemplo: las A de **Zenón de Elea** sobre la negación del movimiento que en su tiempo fueron A y hoy se las considera resueltas. Es una cuestión filosófica la de si tal o cual problema tiene una salida -y cuál es la salida más pertinente- lo que rara vez tiene una respuesta universalmente aceptada. **Platón** escribió tanto diálogos aporéticos como otros en los que se aventuró a dar respuesta a problemas que había planteado antes como difíciles de resolver. Las soluciones que dio han sido severamente criticadas por muchos filósofos pero todos reconocen su genio en la calidad de los problemas que propuso.

Apoyo empírico: Ver **apoyo inductivo**.

Apoyo inductivo (positivismo lógico): Refuerzo que los **datos** favorables dan a una **hipótesis**. Para el **confirmacionismo**, las hipótesis de las **ciencias fácticas** – generalizaciones empíricas o **proposiciones** con **términos teóricos**- reciben de las **implicaciones contrastadoras** un AI que las confirma, aunque nunca las **verifica**, ya que siempre estará la posibilidad de que una implicación contrastadora desfavorable las **refute**.

Apoyo teórico (positivismo lógico): Refuerzo que **teorías** independientes dan a una **hipótesis** que no ha sido contrastada. **Hempel** cita el ejemplo de la hipótesis de la caída libre en la Luna la cual -aunque nunca había sido contrastada- tenía un AT fuerte, porque se seguía **deductivamente** de la teoría newtoniana de la gravitación y del movimiento, fuertemente apoyada por un cuerpo altamente diversificado de testimonios **empíricos**.

Apriorístico: Que es *a priori*.

Aquino, Santo Tomás de: Ver **Santo Tomás de Aquino**.

Arendt, Hannah (1906-1975): Filósofa alemana. Afincada en **EE.UU.**, se especializó en el análisis de las causas del **totalitarismo**, especialmente en el **nazismo** y el **stalinismo**. En *Los orígenes del totalitarismo* (1951), A rastreó los orígenes de ese **fenómeno** en el **antisemitismo** y el **imperialismo** del siglo XIX. Recibió influencias de M. **Heidegger** y K. **Jaspers** y escribió también *La condición humana* (1958).

Argumento: Razonamiento que se utiliza para demostrar una **proposición**. Proceso en el cual se presentan elementos de juicio a favor de una **explicación**.

Argumentum ad baculum **(apelación a la fuerza):** Tipo de **falacia de atinencia** por la que se apela a la fuerza cuando fracasan las pruebas o argumentos racionales, sobre todo en **política**, amenazando, por ejemplo, con la **guerra**.

Argumentum ad hominem **(circunstancial):** Tipo de **falacia de atinencia** que ataca al hombre que, por razones circunstanciales, no puede argumentarle en contra, aún cuando éste último tenga razón. Por ejemplo, si alguien condena a un cazador, y éste le reprocha "¿por qué entonces usted come carne?", la falacia está dada en que no se contesta la pregunta, sino que se la elude con una réplica en forma de acusación, logrando que un adversario en una discusión acepte cierta **conclusión**.

Argumentum ad hominem **(ofensivo o argumento contra el hombre):** Tipo de **falacia de atinencia** que consiste en un **argumento** dirigido contra el hombre. En vez de tratar de refutar la **verdad** de lo que se afirma, se ataca al hombre que hace la **afirmación**. El mecanismo psicológico al que se apela es la transferencia: trasladar lo emocional (el odio a una persona) a lo racional (el **razonamiento** de esa persona). Sin embargo, aún el más perverso de los hombres puede a veces decir la verdad o razonar correctamente. Por ejemplo, "Si lo dijo ese asesino, debe ser mentira".

Argumentum ad ignoratiam **(argumento por la ignorancia):** Tipo de **falacia de atinencia** con planteos como: "Debe haber fantasmas porque nadie hasta hoy demostró que no los hay", es decir que se comete esta falacia cuando se sostiene que una **proposición** es verdadera simplemente sobre la base de que no se ha demostrado su falsedad, o que es falsa porque no se ha demostrado su **verdad**. Suele usarse para hablar a favor o en contra de fenómenos extrasensoriales, como la telepatía o el espiritualismo.

Argumentum ad misericordiam **(argumento por la misericordia o llamado a la piedad):** Tipo de **falacia de atinencia** que apela a la piedad para que se acepte determinada **conclusión**. Por ejemplo, se da cuando un abogado defensor deja de lado los hechos que atañen al caso y trata de lograr la absolución de su cliente despertando piedad en el jurado.

Argumentum ad populum (apelación al pueblo): Tipo de **falacia de atinencia** que intenta ganar respaldo popular para una **conclusión**, despertando las pasiones y el entusiasmo de la multitud. Se usa mucho en **política** y propaganda. Por ejemplo, comer ciertos cereales es proclamado un deber patriótico, vestir o vivir de determinada forma busca ganar la aprobación del público, un auto es mostrado rodeado de hermosas jóvenes en traje de baño, o también se argumenta que tal marca o tal político es el mejor porque todo el mundo la compra o lo vota. La aceptación general de una opinión no demuestra que ésta sea **verdad**.

Argumentum ad verecundiam (apelación a la autoridad): Tipo de **falacia de atinencia** que argumenta que cierto **razonamiento** es correcto porque lo apoya alguien importante y con prestigio (**Einstein**, **Aristóteles**, Ernesto Sábato, por ejemplo). Sin embargo, si bien la opinión de un gran científico o una gran personalidad es válida con respecto a su disciplina, no podemos pretender que lo sea para hablar de fútbol. Esta falacia se usa mucho en publicidad, cuando se argumenta que cierto producto es mejor porque lo usa cierta actriz o cantante.

Aristóteles (384-322 a.C.): Filósofo griego, discípulo de **Platón**, que creó una forma más moderada de **realismo** que la de su maestro, conciliando con el **empirismo**, en oposición a la **especulación** pura platónica. Para A, las ideas están vinculadas a las cosas materiales ("ver para creer"). Algunos de sus conceptos claves fueron los de: **potencia, acto, sustancia, accidente** y la **teoría** de las **causas**. Desarrolló la **lógica** analítica, basada en el **método deductivo** y el **silogismo**. Educador de **Alejandro Magno**, fundó el **Liceo** y enseñó a los **peripatéticos**. Defendió al **Estado** o *Polis* como forma superior, basada en la unión de varias **familias** en aldeas, unidas a su vez en el Estado, lugar de la convivencia, **sociedad** perfecta y autosuficiente. Clasificó las formas de **gobierno** en tres buenas o puras (**monarquía, aristocracia** y **república**), que tienden al **bien común**, y tres malas o impuras, deformaciones de las buenas (**tiranía, oligarquía** y **demagogia**). Principales obras: *Organon* (escritos lógicos), *Ética Nicomaquea* y *Política*.

Arquetipo: Modelo de algo. Para **Platón** las **ideas** eran A de las cosas de este mundo, algo eterno, inmutable e inmaterial. En C. **Jung** el A es la matriz o fondo común de la Humanidad (por ejemplo, la luz y la oscuridad, el bien y el mal, la vida y la muerte) que forma al "**inconsciente colectivo**".

Ars inveniendi: Ver **heurística**.

Ascetismo: Doctrina que propone el ejercicio de la perfección espiritual. El A opera contra toda forma de goce (el A cristiano lo extremó hasta llegar a diversas formas de autocastigo) o de exhibición de riqueza, resultando en la reducción del **consumo**. En función de ello, M. **Weber** consideró que es una cualidad favorable para el desarrollo de un **proceso** de acumulación de riquezas o de **capital**.

Aserción: Enunciado que transmite una certeza o un **juicio** cuyo **significado** se estima verdadero. Puede ser positiva (**afirmación**) o negativa (**negación**), y se opone a la duda.

Así habló Zaratustra **(Friedrich Nietzsche, 1883-1885):** Obra cumbre del filósofo alemán, donde desarrolla sus ideas de la **voluntad de poder** (la voluntad de vivir), la muerte de Dios, el **eterno retorno** y el **superhombre**. En *Ecce homo*, **Nietzsche** dice que la figura de Zaratustra representa la autosuperación de la **moral** por veracidad, por el deseo de decir la **verdad**. La obra cuenta las aventuras de un pensador ermitaño que un día decide bajar de su montaña para hablar con los hombres y exponer su **doctrina**. La muerte de Dios autoriza a los hombres a dejar de buscar otro mundo y enfrentar éste. Pero los hombres no han despertado a este mundo todavía y se adormecen a sí mismos predicando falsas virtudes. Ellos desprecian la **esencia** de la vida: la voluntad de poder y la niegan a modo de venganza. El superhombre es un ideal de superación de las falsas virtudes por una nueva virtud del que ama la vida y construye sus vínculos "haciendo regalos". El relato es expresado en un lenguaje único hecho de sentencias enigmáticas, citas bíblicas permanentes y que no explicita argumentaciones, en el cual el mensaje de Zaratustra emerge como palabra revelada. Sin embargo algunas de las tesis filosóficas que allí se presentan son defendidas por Nietzsche en otras obras posteriores en las que sustenta aquella inspiración casi religiosa con un tratamiento conceptual, especialmente en *Más allá del bien y del mal*.

Asimetría entre verificación y refutación (falsacionismo ingenuo): Posición que sostiene que un solo caso falso refuta una **teoría**, mientras que miles de casos favorables sólo la corroboran, pero nunca la confirman ni verifican. El **argumento** en favor de la AVYR es de orden lógico: la forma del **razonamiento** de **falsación** es válida (*modus tollens*) mientras que la del razonamiento de **verificación** o **corroboración (falacia de afirmación del consecuente)** no lo es. Las opiniones están divididas sobre si Karl **Popper** defiende este principio. La crítica más contundente que recibió esta posición es el argumento holístico (ver **holismo**).

Asociacionismo: Teoría que explica el modo en que se enlazan los elementos mínimos. El A en su forma moderna aparece con las teorías del **empirismo** inglés (**Locke** y **Hume**).

Ateísmo: Negación de lo sobrenatural y la **religión**. Mientras que el A niega a Dios toda entidad y lo considera un invento o fábula humanos, el **agnosticismo** niega la posibilidad de conocerlo y el **escepticismo** duda acerca de su existencia. Un ejemplo de A data tuvo lugar en la Grecia Antigua con **Demócrito** y **Epicuro** y su planteo de que la materia se compone de átomos. Opuesto: **teísmo**.

Atómico: Ver **enunciado atómico.**

Atomismo: En **filosofía** se llama atomista a toda **doctrina** que postule elementos mínimos (átomos) ya sean de orden físico, ideal, etc, y explique **fenómenos** a partir de la interacción o combinación de dichos elementos. Se habla en este sentido de A gnoseológico, físico, psicológico, etc. El **asociacionismo** moderno de **Locke** y **Hume** es un ejemplo de A gnoseológico.

Atomismo (Demócrito): Doctrina filosófica surgida entre los griegos, que afirma que toda realidad se conforma a partir de partículas invisibles, los átomos. El A intentó dar una tercera opción al problema de las perspectivas planteadas por **Heráclito** y por **Parménides**. Mientras el primero explicaba la realidad mediante el **devenir**, el segundo decía que el **ser** es uno, eterno e inmóvil. El problema radicaba en encontrar algo que explicara tanto los elementos de continuidad como los de cambio que se hallan presentes en la realidad. En este sentido, el átomo es la partícula mínima e indivisible con la cual podemos componer las realidades más complejas. Además de **Demócrito**, sus representantes más destacados son Leucipo y **Epicuro**. (Ver **atomismo**).

Avaloración: Desconsideración de los **valores**.

Avenarius, Richard (1843-1896): Filósofo **positivista** alemán, fundador del **empiriocriticismo**, **teoría** que niega la **introspección** y sostiene que la experiencia individual depende del medio en la que ésta se desenvuelva.

Averroes (1126-1198): Filósofo español de ascendencia árabe. Abu-I-Walid Mamad Ibn Ahmad ibn Rushd es uno de los pensadores más importantes de la **filosofía** árabe aristotélica. También tomó elementos de **Platón**, y su visión de un mundo eterno creado por un Dios eterno influyó en la **escolástica**. Entre sus obras principales encontramos a: *Incoherencia de la incoherencia.*

Axiología: Filosofía de los **valores** morales, lógicos y estéticos.

Axiológico: Aquello que está relacionado con los **valores**.

Axioma: Proposición que se acepta como verdadera sin demostrarse, y que sirve para probar otras. La definición clásica (**Aristóteles, Euclides**) ve al A como un principio o una **proposición** evidente en sí misma, no demostrada e indiscutible, que no necesita fundamentación alguna, y que sirve de base para demostrar otras proposiciones o **teoremas**. Estas proposiciones ordenadas forman un **sistema deductivo** al que se llama **sistema axiomático**. En la actualidad predomina la visión del formalismo, que plantea que el A es una **fórmula** fundamental no definida ni evidente, que sirve de base o punto de partida para demostrar deductivamente las demás proposiciones –lo cual, por otra parte, diluye la distinción entre el A y el **postulado**-. Desde este punto de vista, los A no se eligen porque sean autoevidentes sino porque no es posible demostrar unas proposiciones a partir de otras si no hay un punto de llegada en la justificación, un fundamento último no demostrado (ya que sin esto la justificación sería infinita) punto de partida que es, en definitiva, arbitrario. Todos los A de un sistema son teoremas del mismo, pero no a la inversa.

Axiomas de Peano: Conjunto de cinco **axiomas** que definen los números naturales, permitiendo constituir a la aritmética como un sistema **hipotético-deductivo**. Esos axiomas son los siguientes: 1) Cero es un número natural, 2) Todo número natural tiene sucesor, 3) Cero no es sucesor de ningún número, 4) Si dos números tienen el mismo sucesor, son el mismo número, 5) Si –se demuestra que– a) cero tiene una propiedad P cualquiera y además -se demuestra que-, b) **Si** un número cualquiera tiene la propiedad P **entonces** su sucesor también la tiene, -sobre la base de a) y b)-, es legítimo afirmar que todo número natural tiene la propiedad P.

Axiomatización: Procedimiento para crear un **sistema axiomático** de infinitas **proposiciones** (o **pseudoproposiciones** si se trata de una A **formal**) a partir de ciertas proposiciones o, más comúnmente, a partir de una **teoría**. La A permite ordenar una **teoría** deductivamente exhibiendo las relaciones de **implicación** entre sus proposiciones. Además sirve para conocer **teoremas** nuevos que estaban implícitos en la teoría. La A puede ser finita o infinita según el número de **axiomas** sea finito o infinito. En el último caso se recurre a formas de axiomas. Por ejemplo, en una A de la **lógica** una **forma de axioma** puede ser B → B, que indica que las infinitas fórmulas con esa forma son axiomas del **sistema** (p → p; q → q; r → r; etc) ("B" es una metavariable). Son ejemplos de A la A de la geometría proyectiva (Pasch, 1882) y las A de la **lógica proposicional** de Lukasiewicz (1929) y de Rose (1949).

B

Bachelard, Gastón (1884-1962): Filósofo y epistemólogo francés. A partir de la década del ´20 inició sus trabajos filosóficos y en particular, sus **teorías** acerca del **conocimiento científico** a partir del estudio de la **historia** de la **ciencia**. En la concepción de B sobresalen dos tesis: 1- sostiene que los conocimientos científicos progresan a través de un desarrollo racional dialéctico. El **progreso científico** no es acumulativo: para que la ciencia avance se hace necesaria una previa destrucción de las teorías establecidas. Los conocimientos progresan a través de una retroacción que agrieta y va destruyendo sus principios iniciales. No hay un proceso continuo de avances científicos: la ciencia avanza por discontinuidad, dando un salto en cada rectificación, 2- La otra característica de importancia de la visión de B es la atención que éste da al contexto social e histórico: la ciencia no se desarrolla en el vacío sino que lo hace al interior de cierto marco de historicidad (hay un desarrollo de estas nociones en la entrada **ruptura epistemológica**). Su principal continuador fue Georges Canguilhem y se pueden establecer vínculos con la teoría de Thomas **Kuhn**. Entre sus obras principales encontramos a: *La formación del espíritu científico* (1938).

Bacon, Francis (1561-1626): Filósofo inglés, formuló los principios del **método científico** moderno, por lo que fue considerado el fundador de la **ciencia** experimental (por ejemplo, en las **leyes** de la mecánica). Sostenía que -una vez que se constata la **verdad** de los **enunciados particulares**- se puede inferir por medio de la **inducción** la verdad de los **enunciados universales**. Sus críticos sostienen que no existe justificación lógica para la **inferencia** inductiva. Uno de los pioneros del **empirismo**, B centró su atención en la naturaleza y el **conocimiento** del mundo y no en el intelecto, base fundamental del pensamiento aristotélico concebido por la **lógica** deductiva. Entre sus obras principales encontramos a: *Novum Organum. Ordenación metódica de las ciencias* (1620). Como uno de los autores del pensamiento de la **utopía**, escribió *Nueva Atlántida* (1627).

Base empírica: 1. Hechos singulares observables. **2.** G. **Klimovsky** define BE como el conjunto de las entidades cuyo **conocimiento** se considera directamente observable. **3. (empirismo lógico)** El conjunto de **enunciados observacionales** de una **teoría**. Ejemplo: "El metal x se dilató con el calor".

Bentham, Jeremy (1748-1832): Filósofo y jurista inglés, padre del **utilitarismo**, sostuvo que el hombre se maneja entre el dolor y el placer, buscando la máxima felicidad posible. Estudiando **Derecho Penal**, ideó un tipo de cárcel circular, el **panóptico**, cuyo objetivo era cambiar el castigo del encierro y la oscuridad por una vigilancia de cada movimiento de los reclusos. Si bien este **modelo** no fue aprobado en su época, fue retomado posteriormente por Michel **Foucault** para desarrollar sus teorías. Entre sus obras principales encontramos a: *Tratado de legislación civil y penal* (1802).

Berkeley, George (1685-1753): Filósofo y clérigo irlandés. Defensor del **bien común**, concepción filosófica que afirma la existencia de un conjunto de elementos materiales y morales tendientes a la felicidad, comunes a todos los **individuos** reunidos en una **sociedad. Empirista** e **idealista**, criticó el planteo de **Locke** acerca de que las ideas abstractas surgen a partir de ideas particulares, afirmando que en realidad todas las ideas son particulares y las ideas abstractas no existen. Para comprender lo que esto significa es menester señalar que al término **"idea"** (ver) B lo usa en el sentido que inauguró **Descartes**. Por ejemplo: yo tengo sucesivas ideas particulares de "vaso" (este vaso, aquel vaso, el mismo vaso pero a las tres de la tarde de ayer, etc.). Pero además comprendo el concepto general de "vaso", que no es ninguna de esas ideas particulares pero que me sirve para describir a todas ellas. Locke decía que este concepto era a la vez otra idea, pero una idea abstracta, que yo tuve a partir de tener las ideas particulares. Para B, en cambio, el concepto de "vaso" no es una idea sino un **signo** que nombra a la vez a todos las ideas de "vaso" (**nominalismo**). En una posición subjetivista extrema, B afirmaba que las cosas materiales no existen: sólo existen mientras que haya un sujeto que las perciba. Entre sus obras principales encontramos a: *Tratado sobre los principios del **conocimiento** humano* (1710).

Bicondicional: Conectiva lógica y la respectiva **proposición molecular**, que se forma con la **conectiva "si y sólo si"** (también llamada **condicional doble**). Sus componentes se llaman componente izquierdo y derecho, y el **signo** que lo representa es una flecha doble ($\leftrightarrow$) o tres líneas ($\equiv$). Por ejemplo, "Iré al cine si y sólo si me acompañás" solamente es verdadera cuando ambos componentes atómicos tienen el mismo **valor de verdad**. Si son distintos es falsa.

Bien común: Concepción filosófica que afirma la existencia de un conjunto de elementos materiales y morales tendientes a la felicidad, comunes a todos los **individuos** reunidos en una **sociedad**. En algunas teorías —especialmente desde **Aristóteles**, el pensamiento **escolástico** y la óptica jurídica- el BC es el fin último del **Estado**.

Bobbio, Norberto (1909-2003): Filósofo y jurista especialista en temas de **Filosofía** del **Derecho** y **Ciencia Política**, recibió influencias de **Kelsen, Hobbes, Croce, Weber** y **Marx,** adoptando posturas eclécticas. Sus planteos intentaron combinar el pensamiento **liberal** y el **socialista**, lo que se tradujo en su militancia en fuerzas políticas de **centroizquierda** y de oposición al **fascismo** (con el que sufrió cárcel). Entre sus obras principales encontramos a: *El futuro de la democracia, Derecha e izquierda* (1995) y *Diccionario de Política* (con N. Mateucci).

Brahmanismo (2.000 a.C. →): **Religión** de la **India**. Considera a Brahma como el creador del universo y presente en toda la naturaleza. El alma humana proviene de él y a él debe volver pura. Si al morir el hombre no tiene su alma pura, deberá reencarnarse en seres inferiores, hasta purificarse. El B plantea una trinidad: el Brahma o Dios, *Vichnú* (conservador) y Siva (destructor). **Buda** introdujo en el B importantes reformas.

Brecha tecnológica: La expresión BT hace referencia a la distancia –enorme y creciente- existente entre la **tecnología** de los **países centrales** y los países de la **periferia**. La BT, lejos de achicarse, crece, ya que los **países desarrollados** crean sobre los **países subdesarrollados** una dependencia tecnológica que perpetúa la situación y la acrecienta.

Buda (563-483 a.C.): Pensador nepalés, reformador del **brahmanismo** y creador del **budismo**, llamado Siddhartha Gautama, "El despierto". Su **doctrina** postula la paz espiritual como forma de vencer a las pasiones, alcanzando el **nirvana**.

Budismo (siglo VI a.C. →): **Religión** fundada por Siddhartha Gautama o **Buda** ("El despierto"). Partidario de la autodisciplina, el desapego y la meditación -separada del mundo terrenal- su objetivo es el **nirvana**, la realización espiritual completa, que se logra abandonando el deseo porque al abandonar el deseo se abandona también el sufrimiento. El B rechazó la autoridad de las **castas**, defendida por el **brahmanismo**. En la actualidad, es la cuarta religión del mundo por la cantidad de seguidores.

Buen salvaje (Jean Jacques Rousseau): El hombre en el **estado de naturaleza,** libre, no obligado a asociarse para subsistir, anterior al surgimiento de la **cultura**. El BS se diferencia de la visión tradicional del salvaje como **primitivo** y cercano al animal. La facultad de elegir, de querer, de desear es lo que diferencia –según **Rousseau**- al hombre de los animales. Esta libertad permite entender la **historia** humana como el desarrollo de la perfectibilidad.

Búho de Minerva: Ver **El búho de Minerva levanta su vuelo al ocaso.**

Bujárin, Nikolai Ivánovich (1888-1938): Político y economista ruso, miembro de la dirección del **Partido Bolchevique** durante la **Revolución Rusa**. Cabeza del ala más moderada en la oposición a **Stalin,** concibió en forma **mecanicista** al **materialismo dialéctico**. En 1937 –al igual que muchos opositores- fue acusado de traición por Stalin y ejecutado al año siguiente. Entre sus obras principales cncontramos a: *El ABC del comunismo* (1919).

Bunge, Mario A. (1919 →): Lógico, físico, matemático y epistemólogo argentino, de tendencia **positivista**. Defensor de la idea de no condicionar la investigación (**ciencia básica** o **pura**) al desarrollo (**ciencia aplicada**). Plantea esto diciendo que la ciencia básica no puede resolver los problemas prácticos de la **sociedad**, ya sean económicos, políticos o militares. Puede ayudar (es una **condición necesaria**), desde ya, pero no es su objetivo específico (no es **condición suficiente**). B sostiene que no le podemos exigir a la **ciencia** que nos saque del atraso y el **subdesarrollo**; la **función** de la ciencia básica no es esa sino luchar contra el atraso cultural. Entre sus libros se destacan *La ciencia, su método y su filosofía* (1960) y *La investigación científica* (1969).

Burke, Edmund (1729-1797): Filósofo inglés. Del **Partido** *Whig* y de ideas **liberales**, apoyó la **independencia de EE.UU.**, pero viró hacia posiciones **conservadoras** ante la irrupción de la **democracia** de **masas** con la **Revolución Francesa**. Entre sus obras principales encontramos a: *Reflexiones sobre la revolución en Francia* (1790).

C

Calidad de una proposición: La CP es negativa o afirmativa según se trate de una **proposición negativa** (universal o particular) o de una **proposición afirmativa** (universal o particular) respectivamente.

Calvinismo (siglo XVI →): Doctrina religiosa creada por Jean **Calvino**. El C plantea que la fe es un don que posee aquel que recibe una señal de la Gracia Divina. De este modo, cada persona está predestinada de antemano a la salvación o a la condena. En contraste con el **luteranismo**, la **Iglesia Calvinista** planteaba su independencia frente al **poder** político. El C -mucho más **radical** que el luteranismo- impulsará nuevas ideas, atacando a la **Iglesia Católica** y fortaleciendo las ideas burguesas. A diferencia del **catolicismo**, la acumulación de riquezas no fue considerada por el C como sinónimo de avaricia, sino de que Dios da un "guiño" que predestina al rico a la salvación. En este sentido, la característica fundamental del C es el **ascetismo** intra-mundano: se salvará aquel que mediante su **trabajo,** el **ahorro** y la frugalidad logre progresar profesionalmente. De esta forma, el C será un factor importante en la legitimación de la **burguesía**. Surgido en Suiza, se extendió a **Francia (hugonotes)** e **Inglaterra (puritanos)**.

Calvino, Jean (1509-1564): Teólogo francés que difundió su propia versión de la **Reforma Protestante,** en la que promueve el sostenimiento de la **Iglesia** por el **Estado** y la no esencialidad de los sacramentos, reivindicando la predestinación y la salvación por la fe. Se opuso también a los **ritos**, imágenes y ceremonias y negó la existencia del Purgatorio. Sus ideas influyeron fuertemente en los **hugonotes** franceses, en el movimiento protestante escocés y holandés y en los movimientos **puritanos** británico y norteamericano, y fueron la base del **calvinismo**. Entre sus obras principales encontramos a: *Enseñanza de la **religión** cristiana* (1535).

Campo: Espacio en el que el investigador observa **variables** o factores dados, en el marco del **método** no experimental. En este sentido, opuesto: **laboratorio.** (Ver **trabajo de C** y **observación participante**).

Cantidad de una proposición: La CP es universal o particular según los **cuantificadores** que tenga, es decir, según se trate de una **proposición universal** (negativa o afirmativa) o de una **proposición particular**, a la que hoy día se conoce como existencial, (ya sea negativa o afirmativa) respectivamente.

Características concomitantes: Según Avicena "Concomitante es lo que cualifica necesariamente a la cosa después de la verificación de su **esencia**, en tanto que ésta sigue a su esencia, no en tanto que ésta es intrínseca a la **verdad** de su esencia." Las CC no son características accidentales, esto es, que podrían estar como no estar. Por ejemplo, es accidental que un perro sea negro pero no es accidental que tenga un color, puesto que no puede haber un perro sin color alguno. Sin embargo, "tener un color" no es una característica definitoria de perro, es pues una CC. Opuesto: **características definitorias**.

Características definitorias: Son CD los requisitos necesarios para que llamemos a algo de determinada forma. Por ejemplo, "animal" es una CD de "perro". Opuesto: **características concomitantes**.

Carga teórica: Se llama **tesis** de la CT de la **observación** a la idea de que todo **dato** de la **experiencia** no es recogido en forma pura sino que se accede a él sobre la base de un bagaje de conocimientos previos o **hipótesis** que guían al observador. Esta tesis ha sido uno de los pilares de las críticas a la **concepción heredada** (al **inductivismo** y al **falsacionismo**). Así, **teorías** exitosas, como la de la electricidad, la embriología y la química de mediados del siglo XVIII dependían decisivamente de afirmaciones sobre entidades inobservables. La teoría del flujo eléctrico de Franklin, la teoría vibratoria del calor de Boerhaave, la teoría de las moléculas orgánicas de Buffon, no podrían haber sido concebidas por **método** de **generalización inductiva**, a partir de la observación. (INSERTAR IMAGEN DE ESCHER)

Carnap, Rudolf (1891-1970): Filósofo de la **ciencia**, lógico y lingüista alemán, uno de los más destacados pensadores del **Círculo de Viena**. Según C, la **verdad** o **falsedad** de los **enunciados sintéticos** depende de la **experiencia** y, con ello, también su posible significatividad. Partidario del **neopositivismo**, adoptó la postura del **inductivismo en sentido amplio** o **confirmacionismo**, reemplazando el **criterio o principio de verificabilidad** por el **criterio o principio de confirmabilidad**. Entre sus obras principales encontramos a: *Fundamentación lógica de la física* (1951).

Cartesiano: Referente al pensamiento filosófico de **Descartes**.

Cassirer, Ernst (1874-1945): Filósofo alemán, elaboró una **Antropología filosófica** de base kantiana (**idealismo** lógico), caracterizando al hombre como animal simbólico y considerando que su capacidad de simbolizar o conceptualizar lo distingue del resto de los animales. Según C, toda esfera cultural -el **lenguaje**, la **ciencia**, el arte, los **mitos**, la **religión**, etc- forma **sistemas** simbólicos. C sostiene que el **conocimiento** implica una conceptualización de la experiencia. Entre sus obras principales encontramos a: *Concepto de sustancia y concepto de función* (1910), *Filosofía de las formas simbólicas* (1923-1925) y *Antropología filosófica* (1944).

Catastrofismo (Georges Cuvier): Teoría de la **evolución** que plantea la creación divina de las **especies**, las cuales se extinguen a causa de distintas catástrofes, para crearse luego otras nuevas. Cuvier limitaba las catástrofes a ciertos sectores de la fauna y la flora; los que sobrevivían, lograban extenderse (teoría del finalismo providencial o de la voluntad divina).

Categoremático: Ver **términos no lógicos**.

Categoría: Aristóteles definió diez **géneros** (en algunas de sus formulaciones no son diez pero se suele indicar este número) en los que se pueden clasificar las manifestaciones del **ser** (la **sustancia** y nueve accidentes: cantidad, calidad, relación, lugar, etc). Esta clasificación también distingue términos del **lenguaje** y no es claro que Aristóteles trazara una distinción tan tajante como la nuestra entre el plano lingüístico y el **óntico**. En **Kant**, es un concepto puro o *a priori* del **entendimiento**. En la actualidad, la C es vista como un concepto o clase que sirve para ordenar hechos o ideas.

Categórico: Proposición o argumentación no sometida a condiciones. Por ejemplo, el **silogismo categórico** de **Aristóteles** o el juicio categórico de **Kant**. Opuesto: hipotético, disyuntivo.

Catolicismo (siglo II →): Doctrina de la **Iglesia Católica Apostólica Romana** (ver). "**Católico**" significa "universal". El C se reivindica como la doctrina enviada por **Cristo** a los hombres. Se basa en los **Evangelios** del **Antiguo Testamento** y el **Nuevo Testamento**, y tiene siete sacramentos. Su cabeza es el **Papa**, sucesor de San Pedro, y cuenta en la actualidad con alrededor de mil millones de fieles.

Causa: Según el **empirismo**, factor o **fenómeno** que genera a otro, llamado **efecto**. En la **filosofía** clásica, todo lo que influye en la constitución de un **ser**. **Platón** sitúa a la C en las ideas, mientras que **Aristóteles** distingue una **C material**, una **C formal**, una **C eficiente** (tomada luego por el **mecanicismo**) y una **C final**. Para **Kant**, la C es una **categoría** *a priori* del **entendimiento**. Pueden identificarse más tipos de C pero, sin importar de qué tipo se trate, suelen darse dos condiciones: la **verdad** de la C implica la verdad del efecto (o al menos ofrece un **apoyo inductivo**) y además la relación entre ambos es asimétrica tal que si A es la causa x-*al* (formal, material, funcional, etc) de B entonces B no es la causa x-*al* de A.

Causa (David Hume): Desde el **empirismo**, **Hume** establece tres condiciones para afirmar que un hecho C es causa de otro E: 1- Contigüidad: C y E deben ser contiguos, es decir, producirse en la mayor proximidad espacial posible, 2- Sucesión: C debe ser inmediatamente seguido por E y, 3- **Conjunción**: siempre que se observa C debe observarse E, sin excepción. Sin embargo, el concepto de C requiere algo más: la conexión necesaria entre C y efecto también en el futuro: cada vez que en el futuro ocurra C debe ocurrir E. Hume no postula este requisito porque precisamente está desenmascarando el **problema de la inducción**: sus requisitos son de corte **empirista** y no tenemos experiencia del futuro (no hay **dato empírico** del futuro). La conexión necesaria que postulamos en una afirmación universal (que habla de infinitos casos pasados, presentes y futuros) no tiene fundamento empírico, o lo que es lo mismo, el **principio de inducción** no tiene fundamento empírico. Le han criticado a Hume que sus requisitos sólo sirven para fenómenos observables, como el movimiento de una bola de billar que mueve a otra. En este sentido, la C se diferencia de la **conexión necesaria**, que refiere a fenómenos que van más allá de lo observable.

Causa eficiente (Aristóteles): Razón por la que se produce un cambio o **efecto** que involucra movimiento, o lo que determina que un **ser** sea lo que es físicamente. Se vincula con el principio del movimiento. Por ejemplo, la acción del escultor para modelar una estatua o la acción de una bola de billar golpeando a otra.

Causa falsa: Tipo de **falacia de atinencia** que consiste en el error de tomar como **causa** de un **efecto** algo que no es su causa real. También se da cuando atribuimos a un efecto una causa por el simple hecho de que ésta es anterior temporalmente. Por ejemplo, cuando un salvaje cree que el Sol aparece a causa de que él hace sonar los tambores.

Causa final (Aristóteles): Finalidad por la cual se hace determinada cosa. Por ejemplo, comprar verduras para hacer una ensalada. **Aristóteles** afirma que Dios es la CF de todas las cosas o "**motor inmóvil.**" Concepto básico de la **teleología**.

Causa formal (Aristóteles): La forma o **esencia** que determina que algo sea como es. La CF de algo es su **forma**. La CF de que una manzana sea una manzana es "la determinación esencial de ser manzana" de la manzana. Esto puede sonar redundante por la concepción que tenemos acerca de lo que es una causa. Este tipo de causas fue desarrollado por **Platón**, quien las llamaba "ideas" y decía que las cosas del mundo **sensible** participan de ideas y que es por eso que podemos tener un **conocimiento** general acerca de las cosas.

Causa material (Aristóteles): La materia o sustrato básico que hace que el **ser** exista. La CM de algo es su **materia** (ver).

Causa primera: Lo que produce un **efecto** sin tener ella misma una **causa**.

Causa segunda: Lo que produce un **efecto** dependiendo de una **causa primera**.

Causalidad: Ver **teoría de la causalidad**.

Causalismo: Suposición de que los **fenómenos** son consecuentes, ocasionados por otros sucesos anteriores o antecedentes.

Centro-periferia (CEPAL/Teoría de la dependencia): Relación que se estableció a partir del siglo XIX –en el marco de la **Segunda Revolución Industrial**- entre los países desarrollados –el **centro**- y subdesarrollados –la **periferia**-, basada en la **exportación** de **bienes primarios** desde la periferia hacia el centro y la exportación de **manufacturas** y **capitales** desde el centro hacia la periferia, en el contexto de la **división internacional del trabajo**. El esquema C-P explica, según esta visión, el atraso de la mayoría de los países latinoamericanos, africanos y asiáticos.

Certeza: Conocimiento seguro de una cosa.

Ceteris paribus: Voz latina que significa "todo lo demás constante" (se lee *kéteris páribus*). Técnica que consiste en estudiar la relación entre **variables**, mientras se mantienen fijas o constantes todas las demás. Supuesto por el cual una variable fluctúa y el resto permanece constante. Son muy frecuentes en **Economía** (por ejemplo, la **curva de demanda** nos dice cuál es el **precio** máximo que los consumidores estarán dispuestos a pagar para adquirir (de) un **bien o** para cada cantidad del mismo, permaneciendo el resto *CP*) y se usan en alguna medida en casi todas las **ciencias**. Las cláusulas *CP* son **enunciados universales** de inexistencia, ya que suponen (y por tanto, afirman) que no hay ningún factor, además de los considerados, que intervenga en el hecho que se está estudiando. Son inverificables porque aunque no se conozca la existencia de un tal factor, éste podría existir en el futuro o incluso en un momento pasado o presente sin que nadie se haya dado cuenta. Cuando se refuta una **teoría**, se la refuta con sus cláusulas *CP*, por lo cual siempre sería posible salvar la teoría diciendo que hubo un factor no considerado que intervino causando los resultados imprevistos (así, no se vería refutada la teoría sino la cláusula *CP*).

Cibernética: (Del griego *kybernetes*, "timonel"). Para su creador moderno, el matemático N. Wiener, C es la "**ciencia** del control y la **comunicación** en el animal y en la máquina." Otra posible definición dice que es la ciencia que estudia las formas de organizar la acción. Wiener aplicó los conceptos cibernéticos a las **Ciencias Sociales**. El nacimiento de la C propone un cambio de **paradigma** de la ciencia. La ciencia del siglo XIX tenía una visión **cartesiana** (racional) del mundo y se fundaba en la física y la química (los problemas debían analizarse y describirse con la mayor precisión posibles). El nuevo enfoque optó por romper el acento en la apreciación de la totalidad y su paradigma giró en torno a la biología, estudiando realidades complejas y dinámicas, tal como un biólogo estudia los organismos. Así, la C estudia la base física de algunos procesos biológicos -especialmente la inteligencia humana- considerándolos **sistemas** autorregulables, con el fin de reproducirlos mediante máquinas.

Ciencia: Conjunto de métodos **sistemáticos** de investigación, **teorías** y **análisis** lógico de argumentos, **hipótesis**, **pruebas**, **contrastaciones** y apertura a la revisión, con el fin de conocer, predecir, controlar y manipular el funcionamiento de la realidad. J. Ladrière la define como la "reconstrucción conjetural de la realidad." (Ver también **conocimiento científico**).

Ciencia antigua: Se llama así a la **ciencia** previa a la **revolución científica del siglo XVII**, caracterizada por: una metodología demostrativa (se partía de **enunciados** tomados como verdaderos y se deducían otros), que aplicaba en las **ciencias fácticas** la metodología de las **ciencias formales**, como la matemática. En cuanto a la **observación**, la CA se limitaba a registrar de manera cualitativa **fenómenos** que ocurrían espontáneamente, sin control alguno (no existía el **experimento**).

Ciencia aplicada: Parte de la **ciencia** que busca lograr resultados que se puedan aplicar prácticamente. La CA utiliza los conocimientos que se obtienen en las investigaciones básicas. Mientras que la **ciencia básica** trabaja en los problemas que le interesan, la CA estudia problemas de posible interés social. De este modo, la CA actúa como un puente entre la **ciencia pura** y la **tecnología**. Ejemplo: un físico que estudia la actividad fotoeléctrica de ciertas sustancias sensibles. Opuesto: **ciencia básica**. Ambas forman parte de una clasificación defendida entre otros por Mario **Bunge**.

Ciencia básica: Parte de la **ciencia** que se propone únicamente enriquecer el conocimiento humano, sin interesarse por sus aplicaciones. Su objetivo es el saber por el saber mismo. Ejemplo: un físico que estudia las interacciones entre la luz y los electrones. Según Mario Bunge, la **ciencia aplicada** depende de la CB pero no a la inversa, ya que "La CB es como un cuchillo que puede usarse sea para cortar una zanahoria o una cabeza humana, ambos son moralmente neutrales." (Ver también **ciencia martillo**).

Ciencia martillo: Concepción de la **ciencia** sostenida por epistemólogos de raíz **positivista**. Así, M. **Bunge** afirma que la ciencia funciona como un martillo: puede servir para clavar un clavo y construir una casa o para matar a alguien de un golpe. Por lo tanto, el científico no sería responsable de los usos sociales (**ciencia aplicada**) de sus investigaciones (**ciencia básica**). Esta visión es criticada entre otros por E. Marí, quien pone como ejemplo la bomba neutrónica: no puede separarse la **investigación** científica del objetivo político, ya que el trabajo científico fue orientado específicamente con ese fin.

Ciencia moderna: Denominación que recibe la **ciencia** posterior a la **revolución científica del siglo XVII**. En la CM se aplica una metodología teórico-experimental sistemática, partiendo de **hipótesis** o supuestos teóricos, de los que se deducen **consecuencias observacionales** que luego son sometidas a **prueba** de manera experimental, realizando observaciones activas, en condiciones controladas y con magnitudes medibles, con el fin de explicar y predecir acontecimientos.

Ciencia normal (Thomas Kuhn): Período en el que se desarrolla una **ciencia** a partir de una **teoría** o **paradigma** que se considera válido, y durante el cual los científicos trabajan y resuelven **problemas** de acuerdo a ese paradigma o **marco teórico**, aceptado y no cuestionado, que incluye un grupo de **hipótesis** básicas que constituyen creencias ideológicas, culturales y científicas de una época y que sólo cambian con una **revolución científica**. La comunidad científica también comparte pautas de investigación y determinado modo de adquirir conocimientos (por ejemplo, para **Aristóteles** el método básico de investigación era la **observación** no experimental, mientras que para **Galileo** era la observación experimental).

Ciencia pura: Ver **ciencia básica**.

Ciencia revolucionaria (Thomas Kuhn): Derrocamiento de un **paradigma** o **marco teórico** por otro a consecuencia de las **refutaciones** reiteradas y la acumulación de **anomalías**. Constituye la excepción en la **historia** de la **ciencia**.

Ciencias blandas: Expresión que se utiliza para diferenciar a las **Ciencias Sociales** de las **Ciencias Naturales** o "ciencias duras". En las CB se dificulta la utilización de la matemática.

Ciencias de la naturaleza (Wilhelm Dilthey): Las CDN son las **Ciencias Naturales**, aquellas donde el **objeto de estudio** es exterior al **sujeto**. En cuanto al **método** de investigación, en las Ciencias Naturales podemos hablar de **explicación** y del establecimiento de relaciones de **causalidad.** Rechazando al **positivismo**, Dilthey se preocupó por diferenciar a las CDN de las **Ciencias Sociales** o "**ciencias del espíritu**".

Ciencias del espíritu (Wilhelm Dilthey): Las CDE son las **Ciencias Sociales**, aquellas donde el **sujeto** cognoscente forma parte del **objeto** estudiado, ya que el **individuo** pertenece a determinada **sociedad**. Partiendo de una crítica al **positivismo**, Dilthey planteó que en las Ciencias Sociales, el **método** de investigación se basa en la **comprensión** (*verstehen*). La visión de Dilthey dará origen a la llamada **Sociología comprensiva** sostenida entre otros por Max **Weber**.

Ciencias duras: Expresión que se utiliza para diferenciar a las **Ciencias Naturales** de las **Ciencias Sociales** o "**ciencias blandas**". Las CD trabajan en forma sistemática con mediciones exactas.

Ciencias empíricas: Ver **ciencias fácticas**.

Ciencias fácticas: Ciencias que se basan en **enunciados sintéticos** cuya **verdad** o falsedad depende de su correspondencia con los hechos. Tienen por finalidad explicar, predecir e interpretar **fenómenos** reales y contrastar empíricamente las **hipótesis** acerca de ellos. También buscan la transformación de la realidad. Se dividen en **Ciencias Naturales** (Biología, Astronomía, etc) y **Ciencias Sociales** (**Sociología, Historia,** etc). Opuesto: **ciencias formales.**

Ciencias formales: Ciencias que se basan en **enunciados analíticos** cuya **verdad** o falsedad se establece *a priori*, de modo que su fundamentación es independiente de la **experiencia** y exclusivamente **deductiva**. Se caracterizan por ser no **empíricas**, es decir, no hacen referencia a ningún sector específico de la realidad sensible. Son CF la matemática, la geometría y la **lógica** no aplicadas. Opuesto: **ciencias fácticas**.

Ciencias Naturales: Disciplinas científicas que tratan de explicar **fenómenos** naturales, es decir, aquellos fenómenos físicos independientes del hombre –el que, con sus relaciones sociales y su libertad de decidir, queda fuera de su **objeto** de estudio–. Son ejemplos de CN la física, la química, la biología, etc.

Ciencias no empíricas: Ver **ciencias formales**.

Ciencias Sociales: Disciplinas en las cuales el hombre y sus relaciones sociales constituyen el **objeto de estudio**. Las CS surgieron en el siglo XIX bajo el marco de la **Revolución Francesa** y la **Revolución Industrial**, y del surgimiento de las nuevas **clases** centrales del **capitalismo** -la **burguesía** y el **proletariado**-. Orientadas en sus primeros pasos a adoptar los **métodos** de las ya consolidadas **Ciencias Naturales (monismo metodológico)** influenciadas por el **positivismo**, las CS fueron poco a poco diferenciándose de aquellas y formando sus propios métodos, que tuvieron en cuenta la importancia de atender al **sujeto** (en tanto que actor con representaciones que dan **significado** a sus **acciones**) y a la **historia** (**comprensivismo, marxismo**, etc). Pertenecen a las CS la **Sociología**, la **Antropología**, la **Economía**, la **Ciencia Política**, etc.

Cientificidad: Cualidades o requisitos necesarios para que una disciplina o **método** se consideren científicos. Entre los principales criterios de C están la claridad y precisión conceptuales y la **contrastabilidad empírica**.

Cientificismo: Pretensión de identificar al **conocimiento científico** con el **conocimiento** en sí, descalificando cualquier otra forma de saber. El C ha sido defendido por el **positivismo** (ver **reduccionismo**). Oscar Varsavsky ha definido como cientificista al investigador que se ha adaptado al **comercio** científico, renunciando a relacionar su actividad con la realidad social y política, entregándose a su "carrera" sin cuestionar los **valores** y normas que los intereses poderosos le imponen, y abandonando en definitiva la posibilidad de usar a la **ciencia** al servicio de la Humanidad en su conjunto, sirviendo en cambio a unos pocos. M. **Bunge** es uno de los más firmes defensores del C.

Cínicos (Grecia, siglo III a.C.-siglo II d.C.): Corriente filosófica de la Grecia antigua, según algunos de orientación socrática, fundada por Antístenes y desarrollada también por Diógenes. Destaca la actitud contemplativa del sabio, su mundo interior y el desprecio por lo material, lo formal y la **política**.

Cinturón protector (Imre Lakatos): Parte no esencial del **programa de investigación**, formado por **hipótesis auxiliares** que se refieren a las **condiciones de contrastación**, **hipótesis preliminares** y otros aspectos presentes en las **observaciones**, cuya función es proteger al **núcleo central** que contiene a las **hipótesis fundamentales**. La protección consiste en la modificación o eliminación de las **hipótesis** del CP con el fin de ajustar la **teoría** a los **experimentos** que violaron sus **predicciones** (y evitar así la **refutación** del núcleo). Por ejemplo: cuando las observaciones de la trayectoria de un planeta contradijeron las predicciones de la teoría de **Newton**, los astrónomos supusieron la existencia de un cuerpo celeste que habría producido la desviación, sin otro objetivo que el de conservar las leyes newtoneanas.

Círculo de Viena (1929-1939): Escuela científica difusora de las ideas del **positivismo lógico** o **neopositivismo**, fundada por M. Schlick. Sus dos influencias fundamentales fueron los *Principia Mathematica* de **Russell-Whitehead** y la obra del primer **Wittgenstein**. El objetivo central del CV fue la constitución de un **lenguaje** científico unificado en el cual se aceptarían sólo **proposiciones** que pertenecieran a la **lógica** o a las **ciencias** basadas en la **observación** y descripción de hechos sensibles. La herramienta para esta empresa fue el análisis lógico. Su objetivo, eliminar los pseudo-problemas propios de la **especulación**. Para el CV, el **significado** de una proposición se reduce a su **método** de **verificación**, es decir, en el procedimiento -o bien **experimental** o bien **deductivo**- para determinar su **verdad** o falsedad. En este sentido, el **empirismo** del CV lo lleva a rechazar todo **enunciado** que no tenga su fuente en la **experiencia** directa: los **enunciados generales** -como las **hipótesis**- deben reducirse a sus **enunciados básicos** o **elementales**, para poder observarse (**tesis** de extensionalidad). Según el CV, el **progreso de la ciencia** es acumulativo, porque sus logros no se abandonan: las **teorías** confirmadas son relativamente inmunes a una **refutación** posterior. Son contribuciones definitivas, resultados estables, obtenidos por el **conocimiento científico**. Sus principales integrantes —además de Schlick— fueron R. **Carnap**, O. Neurath, K. **Gödel**, H. **Reichenbach**, C. **Hempel**, E. **Nagel** y A. Tarski. La persecución **nazi** obligó al CV a emigrar, especialmente a universidades norteamericanas.

Círculo hermenéutico: "Hermenéutica" es sinónimo de "interpretación". El CH es el hecho de que -para comprender o entender algo- hay primero que pre-comprender o pre-entender, es decir que para saber hay que partir de un saber: el **sentido** de cada frase (totalidad) se entiende cuando se entiende cada palabra; y el **significado** de cada palabra se entiende en función de la frase entera. Friedrich Schleiermacher (1768-1834) planteó que para entender el pasaje de un texto hay que conocer al texto entero, ya que no se puede entender una palabra fuera de su contexto.

Círculo vicioso: Falacia informal. Argumento (o **explicación**) en el cual hay dos **proposiciones** que se prueban la una a la otra inmediata o mediatamente. Por ejemplo: p → q; q → r; r → p. La **petición de principio** es el caso de CV en el cual hay una sola proposición que a la vez funciona como **premisa** y como **conclusión**, es decir que se demuestra a sí misma. El resultado es un bicondicional. (En el esquema anterior: p = r: p → q; q → p). Por ejemplo, en *El principito* de Saint-Exupéry, el protagonista le pregunta al bebedor por qué bebe y el bebedor responde que bebe para olvidar. ¿Para olvidar qué?, pregunta aquel, y el bebedor responde: para olvidar que tiene vergüenza de beber. El CV también es una propiedad de los hechos. Por ejemplo: "Cuanto más débil está, tiene menos ganas de comer; y cuanto menos come, más débil está." Opuesto: **círculo virtuoso**.

Círculo virtuoso: Proceso cuyos descubrimientos se utilizan para perfeccionar al propio proceso, lo que a su vez permite mejorar la producción de descubrimientos. Desde el punto de vista lógico, el CV es un tipo de **inferencia** que es circular porque se presupone aquello que se quiere demostrar pero que no se considera un **círculo vicioso** porque en el caso particular de que se trata no parece haber una mejor demostración. El ejemplo más citado es el de la **lógica** porque para definir sus nociones más básicas se usan expresiones cuyo **significado** sólo se comprende si ya se conocen tales nociones (por ejemplo, se usan palabras como "**entonces**", "**si y sólo si**", etc. y además, las inferencias por las cuales unas propiedades de la **lógica** se siguen de otras son inferencias legítimas sólo si se acepta la lógica que se está definiendo mediante tales inferencias. Esta particularidad de la circularidad de cualquier defensa de la lógica deductiva se ha usado para defender la legitimidad de la **inducción** frente al llamado **problema de la inducción**. Brevemente: la acusación de que la inducción no puede fundamentarse sobre la **experiencia** ni tampoco sobre la lógica deductiva, sino que solamente se deduce de un **principio de inducción** (el cual a su vez no está justificado), pierde su fuerza ya que un inductivista puede decir a su favor que si bien una fundamentación de esa forma es un razonamiento circular, no se trata de una petición de principio sino de un CV.

Clase natural: Las CN nos permiten hablar de conjuntos de entidades naturales, como por ejemplo, de piedras, animales, metales, etc. La **ciencia** se ocupa de definir con precisión las propiedades de las CN de modo que 1) sepamos cuándo estamos ante un miembro de cierta clase (por ejemplo, "Esto no es cobre sino hierro") y 2) sepamos predecir su comportamiento a partir de las **hipótesis generales** sobre la CN (por ejemplo, "El cobre reacciona de manera X; puesto que esto es un trozo de cobre, reaccionará de manera X").

Clasificación: División, a partir de cierto criterio, de un conjunto en partes o categorías.

Cláusula *ceteris paribus*: Ver *ceteris paribus*.

Cláusula protocolaria (positivismo lógico): Enunciado elemental o particular, que habla de algún **fenómeno** observado en un **experimento** y que constituye la **base empírica** que permite la **confirmación** o **refutación** de las **hipótesis** de la **ciencia**. Así, desde el **inductivismo** y el **confirmacionismo, Carnap** sostuvo que la CP es un enunciado que no necesita confirmación, sino que sirve de base para la puesta a prueba o **contrastación** de todos los demás enunciados de la ciencia. No ponía en duda la verdad de las CP porque suponía que el acuerdo mínimo entre los científicos acerca del resultado experimental era suficientemente poderoso como para garantizar la **verdad** de su descripción en un **lenguaje** despojado de **carga teórica**. Carnap encontraba en las CP una base segura para el edificio de la ciencia (**fundacionismo**). Para **Popper** la noción de CP es inaceptable porque para él todo enunciado científico, por más "despojado de teoría" que esté, debe ser **falsable** y para ello se lo debe poner en relación con otros enunciados, por medio de una teoría (para poder extraer diferentes **consecuencias observacionales** que permitan un nuevo experimento). También llamada **enunciado básico**.

Cogito, ergo sum **(René Descartes):** Expresión latina que significa "**pienso, luego existo**", utilizada por **Descartes** para exhibir algo de lo que no se puede dudar: en la medida en que tengo pensamientos, por ejemplo, en la medida en que creo ver una manzana -no importa si es el producto de mi imaginación, si es un sueño o si la manzana es real, en la medida en que pienso que veo esa manzana-, no puedo dudar de que *yo* existo. Si la manzana es irreal, si lo que yo percibo como mi propio cuerpo también es irreal, de todos modos es evidente que existo al menos como mente capaz de tener esas ideas. (Ver **idea**).

Cognición: Acción y efecto de conocer.

Cognitivo: Relativo al **conocimiento** intelectual.

Cognoscible: Que puede conocerse.

Cognoscitivo: Aquello que tiene la capacidad de conocer.

Coherencia: Ver teoría de la verdad como coherencia.

Completitud: Característica de un **sistema axiomático**, a veces se la llama **compleción** o **completud**. Diferentes autores usan el término en diferentes sentidos. **1.** C respecto de la negación: un sistema axiomático es completo **si y sólo si** para cada **fórmula bien formada (fbf)** del sistema ocurre lo siguiente: es un **teorema** ella misma o bien su **negación**. Puede formalizarse así: $T(x) \vee T(\neg x)$ **2.** Se llama también C (o **saturación**) a la siguiente propiedad: para cualquier fbf F del sistema, o bien F es un teorema del sistema o bien si F se agregara como axioma al sistema éste se volvería inconsistente. **3. C semántica:** un sistema de **lógica** es semánticamente completo si todas sus **consecuencias semánticas (tautologías)** son **consecuencias sintácticas** (teoremas) del sistema.

Completud: Ver **completitud**.

Composición: Tipo de **falacia de ambigüedad** donde se trata de trasladar las propiedades de las partes de un todo al todo: "Si todas las partes de una máquina son livianas, la máquina es liviana." En un segundo tipo, el error está en partir de propiedades de los miembros o elementos individuales de una colección para pasar a las propiedades poseídas por la colección o totalidad de los elementos. I. Copi plantea que la C se da si afirmo que "Si un ómnibus gasta más nafta que un auto, todos los ómnibus gastan más nafta que todos los autos." El error está en que, sumados todos los autos, gastan más que sumados todos los ómnibus. El primer caso es distributivo (individual, un ómnibus y un auto), mientras que el segundo es colectivo (todos los ómnibus y todos los autos).

Comprensión (comprensivismo): Para W. **Dilthey**, la C o *verstehen* es propia de las **ciencias del espíritu** –en contraposición a las **Ciencias Naturales** o ciencias de la **explicación**- y la define como una capacidad psicológica o empática. J. **Habermas** plantea que la *verstehen* permite captar la intencionalidad de las **acciones** humanas. Los teóricos empírico-analíticos y **positivistas** rechazan la C o le dan una importancia menor. Opuesto: **explicación**.

Comprensivismo: **Método** científico cuyo planteo -opuesto al **positivismo** y al **monismo metodológico**- reivindica el carácter específico de las **Ciencias Sociales** y la necesidad de distinguir a éstas de las **Ciencias Naturales**, en razón de su finalidad central: comprender el **significado** de las **acciones** humanas (*verstehen*). Pertenecen al C los estudios que tratan de comprender la **acción social** del **hombre** a través de la interpretación y análisis de su **subjetividad**. Originado en el **idealismo** alemán del siglo XIX, el C se caracteriza por el uso de la **hermenéutica**. Dado que la realidad social y la natural son distintas, los comprensivistas plantean la necesidad de utilizar métodos de estudio diferentes. **Empatía**, intencionalidad, motivos, forman parte del **lenguaje** de esta corriente, expresada entre otros por W. **Dilthey**, P. Winch y M. **Weber**.

Comprobación: Ver **contrastación**.

Comte, Augusto (1798-1857): Filósofo y sociólogo francés, considerado el fundador de la **Sociología** y uno de los pensadores más importantes del **positivismo**. Buscó crear una **filosofía** "positiva" frente al negativismo heredado de la **Ilustración** (es decir, de la visión crítica de la realidad, presente sobre todo en **Rousseau**) y la **Revolución Francesa**, que, según C, había cuestionado el **paradigma absolutista** sin plantear nada a cambio. Para C, la **predicción** científica debía servir para controlar a los **estamentos** de la **sociedad**, para mantener el *statu quo* imperante. Propuso estudiar la **sociedad** con el mismo método con que se estudia a la física (**observación, experimentación** y comprobación), formulando el concepto de **"física social"**. Su objetivo era proceder a la reforma de la sociedad. Creyó necesario contar con **hipótesis** que expliquen los hechos, buscando las **leyes** del desarrollo social. Y estableció las tres etapas históricas de la Humanidad: **etapa teológica, etapa metafísica** y **etapa positiva**. C era ideológicamente **conservador** y consideraba que la sociedad es armónica y carece de conflictos. Entre sus obras principales encontramos a: *Curso de Filosofía positiva* (1830-1842).

Comunidad científica: Según T. **Kuhn**, la CC es un **grupo** constituido por científicos de una determinada disciplina que han compartido un aprendizaje, que tienen forman similares de comprender y resolver los **problemas**, y que tienen un **lenguaje** común, lo que les permite comunicarse entre sí sin riesgos de malentendidos. Una CC es tal en la medida en que comparte un **paradigma**. En la óptica de Kuhn, la CC es siempre **conservadora** y dogmática, encerrada en su paradigma.

Comunismo (Karl Marx, 1848 →): Con antecedentes en Antístenes y Diógenes, en G. Babeuf y en el **socialismo utópico**, el C es la **doctrina** del **marxismo** y la **sociedad** a la que éste aspira, basada en la inexistencia de la **propiedad privada** de los **medios de producción** y –en consecuencia- de las **clases sociales** y del **Estado**. Según el **Manifiesto Comunista**, el C busca abolir la propiedad privada que sirve para explotar el **trabajo** ajeno (la propiedad **burguesa**) y no la propiedad bien adquirida, fruto del trabajo y el esfuerzo personal. El medio para alcanzar tales fines es la toma del **poder** por parte de la **clase obrera**, la instauración de la **dictadura del proletariado** y la paulatina disolución del Estado como instrumento de dominación de clase. El término C también es utilizado por **Marx** para definir a la segunda y última fase de la transformación revolucionaria, que sucede al **socialismo**. El C se caracteriza, en este sentido, por la desaparición de la **división del trabajo** entre **trabajo manual** y **trabajo intelectual**, el crecimiento continuo de las **fuerzas productivas**, la desaparición de las clases sociales, el **derecho** y el Estado, y un criterio de distribución basado en el principio "**De cada cual según su capacidad, a cada cual según su necesidad**", superador del criterio distributivo de la fase socialista, centrada en el principio "**De cada cual según su capacidad, a cada cual según su trabajo.**" Estos conceptos son propuestos por Marx a modo indicativo, pero en ningún momento plantea plazos para el cumplimiento de esos objetivos, lo que dependerá del desarrollo histórico de la sociedad.

Concepción clásica de la ciencia: Es la **epistemología** que dominó al **conocimiento científico** hasta el siglo XX, centrada fundamentalmente en el **empirismo**, el **positivismo** y el **inductivismo**. La CCC fue criticada por la **concepción contemporánea de la ciencia** formada entre otras corrientes por el **falsacionismo** y la **nueva filosofía de la ciencia**.

Concepción contemporánea de la ciencia: La CCC es la **epistemología** surgida en el siglo XX como crítica a la **concepción clásica de la ciencia** formada por el **empirismo** y el **inductivismo** (en particular el **inductivismo ingenuo**) y abarca corrientes disímiles entre sí como el **falsacionismo** y la **nueva filosofía de la ciencia**.

Concepción heredada: Se llama CH a la **epistemología** del **positivismo lógico** y de K. **Popper** que centraba su atención en las **teorías** consideradas sincrónicamente y cuya principal herramienta de análisis era la **lógica**. La CH marca el comienzo de la **filosofía de la ciencia**.)Ver también **nueva filosofía de la ciencia**).

Concepción semántica de las teorías: Corriente de la **filosofía de la ciencia** que se inicia en la década de 1980. Según van Frasen, en un texto de 1989: "De acuerdo con la concepción **semántica**, presentar una **teoría** es presentar una familia de **modelos**. Esta familia puede ser descrita de varios modos, mediante **enunciados** diferentes en **lenguajes** diferentes, y ninguna formulación **lingüística** tiene ningún estatuto privilegiado. Específicamente, no se atribuye ninguna importancia a la **axiomatización** como tal, e incluso la teoría puede no ser axiomatizable en ningún sentido no trivial."

Concepto: Construcción simbólica o idea convencionalizada que está unida a un sonido específico o **imagen acústica** reconocida en la **sociedad**. Hecho de la conciencia, es la idea que tenemos de algo al escuchar una palabra o al ver una palabra escrita.

Conclusión: Proposición de un **razonamiento** que se afirma sobre la base de las otras proposiciones (**premisas**) del mismo. Premisa y C son términos relativos: la misma proposición puede ser premisa en un razonamiento y C en otro.

Conclusión inatinente: Ver *ignoratio elenchi*.

Condición: En el **condicional**, relación de presuposición entre dos términos: el **antecedente** ("si") y el **consecuente** ("entonces").

Condición necesaria: Requisito imprescindible para que un **fenómeno** se produzca, sin el cual éste no ocurre. En **lógica**, la CN se relaciona con el **consecuente**: por ejemplo, "Para dar el final hay que (es necesario) sacar 4." Aunque indispensable, la sola presencia de una CN no siempre produce el fenómeno, ya que una condición puede ser necesaria y no ser **condición suficiente**. Por ejemplo, en la **Argentina** tener treinta años es CN para ser candidato a **diputado**, pero no es condición suficiente: también se debe ser **ciudadano** argentino. Cuando una condición es a la vez CN y condición suficiente, entonces define un hecho.

Condición suficiente: "Es suficiente que uno de sus empleados llegue tarde para que se ponga a gritar como loco". En este **enunciado** podemos distinguir el **antecedente** –"es suficiente que uno de sus empleados llegue tarde"– y el **consecuente** –"para que se ponga a gritar como loco"–. Ahora bien, la condición que une al antecedente y al consecuente es suficiente porque, si bien **siempre** y sin excepción que uno de sus empleados llega tarde se pone a gritar como loco, sin embargo, esto no es una **condición necesaria**, dado que puede ponerse a gritar como loco por cualquier otra causa. En un enunciado condicional el antecedente es CS, pero no condición necesaria para el consecuente.

Condicional: También llamado **enunciado hipotético, implicación o enunciado implicativo**, el C es la expresión **lógica** del "**si...entonces**", y su signo es la herradura "⊃" o bien la flecha "→". Ejemplo: "p ⊃ q", "Si llueve, entonces voy al cine." El C solamente es falso cuando el **antecedente** es verdadero y el **consecuente** falso; sino es verdadero. El componente que está entre el "si" y el "entonces" es el antecedente o **implicante**, y el que está después de "entonces" es el consecuente o **implicado**. También puede formularse en el orden inverso: "Te vas a resfriar si no te abrigás".

Condicional asociado: Ver **método del condicional asociado**.

Condicional doble: Ver **bicondicional**.

Condicional material: Ver **condicional**.

Condiciones antecedentes: Ver **condiciones iniciales**.

Condiciones de contrastación: Una **consecuencia observacional** de una **hipótesis** o conjunto de hipótesis tiene la forma de un **condicional**, cuyo **antecedente** son las CC que describen las características de un **experimento** o las condiciones en las que se observa algo y cuyo **consecuente** describe el resultado del experimento o bien lo que se observa. Por ejemplo: "Si se calienta una pieza de cobre (CC), entonces la pieza se dilatará." El experimentador debe provocar las CC para ver si se cumple el consecuente del condicional. Las CC en una contrastación equivalen a las **condiciones iniciales** en una **explicación**.

Condiciones iniciales: Enunciados singulares que hacen referencia a condiciones particulares -en un tiempo y lugar determinados- en las cuales se espera que se produzca un **fenómeno** E, de acuerdo con lo predicho por una **hipótesis** científica. Para C. **Hempel**, una **explicación nomológico-deductiva** equivale a un **razonamiento deductivo**, donde sus **premisas** son **leyes universales** L1, L2, ..., Ln, junto con determinados enunciados singulares C1, C2, ..., Cn, que realizan afirmaciones sobre hechos concretos. Estos últimos se llaman CI, y su **conclusión** es el enunciado E, que describe el fenómeno que se quiere explicar.

Condiciones necesarias: Ver **condición necesaria**.

Conectivas: Las C lógicas son nexos que unen **proposiciones** formando **proposiciones compuestas**. Los más elementales son: la **conjunción** (y) , la **disyunción** (o), la **negación** (no), el **condicional material** (si...entonces) y el **bicondicional** (si y sólo si). Las C se interpretan por medio de **tablas de verdad**, que indican el **valor de verdad** de las proposiciones compuestas según cuál sea la combinación de valores de verdad de las proposiciones componentes. Hay otra manera de expresar el **significado** de las C usando notación matemática. Se dice que una C es **veritativo-funcional** o que es una **función de verdad** o **función veritativa**, porque se define de la misma manera que las funciones matemáticas: se caracteriza por vincular cada elemento del conjunto dominio a uno y sólo un elemento de otro conjunto (el codominio o imagen). Por ejemplo, la función "más" vincula dos números (del dominio) a un único número; si toma los números 2 y 3 (al elemento del dominio que es el par ordenado <2,3>), la imagen será 5 (ya que 2+3=5). Del mismo modo las C de la **lógica proposicional** vinculan elementos (valores de verdad) de un conjunto dominio a elementos (valores de verdad) de otro conjunto codominio. Por ejemplo, en lógica proposicional: el valor de verdad de (A . B) es V si y sólo si el valor de verdad de (A) es V y el valor de verdad de (B) es V. Si reemplazamos la expresión "el valor de verdad de x" por $f(x)$, la expresión "es" por "=" y "**si y sólo si**" por "**sii**", podemos definir las C del siguiente modo:

Conjunción	$f(A . B) = V$ sii $f(A)=V$ y $f(B)=V$
Disyunción	$f(A \lor B)=F$ sii $f(A)=F$ y $f(B)=F$
Condicional	$f(A \rightarrow B)=F$ sii $f(A)=F$ y $f(B)=V$
Bicondicional	$f(A \leftrightarrow B)=V$ sii $f(A)=f(B)$
Negación	$f(\neg A)=V$ sii $f(A)=F$

Conectivas lógicas: Ver **conectivas**.

Conexión causal: Ver **causa**.

Conexión necesaria: En **lógica** dos **proposiciones** tienen una CN cuando es imposible que una sea verdadera sin que lo sea también la otra. En **epistemología** la CN (llamada **necesidad nomológica**) es una relación que puede darse entre tipos de hechos o entre proposiciones que hablan acerca de tipos de **hechos**. Por ejemplo: "El agua se congela a 0° C" significa que *siempre* que se someta una porción de agua a 0° C, se congelará (*ceteris paribus*) y por tanto establece una CN o **ley fáctica**, entre el agua y la temperatura. La imposibilidad de que el agua esté a 0° C y no se congele no es lógica (ya que no es una **contradicción**) sino **fáctica** y se afirma acerca de hechos conocidos tanto como desconocidos (como los hechos futuros).

Confirmación (confirmacionismo): Consideración de la **verdad** de un **enunciado** en forma **probable** respecto de cierta evidencia conocida y no definitiva. Opuestos en distintos sentidos: **corroboración, verificación, refutación**.

Confirmacionismo: Postura científica de una parte del **empirismo o positivismo lógico**. Para el C o **inductivismo amplio**, la **experiencia** sólo puede demostrar la **verdad** de una **proposición** científica en forma **probable** –y no definitiva, como creía el **verificacionismo**- a través de una **inferencia inductiva**. Sus referentes más sobresalientes son Rudolf **Carnap**, Carl **Hempel** y Hans **Reichenbach**. **Popper** ha criticado al C, al señalar que tiene la misma limitación que el verificacionismo: trata de justificar una **inducción** con otra inducción, con lo que caen en el **círculo vicioso** del **problema de la inducción**. Llamado también **probabilismo**, el C afirma que la **lógica** de la **ciencia** es inductiva puesto que la labor científica consiste en establecer, aunque sea de manera falible, conocimiento que no era disponible previamente. Por ejemplo, una **hipótesis** científica predice que va a suceder determinada cosa que aún no ha sucedido. No sabemos estrictamente si va a suceder lo que predice o bien algo muy diferente, pero la **predicción** las más de las veces es acertada debido a que los científicos han desarrollado un **método** para elegir entre hipótesis alternativas (que es muy riguroso aunque inductivo). Es inductivo precisamente porque sacan conclusiones que podrían ser falsas perfectamente a pesar de que todas las **premisas** del **razonamiento** en cuestión sean verdaderas: una hipótesis, según el C, se ve confirmada por sus **consecuencias observacionales**. La verdad de las consecuencias observacionales, según el C, puede establecerse por la experiencia (puesto que son enunciados que describen cosas particulares y observables). Todos los experimentos tienen como producto el establecimiento de enunciados de este tipo. Los científicos hacen descansar la **justificación** de sus teorías en el trabajo experimental. Por lo tanto, concluye el C, la justificación de las hipótesis es un razonamiento que parte de enunciados observacionales y llega a una **conclusión** universal, esto es, un **razonamiento inductivo**. La relación entre una serie de premisas singulares (las consecuencias observacionales) y una conclusión universal (la hipótesis) que habla de casos que no están en las premisas (los casos no observados del mismo fenómeno) es evidentemente un razonamiento inductivo. Carnap fue el pionero de la lógica inductiva y el primero en estudiar sus **paradojas** y sus propiedades con herramientas de la **lógica simbólica**.

Confirmar (confirmacionismo): Aumentar la **probabilidad** de que un **enunciado general** sea verdadero a partir de elementos de juicio o **contrastaciones** favorables que lo apoyan.

Confucianismo (siglo V a.C. →): Doctrina de la **cultura** y los grupos gobernantes en la **China** tradicional, fundada por **Confucio**. Este filósofo planteó que la vida humana debe ajustarse a la armonía interna de la naturaleza, con especial énfasis en la veneración de los ancestros. Es una **filosofía** de la obediencia que incluye el acatamiento de un estricto protocolo y una **moral** similar a la que hoy definimos como **puritana**. Actualmente, cuenta con unos doscientos millones de seguidores.

Confucio (551-479 a.C.): Filósofo chino, Kung-Fu-tse dedicó su vida a la enseñanza de los clásicos de su país. Sus ideas, en forma de sentencias, fueron recopiladas y fueron la base de la **moral** y la educación chinas hasta nuestros días. Era **conservador**, abogando por el sometimiento de los hijos a los padres, de las mujeres a sus esposos y de los súbditos a sus jefes. Rechazó la fuerza bruta y reivindicó la **ética**, la sabiduría y los rituales por encima de las consideraciones religiosas. Rechazando el **taoísmo**, el **confucianismo** influyó, además de **China**, en **Japón**, Corea y otros países del Sudeste Asiático.

Confucionismo: Ver **Confucianismo**.

Conjetura: Hipótesis que no tiene ningún fundamento lógico, pero que para algunos autores –como **Popper**- es punto de partida para el **progreso científico**. Se sitúa en el "**contexto de descubrimiento**". No importa si se trata de una "idea loca", sino de si se puede poner a **prueba** o no (**contrastación**).

Conjunción: Regla de inferencia y **conectiva lógica** del "y". Combinación de dos **proposiciones** que forman un **enunciado** mediante la partícula "y", y el signo ".", o bien "^". Por ejemplo, "p . q", "Llueve y hace frío". A las proposiciones que componen una C se las llama conjuntivos o conyuntos. La C de dos proposiciones es verdadera **si y sólo si** son verdaderos las dos proposiciones conyuntas, y es falsa en los demás casos. La regla de la C es: p, q ∴ p . q.

Conmensurable: Mensurable, que puede medirse o compararse con otra cosa. Opuesto: **inconmensurable**.

Connotación (Roland Barthes): Llamada también **intensión** de un **término**, son las propiedades compartidas por todos los objetos de la extensión de un término. Entra en juego lo cultural como sistema de valores, porque la connotación "produce matices de sentido asociativos, expresivos, evaluativos o de actitud. En **lingüística** y **semiología**, la C es el conjunto de los "componentes connotativos" de un término, es decir, las características secundarias de una palabra. En el lenguaje cotidiano se lo denomina "doble sentido". El sentido no viene dado, sino que se construye en el intercambio, en relación con el contexto histórico y social, en relación con los saberes previos de esa cultura y las personas que la conforman. En **lógica** y en **filosofía**, la C de un concepto es su comprensión o **significación**. Opuesto: **denotación**.

Connotadores: Significantes de la **connotación**.

Connotados: Significados de la **connotación**.

Conócete a ti mismo: (*gnóti autón*) Máxima griega retomada filosóficamente por **Sócrates** y por la tragedia griega.

Conocimiento: Captación intelectual de las cualidades y las relaciones de las cosas. Por lo general, cualquier tipo de C supone generalidad, es decir, no se refiere a cosas particulares aisladas (a eso se llama **experiencia**), sino propiedades y relaciones que se dan en varios casos. El C es el **objeto** de estudio de la **gnoseología**. El **término** puede usarse como sinónimo de **conocimiento científico** o de **conocimiento directo**.

Conocimiento *a posteriori*: Ver *a posteriori*.

Conocimiento *a priori*: Ver *a priori*.

Conocimiento científico: Tipo de **conocimiento** específico de la **ciencia**. Marta López Gil plantea que se caracteriza por ser: 1- racional: está formado por **términos**, **proposiciones** y por **razonamientos**, y no por imágenes, sensaciones o pautas de conducta, de modo que las ideas se conectan por medio de reglas lógicas, 2- sistemático: las ideas no son inconexas sino que constituyen un **sistema**, de modo que cuando cambia una idea deben cambiar las otras, 3- universal: las **leyes científicas** se aplican a todos los casos de un **fenómeno**, 4- auto-correctivo: la ciencia no considera que su conocimiento es infalible sino que está sujeto a crítica, 5- comunicable: las ideas científicas tienen que ser precisas y estar expresadas en un **lenguaje** sencillo, 6- carácter explicativo: la ciencia intenta explicar los **hechos** a través de leyes y a las leyes en términos de principios, 7- **verificable**: para que una idea sea científica tiene que poder ser verificada. Si no es posible **contrastar** independientemente una **hipótesis**, no es científica, 8- predictivo: el CC no sólo explica sino que predice lo que puede ocurrir en el futuro, 9- metódico: las ideas se adquieren por medio de un método.

Conocimiento directo: Tipo de **conocimiento** donde hay una relación inmediata entre el **sujeto** que conoce y el **objeto**. Consiste en conocer algo por haberlo visto (por ejemplo, conocer a una persona) o por haber estado en un lugar (por ejemplo, conocer Mar del Plata).

Conocimiento empírico: Conocimiento fáctico, que refiere a la realidad sensible y que –por lo tanto- es **falible**. Por ejemplo, una **teoría** sobre el comportamiento de gases o una teoría económica. Un ejemplo de CE no **científico** es lo que uno aprendió acerca de la personalidad de alguien por el trato constante (que es amable, que se despierta de mal humor, etc.)

Conocimiento en sentido débil: Ver **conocimiento proposicional en sentido débil**.

Conocimiento en sentido fuerte: Ver **conocimiento proposicional en sentido fuerte**.

Conocimiento por habilidad: Saber hacer o llevar a cabo una técnica más o menos sofisticada. Por ejemplo, saber andar en bicicleta. Sinónimos: ***Know-how***, "**saber cómo**", conocimiento práctico.

Conocimiento proposicional: Tipo de **conocimiento** basado en la certeza más o menos fundada acerca de la corrección de ciertas **proposiciones** o afirmaciones (por ejemplo, saber que el radio de la Tierra es de 6.370.000 Km. o que Santa Rosa es la capital de La Pampa).

Conocimiento proposicional en sentido débil: Conocimiento del que se tienen buenas razones para determinar su **verdad**, pero no concluyentes. Es propio de las **ciencias fácticas**.

Conocimiento proposicional en sentido fuerte: Conocimiento del que se tienen **pruebas** concluyentes sobre su **verdad**. Es propio de las **ciencias formales**.

Consecuencia observacional: Ver **consecuencias observacionales**.

Consecuencia semántica: Una **fórmula** o **proposición** es una CS de un **sistema** interpretado **si y sólo si** la **interpretación** le asigna el **valor de verdad** verdadero. Una **fórmula** es CS de otra si no existe ninguna interpretación que haga verdadera a la primera fórmula y no haga verdadera a la segunda.

Consecuencia sintáctica: Una **fórmula** es una CS de un **sistema si y sólo si** se puede deducir como **teorema** del sistema, es decir, si es un teorema del sistema. Una fórmula es una CS de otra si existe una derivación en la que la primera fórmula sea la única **premisa** y la segunda fórmula sea la **conclusión**.

Consecuencias observacionales: Consecuencias observables derivadas de una **hipótesis fundamental** que contiene términos teóricos (que no pueden observarse directamente). En el **método hipotético deductivo**, si una CO es falsa, entonces la **ley** o **hipótesis** ha sido refutada (a menos que se ponga en duda la **validez** del **experimento**). Es decir que la **refutación** de una ley consiste en que una de sus CO no se cumpla. La **forma lógica** de la refutación (*modus tollens*) es la siguiente: H $\rightarrow$ CO; ¬CO; entonces ¬H. (H es un conjunto de proposiciones que incluye hipótesis generales y afirmaciones sobre las condiciones del experimento). Un ejemplo de CO de la **teoría de la relatividad** de **Einstein** fue la **predicción** correcta de que el campo gravitatorio del Sol curva en cierta medida los rayos de luz que pasan cerca. La teoría de **Newton**, en cambio, no predijo tal desviación por lo que se la consideró refutada. Una CO tiene la forma de un **condicional** (C $\rightarrow$ E), cuyo **antecedente** describe las **condiciones de contrastación** y cuyo **consecuente** describe el resultado esperado en tales condiciones. Generalmente cuando se formaliza un **razonamiento** de refutación o de **confirmación/corroboración/verificación**, la CO se simboliza con una **letra proposicional** y no como una **fórmula molecular** condicional, debido a que es más económico y lógicamente equivalente.

Consecuente: El C es la **proposición** que está a la derecha de la **conectiva condicional material**. En el **condicional** del **lenguaje natural**, es la proposición componente que está después del "**entonces**" (aunque a veces se construye el condicional sin el "entonces", por ejemplo en "Cuando vos vas, yo fui y vine"). En estos casos es recomendable traducir la oración a otra que use el término "entonces": "Si vos vas entonces yo fui y vine", para identificar el C. También llamado "**implicado**".

Consensualismo (década de 1960 →): Corriente epistemológica historicista, crítica del **inductivismo** y el **falsacionismo**. Uno de sus máximos exponentes es Thomas **Kuhn** (ver **nueva filosofía de la ciencia**).

Consistencia: Proposición que tiene por lo menos un caso verdadero, es decir, cuando en su **tabla de verdad** podemos encontrar por lo menos un caso de sustitución que sea verdadero.

Consistencia: En **lógica**, relación de no **contradicción** entre **enunciados** (pueden afirmarse todos a la vez sin que ello sea contradictorio). Se dice de un persona que es consistente cuando sus creencias no son contradictorias. Opuesto: **inconsistencia**.

Consistencia: Característica de un **sistema axiomático**, el **término** se usa en dos sentidos. **1.** No-**contradictoriedad:** un **sistema** tiene C **si y sólo si** no existe una **fórmula bien formada (fbf)** del sistema que sea **teorema** y cuya **negación** también sea teorema (es decir, el sistema no afirma –no se puede **demostrar** en él– ninguna **contradicción**). **2. C generalizada:** un sistema tiene C si y sólo si existe una fbf que no es teorema. En un sistema con **negación** las dos propiedades son equivalentes (ya que a partir de una contradicción todas las fbfs se pueden demostrar como teoremas).

Constante: Elemento que no varía, sino que permanece igual cualquiera sea el caso. Una C tiene siempre el mismo valor o **interpretación** posible. Por ejemplo, las **conectivas** lógicas (**disyunción, conjunción**, etc) o la fórmula del perímetro del círculo "Perímetro = π. Diámetro". Aquí, la letra griega sólo puede ser reemplazada por 3.1415... Este valor es una C porque no es posible reemplazarlo por otro valor: por este motivo no es una **variable**.

Constantes lógicas: Ver **términos lógicos**.

Constructivismo (décadas de 1920-1940): Postura de la **gnoseología** que sostiene que el **conocimiento** es una organización del mundo construida por la experiencia de cada **sujeto**, que no refleja una realidad **objetiva**. De este modo, el énfasis no debe estar puesto en el **objeto** a conocer sino en el hecho **subjetivo** de conocer. Se trata de una herramienta de adaptación que nos permite organizar nuestra vida en el medio, pero no descubrir una realidad subyacente. Otra variante del C es el C social, para el que la **verdad** es una construcción hecha por la mayoría de un **grupo** social que construye dicho conocimiento. De este modo, ninguna **teoría** puede demostrarse verdadera o falsa en forma definitiva ya que para el C los **datos** con que trabaja un investigador están construidos por las teorías que éste utiliza, lo que hace que esos datos no puedan servir como **prueba** de la verdad de esas teorías (tesis de Holzkamp que impugna al **falsacionismo** de **Popper**). La **psicología genética** de Jean **Piaget** y de algún modo la *gestalt* pertenecen al C, al igual que la Escuela de Erlangen de Paul Lorenzen y la **teoría de la comunicación** de Paul Watzlawick.

Constructo: Fenómeno no observable, construido por la mente de un investigador.

Contenido empírico: El conjunto de los **enunciados observacionales** deducibles de una **hipótesis** para **contrastarla**. La mejor hipótesis es la que tiene mayor CE.

Contexto de aplicación: El CA es el ámbito de la utilización del **conocimiento científico** y de las decisiones de cómo y para qué se usan dichos conocimientos. Dentro de este contexto, ocupa un lugar importante el estudio de la **tecnología**, es decir, de los **productos** tecnológicos basados en conocimientos científicos, y de los problemas que el desarrollo de la tecnología plantea a la **investigación** científica pura. Opuesto: **contexto de descubrimiento** y **contexto de justificación**.

Contexto de descubrimiento (Hans Reichenbach): Marco histórico-social en el que los científicos obtienen sus **hipótesis**. Conjunto de condiciones y circunstancias subjetivas, psicológicas, sociales e históricas que determinan el surgimiento de una **teoría**. En 1934, Karl **Popper** planteó que el CD no forma parte de la **ciencia**: cuando un científico realiza una investigación, los descubrimientos que realiza tienen un carácter fuertemente irracional, porque están relacionados con su manera de ver el mundo, con sentimientos y con otras cuestiones de carácter **subjetivo**. Como se supone que la ciencia es **objetiva**, Popper niega que todo esto sea ciencia. Para Popper, la ciencia está sólo en el **contexto de justificación**. Las visiones críticas del **positivismo** –como la de G. **Bachelard**- prefieren referirse al CD como a la **historia externa** de la ciencia.

Contexto de justificación (Hans Reichenbach): Contexto en el que los científicos tratan de demostrar que una **teoría** es válida, a través de la puesta a prueba o **contrastación** de **enunciados observacionales** que se deriven de aquella. Es el ámbito sobre el cual debe tratar la **epistemología** según la **concepción heredada**. Según **Popper**, el CJ es el único realmente científico, mientras que el **contexto de descubrimiento** no lo es. Las visiones críticas del positivismo prefieren referirse al CJ como la **historia interna** de la ciencia.

Contexto-dependiente: Una **oración** C-D expresa distintas **proposiciones** según el contexto de **enunciación** y, por tanto, distintos **valores de verdad**. Por ejemplo, la oración "Mi tía es de Racing" es verdadera si la dice Tito, cuya tía Carlota es de Racing, y en ese caso la oración expresa la proposición "Carlota es de Racing". Pero es falsa si la enuncia Adrián, porque su tía Fiona es de Boca y entonces la oración "Fiona es de Racing" resulta falsa. De la misma manera, "Yo estoy leyendo un diccionario" es una proposición falsa si la digo yo (el que esto escribió) y es otra proposición, verdadera, si la dice usted (el que está leyendo).

Contingencia: Proposición cuyo **valor de verdad** depende de circunstancias **fácticas**, de **hechos**. En su **tabla de verdad** (ver) hay al menos un resultado de **verdad** y otro de falsedad, según los casos de sustitución. Por lo tanto, no hay **métodos** lógicos para decidir su verdad o falsedad. Se distingue así de la **tautología** y de la **contradicción** cuyos valores de verdad son constantes. Opuesto: **necesidad.**

Contra el método **(Paul Feyerabend, 1975):** Obra en la que este autor afirma que la **ciencia** es mucho más irracional que su imagen metodológica. Esto sería así porque no existe un **criterio de demarcación** que pueda separar adecuadamente la ciencia de la *no ciencia*, de la **ideología** o del **mito.**

Contractualismo: Teoría política moderna, cuya aparición está relacionada con la crisis del **Medioevo** y la **transición del feudalismo al capitalismo**, que planteó la necesidad de fundar el **poder** político sobre nuevas bases no divinas ni **sagradas** y de explicar la aparición de las **sociedades** nacionales. Desde el **Iusnaturalismo**, los **contractualistas** realzaron el papel del **individuo**. Según el C, los individuos viven en un **estado de naturaleza** al que –por motivos diversos según el autor- abandonan –a través de un **contrato social**- para ponerse voluntaria y racionalmente bajo el **poder** de un **soberano**, constituyendo la **sociedad civil**. Tanto para **Hobbes**, como para **Locke** y **Rousseau**, los individuos enajenan una parte de sus derechos naturales para cederlos al soberano a cambio de la protección de otros derechos que mantienen en su poder (y que varían también según el autor de que se trate).

Contractualistas: Pensadores de los siglos XVII-XVIII (**Hobbes, Locke, Rousseau**) que explicaban el origen del **Estado** y la política a partir de la firma de un **contrato social** por parte de los **individuos**.

Contradicción: En la llamada **lógica clásica**, es la propiedad de una **proposición** molecular en la que hay una incompatibilidad entre dos proposiciones componentes: "p y no p" o "q entonces no (p y q)", donde si uno es verdadero el otro es falso (por el **principio de no contradicción**). Se trata de una **proposición molecular** siempre falsa. También se llama C a la relación entre dos proposiciones separadas porque si se las afirmara conjuntamente el resultado sería una C del primer tipo. La C es **analíticamente** falsa, es decir que su falsedad es determinable por métodos lógicos. En su **tabla de verdad** sólo hay resultados falsos.

Contradicción: En la **dialéctica** la C es una de las leyes de movimiento y transformación de la realidad: "p y no p" expresan un "juego de oposiciones" entre **tesis** y **síntesis**, del cual surge una superación o **síntesis**, por ejemplo, "r." Así, desde la lógica clásica el **enunciado** "Hay **capitalismo** y no hay capitalismo" es siempre falso. En la lógica dialéctica del **marxismo**, en cambio, puede significar que "Hay capitalismo" (p) porque es el **modo de producción** dominante (tesis) y "No hay capitalismo" (no p) porque en su seno existen las fuerzas que lo niegan: el **proletariado** (antítesis). Como resultado de la **lucha de clases** y el triunfo de la clase revolucionaria, se supera al capitalismo con un nuevo tipo de **sociedad**: el **socialismo** (r, síntesis).

Contradicción *in adjecto*: **Contradicción** formal o en los términos. Por ejemplo, "los sordos oyen".

Contraejemplo: Razonamiento que posee igual **estructura lógica** que otro y que –al tener **premisas** verdaderas y **conclusión** falsa- demuestra la **invalidez** del primer razonamiento. Por ejemplo: "Cuando no como pizza, vienen los extraterrestres; pero estoy tomando cerveza y comiendo pizza; luego, no vienen los extraterrestres" es un razonamiento inválido cuya forma lógica es : $\neg P \rightarrow Q$; R y P; entonces $\neg Q$. Un C apropiado es: "Cuando no duermo bien, hay fuerza de gravedad; anoche tomé un tranquilizante y dormí bien; por lo tanto, no hay fuerza de gravedad".

Contrafáctico: Ver **enunciado condicional contrafáctico**.

Contrariedad: En la **lógica clásica**, dos **proposiciones** son contrarias cuando no pueden ser verdaderas al mismo tiempo, aunque sí pueden ser ambas falsas. Por ejemplo: "Enriqueta está corriendo" y "Enriqueta está durmiendo" son contrarias en un sentido informal, ya que no se puede a la vez correr y dormir, pero formalmente no lo son (La formalización "p y q" no presenta C). En cambio, en el siguiente ejemplo la C se puede establecer formalmente, haciendo **abstracción** del **significado** de las proposiciones: "p . q" y "$\neg$p . $\neg$q . $\neg$r" no pueden ser verdaderas a la vez, pero pueden ser ambas falsas (por ejemplo si p es verdadera y q falsa).

Contrarreforma (1545-1563): Reacción de la **Iglesia Católica** frente a la **Reforma Protestante**. La C se planteó en el **Concilio de Trento**, cuando se implementó la **Inquisición**, tribunal especial –ya existente en la **Edad Media**- que actuaba como un freno al avance protestante. La C dio también un fuerte impulso a la educación católica.

Contrastabilidad (Carl Hempel): Requisito de una **explicación** científica que indica que sus **enunciados** deben poseer cierto contenido **empírico**.

Contrastación: Puesta a **prueba** de una **hipótesis** a través de **observaciones** o **experimentos** que confronten a **enunciados** que se deduzcan de ella con la **experiencia**, con el fin de establecer su **verdad**, su falsedad, su grado de **confirmación** o su **corroboración**, según la posición epistemológica que se adopte.

Contrastación crucial: Ver **experimento crucial**.

Contrastación experimental: Puesta a **prueba** de una **hipótesis** a partir de alguna de sus **consecuencias observacionales** por medio de la realización de un **experimento** (una situación creada artificialmente) en el que se observará o no la **predicción** deducida de la hipótesis.

Contrastación no experimental: Puesta a **prueba** de una **hipótesis** a partir de alguna de sus **consecuencias observacionales** por medio de la **observación** de la presencia (o ausencia) de un **fenómeno** en un medio no creado artificialmente. Por ejemplo, la contrastación de una hipótesis que prediga cierto comportamiento de alguna estrella que pueda observarse con un telescopio.

Contrato social (contractualismo): Pacto voluntario y racional entre los **individuos** en **estado de naturaleza,** por el que renuncian a ciertos derechos, con el fin de crear el **Estado** que establezca **derechos** y **obligaciones** iguales para todos. En **Hobbes**, el CS cede los derechos de todos a la voluntad de uno –que no forma parte del pacto-, mientras que en **Locke** prima la **voluntad de la mayoría –** y el soberano sí forma parte del pacto- y en **Rousseau**, la **voluntad general**. En este sentido, algunos autores distinguen entre un **pacto de asociación** y un **pacto de sujeción**.

Convencionalismo: Posición **epistemológica** que sostiene que la comunidad científica establece las reglas de la actividad científica. Para Duhem y Poincaré, los científicos se ponen de acuerdo en las **teorías**. De este modo, las mismas observaciones pueden ser compatibles con teorías distintas –como fue el caso durante un tiempo de las teorías de **Ptolomeo** y **Copérnico**- de manera que optar entre una u otra teoría depende -en definitiva- de la decisión de los científicos. Para el **instrumentalismo** defendido por estos autores –posición convencionalista extrema- supuestos falsos pueden tener consecuencias verdaderas, por lo que lo que importa a la **ciencia** no es la **verdad** sino la fertilidad predictiva de las teorías. **Popper**, por su parte, limita la convención entre los científicos a los **enunciados básicos**. También conocido como **decisionismo**. **Lakatos** llama C revolucionario al C de quienes establecieron **criterios** para tomar las decisiones de eliminar una teoría y dar paso a otra, que suponen que cierto tipo de convenciones son más útiles que otras. Popper y Duhem defendieron un C revolucionario, mientras que Poincaré fue un convencionalista conservador.

Copérnico, Nicolás (1473-1543): Astrónomo, matemático, abogado, teólogo y médico polaco, impulsor de la **teoría heliocéntrica**, en oposición a la **teoría geocéntrica** de **Ptolomeo**. **Galileo** Galilei demostró la corrección de sus planteos. Entre sus obras principales encontramos a: *De los giros de los orbes celestes* (1543).

Correlato empírico: Hechos que se corresponden con determinados **conceptos** teóricos, de los que constituyen **indicadores**. Por ejemplo, hasta no hace mucho en los **EE.UU.** había baños para blancos y baños para negros. Ese hecho es un CE del concepto o **variable "racismo"**.

Corroboración (Karl Popper): Contrastación positiva de una **hipótesis** que lleva a considerarla momentáneamente cierta mientras que no se le encuentre una contrastación negativa. La C de una hipótesis o **teoría** no significa que aumente la **probabilidad** de que la misma sea verdadera: para Popper la verdad de toda teoría es permanentemente provisoria. Lo que sí produce la C es una mayor **verosimilitud**, una mayor aproximación a la **verdad**. Se diferencia, por lo tanto, de la **confirmación** y de la **verificación**.

Corroborar (falsacionismo): Aceptación temporaria de una **hipótesis** a partir de elementos de juicio favorables surgidos de un intento de **refutación** fallido.

Cosa en sí (Immanuel Kant): Es la **realidad** que no puede conocerse ya que no hay de ella experiencia **posible**. Aunque no pueda conocerse una CES, puede ser pensado su concepto como lógicamente posible, pero sin podérsele adscribir una posibilidad real. La CES no está sujeta al espacio ni al tiempo. Los textos de Kant permiten identificar la CES con el **noúmeno** y con el objeto trascendental e igualmente autorizan una interpretación contraria.

Cosificar: Convertir a algo en una cosa. Refiere en particular a las personas usadas como un simple medio para lograr ciertos fines. Por ejemplo, **Marx**

sostiene que el **trabajador**, al vender su **fuerza de trabajo** al **capitalista**, se aliena y se transforma en una cosa, una cosa que produce **plusvalía**.

Cosmogonía: Teoría o **mito** acerca del **origen** del universo.

Cosmología: Disciplina que estudia las **teorías** acerca del origen del universo y su evolución. También se llama C a cualquier relato no científico acerca de la constitución del universo. Hay dos C antiguas (centradas en la pregunta de cuál es el centro del universo): la **teoría geocéntrica** y la **teoría heliocéntrica** y dos C modernas (que abandonan la pregunta del centro y se concentran en estudiar si el universo tiene origen y destino): la **teoría del big bang** y la **teoría del universo estacionario**.

Cosmopolita: Aquel que se reivindica como ciudadano del mundo y ve al mundo como su **patria**, sin importarle las diferencias nacionales o raciales. Los **estoicos** eran C, ya que sostenían la igualdad de todos los hombres por el **derecho natural**. Opuesto: **nacionalista**.

Cosmovisión: Concepción general del mundo.

Creacionismo (mediados del siglo XVIII): Doctrina que sostiene que las **especies** fueron creadas en forma independiente por algún Dios. El C sostiene que los seres vivos fueron creados por Dios y que no sufren modificaciones, ya que las especies son fijas e inmutables. Sus principales exponentes son Carl von Linneo y Georges **Cuvier**.

Creencia: Elemento del **saber proposicional** que implica la adhesión o asentimiento a una **proposición** o **enunciado**.

Cremática: Aristóteles define a la C como la **ciencia** de la adquisición, distinguiéndola de la **Economía**. La C se preocupa por obtener la mayor cantidad de riquezas posible, buscando el lucro y enriquecimiento personales como un objetivo en sí mismo. Esto para Aristóteles es antinatural: lo natural sería producir los objetos que se necesitan para cubrir las necesidades.

Crisis (Thomas Kuhn): En la **ciencia**, la C de un **paradigma** es una situación social y a veces socio-política, que se origina ante una cantidad de **anomalías** no resueltas por el paradigma dominante y el subsiguiente desconcierto de los científicos que empiezan a cuestionar la validez y utilidad del mismo. En este proceso las reglas de resolución de **problemas** pierden su rigidez, crece la incertidumbre y el desacuerdo entre los científicos. Si entonces surge un **paradigma rival** es posible que se produzca una **revolución científica** (ver). Un ejemplo de la biología lo constituye el período inmediatamente anterior a la publicación de *El origen de las especies* de **Darwin**, en el que no había acuerdo acerca de los mecanismos de la **evolución**. Había cierto acuerdo en considerar la naturaleza como dirigida hacia un fin y para algunos el fin era una creación de Dios, pero no tenían a su disposición herramientas científicas capaces de provocar consenso sobre la validez de alguna de las **teorías**.

Cristianismo (1 →): Doctrina religiosa de **Jesús** de Nazareth o **Cristo**, difundida mundialmente por sus apóstoles. El C, con su prédica del amor, la caridad y la justicia, fue duramente perseguido por el **gobierno** de Roma, hasta que el emperador **Constantino I** lo legalizó con el **Edicto de Milán**. A fines del siglo IV, el emperador Teodosio declaró al C **religión** oficial del **Imperio Romano**. A partir de allí, se convirtió en la religión dominante de **Occidente**, y en su nombre se realizaron conquistas, persecuciones religiosas y matanzas de las más diversas, tales como las realizadas en las **Cruzadas**, la **Inquisición** y la **Conquista de América**. En la actualidad, numerosos credos se reivindican del C: **católicos**, **protestantes**, ortodoxos, evangelistas, etc (ver también **Iglesia Católica Apostólica Romana** y **protestantismo**).

Cristo: Ver **Jesús de Nazareth**.

Criterio de confirmabilidad (Rudolf Carnap): Principio que establece la **estadística** como elemento de **prueba** de una **hipótesis** o **proposición**. Como el **criterio verificacionista** resultó excesivamente riguroso, y gran parte de los **enunciados** científicos no podían ser verificados a la luz de la **experiencia**, **Carnap** lo sustituyó por el CC, que implica un cierto grado de **probabilidad** y no el establecimiento definitivo de la **verdad** de una proposición.

Criterio de demarcación científica (Karl Popper): Al rechazar el **criterio verificacionista del significado** y el **criterio de confirmabilidad**, Popper estableció que una **proposición** es científica sólo si se la puede intentar **refutar** a través de la **experiencia**. Así, partiendo de un **enunciado universal** y ciertas **condiciones iniciales**, se pueden deducir otros **enunciados observacionales**, que pondrán a **prueba** al enunciado universal: si la prueba demuestra la falsedad del enunciado observacional, queda demostrada la falsedad del enunciado universal. Veamos cómo funciona esto en un ejemplo: en 1919 se hizo una **contrastación** midiendo las posiciones aparentes de las estrellas durante un eclipse. La **teoría** de **Einstein** predecía que el campo de gravedad del Sol curvaría los rayos de luz cercanos, mientras que la teoría de **Newton** no. El objetivo era determinar el efecto de la gravedad solar sobre la luz observando la posición aparente de estrellas cercanas. El resultado fue favorable para la teoría de Einstein y desfavorable para la de Newton. Según Popper, la teoría de Newton queda refutada o falsada y debe descartarse, lo que no significa que la de **Einstein** se **verifique** o **confirme**, sino que sólo se **corrobora**.

Criterio verificacionista del significado (positivismo lógico): El CVS establece que las únicas **proposiciones** que pueden formar parte del cuerpo de la **ciencia** son aquellas que se pueden verificar empíricamente. El CVS fue moderado posteriormente por el **confirmacionismo**. La idea básica, de todos modos, es la misma: en lo único que podemos estar de acuerdo con seguridad es en asuntos simples de **observación empírica** que son accesibles a todas las personas, que no tengan deficiencias sensoriales, por igual (por ejemplo ¿el fuego se puso verde o azul?). Por lo tanto, si limitamos nuestro **lenguaje** de modo que sólo haga referencias a la **experiencia** públicamente observable, nuestro lenguaje será **objetivo** (conservará las propiedades de la experiencia común). ¿Cómo hacemos para que todas las proposiciones de la ciencia, incluso las que son universales y muy abstractas, remitan a lo empírico? Estableciendo que su **significado** y por añadidura, su **valor de verdad**, esté claramente determinado por sus **consecuencias lógicas** que predigan resultados observables públicamente (las llamadas **consecuencias observacionales**).

Crítica: Actitud racional no dogmática que exige **razonamientos**, argumentos, **pruebas** y **validez** de los **enunciados**.

***Crítica de la razón práctica* (Immanuel Kant, 1788):** Obra fundamental de **Kant**, en la que éste establece la naturaleza de la **ley** moral y plantea que la obligación se presenta al espíritu bajo la forma de una ley que la **razón** impone a la voluntad.

***Crítica de la razón pura* (Immanuel Kant, 1781):** La más importante de las obras de **Kant**, donde intenta descubrir las verdaderas capacidades del pensamiento humano. En ella desarrolla su **teoría** del **conocimiento**, que sostiene la imposibilidad humana de conocer la **cosa en sí** o **noúmeno**, debiendo conformarse con la **observación** de los **fenómenos**. También plantea que las **proposiciones analíticas** sólo aclaran lo que las palabras significan ("Los perros tienen cuatro patas"), mientras que las **proposiciones sintéticas** dicen algo más ("Los perros doberman pueden amaestrarse"). Estableció que el **conocimiento** *a priori* se funda exclusivamente en la razón y que el **conocimiento** *a posteriori* requiere de la **experiencia**. Se propuso combinar el **empirismo** y el **racionalismo**, insistiendo en la existencia de **enunciados sintéticos** *a priori*. De este modo, para Kant el conocimiento es la unidad entre la experiencia y los **conceptos**, y ambos son necesarios: sin los sentidos, no tendríamos conciencia de la realidad, sin la razón, no podríamos crear conceptos acerca de la realidad. La mente humana dispone de categorías de pensamiento que forman un aparato conceptual básico que nos permite dar **sentido** al mundo en el que vivimos.

Croce, Benedetto (1866-1952): Filósofo hegeliano, historiador y crítico de arte italiano. Aplicó la concepción de "espíritu" de **Hegel** a la **economía**, la **lógica**, la **ética** y la estética. Su tendencia **idealista** fue criticada por A. **Gramsci**. Entre sus obras principales encontramos a: *Filosofía del espíritu* (1902-1912).

Crucial: Ver **experimento crucial**.

Cuadro de oposición: Relaciones entre las **modalidades aléticas** (ver). Denominación que la **lógica** tradicional impuso a las relaciones entre los distintos tipos de **proposiciones modales**.

Cuantificador: Notación **lógica** que establece la extensión o cantidad de una **proposición**. Son muy útiles porque abrevian la escritura de expresiones. Hay dos tipos: **C universal** y **C existencial**. Por ejemplo, la proposición "Todos los perros ladran" se formaliza con el C universal: (x) (Px→Lx) y se lee: "Para todo x, si P se predica de x entonces L se predica de x", o bien reponiendo los predicados: "Para todo x, si x es un perro entonces x ladra".

Cuantificador existencial: Expresión que hace referencia a algunos miembros de una clase –pero no a todos-. Se representa con (Ex) y sus locuciones son: Algún/as/a/o/os, Algunas cosas, Hay, Hay cosas, Cierta/s Cosa/s. Por ejemplo: "Algunos globos son blancos" se formaliza así: (Ex) Gx . Bx (se lee: "existe al menos un equis tal que G y B se predican de equis" o "Existe un x tal que x es un globo y x es blanco"). Si hay una fórmula como "Pa" (cualquier proposición singular como "René es una rana") puedo inferir de ella el correspondiente existencial: "(Ex) Rx" ("Existe al menos una rana"). El **significado** del CE se define así: la proposición que se forma con el CE y el **predicado** £ es verdadera **si y sólo** si es verdadera la sustitución de la **variable** libre de £ por una **constante** (de individuo), para al menos una constante del **lenguaje** L. Donde L es el lenguaje de predicados en el que se está trabajando y £ es una variable que puede reemplazarse con cualquiera de los predicados de L. Esta definición pertenece al **metalenguaje** de un lenguaje al que pertenece el cuantificador y por eso no escribimos "Px" (que es una fórmula del **lenguaje objeto**) sino £ que es la expresión **metalingüística** que nos permite hablar sobre el **lenguaje objeto** y en particular, sobre todos los predicados de dicho lenguaje de manera general. Opuesto: **cuantificador universal**.

Cuantificador universal: Expresión que hace referencia a todos los miembros de una clase. Se representa con (x) y sus locuciones son: Todo/s, Cualquier/a, Cualquier cosa, Nada sino. Por ejemplo: "Todos moriremos" se formaliza: (X) Fx (se lee: para todo equis F se predica de equis). Y "Todos los cuervos son negros" se formaliza así: (x) Cx→Nx. A partir de esta **proposición** puede inferirse "Ca . Na" ("Un cuervo determinado, al que llamamos *a*, es negro" siendo "a" una **constante** cualquiera del **lenguaje** en cuestión). El **significado** del CU se define así: la proposición que se forma con el CU y el **predicado** £ es verdadera **si y sólo si** es verdadera la sustitución de la **variable** libre de £ por una constante (de individuo), para todas las constantes del lenguaje L. Donde L es el lenguaje de predicados en el que se está trabajando y £ es una variable que puede reemplazarse con cualquiera de los predicados de L. Esta definición pertenece al **metalenguaje** del lenguaje al que pertenece el cuantificador y por eso no escribimos "Px" (que es una fórmula del **lenguaje objeto**) sino £ que es la expresión **metalingüística** que nos permite hablar sobre el **lenguaje objeto** y en particular, sobre todos los predicados de dicho lenguaje de manera general. Opuesto: **cuantificador existencial**.

Curso de Filosofía positiva (**Augusto Comte, 1830-1842**): En esta obra, **Comte** presentó una visión del despliegue de la **civilización** y del curso progresivo del espíritu desde sus comienzos hasta la madurez final, en una etapa científica que daría lugar a una **sociedad** nueva. Para Comte, el espíritu humano habría progresado en tres fases históricas: la **etapa teológica**, la **etapa metafísica** y la **etapa positiva**.

D

Darwin, Charles Robert (1809-1882): Científico naturalista inglés, pilar del **evolucionismo**. Su gran aporte no consistió en la idea misma de **evolución** -ya presente desde los tiempos de **Lamarck**- sino en definir el mecanismo que guía a ésta: la **selección natural**. Su **teoría** constituyó un duro golpe para las explicaciones **creacionistas** y teológicas al afirmar que unas especies se derivan de otras y destacar la importancia de lo heredado en la conducta. Sostuvo que las diferencias entre los **individuos** de una misma **especie** explican su evolución. Afirmó también que las diferencias entre el hombre y los animales son sólo de grado. Convivió en nuestro país con indígenas de la Patagonia y Tierra del Fuego, recogiendo información para avalar sus teorías. Entre sus obras principales encontramos a: *El origen de las especies por medio de la selección natural* (1859). (Ver **darwinismo**).

Darwinismo (1858 →): **Teoría** o conjunto de **hipótesis** que defiende C. **Darwin** en sus obras. Mayr señala cinco teorías fundamentales de la versión actual del D: 1) la **evolución** (las especies no son fijas, sino que evolucionan), 2) la ascendencia común (cada grupo de organismos desciende de una **especie** ancestral), 3) el gradualismo (la transformación de las especies procede siempre gradualmente y nunca a saltos), 4) la especiación como **fenómeno** que se produce en el seno de la **población**; de modo que las especies surgen por diversificación y aislamiento reproductivo (imposibilidad de acoplamiento fértil entre organismos, ver **especiación**), y 5) la **selección natural** vinculada con la lucha por la existencia y la supervivencia del más apto (en toda generación de organismos hay diferencias individuales en diversos rasgos y aspectos fisiológicos). No todos los individuos llegan a la edad reproductiva. Aquellos que presenten caracteres ventajosos, vivirán más tiempo y dejarán mayor descendencia. Esos rasgos, entonces, habrán sido seleccionados y habrán modificado por selección natural a la especie (ver **darwinismo social**).

Darwinismo social (Herbert Spencer, fines del siglo XIX →): **Teoría** que plantea -a partir de una lectura polémica de la teoría de **Darwin**- que el hombre está en **competencia** con sus semejantes, y que de esa lucha surge una "selección natural" en la que sólo sobreviven los más aptos o los más fuertes. Esto sirvió para justificar la rivalidad entre los **Estados** en la etapa **imperialista** y las profundas diferencias sociales y raciales, coincidiendo con las lecturas del **elitismo** y el **liberalismo**. El DS sostiene que en todas las **sociedades** hay una desigualdad natural, y que sólo las *élites* son capaces de dirigir un país. Las teorías de T. **Malthus** y E. Haeckel también forman parte del DS.

Dato: Desde el **inductivismo**, el D es todo elemento que –si se reitera con regularidad- puede dar origen a una generalización. Desde el **método hipotético-deductivo**, es D todo elemento que puede brindar o restar apoyo a una **hipótesis** preexistente, de la cual este elemento constituye un caso de **predicción**. En general, un D es lo dado, lo que se nos presenta a pesar nuestro y que no creamos (aunque pueden crearse las condiciones para que se nos presente un D).

De cada cual según su capacidad, a cada cual según su trabajo (Karl Marx): Principio básico de la **sociedad socialista** o primera fase del **comunismo**.

De cada cual según sus capacidad, a cada cual según su necesidad (Karl Marx): Principio básico de la **sociedad** comunista o fase final del **comunismo**.

Deaño, Alfredo (1944-1978): Filósofo y lógico español, recibió influencias de **Aristóteles** y **Wittgenstein**. Entre sus obras principales encontramos a: *Introducción a la **lógica** formal* (1975).

Deber ser: Conjunto de **normas** que establecen un estado de cosas ideal. A diferencia del **ser**, que se basa en la **descripción** de hechos, del DS no tiene sentido predicar su **verdad** o falsedad, porque se trata de **prescripciones**. Siguiendo a **Hume**, **Kelsen** sostiene la existencia de una "abismo lógico" entre ser y DS, por el cual ningún juicio de DS puede derivarse lógicamente de las **premisas** que sólo sean juicios del ser, y a la inversa.

Decisión: En **lógica**, el resultado de un procedimiento es decidible si hay reglas que puedan aplicarse mecánicamente para realizarlo. Por ejemplo, es decidible la **validez** de las **inferencias** de la **lógica proposicional** porque puede aplicarse el **método** de las **tablas de verdad** que es completamente mecánico. Pero no es decidible, por ejemplo, la demostración de cierto **teorema** en un **sistema axiomático**. Hay varias maneras distintas de demostrar el mismo teorema pero encontrar una de ellas supone cierto ingenio o creatividad. Una vez que tenemos la **demostración** sí hay un procedimiento de D para saber si se trata de una demostración legítima o si tiene algún error en alguno de los pasos inferenciales. Es decir que la construcción de la **prueba** no es decidible pero sí lo es su inspección.

Deconstrucción: Punto de vista filosófico que se propone derribar las construcciones de la **filosofía** clásica para llegar a los ideales o bases más valorados por la **metafísica**: **esencia**, **verdad**, fundamento. Con origen en la filosofía de **Nietzsche**, el objetivo de la D es descubrir lo accidental o lo no necesario, que hace posible el planteamiento de esos ideales. Contemporáneamente, se destacan los planteos de J. Derrida.

Deducción: 1. Procedimiento estrictamente reglado para obtener **proposiciones** o pseudo-proposiciones (**símbolos** sin **significado**) a partir de otras. Puede llevarse a cabo en el **lenguaje natural**, oral o escrito, y en un **lenguaje artificial**. En este último caso se llaman **fórmulas** a los **signos** que representan proposiciones y se ordenan una debajo de la otra. Hay muchos **sistemas** de reglas para la D pero son todos equivalentes: lo que tienen en común es que sólo permiten razonar de manera válida, es decir, de manera que nunca suceda que las premisas sean verdaderas y la conclusión falsa. (Lo que es tautológico es el **razonamiento** tomado como **afirmación**; ver **método del condicional asociado**). **2.** Se llama D a la sucesión finita de fórmulas escritas que cumplen con las **reglas de transformación** de un **sistema lógico** (para esta acepción ver **derivación**). **3.** En particular se llama D a los razonamientos válidos que parten de **enunciados generales** o **universales** (**premisas**) y llegan a **enunciados particulares** deducidos de ellos, o **conclusiones**. Se maneja con el esquema "regla → caso → resultado" y es frecuente en el **método hipotético-deductivo**, pero ésta es sólo una de muchas formas de deducir, y no es una propiedad esencial de la D ir de lo general a lo particular, ya que hay D que no lo hacen. Por ejemplo, la regla *modus ponens* es "Si a, entonces b; y b; (se deduce que) a". También se dice que es una **inferencia** que pretende que la **conclusión** se desprenda en forma necesaria de las **premisas**, de un modo puramente formal. Para Cohen y **Nagel**, la verdadera diferencia entre D e inducción es que la D no se ocupa de la **verdad** o falsedad de sus premisas, mientras que la esencia de la **inducción** es establecer la verdad material de las premisas.

Deducción natural: Un **sistema** de DN está constituido por un **lenguaje artificial** L (el conjunto de **símbolos** y las **reglas de formación** que permiten determinar cuáles combinaciones de símbolos se consideran **fórmulas bien formadas –fbf–** del sistema) y por **reglas de transformación** (que indican qué fbfs se pueden afirmar, o escribir, sobre la base de otras fbfs). Hasta aquí hemos definido un **sistema formal**. Si además el sistema tiene una **interpretación** I (es un diccionario que asigna **significado** a las variables, por lo que dejan de ser **variables**), es un sistema interpretado o informal. Se llama "natural" a este tipo de deducción porque sus **derivaciones** se parecen más a los razonamientos humanos, que se hacen en el **lenguaje natural**, que las derivaciones de un **sistema axiomático**. Una regla frecuente en estos sistemas es la que permite cancelar supuestos. Por ejemplo, supongo "hay (existe al menos) un hombre" y supongo "todos los hombres son inmortales". Luego derivo "Hay un hombre que es inmortal". Las dos últimas proposiciones son falsas, pero si cancelo el segundo supuesto puedo extraer la poca verdad que esconde este razonamiento: "Si todos los hombres fueran inmortales, habría un hombre inmortal". (Si cancelo además el primer supuesto, queda: "Si todos los hombres fueran inmortales y si hubiera un hombre, habría un hombre inmortal"). Es decir que lo que permite esta regla es transformar un razonamiento válido en una **tautología** (del mismo modo que lo hacemos en el **método del condicional asociado**) y en el mismo acto demostrar la tautología como **teorema**.

Deductivismo: Ver **método deductivo**.

Definición: Manifestación de lo que significa un **signo** o grupo de signos. Se compone de un *definiens* (signos que definen) y un *definiendum* (signo a definir). Funciones de la D: aumentar el vocabulario, eliminar la **ambigüedad**, reducir la **vaguedad**, etc. Para muchos autores, dar una D del concepto "F" es dar **condiciones necesarias** y **suficientes** para que una cosa sea F.

Definición aclaratoria: Definición que busca eliminar la **vaguedad** de un término. El *definiendum* no es un término nuevo, sino que tiene un uso establecido, pero vago. Pero en otro sentido la DA, define un término nuevo ya que se trata de un término menos vago y por tanto diferente. Una DA se juzga como correcta o incorrecta de acuerdo a algún propósito: puede desearse conservar intacta la extensión del término original, o bien conservar alguna parte considerada importante del concepto original, a pesar de que la extensión del concepto nuevo sea diferente, etc. Por ejemplo, "país democrático" puede ser definido como "país con **elecciones** y **Parlamento**".

Definición conceptual: Definición de una palabra mediante otras palabras. El diccionario se basa en este tipo de definición. Opuesto: **definición ostensiva.**

Definición connotativa: Procedimiento que consiste en ofrecer los sinónimos de una palabra para definirla ("**definición por sinonimia**").

Definición contextual: Tipo de **definición** donde se comunica el **significado** de una palabra incluyéndola en un contexto característico, de tal modo que la comprensión del conjunto de una frase o párrafo permite entender lo que una palabra quiere decir. Por ejemplo, si un periódico norteamericano informa que en las **elecciones** de su país se impuso "la **izquierda**", debemos tener en cuenta que en el contexto de la **política** de **EE.UU.**, la izquierda no tiene nada que ver con el **socialismo**, sino que refiere al **Partido Demócrata**, de tendencia **liberal** (a la izquierda, si se quiere, del **Partido Conservador**, pero decididamente no "de" izquierda). Así, el significado del término "izquierda" surge implícitamente del contexto.

Definición denotativa: Ver **definición por ejemplos.**

Definición designativa: Ver **definición por ejemplos.**

Definición estipulativa: Es la que se da a un **término** totalmente nuevo, cuando se lo usa por primera vez. A veces se las llama **definiciones nominales** o **definiciones verbales.** Es muy usado en fórmulas, para economizar esfuerzos; por ejemplo, el exponente en matemáticas ($A9 = B$, es mejor que A X A X A X A X A X A X A X A = B). Otro ejemplo: si se nos antoja llamar "Catacuaz" a una persona desgarbada y extravagante. Las DE no son ni verdaderas ni falsas, sino útiles o inútiles, claras o confusas, etc. La adopción de un término por parte de una **comunidad lingüística**, convierte a la DE en **definición informativa.**

Definición explicativa: Una DE ayuda a decidir sobre los casos límite. Por ejemplo, los movimientos que se oponen al aborto dicen defender la vida, lo que requiere una definición más precisa de lo que es "vida". La DE difiere de la **definición estipulativa**, porque en la primera el *definiendum* no es un nuevo término sino que ya está en uso, aunque es vago. Los que elaboran una DE no tiene libertad para proponer cualquier **significado**, pero deben ir más allá del uso establecido, con el fin de reducir la **vaguedad**.

Definición funcional: Consiste en determinar la **extensión** de un **término**, es decir, el conjunto de cosas de las que se predica el término, describiendo la **función** que tales cosas tienen en un **sistema**. Por ejemplo: "El **Estado** es el organismo que tiene el monopolio de la violencia física."

Definición informativa: Definición de un **término** estableciendo cuál es el uso que de él hace cierta **comunidad lingüística**. Por ejemplo, "gillipollas", en **España**, significa "tonto". Sinónimo: **definición lexicográfica.**

Definición instrumental: Ver **definición operacional**.

Definición intensional: Definición de las **características definitorias** de un **concepto**.

Definición lexicográfica: Tipo de **definición** que elimina la **ambigüedad** y enriquece el vocabulario, pero cuyo **signo** –sin embargo- no es nuevo, sino que ya tiene un uso establecido. Puede ser verdadera o falsa, en el sentido de que representen o no el uso real ("una montaña es una figura plana" es falsa, ya que el *definiendum* tiene un **significado** anterior). No importa si el *definiendum* habla de cosas que existen o no ("unicornio" tiene definición, aunque no exista ninguno real, es decir, aunque el concepto tenga una **extensión** vacía). También llamada **definición informativa**.

Definición nominal: Definición de los nombres o palabras que hablan de una cosa. Opuesto: **definición real**.

Definición operacional: Tipo de **definición** (también puede ser una **hipótesis**) que enlaza **definiciones teóricas** con el terreno **empírico**. Son instrucciones por medio de las cuales se relaciona el objeto empírico con su formulación teórica. El **concepto** a estudiar es el mismo, sólo que se le busca una forma operacional para encontrar los **datos** empíricos que permitan comprenderlo. Por ejemplo, definir "inteligencia" en base al puntaje que obtiene un **individuo** en un test que mide el coeficiente intelectual.

Definición ostensiva: Definición que da ejemplos de la utilización de un **concepto**, generalmente por medio de gestos (por ejemplo, señalando con el dedo). Siendo la forma más primitiva de definición, tiene el defecto de la imprecisión o la **ambigüedad**: por ejemplo, si un niño nos pregunta qué es "nieve" y le mostramos con el dedo un paisaje de Bariloche, quizá no pueda distinguir a la nieve de las montañas.

Definición persuasiva: Definición con **función expresiva** que busca influir en las actitudes de los demás. Cualquier definición puede ser persuasiva, si está formulada en un **lenguaje** emotivo (por ejemplo, "aborto" puede definirse como "asesinato de seres humanos indefensos" o "derecho a la libertad de la mujer a decidir sobre su cuerpo").

Definición por ejemplos: Ver **definición por enumeración**.

Definición por enumeración: Consiste en dar de una palabra una lista de ejemplos de aquellos objetos que la palabra denota. Por ejemplo, definir "diario" diciendo "Clarín", "Crónica", "La Nación", etc. Esta **definición** no da un criterio para la aplicación de la palabra, es decir, no determina la **extensión** de la palabra, porque la lista de ejemplos que se haya escogido es común a **conceptos** con diferente extensión. "Clarín", "Crónica", "La Nación" son ejemplos de diarios pero también de publicaciones argentinas y también de cosas hechas con papel, etc. Incluso en el caso poco probable en el que se dé una enumeración completa de todos los ejemplos, una DPE no alcanza para comprender el **significado** de un **término**, ya que la extensión no determina una **intensión**. Una enumeración completa de los objetos a los que determinada palabra denota ofrece un criterio de aplicación de la misma en un sentido trivial.

Definición por sinonimia: Ver **definición connotativa**.

Definición real: Definición de la naturaleza de una cosa, del **objeto** en sí y no de la palabra que lo designa. Según algunos autores, este tipo de definición no es posible, porque de lo que hablan las definiciones es de palabras, no de objetos. Opuesto: **definición nominal**.

Definición teórica: Definición que trata de formular una definición teóricamente adecuada de los objetos a los que se aplica. Por ejemplo, el calor era definido de una manera, hasta que apareció una nueva teoría que cambió la definición. Se las llama también **analíticas**.

Definición verbal: Definición del **significado** de una palabra con otras palabras. La DV es la utilizada, por ejemplo, por el diccionario. Sinónimo: **definición conceptual**.

Definiendum: Parte de la **definición** que expresa el **símbolo** a definir. Por ejemplo: "perro". Opuesto: ***definiens***.

Definiens: **Enunciación** del **significado** de un término. Parte de la **definición** que está dada por los **símbolos** que se usan para definir al *definiendum*. Por ejemplo: "animal de cuatro patas", para definir "perro".

Deísmo: Doctrina religiosa que afirma que, una vez que Dios creó todas las cosas, perdió personalidad y entró en una completa pasividad. El D fue defendido por **Voltaire** y los enciclopedistas y condenado por la **Iglesia**.

Demarcación: Ver **criterio de demarcación científica**.

Demócrito (460-370 a.C.): Filósofo griego, padre fundador de la **teoría atomista**, junto con Leucipo. En su visión, el mundo cambia permanentemente porque está formado por átomos indivisibles en movimiento. Su visión fue una de las primeras en poner el acento en lo material, desplazando la centralidad de Dios en la creación de las cosas.

Demostración: En un **sistema axiomático** y en un sistema de **deducción natural**, una D es una secuencia de **fórmulas bien formadas** que, o bien son **axiomas**, o bien se deducen de fórmulas anteriores a partir de la aplicación de las **reglas de transformación**. Por lo tanto, es una **derivación** sin **premisas**. La última fórmula de la D es un **teorema** del sistema (ver derivación).

Demostración directa: Demostración (ver) que no es una **demostración por el absurdo** (ver).

Demostración por el absurdo: Método que toma como **premisa** la **negación** de una **proposición** que se quiere demostrar (no p), para derivar, por la aplicación de las **reglas de inferencia**, alguna **contradicción**. Los **sistemas** de **lógica clásica** permiten sacar la **conclusión** de que el supuesto original es falso (no no p = p), ya que de él se siguen contradicciones. Por ejemplo: premisa 1: "Si no gano al truco, lavo los platos", premisa 2: "Si no gano al truco, no lavo los platos", Conclusión a la que se quiere llegar "Gano al truco". Lo primero es suponer la **negación** de la conclusión esperada: (1) "No gano al truco" (ahora hay que derivar una **contradicción**); (2) "lavo los platos" (*modus ponens* de la premisa 1 y (1)); (3) "no lavo los platos" (*modus ponens* de la premisa 2 y de (1)); (4) "lavo los platos y no lavo los platos" (la contradicción se obtuvo por **conjunción** de (3) y (2)); (5) "No no gano al truco" (se ha negado el supuesto inicial porque llevó a una contradicción) y (6) "Gano al truco" (por la regla que dice que la doble negación de cualquier proposición p es equivalente a p). Opuesto: **prueba directa**.

Denotación (Charles Morris): Lista de los objetos que componen los ejemplos de un término. Llamado también **extensión**. Hay **términos** que no tienen D, aunque sí **intensión** o **connotación** (por ejemplo, un gnomo). También la D designa al conjunto de **características definitorias** de un **término**. Por ejemplo, "silla", tiene como D al conjunto de todas las sillas. Opuesto: **connotación**.

Denotatum: Objetos reales a los que alude un **signo**.

Deóntica: Ver **deontología**.

Deontología: Disciplina que estudia el **deber ser** y las reglas y **normas morales**. El término -propuesto por J. **Bentham**- refiere a la determinación de lo que está permitido y lo que está prohibido (**modalidades deónticas**). En la actualidad, se utiliza el término "**deóntica**." Opuesto: **ontología**.

Derecho natural (Santo Tomás de Aquino): Derecho eterno e inmutable, de origen divino –aunque algunos autores plantean un DN proveniente de la **razón** humana-. Para la doctrina del DN –el **iusnaturalismo**-, el **derecho positivo** - creado por los hombres- es imperfecto. Por encima de este derecho está el DN, absolutamente justo, establecido por Dios. El derecho positivo es válido sólo en tanto se corresponda con el DN. Opuesto: derecho positivo.

Derecho positivo: Conjunto de **normas** jurídicas emanadas de autoridad competente y que ésta reconoce y aplica. Es, en otras palabras, el **derecho** que se exterioriza en las **leyes**, las **costumbres**, la **jurisprudencia** y la **doctrina**, y cuya aplicación puede ser exigida por cualquiera que tenga un interés jurídico en hacerlo. Es un derecho artificial, creado por el hombre. **Kelsen** criticó la pretensión del **iusnaturalismo** de que las leyes tengan una validez universal, ya que el derecho –según el **positivismo**- sólo es válido para un cierto conjunto de hombres o para un momento histórico determinado. Opuesto: **derecho natural**.

Derivación: Toda D forma parte de un **sistema**. El sistema puede ser axiomático o de **deducción natural**. Una D en un **sistema axiomático** es una secuencia finita de **fórmulas bien formadas** (fbfs) del sistema tal que cada **fbf** es o bien un **axioma** o bien se sigue de una fbf anterior por la aplicación de una **regla de inferencia** o bien es un supuesto (o **premisa**). Si ninguna de las fbfs es un supuesto la D es una **demostración**. En los sistemas de **deducción natural** no hay axiomas y tienen una regla de transformación que permite cancelar supuestos (ver deducción natural), por lo que D se define como una secuencia finita de fbfs que o bien son supuestos (cancelados o no) o bien se siguen de fbfs anteriores por la aplicación de las **reglas de transformación**. Si ninguna de las fbfs de una D es un supuesto no cancelado, la D es una **demostración**.

Derridá, Jacques (1930-2004): Filósofo francés. Basándose en la **fenomenología** de **Husserl**, se especializó en la gramática y la **deconstrucción**. Entre sus obras principales encontramos a: *De la gramatología* (1967).

Descartes, René (1596-1650): Filósofo, matemático y físico francés, uno de los más destacados pensadores del **racionalismo**, pensaba que el objetivo del **conocimiento** es obtener **verdades** ciertas e indudables mediante la argumentación racional. D buscó la explicación de los **fenómenos** físicos a través de las **leyes** matemáticas. Éstas podrían -en la visión optimista del racionalismo- descubrir la **estructura** del mundo, pues éste posee esa misma racionalidad, siendo la **razón** el instrumento privilegiado para llevar a cabo esa indagación. Es el creador de los llamados *ejes cartesianos* que permiten hacer geometría con un lenguaje algebraico y sin necesidad de hacer dibujos, porque los puntos en un plano se pueden expresar por medio de coordenadas. Su principal objetivo fue eliminar todo conocimiento dudoso, asentando a la **filosofía** y la **ciencia** sobre bases sólidas, en ideas que no se necesiten demostrar por otras. Para ello, hizo el **experimento** (mental) de poner en duda todo, mediante lo que se denominó el **método cartesiano** o **duda metódica,** que consiste en imaginar la posibilidad de que un conocimiento sea falso, y si es concebible que sea falso ponerlo en duda y provisoriamente suponer que de hecho es falso (un ejemplo: el conocimiento que creo tener acerca de mi propio cuerpo y las cosas que me rodean: pienso que tengo dos piernas, dos brazos, que estoy sentado en una silla, etc., la fuente de este conocimiento son mis sentidos; pero yo podría estar soñando todo esto; luego voy a suponer que estoy soñando). Así D cuestionó la validez de los sentidos como fuente segura del conocimiento, ya que muchas veces ellos nos engañan (ilusiones ópticas, refracción de la luz, espejismos). Además, no podemos distinguir con total seguridad cuándo estamos despiertos y cuándo dormidos. En cuanto al conocimiento racional, también aquí hay posibilidad de error. Sin embargo, D no pudo poner en duda una cosa: que él existe, en tanto piensa. Éste fue el momento destructivo de la reflexión **cartesiana**, al que le sigue el momento constructivo, en el que argumenta a favor de una serie de tesis, que incluye la afirmación de la existencia de un Dios benigno (Dios existe debido a que un ser finito como el hombre es incapaz de producir una idea tan perfecta como la de la divinidad). Dios es la garantía de la validez del conocimiento humano. Estas tesis han perdido vigencia filosófica, pero no así su método y sus reflexiones destructivas con las que creó conceptos centrales en el pensamiento moderno. Por ello se considera a D como el iniciador de la **filosofía** moderna. Su pensamiento influyó en el **idealismo,** el **fenomenalismo** y el **mecanicismo.** Entre sus obras principales encontramos a: *Discurso del método* (1637) y *Meditaciones metafísicas* (1641).

Descripción: Relato de lo que algo es, en contraposición a la **prescripción**, que habla de lo que algo debe ser.

Designación (Charles Morris): Características definitorias de un **concepto.** Clase o conjunto determinado de propiedades que comparten ciertos objetos. Capacidad de nombrar o significar algo.

Designado: Aquello que el **signo** nombra.

Designatum: Aquello a lo que un **signo** hace referencia.

Determinismo: Concepción que afirma que todos los **hechos** son previsibles, que la realidad está determinada por **leyes** mecánicas por las que se establecen conexiones necesarias entre los **fenómenos**, que permiten hacer **predicciones** y deducir su evolución. M. **Harris** lo define con el esquema "**causas** similares bajo condiciones similares, **efectos** similares." Así, para **Galileo**, la naturaleza está regida por principios constantes. En el siglo XX, el D fue cuestionado por nuevas ideas como la **teoría de la relatividad**, la termodinámica y el azar. También existió un D de orientación pseudo-**marxista**, que planteó la inevitabilidad de la **revolución** (D económico), visión que ya había sido criticada por el propio **Marx** (ver **economicismo**). El D social o antropológico niega el **libre arbitrio** ya que para estas concepciones el yo está determinado a actuar por fuerzas que le son externas (condiciones socio-económicas, historia familiar, vivencias, etc.) y no es libre para tomar decisiones. Esta última **doctrina** fue criticada por muchos filósofos porque niega la posibilidad de la responsabilidad (ya que si creo que no soy libre de elegir lo que hago, no me siento responsable por mis actos), especialmente por **Sartre**. En el campo del pensamiento científico existe lo que se conoce como D tecnológico, que plantea que el cambio social se explica por los cambios en la **tecnología**.

Devenir: La sucesión del movimiento y el cambio, o el **ser** como proceso. Por ejemplo, refiere al D la afirmación de **Heráclito** de que "**nadie se baña dos veces en el mismo río**", que en la interpretación más común (hay otras) significa que tanto los ríos como las personas están sujetos al devenir y, por tanto, a cada instante cambian y no son idénticos a lo que eran un momento atrás. La **dialéctica** de **Hegel** también tiene a este término como uno de sus componentes esenciales.

Dewey, John (1859-1952): Filósofo y pedagogo norteamericano, realizó experimentos vinculados a una educación infantil democrática. Influido por el **pragmatismo** de **James**, sus planteos están vinculados al **instrumentalismo** y al **funcionalismo**. Entre sus obras principales encontramos a: *Psicología* (1896) y *Escuela y sociedad* (1899).

Diacronía (Ferdinand de Saussure): Del latín *diacronos*, "a través del tiempo". Enfoque de los cambios y evolución de un **fenómeno** (en el caso de la **lingüística diacrónica**, un fenómeno lingüístico) a través del tiempo y de la **historia**. Opuesto: **sincronía**.

Diagramas de Euler-Venn: Ver **diagramas de Venn**.

Diagramas de Venn: **Método** gráfico que se utiliza para representar relaciones entre conjuntos, a través de círculos o curvas cerradas, dentro de los cuales se simbolizan determinados elementos. Llamados así en honor a su inventor, el lógico inglés John Venn, sirven para expresar **proposiciones categóricas** típicas, mediante el sombreado o insertando en algún diagrama una 'x'. Así, se cuenta con un diagrama para cada una de las cuatro proposiciones categóricas de la forma típica. El primero en usarlos fue L. Euler, por lo que también se los conoce como **diagramas de Euler-Venn**. INSERTAR GRÁFICOS ("Particulares" y "Universales", archivos de Paint)

Dialéctica: Método de enseñanza filosófica utilizado entre otros por **Sócrates** y **Platón**. Consistía en el arte de preguntar y responder utilizando interlocutores, reales o imaginarios, con el objetivo de reflexionar sobre ciertos temas, persuadir a los demás o encontrar la **verdad**. La D era un método argumentativo que resaltaba las **contradicciones** en el **razonamiento** de los interlocutores, fomentando la discusión. Así, comenzó a definirse a la D como a un proceso por el que **fenómenos** contrarios se enfrentan produciendo un tercer fenómeno superador que los contiene a ambos, transformándolos. La D se basa en una **estructura** triádica: **tesis, antítesis y síntesis**. En **Hegel**, esa tríada representa el movimiento, conflicto y superación de las **ideas**, donde la síntesis se convierte en nueva tesis, que tendrá una nueva antítesis y de la que surgirá una nueva síntesis, y así sucesivamente, en un movimiento de espiral ascendente. En **Marx**, la D representa el movimiento, conflicto y superación en la **lucha de clases** y las **relaciones de producción** histórico-materiales de la Humanidad. Según su propia definición, Marx puso "patas para arriba" a Hegel: tomó de éste la D, pero desechó el **idealismo** y adoptó el **materialismo**. El cambio y el conflicto son permanentes, pero son los cambios materiales los que explican los cambios en las ideas (y no al revés, como creía Hegel). Partiendo de los análisis de **Engels**, puede hablarse de un **materialismo dialéctico marxista**, aunque el llamado **marxismo vulgar** –particularmente el **soviético** en la era **stalinista**- implicó una polémica reformulación –y deformación- del mismo. También hay autores que plantean una **lógica D**, diferente de la **lógica clásica**, basada en tres grandes **leyes de la D**: la ley del paso de la cantidad a la cualidad, la ley de la interpenetración de los opuestos o contrarios, y la ley de la **negación de la negación**.

Dialéctica negativa (Escuela de Frankfurt): Planteo crítico de una **antítesis** frente a una **tesis**, sin llegar a una **síntesis** superadora. Mientras que en la **dialéctica** hegeliana y marxista, existen tres momentos (tesis-antítesis-síntesis), en la DN sólo hay dos (tesis-antítesis), con lo que las **contradicciones** no se resuelven. La DN es propia de la visión anti-positivista pesimista de esta escuela, particularmente de T. **Adorno**, que descree de la posibilidad de superar el orden **capitalista**.

Diamat **(U.R.S.S., 1924-1991):** Sigla del **materialismo dialéctico** según el **marxismo vulgar**, versión simplificada y deformada de la **dialéctica** materialista. Opuesto: *hismat*.

Dilema: Elección entre dos alternativas que se excluyen mutuamente. Por ejemplo, "voy al norte" y "voy al sur". En **lógica, silogismo proposicional** (llamado también silogismo con "dos cuernos" (*syllogismus cornutus*)) que combina **proposiciones condicionales** en **conjunción** con **proposiciones disyuntivas**, que señalan las alternativas del D. Por ejemplo: $((p \rightarrow r) . (q \rightarrow r) . (p \lor q)) \rightarrow r$. También se llama D a una oposición entre dos tesis tal que sólo una de las dos puede ser verdadera (**disyunción exclusiva**).

Dilthey, Wilhelm (1833-1911): Historiador y filósofo **comprensivista** e **idealista** alemán, criticó al **positivismo** con los siguientes postulados: a) los **fenómenos** históricos y sociales son creación humana, b) la libre creatividad humana es un dato esencial que no se puede ignorar, c) los hombres tienen fines y dan **significado** a sus **acciones**, d) la **historia** posee un contenido rico en fenómenos espirituales, mentales, institucionales, ideológicos, artísticos. Entre sus obras principales encontramos a: *Introducción a las Ciencias del Espíritu* (1883).

Dionisíaco (Friedrich Nietzsche): Aspecto instintivo e irracional del hombre que refleja su voluntad de vivir. Opuesto: **apolíneo**.

Discurso del método **(René Descartes, 1637):** Texto fundamental del **racionalismo**, el objetivo de esta obra según su autor fue el de "guiar bien la **razón** y buscar la **verdad** en las **ciencias**." El DDM hace uso de la **duda metódica** o duda de todo lo que no es evidente por sí mismo. "**Pienso, luego existo**", dirá, afirmando que se puede dudar de todo menos del hecho de estar pensando, por lo que el pensar se convierte en su principio filosófico esencial, de donde se deducen todos los demás principios y **leyes**.

Discurso sobre el origen de la desigualdad entre los hombres **(Jean J. Rousseau):** Obra en la que el teórico francés sostiene que la desigualdad entre los hombres es producto de la **sociedad**, del egoísmo que generó la **propiedad**, inventada por la sociedad.

Disjunción: Ver **disyunción**.

Disputa de los universales: Controversia filosófica entre los **realistas** –que plantean que lo único real son los conceptos universales, fuentes del **conocimiento** humano- y los **nominalistas** –para quienes lo universal no revela nada esencial, ya que la realidad se conoce desde sus elementos individuales-. **Platón** y Abelardo son, respectivamente, representativos de ambas posiciones.

Disyunción: **Juicio** en el que se formula una alternativa: una cosa o la otra. Operador lógico del "o". Combinación de dos **proposiciones** mediante la partícula "o", y el signo "v" . Ejemplo: "p v q", "Voy al teatro o voy al cine". Hay dos tipos de D: **D exclusiva** y **D inclusiva**.

Disyunción exclusiva: La DE o fuerte es la que sólo admite una de las dos alternativas: "Hoy es lunes u hoy no es lunes" o bien "vamos a la costa o a las cataratas, no a ambos". Así, la DE es falsa cuando ambas **proposiciones** son falsas y cuando ambas son verdaderas, sino es verdadera. Se le suele agregar la expresión "pero no ambos" o alguna equivalente. Utiliza el signo "w".

Disyunción inclusiva: La DI o débil es verdadera si uno de los disyuntivos o ambos lo son, y sólo es falsa en caso de que ambos sean falsos. Ejemplo: "No te dejaré salir con tus amigos en caso de que no estudies o te portes mal", cuya forma es: $(\neg p \lor q) \rightarrow \neg r$. Utiliza el signo "v".

División: Tipo de **falacia de ambigüedad** que dice que lo que es cierto de un todo es cierto para cada una de sus partes. Por ejemplo, si decimos que la empresa Sevel es muy importante, y sostenemos que el obrero Pérez (que trabaja en Sevel, y por ello es parte de la empresa) es muy importante, se comete esta falacia. También se da en el siguiente ejemplo: "Los perros son comunes, los pekineses son perros, por lo tanto los pekineses son comunes".

Doctrina: Conjunto coherente y sistematizado de ideas.

Doctrina Social de la Iglesia (1891 →): Conjunto de ideas de la **Iglesia Católica** acerca de la **sociedad**, sistematizadas en la encíclica ***Rerum Novarum*** del Papa **León XIII**. En el contexto de la **Segunda Revolución Industrial** y sus graves consecuencias sociales, y ante la creciente organización de la **clase obrera** bajo **ideologías** revolucionarias, la DSI planteó la protección estatal de los más débiles en aras del **bien común** y en oposición al **liberalismo** y al **marxismo**, planteando en los hechos un **capitalismo** con control estatal del **mercado**. Establece además la **función social de la propiedad privada** y la defensa de un **salario** justo. Encíclicas posteriores –Pío XI, **Pío XII, Juan XXIII**, etc- han agregado diferentes elementos a la DSI. En el plano político, la DSI ha sido reivindicada por la **democracia cristiana** y diversos movimientos, como el **peronismo** argentino. En la década de 1970 surgió una corriente disidente de **izquierda** –los sacerdotes **tercermundistas** agrupados en la **Teología de la Liberación**-, que planteó diversas críticas a la DSI.

Dogma: Posición filosófico-teológica que sostiene la certeza absoluta de sus **conocimientos**, basados en principios supuestamente incuestionables e **irrefutables**. El creyente de un D debe aceptarlo aunque no lo comprenda y será considerado pecador o hereje en caso de no hacerlo.

Dóxa: Apariencia, opinión **subjetiva**. El **término** proviene de la Grecia clásica. Se contrapone a la *epistéme* o **conocimiento**. Puede haber opinión verdadera (*dóxa alethés*) pero es inferior a la *epistéme* porque aquella no está vinculada (lógicamente) a otras opiniones o porque se ignoran las **causas** del **hecho** que se afirma en la opinión, y por tanto, es casual que la opinión sea verdadera y no constituye una herramienta para nuevos casos semejantes (**Platón**, *Menón* 97c).

> **Dualismo (siglo XVIII):** Postura que afirmó que en el origen de la existencia hay dos sustancias, una material y otra espiritual. Uno de los representantes del D es **Descartes**. Algunas religiones (por ejemplo, el maniqueísmo) tienen una postura dualista, al dividir todo lo que existe entre dos principios, el bien y el mal. En general, pertenece al D cualquier **doctrina** que postule dos y sólo dos elementos, principios explicativos o **clases** de **entidades**. Opuesto: **monismo, pluralismo**.

Dualismo metodológico: Postura epistemológica que sostiene que las **ciencias sociales** tienen un **método** distinto al de las **ciencias naturales**, no pudiendo ser subsumidas por éstas. Opuesto: **monismo metodológico**, propio del **positivismo**.

Duda metódica: Ver **método cartesiano** y **Descartes, René**.

> *Todo es posible a condición de ser lo suficientemente insensato.*
>
> *Niels Bohr, físico danés*

Efectos emotivos del lenguaje: Sensación que causa la utilización de diferentes **términos** o expresiones. Por ejemplo, los EEL serán muy distintos si utilizamos "encargado del edificio", "portero" o "fregatimbres".

Einstein, Albert (1879-1955): Físico alemán, el más célebre científico del siglo XX por su **teoría de la relatividad**. Premio Nobel de Física en 1921. Según esta teoría, el espacio y el tiempo no son **variables independientes** sino que son parte de una única variable: el espacio-tiempo. De acuerdo con este concepto, no existe un tiempo absoluto independiente de la posición que ocupa un **objeto**. Un objeto material ''ocupa'' un espacio-tiempo determinado. Así, el tiempo depende de la posición del cuerpo. Por eso, éste es relativo y no absoluto, como lo sostenía la física clásica. E descubrió que materia y energía son lo mismo, o sea, que la masa es uno de los estados posibles de la energía. Lo expresó con su célebre fórmula: $E = mC^2$.

El búho de Minerva levanta su vuelo al ocaso (Georg W. Hegel): Según **Hegel**, la **filosofía** es el momento en que el espíritu alcanza su más alta conciencia o **espíritu absoluto**. Por eso, la filosofía nunca puede ir más allá de su propia época: siempre llega después de los acontecimientos históricos. Es por ello que Minerva -diosa de la sabiduría- "levanta su vuelo al ocaso": se conoce y se comprende algo solamente después de que sucedió, nunca antes.

El contrato social (**Jean J. Rousseau, 1762**): Rousseau abandonó la idea de un hombre malo de **Hobbes**, y el individualismo de **Locke**, para hablar de "**voluntad general**", que buscaba achicar las desigualdades de su país. Rousseau vio a un hombre naturalmente bueno, pero que se pervierte cuando entra en la sociedad a través del **contrato social**. Para él, la sociedad supera la simple suma de **individuos** para formar una realidad propia. El egoísmo y la guerra pertenecen a la sociedad y no al **estado de naturaleza**. Una sociedad como la francesa, basada en las desigualdades sociales, era contraria a la naturaleza humana y a la libertad. La sociedad no surge de un contrato basado en los intereses individuales, sino que es un vínculo entre **ciudadanos**. El hombre nace libre (estado de naturaleza) pero vive encadenado (**sociedad**), porque es en la sociedad donde aparece la **propiedad**, que es el origen de todos los males. Esta idea hace que Rousseau sea el teórico burgués más polémico para la propia **burguesía**. Los derechos a la libertad, la igualdad y la propiedad no son naturales -como en Locke- sino derechos de los ciudadanos. Su objetivo era subordinar los intereses particulares a la voluntad general, en una sociedad más solidaria. La única obediencia legítima – según Rousseau- es a las leyes que surgen de esa voluntad general, perteneciendo la **soberanía** al pueblo como cuerpo social. Su teoría representaba a la burguesía frente a la **aristocracia**, pero con una idea más democrática que la de Locke -que era más elitista- ya que para éste la democracia sólo era para los propietarios.

El Estagirita: Ver **Estagirita**.

El falsacionismo y la metodología de los programas de investigación (**Imre Lakatos, 1970**): Obra clave de **Lakatos**, establece las bases de su "**programa de investigación**", que es la sucesión de teorías científicas en la **historia** y que está compuesto por un **núcleo central** y un **cinturón protector**. Según Lakatos, la **epistemología** no debe analizar las teorías aisladas (tal como ha hecho la epistemología tradicional), sino un entramado más complejo compuesto por la **teoría** primitiva y sus sucesivas modificaciones (luego de añadirle **hipótesis**).

El hombre unidimensional (**Herbert Marcuse, 1964**): Obra en la que este autor analiza cómo los seres humanos están atrapados por la dominación ideológica y por eso se ven completamente imposibilitados de transformar el mundo.

El imperio de lo efímero (**Gilles Lipovetsky, 1990**): En esta obra, el filósofo posmoderno G. Lipovetsky plantea dar a lo poco duradero un valor positivo, como principio organizativo de la vida colectiva, como "moda plena", como remodelación de la **sociedad** a su imagen.

El origen de las especies por medio de la selección natural (**Charles Darwin, 1859**): En su obra cumbre, el naturalista británico expuso la idea de que la **evolución** respondía a una **selección natural** regida por la lucha por la **supervivencia.** Las crías heredan características de sus padres; pero surgen variaciones (por esta razón no hay dos rostros iguales). Ciertas crías nacen con características que hacen que no puedan sobrevivir para llegar a reproducirse, por lo que no tienen descendencia (si son enfermizos nacen sin riñones, o ciegos, etc.), mientras que otras crías tienen características que les permiten reproducirse y tener muchos hijos (que heredan esas características y a su vez tienen más hijos).

Elemental: Lo que se basa en los elementos mínimos, básicos e indivisibles, como las letras, los puntos, los **términos primitivos** o los átomos.

Elementos definidos: Ver **términos definidos**.

Elementos primitivos: Ver **términos primitivos**.

Empatía: (Del alemán *einfühlung*, "sentir como si estuviéramos dentro de otro"). Capacidad para captar en forma intuitiva los sentimientos y pensamientos de los demás. Disposición mental que permite a un investigador acercarse a los seres humanos que estudia, tratando de ubicarse en el lugar o punto de vista en el que ellos están. Mediante la E el investigador intenta pensar del mismo modo que lo hace el investigado, y de esta forma lograr comprenderlo (**comprensión**). Este tipo de **conocimiento** es diferente de la **explicación**, que consiste -no en situarse en el lugar de la persona investigada- sino en encontrar **leyes generales** que puedan explicar una serie de casos particulares. (Ver también **comprensivismo** y *verstehen*).

Empiria: Datos de que disponemos sobre la realidad espacio-temporal. La diferencia entre la "realidad" y la E es que la primera refiere a los **fenómenos** en sí mismos, más allá de la percepción humana, y la E es la forma en que nuestra **cultura** procesa esa realidad representándosela de determinada manera.

Empírico: Referente a la **experiencia** sensible o a los hechos.

Empiriocriticismo (Richard Avenarius y Ernest Mach): Doctrina filosófica alemana, de tendencia **idealista**, que rechaza la **introspección** psicológica y concibe a la **experiencia** como dependencia del **individuo** del medio en el que se desenvuelve. De este modo, el **objeto** se identifica con la percepción sensorial. Todo lo que va más allá de la experiencia directa es **metafísico**, no es un **conocimiento** real ni científico.

Empirismo: (Del griego *empeiría* = experiencia). Posición que afirma que todo **conocimiento** debe fundamentarse en la **experiencia** (*a posteriori*) y se deriva de los **hechos**. Los supuestos básicos del E son: que la **ciencia** comienza con el **método inductivo**, es decir con la **observación**, que proporciona una base segura a partir de la cual se puede derivar el conocimiento. Cuando la **empiria** es analizada teóricamente, se convierte en científica. El E se inició con Francis **Bacon** y Thomas **Hobbes**, siendo luego continuado por el **positivismo** y el **neopositivismo**. Son exponentes importantes del E, además de los mencionados, **Locke, Berkeley y Hume (E inglés)**. El saber, para el E, es un auxiliar de la acción práctica; el conocimiento no tiene una base racional, pero es válido porque es útil para la supervivencia. El E entiende a la conciencia como una hoja en blanco o *tabula rasa*, donde no existen ideas innatas. Esa hoja sólo es llenada de contenido por los **datos** de la experiencia. De este modo, para el E el pensamiento es un conjunto de sensaciones transformadas. Por ello, se maneja con **proposiciones sintéticas**. Opuesto: **racionalismo e innatismo**.

Empirismo abstracto: Endiosamiento del **dato** y las técnicas cuantitativas, reduciendo al mínimo la importancia de la **teoría**. Es una de las principales críticas que se le hacen al **positivismo**.

Empirismo ingenuo: Ver **inductivismo ingenuo**.

Empirismo inglés (Inglaterra, siglos XVII-XVIII): Empirismo moderno cuyas figuras centrales son **Locke, Berkeley y Hume**. Estos autores sostenían que todo el **conocimiento** se inicia en la **experiencia** y debe fundarse en ella. Desarrollaron sus ideas en un marco conceptual **cartesiano**. Su preocupación central no era la fundamentación de las **ciencias naturales** sino la de abordar cuestiones morales.

Empirismo lógico: Ver **positivismo lógico**.

Enajenación: Ver **alienación**.

Enciclopedia (Denis Diderot y Jean-Baptiste D´Alembert, 1751-1772): La más importante de las obras de la **Ilustración**, llamada también "Diccionario razonado de las ciencias, las artes y los oficios". Estaba formada por veintiocho tomos y en ella escribieron **Voltaire, Montesquieu y Rousseau**. Contó con una fuerte resistencia de los grupos más **conservadores**, especialmente los jesuitas. Tuvo una influencia decisiva en la **Revolución Francesa**.

Énfasis: Tipo de **falacia de ambigüedad** consistente en un cambio en el **significado** por un E en ciertas palabras. Por ejemplo, "No debemos hablar mal de nuestros amigos", leído sin énfasis, es correcto. Pero si se subraya "*nuestros* amigos" se puede suponer que sí puedo hablar mal de los que no son *mis* amigos. También se podría interpretar que podemos hacerle mal a nuestros amigos, a condición de que sea silenciosamente. Los periódicos suelen utilizar la **falacia** del E para vender más: si el título del diario dice "**Golpe de Estado** en **Bolivia**", uno creerá que, efectivamente, así ha sido. Pero, en letras más pequeñas, el diario agrega: "temen las autoridades". Otra forma podría ser la siguiente: con la intención de culpar a cierta persona de una conducta incorrecta, se puede decir: "Hoy Juan no le pegó a su mujer", dando a entender que habitualmente sí lo hace.

Engels, Friedrich (1820-1895): Filósofo y político alemán, el más importante colaborador de Karl **Marx**, con quien redactó el *Manifiesto del Partido Comunista* (1848) y *La ideología alemana* (1846), entre otras obras. Desarrolló el **materialismo histórico** y el **socialismo científico**, y estableció las bases de la **dialéctica materialista**. Fue uno de los fundadores de la **Segunda Internacional**. Escribió también *La situación de la clase obrera en Inglaterra* (1845) y *El origen de la familia, de la propiedad privada y del Estado* (1884). También publicó el segundo y tercer tomos de *El Capital*, de Marx, tras la muerte de éste.

Ensayo sobre el entendimiento humano **(John Locke, 1690):** Una de las obras cumbre del pensamiento **empirista** y del **método inductivo**. Allí, **Locke** sostenía que las **ideas** no son innatas (contrariamente a lo que decía **Descartes**). La mente es una **tabla rasa** en la que, experiencialmente, se inscriben las ideas a través de las impresiones sensoriales. Así, para Locke el papel de la **razón** es pasivo: el aumento del **conocimiento** provendrá de la ampliación de las **experiencias** sensoriales.

Ensayo sobre el gobierno civil **(John Locke, 1690): Locke** es el teórico del **liberalismo**, y su **teoría** se vincula a la **Revolución de 1688**. Locke partió de un **estado de naturaleza** racional (para Hobbes era irracional), donde no había una lucha de todos contra todos sino asistencia mutua. Los hombres tenían derechos innatos naturales e inviolables, en particular la **propiedad privada**. Con el **contrato**, el hombre conserva sus derechos, puede invocarlos ante el gobernante quien puede ser revocado por el **pueblo**. El **individuo** es más importante que el **Estado**, que sólo es un garante de los derechos de aquél. Su obra representó los intereses de la **burguesía capitalista** que requería garantías para sus propiedades, y libertad de producción y comercio. Su modelo político limitaba la **democracia** a la participación de los propietarios. Cuando Locke habla de "**individuos**" se refiere a los propietarios, y no a cualquiera.

Ensayo y error (Karl Popper): Método utilizado por el **falsacionismo** por el cual –a través de **hipótesis** audaces que se exponen o se arriesgan a la **refutación**- la **ciencia** progresa. Por medio del EYE, se van eliminando las **conjeturas** o hipótesis erróneas -es decir, las que han sido refutadas- mientras que las que resisten a la refutación –las que son **corroboradas**- se conservan de manera provisoria.

Ente: Cosa, **entidad**.

Entelequia (Aristóteles): La actualidad del **ser**, perfección, acto cumplido o realización plena de las potencialidades de un ser. Dícese también de aquella cosa, situación o persona imaginaria, fantástica, que no existe en la realidad.

Entendimiento: En **Platón** y **Aristóteles**, **razón instrumental**, opuesta a la **razón** propiamente dicha. **Kant** define al E como la cualidad del espíritu que permite organizar los materiales que le proporciona la percepción sensible. Capacidad humana de penetrar en las cosas sensibles y abstraer de ellas el **universal**, representándolo en forma de **concepto**. Para **Hegel** -a diferencia de Kant- el saber del E es una forma inferior de **conocimiento**, ya que aísla las cosas planteando "o es esto o es aquello" y –de ese modo- acepta las cosas tal como se las ve a simple vista. Opuesto: razón.

Entidad: Algo que existe. Sinónimo: **ente**.

Entinema (Aristóteles): Especie de **silogismo** abreviado o incompleto, donde se sobreentiende una de las **premisas**, adoptando la forma de un silogismo de dos **proposiciones**. Es una de las formas más cotidianas del **discurso**. Sus premisas son sólo probables, se basa en la **verosimilitud** (indicios más o menos probables). El E tiene como finalidad dirigir la acción, orientar el juicio. No explica ni demuestra nada, sólo impone lazos deductivos entre **enunciados**. Por ejemplo, "River juega de local contra Atlético Rafaela, por lo tanto ganará".

Entonces: Signo que indica que la **proposición** que viene a continuación es una **consecuencia** de algo. Ese "algo" es otra proposición que, o bien ha sido ya expresada, o lo será a continuación, o bien puede suplirse por el contexto. En **lógica** es un indicador de que hay una **implicación** o un **condicional**, por lo general, un **condicional material**.

Entropía: Término proveniente de la física termodinámica, la E refiere al desorden, mezcla, indiferenciación de elementos en forma azarosa e impredecible, existente en un **sistema**, por lo general ocasionado por pérdida de **energía** (o temperatura). En la **teoría de la información**, desorden en el **mensaje**. Opuesto: **neguentropía**.

Enunciación: Momento en el que el emisor está codificando un mensaje y lo transmite. En ese preciso acto de enunciación, emisor y mensaje son inseparables e interdependientes; no puede existir el uno sin el otro. La comunicación se produce cuando a la enunciación la complementa la **recepción**. También puede ser definida como la realización de un **enunciado**, la aparición en un momento dado de un enunciado. **Discurso** que sucede y antecede al silencio. Se diferencia de la frase, ya que la E puede constar de una sola palabra, de una frase inconclusa, etc. La teoría de la E produce un análisis del discurso cuya finalidad es encontrar los efectos de **sentido** (o de **significación**) que están presentes en el contexto de la enunciación (por ejemplo, en toda enunciación hay un yo que se dirige a un tú). Para **Benveniste**, la E es la apropiación de la **lengua** o acto de **lenguaje** por parte del hablante, sujeto individual o **locutor**, que determina el uso que de ella se hace concretamente. En **lógica, proposición**.

Enunciado: Afirmación o **proposición** sobre cierta parte de la realidad, resultado de una **enunciación**. **Objeto** observable, la manifestación aquí y ahora de una **oración** con **función informativa**, susceptible de ser verdadera o falsa. Por ejemplo: dos personas distintas dicen en distintos momentos "Hace frío." La oración es la misma, pero el E es distinto. En él se reconocen dos niveles: el enuncivo -la información o la **historia** contenida y transmitida- y el enunciativo -el proceso de enunciación por el que un yo es responsable de ese E-. El primero -lo enunciado- es explícito y posee **sujeto**, verbo y **objeto**; el segundo -la enunciación- es implícito y también posee su propio sujeto, verbo y objeto. Por ejemplo, en el E "Juan está comiendo caramelos", "Juan" es el sujeto, "comer" es el verbo y los caramelos son el objeto construido en el E. El sujeto de la enunciación, en cambio, es el que haya dicho el E, el verbo es el decir -el cual siempre expresa una acción transitiva- (siempre se dice a alguien, un *tú*), y el objeto de la enunciación es el E "Juan está comiendo caramelos." El objeto del E y de la enunciación es a lo que se orienta la acción del sujeto, por lo que entre el sujeto y el objeto existe algo que los une. El E es el resultado de una enunciación concreta y determinada, única e irrepetible. A su vez, puede permanecer aún cuando el **emisor** ya no se encuentra en el lugar, pero da cuenta de esa situación.

Enunciado *a posteriori*: Ver *a posteriori*.

Enunciado *a priori*: Ver *a priori*.

Enunciado accidental: Enunciado que se refiere a un número limitado de elementos, de modo que se trata de todos los elementos de una clase, con la aclaración de que esa clase es finita. Por ejemplo, "Todas las cuerdas de la guitarra de Tomás están oxidadas". Más conocido como **generalización accidental** (ver).

Enunciado analítico: **Enunciado** cuya **verdad** puede determinarse con independencia de los **hechos**, atendiendo exclusivamente a la relación interna entre los **términos** que lo componen. Son casos de EA los **enunciados lógicos**, los **enunciados por sinonimia** y los **enunciados definicionales**, mientras que no hay unanimidad en el caso de los **enunciados matemáticos** y geométricos. Por ejemplo: "La empanada lleva harina" o "p → p". Para determinar si un enunciado es **analítico** es menester conocer el contexto. El primer ejemplo es analítico si suponemos un **sistema** o algo parecido (la **lengua** castellana) en el cual la propiedad de hacerse con harina forma parte de la definición de "empanada". En el segundo caso se supone un sistema regido por la **lógica clásica** en el que la flecha tenga el **significado** de **condicional material**. Opuesto: **enunciado sintético**.

Enunciado anfibológico: Ver **anfibología**.

Enunciado atómico: Enunciado simple o de una única **proposición** en el cual no hay ninguna **conectiva** lógica. La suma de EA y conectivas lógicas forma a los **enunciados moleculares**. "No llueve" no es un EA porque puede analizárselo como "No" (conectiva) + "llueve" (éste sí es un EA). "Andrea caminó hasta caer rendida" tampoco es un EA sino que es una conjunción de dos EA: "Andrea caminó" + "y" + "Andrea cayó rendida". Como puede verse, en el **lenguaje** lógico se pierden muchos matices del **lenguaje natural**. Un regla simple para identificar un EA es la de que debe tener un solo verbo cuya persona (en el verbo y en el **sujeto** gramaticales) sea singular (por ejemplo, "María y José discutieron" = "María discutió con José" + "y" + "José discutió con María").

Enunciado básico: Popper los denominaba **enunciados de base**, que son aquellos **enunciados empíricos** que tienen la forma de un existencial singular, es decir, **enunciados** que atribuyen a determinada entidad cierta propiedad observable (en determinado momento y en determinado lugar), pero que son planteados a la luz de determinada **teoría** (no surgen en forma espontánea como **datos** aislados, como sostenían los **inductivistas ingenuos**). Por ejemplo, es un EB "En el lugar E y en el instante T hay un cuervo negro". De todas formas, para Popper –postura anti-inductivista- los enunciados sólo pueden ser justificados a partir de otros enunciados y no a través de la **experiencia** o percepción humana –donde tratamos con **fenómenos** y no con enunciados-. Los EB surgen de un acuerdo o decisión compartida por la **comunidad científica**, es decir que se trata de convenciones. Desde una postura **inductivista**, puede definirse también al EB como una **proposición** que pretende expresar el valor **fáctico** o **dato** experimental. Así, O. Neurath habla del **enunciado protocolario** o **cláusula protocolaria**, **Carnap** del **enunciado de observación**, mientras que **Wittgenstein** le llamaba **enunciado elemental** y Schlick lo denominaba constatación.

Enunciado compuesto: Ver **enunciado molecular**.

Enunciado condicional: Ver **condicional**.

Enunciado condicional contrafáctico: Su **estructura lógica** es A entonces B (Si hubiera ocurrido A, entonces habría ocurrido B). Se distingue del **enunciado condicional material** por su **tabla de verdad**: si el **antecedente** es falso el enunciado condicional material es verdadero pero el ECC no lo es. Se introdujo esta noción en **epistemología** para poder expresar formalmente relaciones causales (si no hubiera ocurrido <la causa> no habría ocurrido <el efecto>) y **propiedades disposicionales**, como "ser soluble en agua", por la siguiente razón: queremos definir "solubilidad" como: "Si lo sumerjo en agua *entonces* se disuelve" ($p \rightarrow q$), pero si se interpreta el "entonces" como material la definición es equivalente a "O bien no lo sumerjo en agua o bien se disuelve" ($\neg p \vee q$, porque la tabla de verdad es equivalente). Y entonces estaríamos diciendo que son solubles en agua todas las cosas que no fueron sumergidas en agua, además de las que efectivamente son solubles. Si se interpreta como ECC esto no sucede, ya que se supone la **verdad** del **antecedente**, sin importar que sea contra-fáctico (que de hecho no sea verdadero, que hable de algo que sucederá en el futuro, etc). Estrictamente, un ECC no es un condicional material del que se supone que su antecedente es verdadero sino que se trata de un enunciado de una **lógica** diferente, la lógica modal, que no habla de un mundo (éste, en el cual hay muchas cosas que jamás han sido sumergidas en agua) sino de todos los mundos posibles (incluyendo los mundos imaginables en los que esas cosas sí fueron sumergidas en agua y algunas se disolvieron –las cosas solubles- y otras no). Un EEC supone que hay alguna clase de conexión entre antecedente y **consecuente** que puede ser una **ley** natural, sociológica, un principio explicativo, etc.

Enunciado contingente: Forma de **enunciado** que tiene en sus ejemplos de sustitución tanto enunciados verdaderos como falsos. Todo enunciado cuya forma es **contingente** es un EC y por tanto no es ni tautológico ni contradictorio. Por ejemplo: "Los metales se dilatan con el calor", que si bien es una **ley** natural no es tautológica o, lo que es lo mismo, su **negación** no es una **contradicción** lógica.

Enunciado de base: Ver **enunciado básico.**

Enunciado de nivel 1 (Gregorio Klimovsky): Enunciado singular empírico básico, que describe, analiza y registra **datos** a partir de **observaciones** de la **base empírica**. Por ejemplo, "Este papel tornasolado cambiará de color al sumergirlo en el líquido".

Enunciado de nivel 2 (Gregorio Klimovsky): Generalización empírica basadas en **términos** observacionales o a lo sumo preteóricos. Pueden ser **enunciados universales, enunciados estadísticos** o **enunciados existenciales** y cumplen la función de clasificar, relacionar y generalizar. Por ejemplo, "El 78 % de los españoles apoya el divorcio".

Enunciado de nivel 3 (Gregorio Klimovsky): Enunciado teórico puro o mixto (contiene al menos un **enunciado observacional**, llamados también reglas de correspondencia). Su función es relacionar **teoría** y **empiria**. Por ejemplo, "La fobia es una **histeria** de angustia extrema".

Enunciado de observación: Ver **enunciado básico**.

Enunciado de valor: Enunciado que contienen un **deber ser** que pretende dar un **sentido** o **significado** a la **conducta** práctica humana. Por ejemplo: "Hay un único **método** para todas las ciencias: el de la física" que por lo general quiere decir "La **ciencia** no debe salirse de esos cánones, y si lo hace debemos mirar con desconfianza sus resultados y no llamarlos científicos". O bien "Picasso fue un genio".

Enunciado definicional: Enunciado analítico que es una **definición** parcial o completa. Es analítico porque precisamente está estableciendo una relación de equivalencia entre **términos** (los que nombran lo definido y los que componen la definición). Según Saul Kripke los ED de las **ciencias fácticas** son *a posteriori* ya que su fundamento se haya en la **experiencia** a la vez que son necesarios. "Los patos ponen huevos" es verdadera porque poner huevos es una propiedad esencial de los patos, pero esa definición es una conquista humana que no se funda en la **razón** sino en la experiencia de quienes hayan estipulado un nuevo uso del término "pato" (antes de ello un pato era meramente un animal alado y con un pico de cierta forma).

Enunciado descriptivo: Ver **enunciado sintético**.

Enunciado elemental: Según **Wittgenstein** y el **positivismo lógico**, se trata del **enunciado** que se establece por medio de la **percepción** sensorial. Llamado también **enunciado básico**.

Enunciado empírico: Ver **enunciado fáctico**.

Enunciado empírico singular: Enunciado sintético que hace referencia a hechos o situaciones particulares, cuya **verdad** o falsedad se establece en forma **empírica** y directa. Por ejemplo, "Hoy a las 23 horas 23 minutos habrá un eclipse de Luna." Los EES son **enunciados existenciales singulares** (ver).

Enunciado empírico general: Enunciado sintético que hace referencia a **hechos** o situaciones universales, existenciales o estadísticos. Ejemplos, respectivamente: "Las jirafas tienen cuello largo", "Algunos monos aprenden a hablar por señas", "La mitad de las personas que se divorcian se vuelven a casar".

Enunciado estadístico: Proposición empírica general que hace referencia a hechos de índole estadística. Por ejemplo, "La mayor parte de los porteños es infiel".

Enunciado existencial: Proposición empírica general que afirma la existencia de algo. Es **verificable** –hace falta encontrar un solo caso del **fenómeno** descripto- pero no **refutable** –aunque el caso verificador aún no haya aparecido, siempre está la posibilidad de que aparezca-. Por ejemplo, "Existen extraterrestres". Un EE negativo, en cambio, afirma la inexistencia de algo. Por ejemplo: "No existen mujeres buenas". Un EE negativo es equivalente a un enunciado universal (En nuestro caso: "Todas las mujeres son malas") y por lo tanto se refuta con un solo caso desfavorable ("Ésta mujer M no es mala") pero no es verificable, ya que siempre puede aparecer un caso futuro que la refute. Opuestos: **enunciado universal**, **enunciado existencial singular**.

Enunciado existencial singular: Cualquier **afirmación** que implique la existencia de un **objeto** particular determinado. Cuando el objeto determinado existe en el espacio-tiempo, siempre indican, aunque sea implícitamente, un intervalo de tiempo y uno de espacio determinados (no sería el caso si digo "Dios existe", ya que Dios es un objeto determinado pero intemporal e inmaterial). Por ejemplo: "Tengo dos hermanos, Tito y Rubén" o "Éste pedazo de metal M se dilató con el calor, a la hora H en el laboratorio L". De un EES se puede deducir un **enunciado existencial** pero no a la inversa. Por ejemplo: "Si este mono puede hablar con señas puedo inferir que al menos un mono puede hacerlo; pero sabiendo esto último no sé qué pasará cuando trate de enseñarle al próximo mono."

Enunciado fáctico: Según el **positivismo lógico**, es el **enunciado** que necesita ser contrastado empíricamente para demostrar su **verdad** o falsedad. Por ejemplo: "Todos mis gatos son hembras" o "Todos los gatos tienen cuatro patas". Hay muchos EF que no se pueden contrastar por deficiencias tecnológicas pero son igualmente verificables en este sentido ya que con ciertos instrumentos posibles (pero que nadie ha inventado aún) serían contrastables (por ejemplo, "Fuera de la Vía Láctea hay vida").

Enunciado formal: Según el **positivismo lógico**, es el **enunciado verdadero** por su forma, como es el caso de las **proposiciones tautológicas** de **Wittgenstein** o de los **juicios analíticos** de **Kant**. Por ejemplo: "p $\rightarrow$ p" o "Los hombres solteros son no casados".

Enunciado general: Ver **enunciado universal**.

Enunciado hipotético: Ver **condicional**.

Enunciado implicativo: Ver **condicional**.

Enunciado legal: **Enunciado** que se refiere a un número ilimitado de elementos de los cuales no se puede determinar su cantidad. Por ejemplo, "Todos los metales se dilatan con el calor". También se dice de los enunciados que poseen las características de una **ley**. También conocido como **enunciado nomológico**.

Enunciado lógico: **Enunciado analítico** cuya **verdad** o **falsedad** sólo depende de las relaciones formales entre los elementos de las **proposiciones**. Por ejemplo, "Hace calor *o* no hace calor" es lógicamente verdadero, y "Hace calor *y* no hace calor" es lógicamente falso.

Enunciado matemático: **Enunciado analítico** cuyos elementos formalmente relacionados son entidades matemáticas. Por ejemplo, "Pi por radio al cuadrado es igual a la superficie del círculo" o "2 + 2 = 4". **Kant** rechaza que se trate de enunciados analíticos, al afirmar que se trata de **juicios sintéticos *a priori***.

Enunciado molecular: Enunciado compuesto, integrado por al menos un **enunciado atómico** y al menos una **conectiva lógica**.

Enunciado no fáctico: Enunciado sintético con gran nivel de abstracción, donde la referencia a la realidad es lejana. Por ejemplo, muchos de los utilizados en **Filosofía**: "La astucia de la razón circula de **pueblo** en pueblo". Para algunos autores, se trata de pseudo-enunciados, sin contenido informativo.

Enunciado nomológico: Ver **enunciado legal**.

Enunciado observacional: Proposición deducida de una **hipótesis** que se intenta **refutar, confirmar**, etc. El EO se contrasta con determinadas **condiciones iniciales**. Es un concepto básico del **método hipotético deductivo**. Los EO que se **deducen** de un conjunto de **hipótesis** constituyen la **base empírica** de ese conjunto.

Enunciado particular: Enunciado que designa a una parte de un conjunto. Por ejemplo, "Algunos gases son inertes".

Enunciado por sinonimia: Enunciado analítico cuya **verdad** o falsedad está condicionada por el **significado** o **semántica** de sus **proposiciones**. Por ejemplo, A. Gianella cita el clásico ejemplo de Quine: "Ningún soltero es casado".

Enunciado protocolar: Según el **fisicalismo, enunciado** que reemplaza al **enunciado elemental**. El EP se refiere a acontecimientos físicos públicos y a experiencias **intersubjetivas** y no a experiencias individuales.

Enunciado protocolario: Ver **enunciado básico**.

Enunciado simple: Ver **enunciado atómico**.

Enunciado singular: Enunciado que designa a un solo miembro de una clase o a un acontecimiento o estado de cosas referente a un lugar y momento determinados. Por ejemplo, "**Sócrates** es mortal" o "La **Revolución Francesa** fue en 1789".

Enunciado sintético: Enunciado cuya **verdad** se establece en base a su correspondencia con los hechos. Así, para saber si la Tierra gira alrededor del Sol, no es suficiente con comprender el **significado** de "Tierra", "girar" y "Sol"; es necesario establecer una **contrastación empírica**, ya que el enunciado en cuestión podría ser falso. Según Kant hay **enunciados sintéticos *a priori*** (ver) cuya verdad se establece por **intuición**. Son casos de ES los **enunciados empíricos singulares**, los **enunciados fácticos generales**, los **enunciados teóricos** y los **enunciados no fácticos**. Opuesto: **enunciado analítico**.

Enunciado sintético *a priori*: Ver **juicio sintético** *a priori*.

Enunciado teórico: Enunciado sintético que tiene al menos un **término teórico** –no **empírico**- (pudiendo ser generales o singulares). También llamado **enunciado de nivel 3**, no refiere a la realidad de una manera directa. Su **verdad** puede establecerse sólo a través de sus consecuencias. Ejemplos: "átomo", "electrón", "órbita", "**superyó**", "**plusvalía**", etc. Hay ET puros –sólo tienen términos teóricos- y mixtos –poseen además de términos teóricos, **términos empíricos**-.

Enunciado universal: Proposición empírica general que abarca la totalidad de casos de un **fenómeno**. Los EU son **refutables** –hace falta encontrar un solo caso del fenómeno descripto que no se ajuste al EU- pero no **verificables** –aunque ese caso adverso no haya aparecido, siempre está la posibilidad de que aparezca-. Por ejemplo, "Todos los metales se dilatan con el calor" o "El agua hierve a 100º C". Son los enunciados de las **leyes** científicas. En **lógica**, el EU es todo **enunciado** formalizable con el **cuantificador universal**. Opuesto: **enunciado existencial**.

Epicúreos (Grecia, siglo III a.C.): Corriente **materialista** de la **filosofía** griega antigua cuyo iniciador fue **Epicuro**. Influidos por el **atomismo** de **Demócrito**, los E sostenían que la sabiduría se basa en la evidencia de los sentidos -libre de las creencias sobrenaturales- y que el placer puro -no el de los sentidos- es el bien supremo. Se diferencian de los **estoicos** en que los E no creían en el destino ni en otras ideas **deterministas**.

Epicuro (341-270 a.C.): Filósofo **materialista** griego, sucesor de **Demócrito** y fundador de la escuela filosófica de los **epicúreos** (ver).

Epilenguaje: Ver **metalenguaje**.

Epistéme: (Del griego antiguo, "conocimiento"). Realidad, **verdad**, **conocimiento** racional, **objetivo** y universal. Opuesto: *dóxa*.

Epistéme **(Michel Foucault):** Manera en que son legitimados ciertos **saberes** en un momento dado, todo lo que un determinado tiempo y **sociedad** reconoce como un saber sólido y fiable. También se la puede definir como la **estructura** subyacente que enmarca el campo de **conocimiento** y brinda el lugar desde donde el hombre conoce. **Foucault** reconoce tres E centrales: clásica, renacentista y moderna.

Epistemología: Desde un punto de vista amplio, la E equivale a la **gnoseología** o **teoría del conocimiento**, disciplina que busca explicar todo el **conocimiento** humano. En un sentido más restringido, se llama E a la parte de la **Filosofía** que estudia en forma crítica a la **ciencia** y al **conocimiento científico** propiamente dichos. Se dice que es una metaciencia o la "ciencia que estudia a la ciencia", o cómo se producen, estructuran y validan los conocimientos científicos. Uno de sus impulsores principales ha sido Gastón **Bachelard**. Las principales corrientes de la E son el **positivismo lógico (Carnap, Hempel)**, el **falsacionismo (Popper, Lakatos)** y la **nueva filosofía de la ciencia (Kuhn, Feyerabend)**. En el campo de la **Psicología** se destaca la **E genética** de J. **Piaget** (ver).

***Eppur si muove* (Galileo Galilei, 1633):** Cuenta la tradición que **Galileo** pronunció estas palabras luego de desdecirse de su **teoría heliocéntrica** ante el Tribunal de la Santa **Inquisición**, para no ser enviado a la hoguera por **hereje**. "Y sin embargo se mueve", habría dicho, refiriéndose a que la Tierra gira alrededor del Sol y no es –como la **Iglesia** pretendía- el centro del Universo.

Equivalencia: Ver **equivalencia lógica**.

Equivalencia lógica: Dos **proposiciones** son equivalentes entre sí cuando todos los casos que hacen verdadera a una de ellas, hacen verdadera también a la otra; y cuando todos los casos que hacen falsa a una hacen falsa también a la otra. Es decir, cuando ambas tienen la misma **tabla de verdad**. Si dos proposiciones son equivalentes, el resultado de unirlas por una *aequivalentia* es siempre una **tautología**: A implica B y B implica A. Por lo que también se la llama doble *implicación lógica*. Se simboliza con una flecha doble "$\leftrightarrow$" o con un signo de igualdad de tres rayas ($\equiv$), es decir, con el **bicondicional** porque si un bicondicional es verdadero sus dos componentes son proposiciones equivalentes. Por ejemplo: (p v ¬r) $\leftrightarrow$ (p $\rightarrow$ r). Para probar que dos proposiciones son equivalentes, además del método de tablas de verdad, lo que se hace en un sistema de **deducción natural** es suponer una y derivar la segunda, y después suponer la segunda y derivar la primera.

Equívoco: Tipo de **falacia de ambigüedad** referida a un problema en el **significado** de las palabras. Así, "El fin de una cosa es su perfección; la muerte es el fin de la vida; por lo tanto, la muerte es la perfección de la vida", es un E, porque se utiliza "fin" en dos sentidos distintos: "objetivo" en el primer caso y "último acontecimiento" en el segundo. El problema también se presenta con los términos relativos como "pequeño": "Un elefante es un animal; por lo tanto, un elefante pequeño es un animal pequeño".

Ergódico: Proceso aleatorio no dependiente del tiempo, es decir, cuyas **estructuras** son a-históricas. Opuesto: **estocástico**.

Escépticos (Grecia, siglo III a.C.): Corriente de la **Filosofía** griega antigua. Pueden distinguirse dos escuelas: el escepticismo pirrónico, fundado por Pirrón de Elis y el escepticismo académico (de los miembros de la **Academia**). El primero negaba la posibilidad del **conocimiento**. El segundo recurría a la duda como punto de partida de sus análisis y no negaba la posibilidad del conocimiento o del acceso a la **verdad**, sino que se abstenía de juzgar incluso esto; planteando que suspender el juicio trae paz espiritual, especialmente sobre las valoraciones morales. Se destacaron también Antístenes, Diógenes, Epiménides y Sexto Empírico.

Escolástica (siglos VII-XIV): Doctrina medieval que sostuvo que el acceso al saber se debe realizar a través de textos considerados sagrados (**Aristóteles** y la **Biblia**), combinación de la **razón** y la fe. Sólo hay que leer e interpretar la **verdad** que ya está dada en esos textos, basándose en la **dialéctica** y el **silogismo**. Aunque se origina cuatro siglos antes, es en el siglo XI cuando se consolida. Los grandes nombres de la E cristiana son, entre otros, Pedro Abelardo, **Santo Tomás** y Guillermo de **Ockham**. La E fue la forma predominante de **conocimiento** en la **Edad Media feudal**, adoptada tardíamente como **filosofía** oficial del **catolicismo** en 1879. También hay una E árabe (**Averroes**) y una E judía (**Maimónides**).

Escorzo: Cada parte de una totalidad o cada uno de los puntos de vista posibles frente a un **fenómeno**.

Escuela crítica (Alemania, 1923-1981): Corriente filosófica con elementos del **psicoanálisis**, el **marxismo y el existencialismo**, también conocida como la "Escuela de Frankfurt". Surgida tras la derrota de la **revolución socialista** en Europa Occidental y el triunfo del **fascismo**, la EC estudia temas tales como la **ideología**, el **autoritarismo**, las luchas e intereses de las **clases sociales**, la influencia de los intereses económicos y políticos, la alienación del hombre moderno en el marco de la **sociedad** consumista e hipertecnológica, el papel de los **medios de comunicación de masas**, la **industria cultural**, la falsa **neutralidad** de la **ciencia**, entre otros. Fundada por Max **Horkheimer**, entre sus representantes encontramos también a Theodor **Adorno**, Walter Benjamin, Herbert **Marcuse** y Jürgen **Habermas**.

Escuela de Berlín (Alemania, 1929-1932): Corriente del **positivismo lógico** a la que pertenecieron H. **Reichenbach**, K. Grelling, R. von Mises y Carl **Hempel**. En 1929 se realizó un congreso de **epistemología** de las **ciencias** exactas presidido por M. Schlick, que reunió a la EDB y al **Círculo de Viena.** En líneas generales el espíritu y las **tesis** fueron comunes a ambos grupos (aunque Reichenbach adhirió por poco tiempo a las tesis más radicales del Círculo de Viena).

Escuela de Frankfurt: Ver **Escuela crítica**.

Esencia: Lo que una cosa es, lo invariable o permanente, el contenido interno de un **objeto** (si un objeto deja de tener sus propiedades esenciales deja de ser lo que es). Lo esencial se opone a lo accidental. En **Aristóteles, sustancia**.

Esencialismo: Postura filosófica sostenida entre otros por **Aristóteles**, que plantea que cada cosa tiene una **esencia**, que hace que sea una cosa determinada y no otra. Refiere también a la idea de que palabra y **objeto** se encuentran unidos por una relación esencial inmodificable.

Especiación: Origen de especies a partir de una **especie** ancestral. De acuerdo al **darwinismo** moderno, las especies se originan dentro de una misma **población** por mecanismos de aislamiento reproductivo. Estos mecanismos surgen como consecuencia de la acumulación de diferencias genéticas entre partes aisladas de una población. Por ejemplo, una barrera geográfica (una isla separada del continente) puede aislar físicamente a miembros de un misma especie. Si los ambientes de cada una de esas islas son diferentes, es posible que en cada uno de ellos, se *seleccionen* distintas variantes genéticas (ver **selección natural**). Con el tiempo, las diferencias genéticas entre ambos grupos aumentan, haciéndolos genéticamente incompatibles para dejar descendencia fértil. Es a partir de entonces que se han originado especies nuevas a partir de la original.

Especie: Clase subordinada al **género**.

Especie: Conjunto de **individuos** que tienen la capacidad de reproducirse mutuamente. Una E está constituida por **poblaciones** naturales que presentan características morfológicas y genéticas comunes, y son capaces de reproducirse entre sí. Las E van modificándose a lo largo de un proceso de descendencia, por medio de la **selección natural** de numerosas variaciones sucesivas, ligeras y favorables. A diferencia de las **razas**, las E no se mezclan. Por ejemplo, los chimpancés.

Especulación: Estudio teórico y contemplativo, sin consecuencias prácticas.

Espiral argumentativo: Series de argumentaciones deductivas encadenadas. Son cadenas de **entinemas** enlazados, donde la segunda **proposición** explica el atributo de la primera, la tercera proposición el atributo de la segunda y así sucesivamente. Es un modelo de **razonamiento** que intenta llevar a un auditorio hacia una **conclusión** deducida, pero sólo tienen una apariencia lógica dado que son encadenamientos arbitrarios.

Espíritu absoluto (Georg W. Hegel): Yo de la Humanidad existente en sí, es decir, que no surge de otra cosa. En el EA se realiza la unidad efectiva (**síntesis**) entre la conciencia (**espíritu subjetivo** o **tesis**) y el mundo (**espíritu objetivo** o **antítesis**). El EA no es un "yo" sino un "nosotros" en el que lo individual se une a lo colectivo. El EA es la **Idea** que se desarrolla en la **historia,** a través de los distintos **pueblos,** recorriendo distintas figuras: a) espíritu inmediato: corresponde al mundo antiguo (Grecia y **Roma**), b) espíritu extrañado: corresponde al mundo medieval y moderno (hasta la **Revolución Francesa**) y, c) espíritu cierto de sí: corresponde al mundo contemporáneo de **Hegel**. El EA abarca el arte, la **religión** y la **filosofía**. La filosofía es el momento culminante, en el que el espíritu alcanza la más alta conciencia de sí.

Espíritu objetivo (Georg W. Hegel): El mundo, la realidad histórica concreta, formada por las **instituciones** sociales, culturales, políticas, económicas, etc. Desde el punto de vista del **sujeto**, este mundo se presenta como algo ajeno a él.

Espíritu subjetivo (Georg W. Hegel): La conciencia o espíritu individual, sometido a las condiciones naturales, y ligado a los impulsos. Este espíritu abandona la sujeción a lo natural cuando comienza a reflexionar, a tomar conciencia de sí.

Espurio: Falso, que establece una relación entre dos factores que no existe.

Esquema nomológico-deductivo: Ver **explicación nomológico-deductiva**.

Estado de cosas: Las cosas según la situación o realidad en la que se encuentran, el conjunto de los hechos o **fenómenos**.

Estado de naturaleza (contractualismo): Situación pre-política, donde los **individuos** no se guían por **leyes** ni autoridades comunes. Según cada autor, el EN puede ser de **guerra de todos contra todos (Hobbes)**, de paz (**Locke**) o de soledad (**Rousseau**). El EN expira cuando los **individuos** acuerdan entre sí para constituir la **sociedad** a partir de un **contrato social**.

Estagirita: Denominación utilizada para hacer referencia a **Aristóteles**. Estagira era una pequeña localidad macedonia donde nació este filósofo.

Estipulación: Decisión que en principio es arbitraria. Por ejemplo, estipular que un metro mida lo que mide y no 20cm más.

Estocástico: Al azar. **Proceso aleatorio** que depende del tiempo, variando permanentemente. Por ejemplo, en **Economía** es habitual en el **sistema** de **precios**. Opuesto: **ergódico**.

Estoicos (Grecia, siglo IV a.C. - Roma, siglo II d. C.): Corriente de la **Filosofía** griega antigua, que sostenía que ni la muerte ni el dolor deben alterar al hombre. Zenón de Citio, su fundador, enfatizó en la libertad individual interior del hombre, y en la felicidad de vivir en armonía con la naturaleza, es decir, con la **razón**, que es la **ley** del universo. En cuanto está regida por la razón la naturaleza es justa y por lo tanto es justo someterse a sus designios. El hombre debe aceptar todo, con indiferencia al placer y al dolor, pero debe fomentar la fraternidad, la generosidad, la bondad y la racionalidad, desoyendo a las pasiones y aceptando el propio destino. Además de crear una **ética** que llegó a ser una **religión**, los E estudiaron la **semiótica** y la **retórica** y sentaron las bases de la **lógica formal** proposicional. Se destacan también Crisipo (E antiguo), Séneca, Marco Aurelio y Epícteto (E nuevo).

Estratagemas inmunizadoras (Karl Popper): Conjunto de recursos utilizados por los científicos para tratar de salvar una **hipótesis** amenazada por **datos** contrarios a ella. Ejemplo: las **hipótesis** *ad hoc*. Conocido también como **principio de la tenacidad**.

Estructura (estructuralismo): Según C. **Lévi-Strauss**, conjunto constituido por elementos relacionados entre sí que forman una totalidad, fuera de la cual no puede comprenderse a los elementos individualmente. El aporte más original del pensamiento levistraussiano es su afirmación de una E universal, común a todas las sociedades humanas, subyacente a la diversidad de **culturas** concretas, una suerte de esqueleto común. En general, se diferencia del **sistema** en que la E trata de explicar fenómenos no observables directamente (es un **modelo** lógico para analizar y representar situaciones **empíricas**), aunque también se habla de E como del orden en que están distribuidos los elementos de un sistema. Así, son ejemplos de estructuras el **complejo de Edipo**, el mecanismo capitalista de la **plusvalía** o la **prohibición del incesto**. Según el **funcionalismo**, la E es la parte estática del **sistema social**, que se forma en relación con pautas organizativas que originan adhesión al sistema. Así, la E es considerada como la red visible de las relaciones sociales, y los fenómenos culturales visibles son analizados para determinar su funcionalidad. Según el **marxismo**, la E es el conjunto de las relaciones materiales y objetivas entre los hombres (ver). A diferencia de Lévi-Strauss, para **Marx** el cambio estructural no siempre genera una auto-reproducción de la E, ya que ésta tiene contradicciones que pueden llevar a su transformación. En **Psicología**, observamos una diferenciación entre las E como todo estático de la *gestalt* y las E concebidas como **proceso cognitivo** en la **Psicología genética** de **Piaget**.

Estructura de una teoría científica: Toda **teoría** científica se compone de tres niveles: **nivel 1 (afirmaciones empíricas, enunciados** o **consecuencias observacionales** singulares), **nivel 2** (afirmaciones o **leyes empíricas** generales) y **nivel 3** (afirmaciones teóricas o **leyes generales**).**Estructuralismo (1928 →):** **Modelo** teórico que se interesa por las totalidades organizadas o **estructuras** –partes interrelacionadas que forman un todo- y por los aspectos universales atemporales de la **conducta** humana –en particular, el **lenguaje**-, sin considerar los elementos históricos. A diferencia del **funcionalismo**, el E no se va a abocar al estudio de la red visible de relaciones sociales, sino a la búsqueda de la lógica profunda que subyace en los **sistemas** socio-culturales. El principal representante y a su vez inspirador del E antropológico es Claude **Lévi-Strauss**. Los antecedentes del pensamiento levistraussiano se encuentran fundamentalmente en la **lingüística** de Ferdinand de **Saussure**, la **fonología** de **Troubetzkoy** y **Jakobson**, el **formalismo ruso** de Propp y las formulaciones del **Círculo de Praga**. El contexto histórico-social del E antropológico está marcado por la finalización de la **Segunda Guerra Mundial** y el **proceso** de **descolonización**, campo fértil para esta **teoría** social cuyo objetivo principal es el estudio de las estructuras universales de la mente humana y de sus fundamentos psico-lingüísticos. El punto de partida del E se encuentra en lo siguiente: existe una lógica del pensamiento humano que, basándose en las estructuras innatas de la mente, produce formas universales. La lingüística va a convertirse en una ciencia madre y la **Antropología** tomará como misión el estudio científico de los productos culturales generados por las operaciones del intelecto, ya que las operaciones mentales o las estructuras representan el significado real de la **cultura**. En la teoría de Lévi-Strauss encontramos tres conceptos centrales: la **invariancia universal**, las **oposiciones binarias** y las **reglas de transformaciones.** Esas tres nociones se nuclean en dos nociones claves: a) el concepto de **oposición**, donde lo verdaderamente significativo para definir relaciones entre elementos u objetos son las diferencias: el sistema de relaciones es a la vez, un sistema **semiológico** de oposiciones significativas y, b) el descubrimiento de las diferencias, es decir, de las relaciones y del sistema, descansa sobre el supuesto de la invariancia: las formas del **mito** o de las relaciones de **parentesco** descansan sobre un universal. En **Psicología**, el enfoque estructuralista surgió en oposición al **elementalismo asociacionista** de la **Psicología clásica** y el **conductismo** watsoniano. Aunque con características muy distintas, pertenecen al E las corrientes psicológicas de la *gestalt* (aunque limita la totalidad a los fenómenos visibles), el **psicoanálisis**, la **Psicología genética** y las ligadas al **marxismo (Vigotsky, Reich,** aunque sólo parcialmente ya que en éstos la **historia** es determinante). Las teorías de **Althusser, Lacan, Foucault, Barthes** y **Chomsky** pueden también incluirse dentro del E. Defendido como **método** para identificar y comprender relaciones ocultas o latentes, su carácter **a-histórico** y reproductor del orden vigente, junto con una negación de la autonomía del **sujeto** para transformar la **sociedad,** son las principales críticas que ha recibido esta corriente.

Eterno retorno (Friedrich Nietzsche): Categoría presente en *La voluntad de poder* y esbozada anteriormente en *Así habló Zaratustra*, el ER "de lo mismo" es un concepto originado en los **estoicos** que significa que no existe un principio o fin de las cosas, sino que la vida es un círculo donde todo se renueva y comienza infinitamente, en un estado de **devenir** y de permanente insatisfacción humana. La voluntad de poder es la voluntad del regreso eterno de todo, sea bueno o malo.

Ethos: (Del griego antiguo, "carácter moral"). Forma de vida (**costumbres, normas**, actitudes, ideas, **valores** y **conductas**) de un **individuo** o de un **grupo** social. Por extensión, también se hace referencia al E como la **lógica** utilizada por los científicos.

Ética: (Del griego *ethos*, que significa "carácter"). Parte de la **filosofía** que trata de determinar el **sentido** y las **normas** del obrar del hombre. La tarea de la E es investigar cuál es la **causa** social por la cual determinados sentimientos, acciones y **conocimientos** se consideran buenos o valiosos. De todos modos, algunos autores establecen una clara delimitación entre E y **moral**: la E refiere, según esta visión, a un deber que un **individuo** se impone a sí mismo. La moral, en cambio, alude a la presión social por imponer determinados **valores** y **costumbres** a los **individuos**.

Etimología: Rama de la **lingüística diacrónica** que estudia el origen y **significado** de las palabras en su desarrollo histórico.

Etiología: Estudio de las **causas** de un **fenómeno**, en particular de tipo patológico, su diagnóstico y tratamiento.

Euclides (315-225 a.C.): Matemático griego, en su obra *Elementos de Geometría* sistematizó los conocimientos de esta disciplina. La **geometría euclidiana** rigió por siglos, hasta que en el siglo XIX fue puesta en cuestión por la geometría moderna.

Euclidiano: Relativo o perteneciente a **Euclides**, su método matemático o su geometría.

Eudaimonismo: Doctrina que plantea que la felicidad es el bien supremo. El E se inicia en **Aristóteles**, el **hedonismo** y los **epicúreos**, y es el principio esencial del **utilitarismo**.

Eudemonismo: Ver **eudaimonismo**.

Euler-Venn: Ver **diagramas de Venn**.

Evento (Karl Popper): Aspecto **universal** o típico de un **acontecimiento** (ver). Se define como la **clase** de todos los acontecimientos del mismo tipo. Por ejemplo, la clase de acontecimientos que permiten afirmar que Batistuta es goleador, es un E (cada acontecimiento refiere a uno de sus goles particulares). Todos los **enunciados básicos** que pertenecen al mismo E son homotípicos.

Evolución: La E como **concepto** se remonta a los filósofos **presocráticos**. Durante la **Edad Media** predominó el **fijismo** –todo lo existente fue creado por Dios-. Las ideas evolucionistas resurgieron con la **ciencia** moderna. En el siglo XVIII, **Lamarck** planteó una teoría de la E, el **transformismo**, basada en la herencia de los caracteres adquiridos. El gran aporte de **Darwin** fue definir el mecanismo que guía a la E: la **selección natural**, que opera como un árbitro que elige qué organismos sobrevivirán. Despojó a la idea de E de todo sentido de dirección, de progreso, ya que ésta no se dirige hacia lo más perfecto, sino que tiene que ver con la adaptación de los organismos a condiciones cambiantes. Es más, Darwin prefería hablar de "descendencia con modificaciones", en un proceso lento y gradual. Así, para Darwin la E es un proceso con dos pasos: 1) variabilidad inicial, que se da de manera azarosa: **individuos** de una misma especie con diferencias; así, unas mariposas nacen con alas blancas y otras con alas negras, 2) selección natural, donde determinadas **causas** ambientales permiten sobrevivir a las mariposas de alas negras y no a las de alas blancas. Los **procesos** que causan pequeños cambios se acumulan y producen grandes cambios. Y la acumulación de grandes cambios produce nuevas **especies**. Se considera que la E se da en dos dimensiones: la **E filogenética** y la **especiación**. A mediados de la década de 1930 surgió la **teoría sintética de la evolución**, que partió de las ideas de Darwin y de los conocimientos de la genética.

Evolución filogenética: Cambios que a lo largo del tiempo se van acumulando en una única línea de descendencia, habitualmente ligados a procesos adaptativos.

Evolucionismo: (Para los aspectos específicos del pensamiento de **Darwin** ver **darwinismo** y **teoría de la evolución de las especies**). Algunos de los supuestos generales del E son los siguientes: a) todos los seres humanos somos producto de una evolución biológica común y tenemos la misma psiquis; no hay diferencias en nuestra constitución: todos tenemos la misma inteligencia, lo que cambia es el estadio evolutivo de la **sociedad**, b) complejidad creciente: a medida que avanzamos en la evolución, la sociedad y las **instituciones** que la componen tienen una complejidad mayor, c) supervivencia: existen elementos culturales de una sociedad que no tienen que ver con el estadio cultural al que han llegado mediante su desarrollo, sino que han quedado como restos de los estadios culturales anteriores; a estos restos se los denomina supervivencias. Pero metodológicamente, el aspecto más importante es la diacronización de las formas sincrónicas, es decir que lo que observamos en el presente en el nivel **sincrónico**, debe ser analizado en base a cómo el desarrollo cultural concluyó en lo que hoy es. En cuanto al E en la **Antropología**, pensadores como **Tylor**, **Morgan** y Frazer plantearon la existencia de estadios o fases de desarrollo fijos válidos para toda sociedad: **salvajismo, barbarie** y **civilización**. El E fue utilizado para justificar la expansión **colonial** del **imperialismo** inglés en el mundo. El E –particularmente la obra de Herbert **Spencer**, quien acuñó el concepto de **darwinismo social**– afirmaba que el imperio constituía la **cultura** superior, la más evolucionada o desarrollada y que por eso debía encargarse de ayudar-controlar-dominar a las culturas que se habían quedado en estadios anteriores de desarrollo. Esta teoría se basa en una **hipótesis** central: todas las sociedades humanas evolucionan en base a la misma secuencia, no hay diferentes caminos evolutivos. Esto es lo que se denomina evolución unilineal: hay sólo una línea evolutiva. El E sentó las bases de teorías posteriores, como el **biologicismo** y el **funcionalismo**.

Evolucionismo social: Ver **darwinismo social**.

Ex post facto: Locución latina que significa "posterior al hecho".

Existencialismo (1845 →): Filosofía fundada por el filósofo dinamarqués Sören **Kierkegaard**. El E plantea que la existencia del hombre está dominada por la **angustia** de la existencia individual y la tensión de elegir un camino propio en la vida. Ya en el siglo XX, se considera representantes del E a Karl **Jaspers**, Martin **Heidegger**, Jean-Paul **Sartre** y Albert Camus.

Experiencia: Captación de la realidad a través de los sentidos o posibilidad de **confirmación empírica** de **datos**.

Experiencia crucial: Ver **experimento crucial**.

Experimentación: Observación de la relación entre dos o más **variables empíricas** en una situación artificialmente provocada.

Experimento: Manipulación intencional de los **datos** o de las **variables** de un **fenómeno** para **poder** observar sus efectos dentro de una situación que está siendo controlada por el investigador. Los E son repetibles: pueden recrearse en distintos momentos para que el resto de la comunidad científica pueda comprobar los resultados que obtuvo un experimentador. Por ejemplo: al calentar un líquido con sales en un frasco tapado, las sales se cristalizan en la superficie interna de la tapa.

Experimento crucial: Puesta a **prueba** de dos **hipótesis** contrapuestas con el fin de eliminar a una de ellas. Si una de las hipótesis implica una **proposición** experimentalmente verificable que contradice o es incompatible con la implicada por una segunda hipótesis, el EC nos habilitaría para eliminar definitivamente a una de ellas. Sin embargo, para muchos críticos esto no es así: ningún **experimento** pone a prueba a una hipótesis aislada, sino a todo el **conocimiento** relevante para la cuestión que esté lógicamente implicada en ésta (por ejemplo, a otras hipótesis o **hipótesis auxiliares**). Por lo tanto, el EC no refuta a una hipótesis aislada, sino también a las hipótesis auxiliares y supuestos que la acompañan, tomados como un todo (la **refutación** implica que al menos una de las hipótesis es falsa, pero no indica cuál de ellas lo es ni cuántas lo son). Llamado también **contrastación crucial**. Por ejemplo, la geometría euclidiana y la geometría hiperbólica predicen distintos valores para los ángulos internos de los triángulos, pero las diferencias sólo son grandes en los casos de triángulos muy grandes (en geometría hiperbólica la suma de los ángulos internos de un triángulo varía según varíen las longitudes de los lados). Por eso, para realizar un EC, se eligió el ángulo formado por tres montañas situadas a gran distancia. El experimento fracasó porque los instrumentos de medición de los que se disponían tenían un margen de error mayor que la diferencia entre las predicciones de ambas teorías. Ponemos este ejemplo porque es sencillo, ya que intervienen pocas hipótesis auxiliares y ambos **sistemas** están axiomatizados, por lo que -de haber la **tecnología** necesaria- sería un EC con un resultado poco cuestionable.

Experimento de campo: Técnica científica por la que se analizan situaciones reales dadas (por ejemplo, la vida de una **empresa**) en las que se controlan y manipulan algunas **variables**. El EDC es un punto intermedio entre el **laboratorio** –propio del **método experimental**- y el **campo** –propio del método no experimental-. Por ejemplo, se mostró que el café disminuye la capacidad de trabajar en grupo por medio de un EDC en el que se manipuló una única variable: la ingesta de café, manteniendo a los sujetos en su contexto de trabajo por lo demás no modificado.

Experimento de laboratorio: Técnica científica por la que se crea artificialmente una situación en la que se reproducen las condiciones reales, manipulando las **variables** intervinientes. Por ejemplo, en un EDL se conectó al **sistema** nervioso de un mono un aparato que permitía producirle placer con sólo apretar un interruptor. Acto seguido se puso el interruptor a disposición del mono. El mono probó el botón, recibió la correspondiente descarga y dedicó el resto de su tarde a presionar el botón una y otra vez.

Experimento decisivo: Ver **experimento crucial**.

Explanandum **(Carl Hempel):** (Del latín: "lo que debe ser explicado"). En la **explicación nomológico-deductiva**, **proposición** que describe un **fenómeno** a explicar y que se deduce del *explanans*. Se simboliza con la letra E. Por ejemplo, "La rata murió hace una hora".

Explanans **(Carl Hempel):** (Del latín: "lo que explica"). En la **explicación nomológico-deductiva**, **proposiciones** utilizadas para explicar un **fenómeno** (*explanandum*). Las proposiciones C1, C2..., describen las **condiciones iniciales** o **antecedentes**, y las proposiciones L1, L2..., representan las **leyes generales**. **Popper** cita el siguiente ejemplo: frente al *explanandum* "La rata murió hace una hora", las **premisas** pueden ser: a) **leyes universales** como "Si una rata ingiere al menos 0,48 gramos de veneno, morirá en 5 minutos" y, b) condiciones iniciales, como "Esta rata ingirió al menos 0,48 gramos de veneno hace una hora y 5 minutos" (proposición cuya **verdad** o falsedad puede conocerse por **experiencia**).

Explicación: Respuesta a las preguntas del *por qué* o las **causas** y del *cómo* de un acontecimiento o de una regularidad. A diferencia de la **predicción**, en la E ya se conoce el **fenómeno** a explicar o al menos se lo supone. Pero por lo demás se parece mucho a una predicción en tanto la E nos muestra que cierto hecho o regularidad era esperable, dadas ciertas condiciones que la E explicita. Dicho esto en general, nos dedicaremos a lo que se ha entendido por **explicación científica**. Según el **positivismo**, explicar un hecho significa demostrar que ese hecho es un caso particular de una **ley general**. Hempel dio dos modelos de E científica: E **estadístico-inductivas** que contienen leyes generales estadísticas y E **nomológico-deductivas**, cuyas leyes son **deterministas**. Las **leyes estadísticas** (como las leyes de física cuántica) dicen que un porcentaje de casos del fenómeno B, menor que cien, tiene la propiedad A y por tanto no permiten deducir que un caso desconocido la tiene también (es tan **posible** que la tenga como que no la tenga). Por eso este **modelo** es **inductivo**. Las **leyes deterministas** (por ejemplo, una ley de **Newton**) afirman la **necesidad** de que todos los casos B tengan cierta propiedad y por ello permiten una **deducción** a partir de un nuevo caso B, de que este caso también tiene esa propiedad A. En ambos casos la E incluye como **premisas** **condiciones iniciales** y leyes. También hay E de leyes a partir de otras leyes que las implican lógicamente; en estos casos no hay condiciones iniciales como premisas por razones lógicas. Actualmente se reconocen más tipos de E científicas irreductibles a ninguno de estos dos modelos. Ver al respecto: **explicación funcional, explicación genética** y **explicación teleológica.** Opuesto: **comprensión**.

Explicación causal: Deducción, a partir de **leyes universales** y **condiciones iniciales** específicas, de una **proposición** que describe un **acontecimiento** específico. Las **explicaciones científicas** intentan responder el "por qué" de las cosas, indagando las **causas**, es decir, son causalistas. Alcanzar las causas implica formular **leyes generales** que expliquen hechos individuales –subsumir un hecho a una ley-. **Popper** identifica las EC con las **explicaciones nomológico-deductivas** de acontecimientos individuales, es decir la **deducción** de proposiciones a partir de **leyes** o **causas**. **Hempel**, en cambio, restringe el concepto para las explicaciones nomológico-deductivas de hechos individuales que incluyan entre sus **premisas** cierto tipo especial de leyes: las que establecen relaciones causales. Según Hempel, una **ley causal** es la que afirma que cierto tipo de sucesos son seguidos siempre por otro tipo de sucesos; por ejemplo, que el movimiento de un imán a lo largo de una espiral de alambre cerrada determina el paso por el alambre de corriente eléctrica. En general, se llama EC a cualquier clarificación de un **hecho** o **regularidad** por medio de la postulación de una causa, del tipo que sea, sin necesidad de que haya **leyes científicas** entre las premisas, ni siquiera implícitamente, y sin necesidad de que el *explanandum* se deduzca del *explanans*.

Explicación científica: Ver **explicación**.

Explicación estadístico-inductiva: Ver **explicación inductivo-estadística**.

Explicación funcional: Tipo de **explicación** científica que incluye entre sus **causas** sistemas orientados a un fin, pero sin la existencia de motivos, razones o propósitos conscientes por parte de **sujetos**. Se opone en este sentido a la **explicación teleológica**, aunque algunos autores llaman a la EF "explicación teleológico-funcional". Un **enunciado** funcional afirma que un determinado elemento o **variable** cumple cierta **función** dentro de un **sistema** total del cual forma parte. Por ejemplo, "las bujías tienen la función de permitir el encendido del auto".

Explicación genética: Tipo de **explicación** científica que describe la situación actual de un **objeto** o un **sistema** a partir de su evolución anterior, es decir, que apela a los orígenes de un **fenómeno**. Es utilizado en **historia**; por ejemplo, "La **Segunda Guerra Mundial** se explica a partir de la derrota alemana en la **Primera Guerra Mundial**".

Explicación inductivo-estadística: Tipo de **explicación** científica que utiliza **leyes estadísticas**. La EIE establece regularidades **empíricas** no **universales**, señalando que una cantidad determinada de **objetos** o **fenómenos** de una clase A pertenecen también a otra clase B. Por ejemplo, "Antonio se curó después de tratarse con la medicación X porque el 85 % de los enfermos que recibieron la medicación X respondieron positivamente." Este tipo de explicaciones tiene la forma de un **razonamiento inductivo** en el cual el *explanandum* no se deduce del *explanans*, sino que se infiere de él con cierta **probabilidad**.

Explicación intencional: Ver **explicación teleológica**.

Explicación nomológico-deductiva (Carl Hempel): En primer lugar, la END es una relación entre proposiciones tal que la **conclusión** se deduce de las **premisas** (de ahí "**deductiva**") y al menos una premisa es una **ley** (de ahí "**nomológico**", del griego: *nómos* = ley). Hay dos tipos de END según la cosa explicada sea un hecho o una **ley general**. Una ley general se explica a partir de leyes más generales que la implican lógicamente, y sólo se recurre a **enunciados generales** en la **inferencia** (no hay **condiciones iniciales** para explicar leyes). En el caso de que se explique un hecho, la END está formada por un *explanandum* (E), que es la **proposición** que describe el **fenómeno** a explicar, y un *explanans*, que son las proposiciones o premisas que se utilizan para explicar el fenómeno (**leyes universales** o leyes generales -L1, L2...Lk- más una delimitación de condiciones iniciales o **condiciones antecedentes** relevantes –C1, C2...Ck-). La END es uno de las dos esquemas del **modelo de cobertura legal** y es correcta cuando se cumplen cuatro condiciones: 1) Condición de **deducción**: E debe deducirse del *explanans*, 2) Condición de legalidad: en el *explanans* tiene que haber al menos un **enunciado legal** que sea necesario para la deducción de E, 3) Condición de **contenido empírico**: las proposiciones del *explanans* deben ser confirmables o **refutables** mediante la **experiencia** (esto garantiza que los enunciados generales sean leyes científicas y no, por ejemplo, lógicas), 4) Condición de **confirmación**: las leyes del *explanans* deben estar bien confirmadas. También se le llama **teoría de la explicación por subsunción**. El siguiente es un ejemplo de END: (L1) Todos los metales se dilatan con el calor, (C1) éste es un trozo de metal y (C2) aumenté su temperatura, de ahí que (E) el trozo de metal se dilató. (Nótese que C1 y C2 son imprescindibles para **derivar** E a partir de la ley general).

Explicación probabilística: Tipo de **explicación** científica en que la **conclusión** del *explanandum* no se desprende necesariamente de las **premisas** del *explanans* –como en la **explicación nomológico-deductiva**- sino que se sigue de éste con un alto grado de **probabilidad**. **Hempel** le dio el nombre de **explicación inductivo-estadística** (ver). Por ejemplo, puede explicarse un divorcio de la siguiente manera: "El 75% de los matrimonios terminan en divorcio, está en nuestra naturaleza".

Explicación teleológica: Tipo de **explicación** científica que incluye entre sus **causas** la búsqueda de un fin por parte de un **sujeto**, es decir, intencionalidad o voluntad humana. Se distingue, en este sentido, de la **explicación funcional**. Por ejemplo, explicar la existencia de la policía por el fin de reprimir y controlar a los súbditos y así lograr la estabilidad del **Estado**.

Explicandum: Ver *explanandum*.

Explicans: Ver *explanans*.

Extensión: Ver **denotación**.

Externalismo: Pretensión de dependencia absoluta de las **ciencias** y de la aparición y producción de las **teorías** científicas respecto de las condiciones sociales y psicológicas, esto es, de la **historia externa**.

F

Factibilidad: Probabilidad de que un hecho ocurra.

Fáctico: Perteneciente o relativo a los hechos.

Facto: Ver **de facto**.

Factor clave: Elemento indispensable para que se desencadene un **proceso** social. Un **insumo** es llamado FC cuando reúne cuatro condiciones: bajo costo, oferta ilimitada, uso universal y ubicarse en la raíz de un **sistema** de **innovaciones** técnicas y organizativas que bajen costos.

Factor llave: Ver **insumo clave**.

Factual: Fáctico.

Falacia: Método incorrecto de **razonamiento, razonamiento inválido**. Tipo de argumentación incorrecta, pero que, a simple vista, parece correcta. Hay **F formales** (**estructura** incorrecta) y **F no formales** (F **semánticas** o por el contenido). Algunos autores equiparan al término "**sofisma**" con el de F. En términos vulgares, idea falsa o equivocada.

Falacia de afirmación del consecuente: Razonamiento inválido que se produce cuando -dada una **premisa condicional** y afirmando el **consecuente** de dicho condicional en la segunda premisa- se afirma el **antecedente** como **conclusión**. Por ejemplo: "Si los átomos están formados por neutrones, electrones y protones, entonces, no son las partículas físicas más pequeñas (premisa condicional). Los átomos no son las partículas más pequeñas (segunda premisa: afirmación del consecuente). Por lo tanto, están formados por neutrones, electrones y protones (conclusión que afirma el antecedente)". Su **forma lógica** es: si p $\rightarrow$ q, q, p.

Falacia de negación del antecedente: Razonamiento inválido que se produce cuando -dada una **premisa condicional** y negando el antecedente de dicho condicional en la segunda premisa- se niega el **consecuente** como **conclusión**. Por ejemplo: Si cruzo con el semáforo en rojo, entonces me pisa un auto (premisa condicional). No cruzo el semáforo en rojo (segunda premisa: negación del antecedente). Por lo tanto, no me pisa un auto (conclusión que niega el consecuente). Su **forma lógica** es: si p $\rightarrow$ q, $\neg$p, $\neg$q.

Falacia de relación causal: Ver **relación espuria**.

Falacia formal: Ver **falacias formales**.

Falacias de ambigüedad: Falacias no formales ocasionadas porque se produce una confusión debido a la utilización de términos o frases con más de un **significado**. Las más conocidas son el **equívoco**, la **composición**, la **división**, la **anfibología** y el **énfasis**.

Falacias de atinencia: Falacias no formales en que las **premisas** de los **razonamientos** carecen de **atinencia lógica** con respecto a sus **conclusiones**, y por ende, son incapaces de establecer la **verdad** de las mismas.

Falacias formales: Falacias cuya falla está en la forma del **razonamiento**, cuando su forma es inválida. Parecen válidas porque sus **premisas** y **conclusión** son verdaderas; pero el error es tomar la **verdad** de las **proposiciones** como garantía de la **validez** del razonamiento. Pero si abstraemos la **forma lógica**, siempre será posible encontrar una nueva **interpretación** que tenga premisas verdaderas y conclusión falsa. Las FF más conocidas son la **falacia de afirmación del consecuente** y la **falacia de negación del antecedente**.

Falacias no formales: Falacias no centradas en la **forma lógica** sino en su uso cotidiano. Son psicológicamente persuasivas y son usadas para convencer a otros de aceptar una determinada **conclusión**. Hay dos tipos: **falacias de atinencia** y **falacias de ambigüedad**.

Falibilismo: Ver **escepticismo**.

Falible: Susceptible de ser falso.

Falsabilidad (Karl Popper): Condición o **criterio de demarcación** que distingue entre las **hipótesis** o teorías científicas de las no científicas. La F depende de que la hipótesis o **teoría** pueda ser puesta a **prueba** de modo que pueda intentarse su **falsación** (sin importar si efectivamente es o no falsada). La teoría más deseable es la que más prohíba. Este criterio se diferencia de los criterios de demarcación de la **verificación** y de la **confirmación**.

Falsable: Que está en condiciones de ponerse a **prueba** para ver si es o no falso.

Falsación (Karl Popper): Contrastación negativa de una **consecuencia observacional** de una **hipótesis**.

Falsacionismo (Karl Popper): Corriente **epistemológica** que plantea como idea central que el acento del trabajo científico no está en tratar de **confirmar** las **hipótesis**, sino en tratar de **refutarlas**. La regla de oro de la metodología popperiana es que ningún **enunciado** debe quedar a salvo de la posibilidad de ser refutado: ese es el llamado **criterio de demarcación científica**. El esquema de investigación científica del F es el siguiente: 1- **problema, hipótesis** o **conjetura**, 2- deducción de sus **consecuencias observacionales**, 3- **contrastación** a través de la **observación** o el **experimento**, 4- **corroboración** o **refutación** de la hipótesis. En el F hay tres posturas: el **F dogmático**, el **F metodológico ingenuo** y el **F sofisticado** (según la clasificación de Imre **Lakatos**, discípulo de **Popper**).

Falsacionismo dogmático (Imre Lakatos): Lakatos distingue tres tipos de **falsacionismo** para dar cuenta de su propia posición y de la de su maestro, **Popper** (ver también **falsacionismo metodológico ingenuo** y **falsacionismo sofisticado**). El FD es el más simple y equivocado de los tres y según el autor no fue el que sostuvo Popper; es la posición extrema del falsacionismo, que establece que una sola **refutación** basta para desechar una **hipótesis** científica. Al FD se le ha criticado que no toma en cuenta que es posible que –en una refutación- lo que haya estado incorrecto haya sido el **enunciado básico singular**, o **las condiciones iniciales**, o alguna **hipótesis auxiliar**, etc. Por ejemplo, a la primera persona que se le aplicó la vacuna de penicilina, murió a los pocos días. Pero el problema no era la penicilina, sino que la cantidad aplicada no era suficiente. Si se hubiera seguido el criterio del FD, la penicilina hubiera sido desechada. Gaeta y Lucero resumen así los tres **supuestos** propios del FD: 1) Pueden distinguirse los **enunciados teóricos** de los enunciados observacionales de manera clara y fundada en algo así como la naturaleza misma del **lenguaje** o del mundo, 2) La **verdad** o falsedad de los enunciados observacionales (o básicos) pueden **demostrarse** por la **experiencia**, a partir de los "puros hechos", es decir que confían en una **base empírica** sólida (el conjunto de todos los enunciados observacionales), 3) Una teoría es científica si tiene falsadores potenciales (los enunciados que la teoría prohíbe) verificables por la experiencia. a) es una posición arcaica en **Filosofía** y se suele creer, en cambio, que cualquier distinción de ese tipo es arbitraria y además, según la distinción que habitualmente se traza en **ciencia**, un **enunciado observacional** está cargado de teoría acerca de los instrumentos de observación y de medición y del comportamiento de la luz, b) es falso porque los enunciados sólo pueden demostrarse por otros enunciados, c) es inaceptable porque excluye de la ciencia a las teorías más útiles y en boga, como la **teoría de la relatividad** ya que ésta contiene **leyes probabilísticas** (que son **irrefutables**) o las teorías que incluyen cláusulas *ceteris paribus* (ver) que hacen a la teoría irrefutable.

Falsacionismo estricto: Ver **falsacionismo metodológico ingenuo**.

Falsacionismo ingenuo: Ver **Falsacionismo metodológico ingenuo**.

Falsacionismo metodológico ingenuo (Imre Lakatos): Según este autor, el FMI es una posición atribuible al **Popper** previo a los años ´50. El FMI rechaza los tres supuestos del **falsacionismo dogmático** (ver), adoptando una posición **convencionalista** acerca de los **enunciados básicos** (se los toma como verdaderos sin justificación, es una mera decisión metodológica) que ya no son considerados como una **base empírica** firme sino endeble, porque estos enunciados también pueden ser refutados derivando de ellos alguna **consecuencia observacional** con la imprescindible ayuda de otro(s) enunciado(s) de la **teoría**. De aquí se sigue que no toda **contrastación** desfavorable implica la **refutación** de la teoría y que el **criterio de demarcación** ya no exige que los enunciados básicos sean verificables sino sólo aceptados por **consenso** y no de manera definitiva. El FMI dispone además de reglas metodológicas para poder **falsar** las **leyes probabilísticas** y otras para considerar **corroborada** a una cláusula *ceteris paribus* y, por consiguiente, puede establecer las condiciones de refutación de este tipo de teorías (con lo que satisfacen el criterio de demarcación del falsacionismo). Según Lakatos el FMI, aunque mucho más viable que el FD, tiene dos fallas: la primera es que sus reglas metodológicas autorizan procedimientos cuestionables y la segunda es no constituye una descripción fiel de la historia de la ciencia (ver también **falsacionismo sofisticado** y **falsacionismo dogmático**).

Falsacionismo moderado: Ver **falsacionismo sofisticado**.

Falsacionismo sofisticado (Imre Lakatos): El FS fue desarrollado por este autor pero él mismo reconoce que sus reglas fueron explicitadas primero por **Popper** en los años ´50. Para el FS la **contrastación** es al menos un triple enfrentamiento entre la **experiencia** y dos **teorías rivales** (mientras que el falsacionista ingenuo cree que basta con que haya una sola teoría enfrentada a la experiencia) y el valor de una **refutación** depende del éxito correlativo de una teoría rival. Además el FS reconoce que muchos **experimentos** valiosos resultan de la **confirmación** más que de la **falsación**. Para **Lakatos** no deben estudiarse las teorías aisladas sino en el contexto de las teorías semejantes que las preceden y suceden siendo cada una una versión corregida de la anterior. Llama "**programa de investigación científica**" (PIC) al conjunto de teorías que comparten **un núcleo firme** (hipótesis **fundamentales** que son declaradas **irrefutables** por decisión de la **comunidad científica**) y "**cinturón protector**" a las **hipótesis auxiliares** que se van modificando para ajustar las hipótesis fundamentales del PIC a los resultados experimentales. Cada modificación en el cinturón protector genera la siguiente teoría del PIC. El PIC incluye además de la sucesión de teorías, reglas para lidiar con las **contrastaciones** desfavorables y para aumentar el contenido empírico en las nuevas teorías a generar ("**heurística positiva**").

Falsar (Karl Popper): Contrastar negativamente una **consecuencia observacional** de una **hipótesis**. F implica considerar falsa a la hipótesis cuya **contrastación** fue desfavorable, mediante una inferencia de forma *modus tollens*: p → q, no p, por lo tanto no q; es decir que, si q se puede derivar de p y si q es falsa, p también es falsa. Lo que ocurre de hecho en las **ciencias** es que las hipótesis no pueden falsarse aisladamente, sino que se necesitan varias y a veces muchísimas otras hipótesis para poder deducir una consecuencia observacional. Si llamamos H a la hipótesis que se quiere falsar, CO a la consecuencia observacional y HA al conjunto de las **hipótesis auxiliares** que permiten la **derivación** de CO, el esquema de la **inferencia** es el siguiente: 1) (H . HA) → CO ; 2) ¬ CO; 3) ¬ (H . HA); y esto último es equivalente a 4) ¬H v ¬HA. Es decir que la **conclusión** de una **falsación** en la que intervienen varias hipótesis es que al menos una de esas hipótesis es falsa y no necesariamente lo es la hipótesis que se quería falsar (ver también **holismo**).

Falsear: Falsar.

Falsificación: Producto o proceso de **falsar** (ver).

Familia: Conjunto de **géneros** con características comunes y lazos ideales de consanguinidad, alianza y/o descendencia.

Fatalismo: Postura filosófico-religiosa que sostiene la inevitabilidad de todos los acontecimientos, sin posibilidad de modificarlos. El F se basa en la idea de un destino humano que no se puede cambiar. Esta postura influyó en los **estoicos**.

Fbf: Abreviatura de **Fórmula bien formada** (ver).

Fe: Creencia en la **verdad** de la Divinidad o los **dogmas**.

Fenomenalismo: Postura **gnoseológica** que plantea que los **enunciados elementales** o **cláusulas protocolarias** registran las **experiencias** inmediatas del **sujeto**. De este modo, sólo podemos acceder al **conocimiento** de la apariencia de las cosas (**fenómenos**) pero no a la **cosa en sí**.

Fenomenismo: Ver **fenomenología**.

Fenómeno: (Del griego *fainómenon* = lo que se muestra o aparece). Todo lo que aparece o se manifiesta a través de la **experiencia**. Forma externa de la **esencia** (ver F en **Kant**). A veces se lo define como todo **hecho** que puede ser observado.

Fenómeno (Immanuel Kant): Mundo exterior accesible a las sensaciones físicas. Lo que aparece o se manifiesta, la aplicación de las categorías del pensar a los datos sensibles. Se contrapone al **noúmeno** o **cosa en sí**.

Fenomenología (Edmund Husserl, 1913 →): Es el nombre que **Husserl** le dio a su **filosofía** y que heredó a los seguidores de su **método**. Husserl quiso hacer de la filosofía una **ciencia** estricta cuyas **teorías** estuvieran objetivamente fundadas, lo que supone criterios **objetivos** de **validez** que excluyeran a las meras opiniones o puntos de vista privados. Este ideal se remonta a la Grecia antigua y sobre todo a **Descartes**: la filosofía debía tener un fundamento absoluto (que no necesita él mismo de justificación porque es auto-evidente) y sería el fundamento de todas las ciencias (que siempre construyen a partir de algunos supuestos no justificados). La F criticó al psicologismo, **doctrina** que pretendía también dar cuenta de todas las ciencias a partir de una disciplina general: la **Psicología** (para este tema ver **Husserl, Edmund**). La F es ante todo un método muy complejo del que sólo nos detendremos en la primera de sus reglas, que está inspirada en la **duda metódica cartesiana** (ver): la *epojé* o reducción trascendental consiste en "poner el mundo natural entre paréntesis", es decir, abstener el juicio sobre la existencia de cosas y quedarse sólo con el **fenómeno** o la vivencia. Por ejemplo, estoy mirando una plaza y tengo una serie de prejuicios, creo que esas manchas en movimiento son niños, que las hamacas son de madera y las cadenas de metal, que yo soy un hombre parado en la plaza y que alguna vez fui un niño, etc. La *epojé* consiste en tomar sólo las imágenes de lo que creo ver, cada detalle, pero no dar por sentado que estoy parado en una plaza, ni que tengo pies que pisan el pasto y ojos que ven ni que aquello son niños que nacieron y crecerán. Porque creo todo aquello sin saberlo de manera estrictamente justificada y en cambio la imagen de la plaza y de mi propio cuerpo como imagen, como contenido de **conciencia** en el presente inmediato, es indubitable. No se ha perdido el mundo sino que sigue ahí como espectáculo, yo no participo de él (este yo espectador es incapaz de participar porque no es un hombre sino una pura recepción de **datos** o **ideas**) ya que toda mi interioridad psíquica también es parte del espectáculo. Se llama intencionalidad a esta relación entre la conciencia despojada, pura captación y el mundo entendido como todo lo que capta una conciencia. Estrictamente no es una relación entre dos cosas independientes porque no puede entenderse una sin la otra, la intencionalidad es la conciencia misma que siempre es conciencia *de* algo. Para Husserl el fenómeno (el objeto intencionado por la conciencia) es el **noúmeno**, la cosa real independiente. La plaza -fenómeno frente a mi conciencia- es la misma que mira cada uno de los niños. Esto significa una ruptura con la concepción de **Kant**. La conciencia es absoluta no en un sentido epistemológico (no necesita de justificación **ulterior**) sino en sentido **ontológico**: no necesita de ninguna otra cosa para existir, mientras que todo lo demás está necesariamente referido a la conciencia. Se destacan también en esta corriente Martín **Heidegger**, Jean-Paul **Sartre** y Maurice Merleau-Ponty.

Fetiche: Objeto de culto o superstición al que se le atribuyen cualidades mágicas. En la **teoría** freudiana el F es un objeto, pensamiento, conducta o fantasía que representa, en personas temerosas de castración, al **falo** ausente de la madre.

Fetichismo: Atribución de cualidades mágicas a un **objeto** al que se adora.

Fetichismo de la mercancía (Karl Marx): **Fenómeno** del **modo de producción capitalista**, que hace aparecer a los **productos** del **trabajo** humano como **mercancías** -o sea **valores**- de modo que el trabajo particular de cada **trabajador** se oculta entre las cosas, como trabajo humano indiferenciado. Según **Marx**, FM significa que las cosas, los productos del trabajo humano, son vistos como si tuvieran vida propia, independiente de quien las hizo con su trabajo, ocultando una relación social de **explotación**, donde la **clase capitalista** vive sin trabajar, acumulando **capital** en base al trabajo ajeno, al trabajo de la **clase** trabajadora. Es decir que el FM implicaría una **cosificación** de las **relaciones sociales de producción**: el ocultamiento de las relaciones entre los hombres detrás de la relación entre cosas.

Feuerbach, Ludwig (1804-1872): Filósofo **materialista** alemán, proveniente de la **izquierda hegeliana**. Crítico de la **religión** y el **racionalismo**, rompió con el **idealismo** de Hegel, cuestionando los "espíritus" de los que éste hablaba. Afirmó que la verdadera libertad y madurez humanas surgen de la ruptura con Dios. Sin embargo, fue criticado por **Marx** por negar las contradicciones materiales sociales y el énfasis en los cambios (**dialéctica**). Entre sus obras principales encontramos a: *Crítica de la filosofía hegeliana* (1839).

Feyerabend, Paul Karl (1924-1994): Epistemólogo y físico austríaco, discípulo primero y crítico después, del **racionalismo crítico** de K. **Popper**. F denomina a su postura "**anarquismo epistemológico**" y sostiene que su único principio es el que afirma que, en relación con el **método científico**, "**todo vale**". Su método nos invita a hacer "proliferar **teorías**", fundamentalmente a aquellas que resultan incompatibles con las comúnmente aceptadas, en una **sociedad libre**, que estimule nuestra "libertad" y capacidad argumentativas para enfrentar con objeciones las teorías ya establecidas. Para F, no existen **enunciados observacionales** libres de contenido ideológico, por lo que niega la **objetividad** de los **hechos** como presuntos criterios de evaluación de las teorías (**relativismo cultural**), considerando que las **observaciones** son tan teóricas —esto es, hipotéticas- como las teorías. En la elección de teorías, lo que cuentan son los **juicios** estéticos, juicios de gusto y los deseos **subjetivos** de los científicos. Considera que la **ciencia** no es un saber superior a, por ejemplo, la brujería, la astrología, el *voodoo*, la homeopatía, la **religión** o la **magia**. Se opone tanto a los **inductivistas** como a los **falsacionistas**. Entre sus obras principales encontramos a: *Explicación, reducción y empirismos* (1962) y *Contra el método* (1974).

Fichte, Johann Gottlieb (1762-1814): Filósofo **idealista** alemán, sucesor de **Kant**, de quien descartó el concepto de **cosa en sí**, dando mayor importancia a la **subjetividad**. Planteó la existencia de un Yo puro o absoluto que crea el mundo o "No-Yo" (idea que encontraremos posteriormente en **Hegel**). Entre sus obras principales encontramos a: *Sobre el concepto de la doctrina de la ciencia* (1801).

Fijismo: Teoría creacionista, dominante en la **Edad Media** que considera que todos los animales y plantas que están sobre la Tierra fueron creados por Dios. El F plantea la creación independiente de cada una de las **especies**, su inmutabilidad y no innovación y una única y primera aparición espontánea de todas ellas en el espacio y el tiempo. Fue **refutada** posteriormente por **Lamarck** y **Darwin**, quienes plantearon que una especie se origina en otra preexistente, con similitudes morfológicas que reflejan una relación parental estrecha.

Filogenia: Ciencia que estudia la **genealogía** de las **especies**.

Filología: Disciplina que estudia al **lenguaje** a través de la **historia** y que se propone la búsqueda del **significado** original de un texto, es decir, en el contexto social y cultural en que éste se produjo. De la combinación de la F con otras disciplinas (**sociología**, **antropología**, **historia**) surgió la **hermenéutica**. Se diferencia de la **lingüística** en que ésta no se interesa por los textos, sino por la **lengua**.

Filosofía: (Del griego *philos*, "amor" y *sophia*, "**saber**", es decir, "amor a la sabiduría"). Disciplina que analiza la **esencia, causas** y **efectos**, y propiedades de las cosas. Se llamaba F al conjunto de todas las disciplinas teóricas hasta que las **ciencias** se fueron emancipando en cuanto consiguieron establecer un **método** propio y un **objeto** de estudio determinado. Desde entonces la F se ocupa de las cuestiones menos **empíricas** y más generales, como por ejemplo: ¿qué es la F? Su método se caracteriza por la **argumentación** y el diálogo implícito con la tradición o con los contemporáneos que tienen posturas diferentes sobre el mismo problema. Algunas de las ramas de la F son: **ontología**, **epistemología**, **lógica**, **ética**, etc. Históricamente, las escuelas filosóficas más destacadas son: la F de la Grecia clásica, la **patrística**, la **escolástica**, el **racionalismo**, el **empirismo**, el **idealismo**, el **materialismo**, el **positivismo**, la **fenomenología**, el **existencialismo**, el **marxismo** y el **estructuralismo**.

Filosofía de la ciencia (1929 →): Rama de la **Filosofía** que analiza las cuestiones relativas a los objetos estudiados por la **ciencia**, la metodología de la ciencia, el **significado** de las **proposiciones** y la **validez** del **conocimiento científico**, los **problemas** éticos y políticos que plantea la aplicación de los conocimientos científicos y las relaciones de la ciencia con la **sociedad**. Las opiniones están divididas acerca de si el concepto se identifica o no con la **epistemología**, ya que autores como Gregorio **Klimovsky** plantean que la FDC tiene un campo de acción más restringido, vinculada al conocimiento científico en sí. Se llamó FDC a las **teorías** del **Círculo de Viena**, de Karl **Popper**, Imre **Lakatos**, Thomas **Kuhn**, Paul **Feyerabend**, entre muchos otros.

Filosofía de la ciencia natural **(Carl Hempel, 1966):** Obra fundamental de la corriente que adhiere al llamado **inductivismo en sentido amplio**. En ella, **Hempel** destaca la importancia del **apoyo inductivo** que los **datos** proporcionan a las **hipótesis** científicas, planteo que constituye la base del **confirmacionismo**.

Filosofía de la praxis (Antonio Gramsci): Expresión que usa este autor para definir al **marxismo**, la **filosofía** que pretende no sólo interpretar al mundo (como el **materialismo** y el **idealismo burgueses**) sino transformarlo. Expresa la unidad indivisible entre la **teoría** (el *Homo Sapiens*, el hombre que piensa) y la práctica (el *homo faber*, el homo que hace). La FP se opone a la filosofía del **sentido común**, la filosofía popular pero no porque desprecie a ésta, sino porque toma de ésta los elementos más progresivos para desarrollarlos, combatiendo al mismo tiempo los prejuicios arraigados por una **educación** controlada por la **clase dominante**. La FP busca hacer consciente la filosofía popular, es decir, llegar a que la **clase obrera** y los explotados en su conjunto tengan **conciencia de clase** (la "clase para sí" de **Marx**) y se organicen políticamente para derrocar al **capitalismo**.

Filosofía política: Parte de la **Filosofía** que analiza –entre otras- las cuestiones que preocupan a la **comunidad** en su conjunto, las mejores formas de **gobierno** y la búsqueda de los fundamentos de la **dominación** estatal y la obediencia **política**.

Filósofos clásicos de la ciencia: Denominación con la que se suele hacer referencia a epistemólogos como **Carnap**, **Hempel**, **Nagel** y **Popper**. Entre los planteos centrales de los FCC se destaca la afirmación de que la **ciencia** busca explicar al mundo a través de **leyes generales**, y esto a través de un único **método científico**, con las **ciencias naturales** como **modelo**.

Finalismo: Teleología. Doctrina que sostiene que la naturaleza posee una finalidad. Opuesto: **mecanicismo**.

Fisicalismo (siglo XIX): Doctrina causalista y **materialista** que explica la totalidad de los **fenómenos** según la descripción de los objetos físicos, con **modelos** extraídos de la física. Para el F, la vida es producto de la combinación física que se expresa en niveles cada vez más desarrollados de partículas materiales. El F –defendido entre otros por **neopositivistas** como O. Neurath y R. Carnap- afirma que no se puede hacer **ciencia** a partir de los sentimientos porque a éstos no es posible observarlos.

Forma (Aristóteles): Las determinaciones o propiedades de una cosa. Esta noción se origina en un problema lingüístico (o por no distinguir el plano lingüístico del plano **ontológico**): digo de una persona que es un hombre, que es alto, que tiene 30 años, que es almacenero, etc. ¿De qué cosa digo todo esto? De Alfredo. Pero también digo que se llama Alfredo, y lo que estoy diciendo no es "Alfredo = Alfredo" sino que estoy predicando algo (x se llama Alfredo) de *algo*. De mi vecino. Pero cuando digo que él es mi vecino...Y así sucesivamente. La conclusión es que hay *algo*, diferente de todas las determinaciones, que subyace a todas las determinaciones: aquello que "recibe" las determinaciones, es lo indeterminado. A esto **Aristóteles** le dio el nombre de **materia**, lo opuesto de la F. Y el conjunto de las determinaciones es la F de la cosa.

Forma (Immanuel Kant): Estructura *a priori* de la **razón pura**. Opuesto: contenido.

Forma de un razonamiento: Ver **forma lógica**.

Forma lógica: Estructura de un **razonamiento** del que se han abstraído los **significados** de sus **proposiciones**. Es lo que se obtiene al reemplazar las proposiciones por **variables proposicionales** (**lógica proposicional**) o al reemplazar las partes de las proposiciones por letras de **predicado** y **constantes** (**lógica de predicados**). La FL es la base de la **lógica formal** y en ella lo relevante es el criterio de **validez** y no el de **verdad**, ya que la validez de los **argumentos** deductivos está determinada por su FL y no por el significado de las afirmaciones que contienen, mientras que la verdad de una proposición sólo puede determinarse a la luz de su **sentido**. Por ejemplo, la FL del siguiente razonamiento: "Mi gata y mis padres están dormidos por lo que hay silencio, ya que si alguno estuviera despierto, no habría silencio" es: 1) **p** y **q** y **r**; 2) Si no (**p** y **q** y **r**) entonces no **s**; 3) (por lo tanto) **s**. El diccionario es: p = mi gata duerme, q = mi papá duerme, r = mi mamá duerme, s = hay silencio. El razonamiento es inválido y es un caso de **falacia de negación del antecedente**. Puede entenderse intuitivamente que es inválido ya que, aunque mis padres y mi gata estén durmiendo silenciosamente, podría haber un ruido infernal porque están rompiendo la calle justo debajo de mi ventana.

Forma proposicional: Símbolo variable de la **lógica proposicional**. Para que la **estructura** de un **razonamiento** se presente con el máximo de claridad y simplicidad, se debe pasar del **lenguaje** descriptivo de los **enunciados** al lenguaje abstracto de la **lógica**, del **lenguaje natural** al lenguaje simbólico. Mediante el proceso de abstracción, lo que es una **proposición** (y sólo una) en lenguaje natural se debe transformar en una FP, es decir, en un símbolo como "p" o "A" o cualquier otro que se convenga, de modo que cada vez que en el razonamiento se repita una misma proposición, en la forma del razonamiento se repita la FP que se le asignó a tal proposición. Así, se logra considerar el esqueleto, el esquema de un razonamiento, valiéndonos para ello de, por ejemplo, las llamadas **tablas de verdad**. Puede resultar difícil sustituir las proposiciones por FP cuando varias proposiciones están formando una **proposición molecular** o compleja (es imprescindible conocer cuáles son las **conectivas lógicas** para poder determinar cuáles son las **proposiciones** mínimas o **atómicas**). Por ejemplo: "María y Juan cantaban y bebían" es una proposición molecular formada por cuatro proposiciones atómicas: A = María cantaba, B = María bebía, C = Juan cantaba, D = Juan bebía, cuya FP es "A y B y C y D". Puede verse la utilidad de distinguir las proposiciones en el siguiente razonamiento: "María y Juan cantaban y bebían, así que la cosa terminó mal, porque siempre que María bebe la cosa termina mal". La forma lógica del razonamiento es "1) A y B y C y D; 2) Si B entonces M; 3) (Por lo tanto) M ". Si no se hubiera separado la proposición B del resto en la primera **premisa** no podría hacerse la **inferencia** que autoriza el **condicional** de la segunda premisa.

Forma válida: Esquema de **inferencia** tal que -dado un **razonamiento** que podamos hacer interpretando las **variables** de ese esquema- si las **premisas** son

verdaderas, la **conclusión** también lo será. Puede determinarse si una forma de razonamiento es una FV por el **método del condicional asociado**.

Formalismo: Denominación de la **teoría** del **conocimiento** en **Kant**.

Formalización: Reemplazo de **términos** y **enunciados** pertenecientes a una **teoría** científica o a un **razonamiento**, por **fórmulas** y **signos** que sólo expresan la **estructura** de la **proposición** o aquellos aspectos puramente estructurales y **sintácticos**, desprovistos de contenidos o **significados**. Un conjunto de fórmulas de un **lenguaje artificial** que representan proposiciones del **lenguaje natural** es la F de estas proposiciones. Un **sistema axiomático** está formalizado si su lenguaje es artificial.

Formas de razonamiento: Ver **forma lógica**.

Fórmula: Combinación de **símbolos**. A veces se usa como sinónimo de **fórmula bien formada** (ver).

Fórmula bien formada: Combinación de **símbolos** de un **sistema** de acuerdo a ciertas **reglas de formación** del mismo.

Foucault, Michel (1926-1984): Filósofo francés. Desarrolló estudios en campos diversos como el **poder**, la locura, la sexualidad, las prisiones (la **sociedad** se basa en el **modelo** carcelario del **panóptico**), etc, introduciendo conceptos novedosos en áreas como la **Ciencia Política** y la **Historia**. Influido por **Nietzsche**, sostuvo que la **verdad** no existe, sino que es definida en cada época, estableciendo un **discurso** dominante que produce ciertos **saberes** y ciertas relaciones de poder, las cuales permiten pasar del castigo a la vigilancia, de ésta a la **disciplina** y finalmente a la auto-disciplina. Aunque se lo ubica dentro del **estructuralismo** por el énfasis que pone en subordinar al **individuo** a las determinaciones de las "redes del poder", su énfasis en el desarrollo histórico de esas redes y relaciones invitan a ser más cautos. Sí es claro su distanciamiento del **humanismo** de **Sartre**: Foucault no ve como éste la posibilidad de que el individuo pueda liberarse de las cadenas que lo atan; puede resistir, sí, pero la resistencia también está prevista por el **sistema** de **dominación**. El acento de su teoría no está en el hombre sino en las cosas que lo oprimen y condicionan. Entre sus obras principales encontramos a: *Vigilar y castigar. El nacimiento de la prisión* (1965), *Las palabras y las cosas* (1966), *La verdad y las formas jurídicas* (1976) y *La microfísica del poder* (1978).

Frege, Gottlob (1848-1925): Matemático y filósofo alemán, fue uno de los fundadores de la **lógica de predicados** de primer orden y de órdenes superiores. Quiso demostrar que la matemática puede deducirse de la **lógica** (a esta idea se la llama "**logicismo**"), para lo cual diseñó un **sistema** monumental pero que resultó ser inconsistente. Además fue el iniciador de la disciplina que se conoce como Filosofía del lenguaje. Negó la existencia de los **juicios sintéticos** *a priori* de tipo matemático, de los que hablara **Kant**. Influyó en B. **Russell**, R. **Carnap**, L. **Wittgenstein** y E. **Husserl**. Entre sus obras principales encontramos a: *Los fundamentos de la aritmética* (1884).

Fuga de cerebros: Emigración de individuos con alta calificación científica o profesional hacia otro país en búsqueda de mejores condiciones de desarrollo laboral.

Función: Relación que existe entre los valores de dos o más **variables**. Decir que una variable es F de otra equivale a afirmar que la primera (**variable dependiente**) depende de la segunda (**variable independiente**). Por ejemplo, la F de las **leyes** en la **sociedad**.

Función ceremonial: Función del lenguaje que es una combinación de las **funciones expresiva** y **directiva**, ya que manifiesta sentimientos o actitudes con el fin de influir en los demás. Ejemplo: "Los bendigo en el nombre del padre…"

Función de verdad: Ver **conectiva lógica**.

Función declarativa: Ver **función informativa**.

Función descriptiva: Ver **función informativa**.

Función directiva: Según **Wittgenstein**, una de las tres **funciones del lenguaje**, usada para provocar o impedir una conducta o acción. Son casos de FD las órdenes, los pedidos y las preguntas no **retóricas**. No puede determinarse su **verdad** o falsedad. Ejemplo: "Le ordeno que se siente". También conocida como **función prescriptiva**.

Función ejecutiva: Función del lenguaje por la cual, al ser pronunciadas ciertas palabras -"verbos realizativos"- en un contexto, se concreta la acción descripta por las palabras (expresadas con un verbo en primera persona del modo indicativo). Ejemplo: cuando el funcionario del registro civil dice "Los declaro marido y mujer". También llamada **función operativa**.

Función expresiva: Según **Wittgenstein**, una de las tres **funciones del lenguaje**, cuyo propósito es comunicar, no conocimientos, sino sentimientos y actitudes. No puede determinarse su **verdad** o falsedad. Expresa planteos **subjetivos**, como estados de ánimo, valores, etc. Ejemplo: "¡Bravo!"

Función informativa: Según **Wittgenstein**, una de las tres **funciones del lenguaje**, usada para describir el mundo y razonar acerca de él. Sólo de la FI puede establecerse su **verdad** o falsedad. Es el **lenguaje** de la **ciencia**. Por ejemplo, "La Plata es la capital de la Provincia de Buenos Aires". También llamada **función descriptiva, referencial** o **declarativa**.

Función operativa: Ver **función ejecutiva**.

Función prescriptiva: Ver **función directiva**.

Función proposicional: Se llama FP a toda formulación **lingüística** en la que el **individuo** del que se predica una propiedad F está indeterminado (Fx). Así, es FP toda expresión que contiene uno o más constituyentes indeterminados (x, y, ...) tal que, si fijamos un **significado** a estos constituyentes, el resultado será una **proposición**, de la cual podremos decir que es verdadera o falsa. Por ejemplo: "x es un país americano" es una FP. Si sustituimos "x" por "Ecuador", el resultado será una proposición, verdadera en este caso. Si sustituimos "x" por "Dinamarca", el resultado será una proposición falsa.

Función referencial: Ver **función informativa**.

Función veritativa: Ver **conectivas**.

Funciones del lenguaje: Cada uno de los usos del **lenguaje**. Las tres principales son la **función informativa**, la **función directiva** y la **función expresiva** (ver las entradas correspondientes). Una **oración** se usa expresivamente si lo que se pretende es expresar sentimientos y su **significado** no es ni verdadero ni falso. El ejemplo paradigmático de esta FL es la poesía. Una oración es directiva cuando su propósito es el de originar o impedir una acción y su significado tampoco es verdadero ni falso. Por ejemplo, cuando damos una orden, o pedimos por favor que nos pasen la ensalada. Por último, la oración o el **discurso** cuya función es informativa dice algo acerca del mundo y por tanto, expresa una **proposición** que puede ser verdadera o falsa o bien expresa un razonamiento cuyas proposiciones pueden ser verdaderas o falsas. Tal es el caso de los enunciados de la **ciencia** y las **teorías**. Irving Copi señala que en el uso cotidiano del lenguaje lo más frecuente es que se superpongan varias funciones. Por ejemplo, si alguien dice "Me duele la muela", está expresando su dolor del mismo modo que cuando dice "¡Ay!" pero además puede interpretarse su oración como informativa: nos está informando que le sucede algo y en principio podría estar mintiendo (puede ser falsa tal proposición). En el análisis de las FL se destacan L. **Wittgenstein** y -en la **teoría de la comunicación**- K. **Bühler** y R. **Jakobson**.

Fundacionismo: Se denomina F a la pretensión de que todo un **sistema** de creencias esté justificado por algunas de ellas, las cuales son consideradas incuestionables. Son ejemplo de F las *Meditaciones Metafísicas* de **Descartes** y el proyecto del **verificacionismo**.

Fundamentalismo: Postura que cree poseer la **verdad** universal, aplicable a todo tiempo y lugar, y que –por lo tanto– no acepta ninguna otra argumentación. El F –en particular el F religioso– atrae a personas que no pueden tolerar la incertidumbre de la existencia y que se refugian en una postura de fanatismo extremo. Políticamente, el F es reactivo y reaccionario y se manifiesta en diversos grados de intolerancia –incluso y a veces centralmente, en el **exterminio** físico– y es habitual en **sociedades** muy tradicionales que reaccionan contra los **valores** de la **Modernidad**. Si bien el F más difundido es el **musulmán**, vinculado con movimientos **nacionalistas** árabes, existen diversas manifestaciones que pueden ser calificadas así, en particular corrientes ultra-ortodoxas del **protestantismo** norteamericano (que sostienen que la **Biblia** es una verdad literal) e incluso las posturas más duras dentro del **sionismo**. Algunos autores consideran que la política exterior norteamericana –por ejemplo en Irak– es una forma de F.

G

Gadamer, Georg (1900-2002): Filósofo alemán, referente de la **hermenéutica** filosófica. Entre sus obras principales encontramos a: *Verdad y método* (1960).

Galileo Galilei (1564-1642): Astrónomo, físico y matemático italiano, uno de los científicos pioneros de la **ciencia moderna**. Sus investigaciones y observaciones fueron el precedente del **método experimental**. Defensor de la **teoría heliocéntrica**, refutó la **teoría geocéntrica** -dominante por siglos- y la **teoría** aristotélica del movimiento, según la cual para que un cuerpo se mueva, debe aplicarse una fuerza. Esta idea fue reemplazada por la de "inercia", que afirma que un cuerpo tiende a mantenerse en reposo o en movimiento rectilíneo uniforme, a menos que se le aplique una fuerza. Aportó conocimientos acerca del péndulo, la caída de los cuerpos, entre otros. Fue procesado por la **Inquisición** (1633) por defender la teoría de **Copérnico** y obligado a retractarse de sus cuestionamientos a la versión bíblica del universo. Entre sus obras principales encontramos a: *Discursos sobre dos nuevas ciencias* (1638).

Generalización accidental (Carl Hempel): Enunciado que generaliza a partir de ciertos casos comprobados de un **fenómeno**, planteando una **regularidad**. **Hempel** sostiene que las **predicciones** de las GA no son de interés para la ciencia, ya que su *explanandum* no habla de **hechos** desconocidos sino de casos ya examinados. Justamente, las GA fracasan en la **predicción** de casos desconocidos. Por ejemplo, partir de que "Todos los empleados del Estado trabajan mal" no me habilita a predecir que "el próximo empleado que entre a trabajar en el Estado trabajará mal". También llamada **generalización existencial**.

Generalización empírica: Adjudicación de una característica a todo un conjunto de **fenómenos** a partir de la **observación** de una **regularidad** en un número limitado de los mismos. Se trata de una **afirmación** del llamado **nivel 2**, que refiere a todo un grupo. Ejemplo: "Los gatos cazan ratones". Las hay universales (una propiedad común a todo un grupo de elementos), existenciales (sólo para un grupo) o estadísticas (que se dan con cierta frecuencia o probabilidad). (Ver también **generalización inductiva** e **inducción**).

Generalización estadística: Enunciado universal que adjudica determinado grado de **probabilidad** a que ciertas características estén presentes en una **población** infinita –o finita, pero inaccesible-. Por ejemplo: "El 40% de las empanadas que se producen en la **Argentina** son de carne" (cuyo fundamento es una muestra, quizás muy grande y quizás representativa, pero finita de registros de algunos comercios argentinos).

Generalización existencial: Derivación de la **fórmula** existencial a partir de la instanciación correspondiente. Por ejemplo: "Ex Px" a partir de "Pa". O "Existen hombres rubios" a partir de "este hombre es rubio" (ver también **generalización universal**).

Generalización inductiva: Inferencia realizada a partir de la **observación** de casos particulares en los que se repite una relación entre **variables**, casos que se toman como **premisas** para obtener una **conclusión** general, que establece una **regularidad** que se aplica a infinitos casos. La GI es rechazada por varios autores, entre ellos K. **Popper**. Por ejemplo: "Los dos perros que tuve se escaparon, todos los perros se escapan de mí" o "Los 9.000.000.000 de cuervos que revisamos eran negros sin excepción, por lo tanto, todos los cuervos son negros". (Ver también **generalización empírica** e **inducción**).

Generalización universal: Derivación de la **fórmula** universal a partir de la instanciación correspondiente que representa un caso arbitrario. Por ejemplo: "(x) Px" a partir de "Pa", tal que a es un caso arbitrario. O "La suma de los dos ángulos agudos de un triángulo rectángulo suman 90°" a partir de "La suma de los dos ángulos agudos del triángulo ABC rectángulo suman 90°", siempre que se haya mostrado eso a partir de propiedades del triángulo ABC que sean propiedades comunes a todos los triángulos (ver también **generalización existencial**).

Género: Mínimo grupo de **especies** que reúnen características comunes. Por ejemplo: *homo* es el G de las especies *homo sapiens, homo erectus y homo hàbilis* (éstas últimas extintas).

Geocéntrico: Ver **teoría geocéntrica**.

Geometría aplicada: Geometría que alude a los objetos físicos reales, de la cual puede predicarse su **verdad** o falsedad *a posteriori*. Hasta la aparición de **geometrías no euclidianas**, se pensaba que la geometría de **Euclides** describía propiedades a las que se ajustaban los objetos reales.

Geometría empírica: Estudio de la geometría a partir de problemas prácticos, tales como medir un terreno o construir un edificio. Es conocido el uso que los egipcios hicieron de la geometría para medir las superficies de las tierras de cultivo, y cómo –partiendo de **observaciones empíricas**- llegaron a descifrar la relación entre la circunferencia y su radio (3,16 aproximadamente). De igual modo, los babilonios descubrieron movimientos lunares a partir de una necesidad práctica de armar un calendario.

Geometría euclidiana: Geometría basada en los **postulados** de **Euclides**, cuyo eje es una concepción intuitiva del espacio. Actualmente se llama GE a la re-axiomatización que se hizo a fines del siglo XIX de la teoría de Euclides, que también era axiomática pero tenía muchos errores.

Geometría no euclidiana (1929 →): Denominación de la geometría contemporánea, que demostró que los axiomas son convencionales y que la geometría no se relaciona con la realidad física como se creía. La geometría euclidea es tan precisa como las otras para mediciones dentro del planeta pero fue vencida por la GNE en escalas mayores. Hay muchas GNE y lo que tienen en común es que niegan algún **axioma** o **postulado** de **Euclides**. El quinto postulado es el que define las rectas paralelas (una de las versiones dice que dos rectas no paralelas se juntan en algún punto de la infinita extensión). Durante siglos se trató de demostrar que este postulado no era independiente, sin éxito. En 1813 a Gauss se le ocurrió que era independiente. En 1829 Lobachevsky publicó el primer trabajo de GNE, conocida luego como "pangeometría". Había sustituido el quinto postulado euclideo por otro que permite demostrar que hay infinitas rectas paralelas a una recta R que pasan por un punto externo a la recta R en un mismo plano (aunque él solo llama "paralelas" a dos de ellas).

Geometría pura: Geometría que no alude a la realidad física y cuya **validez** es puramente **deductiva** y *a priori*.

Globalización (1980 →): Según algunos autores como B. Coriat, la G es la etapa productiva que se caracteriza por la extensión constante del **mercado** mundial, expresada en la expansión territorial creciente y en la transformación ascendente de las actividades productivas. Desde una posición **marxista**, J. Hirsch ha sostenido que la G es una forma de la **lucha de clases**, donde las **empresas transnacionales** explotan a su antojo en cualquier parte del mundo a la **población**, gracias a tecnologías que les permiten realizar esto. Mientras que una parte de los autores sostiene que la G es un fenómeno absolutamente incomparable con experiencias del pasado, otros afirman que se trata de un mito y que la mayoría de sus rasgos existen desde hace mucho tiempo. Características de la G: a) una creciente internacionalización comercial y productiva que se manifiesta en el **auge** de los intercambios de **bienes** e inversiones en el extranjero, b) la intensificación del proceso de mundialización de la economía con la aparición de empresas y redes empresarias estrictamente transnacionales, sin una ubicación nacional predominante, que desarrollan un **mercado**, una financiación y una gestión de decisiones a nivel planetario, c) la exacerbación de la **competencia** internacional, intensificada por las rivalidades entre los vértices de una tríada económica (**Estados Unidos**, Japón y Europa Occidental), d) la reestructuración cada vez más rápida de los aparatos productivos, como consecuencia de la aparición de nuevas técnicas y del repliegue industrial a escala mundial y, e) reducción de la capacidad reguladora de los **Estados nacionales**. También son propias de esta etapa la **desrregulación**, la regionalización y el fin de la **hegemonía** del **modelo** norteamericano de organización de empresas (modificaciones en el proceso de trabajo, paso del **fordismo** al **toyotismo**). Otro rasgo importante es el proceso de crecimiento inmenso de la **especulación** financiera. Así, en la última década el 85 % de las transacciones financieras es de naturaleza especulativa, sin vínculo alguno con la actividad productiva. La G es considerada como la etapa posterior a la **internacionalización** y a la **mundialización**.

Gnoseología: (Del griego *gnosis* = **conocimiento**). **Teoría del conocimiento**, disciplina filosófica dedicada a dilucidar lo que el **conocimiento** es propiamente en cuanto relación peculiar de un **sujeto** con un **objeto**. Se ocupa de qué es el conocimiento, pero no exclusivamente del **conocimiento científico**, como es el caso de la **epistemología**.

Gnóstico: Dícese del que pretende lograr el saber absoluto. Opuesto: **agnóstico**.

Gödel, Kurt (1906-1978): Lógico y matemático austríaco, demostró que la aritmética es consistente pero contiene afirmaciones indemostrables. En 1931, G descubrió que los **sistemas axiomáticos** son limitados; no pueden explicar perfectamente un campo de la **verdad**: si son consistentes, resultan incompletos, y si son completos, resulta inconsistentes. No pueden cumplir ambas exigencias a la vez.

Grado de confirmación: El GC es la medida en que una **hipótesis** está confirmada, es decir, cuánto **apoyo inductivo** "recibe" de la **experiencia**, o más propiamente, de los **enunciados** que describen la experiencia y que tomamos por verdaderos. Establecer el GC es parte de la tarea de una **teoría** de la **confirmación**. Por lo general se usan valores probabilísticos de 0 (cero) a 1 (uno). Una hipótesis cuyo GC sea 1 está verificada y si su GC es 0 está refutada.

Grado de probabilidad: La **probabilidad** es una función que vincula números reales del 0 (cero) al 1 (uno) con **proposiciones** en el siguiente sentido: dada una **inferencia** o **razonamiento inductivo** decimos que la **verdad** de la **conclusión** tiene cierta probabilidad o GP (por ejemplo: 0,9) respecto de la verdad de las **premisas**. Es decir que el GP se asigna al **razonamiento** entero y no a la conclusión. La conclusión es verdadera o falsa (aunque no sepamos que es verdadera o que es falsa, suponemos siempre que tiene alguno de los dos **valores de verdad**), lo que es más o menos probable es que la conclusión sea verdadera dadas las premisas. La misma conclusión puede ser completamente improbable frente   a   premisas   diferentes.

Guerra de todos contra todos (Thomas Hobbes): Situación en la que se encuentra el hombre en el **estado de naturaleza**, donde cada uno lucha por su vida en forma egoísta y está dispuesto a matar a los demás para ello. **Hobbes** plantea que, con el fin de salir de ese estado de **guerra** permanente y poder convivir, los hombres deben firmar un pacto a través del cual delegarán en un soberano absoluto todos sus derechos, dando origen a la **sociedad** y al **Estado**.

H

Habermas, Jürgen (1929 →): Filósofo y sociólogo alemán, discípulo de T. **Adorno** y heredero del pensamiento de la **Escuela crítica**, aunque con una postura más optimista. Negó la **neutralidad** de la **ciencia**, criticando la **racionalidad instrumental positivista**, y desarrolló la **teoría de la acción comunicativa**, con la que aspiraba a liberar al hombre realizando la aspiración incumplida de la **Modernidad** ilustrada, en base al desarrollo de la **intersubjetividad** y la libre discusión racional, a la que observa como perfectamente lúcida. Entre sus obras principales encontramos a: *Teoría de la acción comunicativa* (1981).

Habilidad: Tipo de **conocimiento** consistente en una destreza, como saber escribir, andar en bicicleta, etc. Opuesto: **conocimiento proposicional**.

Habla (Ferdinand de Saussure): La parte individual del **lenguaje**, un **fenómeno** individual, en contraposición al carácter social de la **lengua**. La lengua es un **código** y el H implica el uso de este código por los **sujetos** hablantes.

Hecho: Todo lo que ocurre, pueda o no observarse (lo que lo diferencia del **fenómeno**).

Hegel, Georg Wilhelm Friedrich (1770-1831): Filósofo idealista alemán. Además de tomar elementos de **Kant**, el **idealismo** poskantiano, el **cristianismo** y el **romanticismo** alemán, la **Revolución Francesa** ejerció una profunda influencia en el pensamiento de H, quien consideraba que ese acontecimiento histórico representaba el **poder** de la **razón** para operar sobre la realidad ("**todo lo real es racional**"). El desarrollo humano, según H, había evolucionado dialécticamente, pasando por diversas etapas (**despotismo oriental, esclavismo, servidumbre, Sacro Imperio Romano Germánico, monarquía**, Revolución Francesa, etc) hasta alcanzar su punto cumbre en el **Estado** prusiano, momento en que la Humanidad habría alcanzado la libertad absoluta. Desde lo filosófico, H se opone a pensar las cosas desde su finalidad o en relación con sus límites (rechaza, en ese sentido, el **noúmeno** o **cosa en sí** de Kant) y afirma que todo lo existente puede ser conocido a través de la razón. La posición hegeliana sobre las cosas es pensarlas como desarrollo, como **proceso** de desenvolvimiento de lo universal (por ejemplo, el Estado, la **Idea** social absoluta) y superación de lo particular (por ejemplo, la **familia**). El **concepto** tiene por objeto la noción que H llama idea, que es la unidad del concepto y la **objetividad**. Los objetos dados por la realidad son llevados por el **sujeto** a ser determinaciones del concepto: la mente construye la realidad. Entre sus análisis centrales, se cuenta el desarrollo de la **dialéctica**, donde la **tesis** es el momento de lo inmediato o **espíritu subjetivo**, la **antítesis** es el momento de la **alineación**, perturbación o **espíritu objetivo** y la **síntesis** es el momento de la mediación dialéctica o **espíritu absoluto**, la totalidad única y superior, la Idea absoluta. La dialéctica en H se manifiesta en las contradicciones entre las ideas. Será el **marxismo** el que desarrolle "poniendo a Hegel patas arriba", una dialéctica **materialista**. Entre sus obras principales encontramos a: *La fenomenología del espíritu* (1807).

Hegelianismo: Tendencias seguidoras del pensamiento de **Hegel**. Mientras que los hegelianos ortodoxos –Gabler, Gans y otros- adoptaron su pensamiento en forma integral, los hegelianos de **izquierda** –especialmente K. **Marx**- rescataron del H la **dialéctica**, desechando el **idealismo**.

Heidegger, Martín (1889-1976): Filósofo alemán. Influido por el neokantismo de E. **Husserl** y por el **existencialismo** de S. **Kierkegaard** y K. **Jaspers**, planteó que la angustia le revela al hombre que su verdadero **ser** es la nada. Entre sus obras principales encontramos a: *El ser y el tiempo* (1927).

Heliocéntrico: Ver **teoría heliocéntrica**.

Hempel, Carl Gustav (1905-1997): Filósofo de la **ciencia** de origen alemán y residente en los **EE.UU.** Estudió matemática, **lógica** y física, y participó en la fundación del **Círculo de Viena** que dio origen al **positivismo lógico**, donde recibió la influencia de R. **Carnap**. Por su énfasis en la **explicación** científica y el concepto de **probabilidad**, a H se lo considera uno de los más importantes representantes del **confirmacionismo**, reformulación crítica del llamado **inductivismo ingenuo**. Entre sus obras principales encontramos a: *Filosofía de la ciencia natural* (1966).

Heráclito (544-480 a.C.): Filósofo griego **presocrático**, pensador del cambio permanente de la naturaleza, base de la **dialéctica**. Al mundo pacífico y armónico de **Pitágoras** y al ser único e inmóvil de Parménides, H opuso su idea de que "el conflicto es el padre de todas las cosas", pues es de la colisión de los opuestos de donde surge la diversidad.

Hermenéutica (siglo XIX →): (Del griego *hermeneutiké*, que significa "interpretación"). **Ciencia** o arte de la interpretación y la **comprensión** del **sentido** de las cosas. Originalmente la H viene del arte de interpretar los **signos** que dominaban los oráculos, pero también se ha desarrollado en lo referente a la interpretación de textos incompletos o confusos, y en **ciencias sociales** se la ha utilizado como un acercamiento a la **acción social**, por ejemplo en Max **Weber**, quien la buscaba entender a través de la **conducta subjetiva** socialmente significativa. Wilhelm **Dilthey**, por su parte, definía a la H como "la **doctrina** del arte de comprender las manifestaciones de la vida". Según este autor, la H permite comprender a un autor y a una época mejor de lo que el autor mismo lo haría. Con matices, también han sido partidarios de la H M. **Heidegger,** Paul Ricoeur, J. **Habermas** y Hans-Georg Gadamer.

Heterogénesis: Ver **teoría de la generación espontánea**.

Heurística: (Del griego *heuriskein* = buscar, indagar y de *heurisco* = encontrar, inventar). Arte de resolver problemas, promover la **investigación**, el descubrimiento y la inventiva con el fin de llegar al **conocimiento**. Se lo llama también ***ars inveniendi***.

Heurística negativa (Imre Lakatos): **Lakatos** denomina HN a aquello que *no* se debe hacer en un **programa de investigación científica**: **refutar** las **hipótesis fundamentales** que constituyen el **núcleo** del programa.

Heurística positiva (Imre Lakatos): Conjunto de reglas que indican qué hacer para ajustar el **núcleo firme** de un **programa de investigación científica** a los resultados experimentales, mediante modificaciones de otras **hipótesis** con el fin de que no sea refutado el núcleo, aplicando el *modus tollens*. Para ello, utilizará un "**cinturón protector**" formado por **hipótesis auxiliares**, que será puesto a **prueba** una y otra vez, y podrá ser refutado y reformulado todas las veces que sea necesario, con el procedimiento del *modus tollens*: el cinturón será p y las puestas a prueba, las **observaciones**, serán q. La nueva hipótesis debe ser tal que prediga el resultado que antes era una **anomalía** y por lo tanto se verá corroborada por ese **experimento**. Además -y esta es su función más importante- la HP indica cómo modificar y enriquecer el **núcleo central** de una **teoría** sin refutarlo, es decir, cómo dirigir la investigación para descubrir nuevos hechos y así aumentar su **contenido empírico**.

Hinduismo (4000 a.C. →): La más antigua de todas las grandes religiones. Es una **religión** politeísta y la mayoría de los hindúes aceptan la reencarnación. El H adopta el **sistema** de **castas,** con la creencia de que los **individuos** nacen dentro de una posición particular en la jerarquía social y ritual, de acuerdo con sus encarnaciones anteriores. El H acepta la posibilidad de numerosos puntos de vista religiosos diferentes, y no traza una clara divisoria entre creyentes y no creyentes. A diferencia de otras religiones –como el **Cristianismo** y el *Islam*- no trata de convertir a otras personas en "verdaderos creyentes".

Hiperempirismo: Ver **empirismo abstracto**.

Hiperfactualismo: Ver **empirismo abstracto**.

Hipóstasis: Lo considerado verdadero, la verdadera realidad.

Hipótesis: (Del griego *hypothesis* = principio, supuesto). **Enunciado** que se propone como base para explicar por qué o cómo se produce un **fenómeno.** Parte de la **estructura** de una **teoría** científica, denominada convencionalmente como de "**nivel 3**". Las H o **leyes teóricas** son **enunciados generales** –como los del "**nivel 2**"- pero contienen al menos un término teórico. **Proposición** de la que no se conoce con certeza su **valor de verdad; afirmación** provisoria sujeta a **verificación** o **confirmación** a través de la **contrastación** de sus **consecuencias observacionales** o **empíricas.** Si la H queda confirmada, es **ley,** que es una H confirmada que capta una **regularidad. Tesis** o suposición que describe determinado tipo de relación causal entre dos o más **variables** y que se acepta provisoriamente. Solución tentativa para **problemas** del **conocimiento:** por lo tanto no es aún una solución, sino que puede llegar a serlo. La función de la H es orientar nuestra búsqueda de orden en los **hechos.**

Hipótesis *ad hoc*: Hipótesis auxiliar que está en condiciones de ser contrastada, y cuya función es salvar a una **hipótesis fundamental** en riesgo de ser **refutada.** Cuando un **experimento** falla y se argumenta que el problema está en el diseño de la experimentación y no en la **hipótesis,** a esta explicación la llamamos HAH, porque es un intento de sostener la hipótesis inicial condenando al **experimento.** Es un tipo de hipótesis que no tiene apoyo teórico ni **empírico** independiente, lo que implica que no se deduce de ninguna **teoría** aceptada ni ha sido demostrada con observaciones favorables. Por ejemplo, la **observación** de la trayectoria de un planeta era diferente de la prevista por la física newtoniana, a pesar de lo cual había resistencias para abandonar la teoría de **Newton,** así que se supuso que había otro planeta, aunque nadie lo había visto nunca ni tenía otros indicios de su existencia, porque se podía dar cuenta de esta trayectoria sin modificar las hipótesis newtoneanas.

Hipótesis auxiliar: Hipótesis proveniente de teorías previamente enunciadas o de la misma **teoría** a la que pertenece otra hipótesis que se desea contrastar. Las HA auxilian a la **contrastación** porque permiten que se extraigan **consecuencias observacionales**. Por ejemplo, un conjunto de hipótesis de **Newton** predice cierto comportamiento estelar pero cualquier observación de las estrellas se hace con un telescopio por lo que se van a necesitar HA que permitan determinar con gran precisión la relación entre lo que ocurre con las estrellas reales y lo que vemos en el telescopio (hipótesis sobre cómo es el telescopio y una teoría óptica).

Hipótesis causal: Tipo de **hipótesis** que cumple cuatro condiciones: la relación entre los **fenómenos** señalados es invariable y uniforme, los fenómenos deben estar espacialmente en la misma región, la **causa** es previa temporalmente al **efecto** y, la causa produce al efecto y no puede ocurrir al revés. Esto significa que el efecto no debe poder convertirse a su vez en causa. Por ejemplo: la hipótesis física "El calor causa la dilatación de los metales".

Hipótesis del genio maligno (René Descartes): Hipótesis planteada por **Descartes**, donde un ser todopoderoso nos ha construido de tal forma que siempre pensamos equivocadamente tomando por verdadero lo falso. Sirve para demostrar que de lo único que podemos estar seguros es de nuestra propia existencia, ya que estamos pensando: **"pienso, luego existo"**, porque si fuera cierto que existe un genio engañador que nos hace cometer errores incluso cuando creemos que $2 + 2 = 4$, no puede engañarme sobre mi propia existencia, ya que si *me* engaña, existo.

Hipótesis derivada: Proposición o **conjetura** que –dentro de una **teoría**- se deduce de otra de mayor nivel de generalidad, llamada **hipótesis fundamental**. Por ejemplo; "El cobre se dilata con el calor" es una HD de "los metales se dilatan con el calor".

Hipótesis empírica: Hipótesis que contiene **términos observacionales**. Hipótesis de la que se pueden derivar **consecuencias observacionales**. Por ejemplo: la **ley** física que dice que el período del péndulo es igual a 2 pi por la raíz cuadrada de la longitud sobre la aceleración de la gravedad. Opuesto: **hipótesis teórica**.

Hipótesis estadística: Tipo de **hipótesis** que sostiene que determinado **fenómeno** ocurre con determinado grado de **probabilidad**. Por ejemplo: "Los niños argentinos menores de trece años van a la escuela en el 65% de los casos."

Hipótesis funcional: Tipo de **hipótesis** que sostiene que existe una relación de dependencia funcional entre dos **procesos** determinados. Por ejemplo: "Para iniciar el Windows la computadora debe estar prendida" o "Una mujer sólo puede quedar embarazada después de su primera ovulación."

Hipótesis fundamental: Proposición o **conjetura** que –dentro de una **teoría**- no se deduce de ninguna otra, y de la cual se deducen otra hipótesis de menor nivel, las **hipótesis derivadas**, que tienen un alcance y una generalidad menor que las HF. Por ejemplo, las **leyes** de la termodinámica.

Hipótesis general: Hipótesis que habla de un conjunto indeterminado (posiblemente infinito) de **individuos, procesos** o **hechos.** Una **proposición** que tiene al menos un **cuantificador universal** como "todos" o "ningún". Por ejemplo, la hipótesis de Redi y Pasteur de que todos los seres vivos nacen a partir de otros seres vivos.

Hipótesis genética: Tipo de **hipótesis** que establece una relación entre dos momentos de un **proceso** de forma que el primer momento es causa en un sentido fuerte (**determinista**) o débil del segundo. Por ejemplo: "Va a haber una **revolución** si someten a la **clase trabajadora** a una vida de **esclavitud.**"

Hipótesis mixta: Proposición o **conjetura** que contiene **términos lógicos, teóricos** y **observacionales** y que se ubica en medio de las **hipótesis fundamentales** y las **consecuencias observacionales**, a modo de **enunciado** puente o **regla de correspondencia.** Por ejemplo, una **ley** de la medicina que vincula los síntomas con una enfermedad determinada que se define en términos de la biología molecular.

Hipótesis operacional: Ver **definición operacional.**

Hipótesis preliminar: Cualquier **hipótesis** propuesta, antes de que alguna de sus **consecuencias observacionales** sea sometida a **contrastación.** Por ejemplo, la hipótesis de Redi de que no hay generación espontánea que es previa al correspondiente **experimento** que fue diseñado para confirmarla.

Hipótesis rival: Hipótesis que se propone como respuesta alternativa frente a un **problema** científico, la cual entra en competencia con otra hipótesis, proponiendo una solución diferente. La definición de cuál de las dos HR es superior se realiza a través de una **contrastación crucial.** Por ejemplo, las **teorías** de **Einstein** y de **Newton** son rivales.

Hipótesis Sapir-Whorf (Benjamin Lee Whorf): El lingüista norteamericano B. L. Whorf sostuvo que la **estructura** de la **lengua** de cada comunidad lingüística determina su comportamiento y su manera de concebir la realidad. Comparando la lengua *hopi* con el inglés, Whorf llegó a la conclusión de que existe un **determinismo** lingüístico.

Hipótesis singular: Hipótesis que habla de casos particulares. Por ejemplo, la hipótesis de Le Verrier sobre la existencia de un planeta desconocido que causaba perturbaciones a Urano.

Hipótesis suicida: Ver **predicción suicida.**

Hipótesis teleológica: Tipo de **hipótesis** donde la **explicación** de un **fenómeno** se hace teniendo en cuenta un fin u objetivo. Son frecuentes en **ciencias sociales** y económicas porque su **objeto** de estudio sólo puede explicarse en relación con las intenciones u objetivos de los **actores sociales**. Por ejemplo: "Cuando el **sistema** bancario entra en crisis los clientes retiran sus ahorros de los **bancos** para evitar perderlos en el caso de que quiebren." En biología son frecuentes las afirmaciones de apariencia **teleológica** pero desde que hay un consenso en favor de la **teoría** de **Darwin**, este modo de hablar es una abreviación de hipótesis de la teoría de la **supervivencia del más apto**. Por ejemplo: "Las ballenas tienen mucha grasa para protegerse del frío que hace en los lugares donde viven" es una abreviación de "en esos lugares hace tanto frío que cualquier mamífero semejante que haya surgido que no tuviera una protección térmica suficiente murió de frío y por tanto no pudo tener descendencia".

Hipótesis teórica: Hipótesis que contiene **términos teóricos**. Opuesto: **hipótesis empírica**. Por ejemplo, la hipótesis de **Freud** "En el **inconsciente** no rige el **principio de no contradicción**."

Hipotético deductivo: Ver **método hipotético deductivo**.

Hismat **(U.R.S.S., 1924-1991):** Abreviatura del **materialismo histórico** según el **marxismo vulgar**. Opuesto: *diamat*.

Historia externa (Imre Lakatos): Conjunto de elementos **empíricos**, que no corresponden a la **ciencia** misma, tales como **ideologías, prejuicios,** factores culturales, económicos, sociales, etc. Equivale al **contexto de descubrimiento** planteado por el **neopositivismo**.

Historia interna (Imre Lakatos): Reconstrucción racional de la **historia**. Equivale al **contexto de justificación** planteado por el **neopositivismo**.

Historicismo (1883 →): Corriente de pensamiento que surgió en **Alemania** y que enfatizó la diferencia de los **fenómenos** sociales e históricos con respecto de los fenómenos naturales. En oposición al **positivismo**, el H plantea que la **historia** es el máximo principio de **explicación**. El H pondrá el énfasis en la historia de los objetos o hechos, con el fin de interpretarlos (*verstehen*). El representante más importante del H es Wilhelm **Dilthey**, quien propuso el concepto de "**ciencias del espíritu**" para denominar a las **ciencias** donde el **objeto** de estudio no es exterior al **sujeto** que investiga -como en las **ciencias naturales**- sino que es parte de éste. Una crítica especialmente fuerte del H ha sido la planteada por Karl **Popper**.

Hobbes, Thomas (1588-1679): Filósofo **empirista** inglés y uno de los más importantes representantes del **contractualismo**. H fue testigo de la **revolución** de **Cromwell** a mediados del siglo XVII, y del regicidio de **Carlos I**. Sus objetivos se orientaban a evitar la **guerra civil** –como objetivo estratégico- y defender la **monarquía absoluta** –como instrumento-. Para H, el **estado de naturaleza** es un estado pre-político, anti-social y egoísta, con un hombre guiado por su instinto de conservación, lo que lo lleva a una **guerra de todos contra todos**. El **contrato social** se firma para salir de ese estado de sumo peligro y por su intermedio los hombres delegan todos sus derechos en el **Estado** (el "**leviatán**"), quien se encargará a partir de entonces del orden y tendrá la **soberanía** o autoridad única e indiscutible. H -en su argumentación a favor del **despotismo** monárquico- eliminó todo rastro de pensamiento religioso y no tomó en cuenta elementos económicos. Consideró a lo político como el ámbito del **poder** y el orden, en contraposición al estado de naturaleza, identificado con la **anarquía** y el caos. En el plano filosófico, H se basaba en una concepción **determinista** y **mecanicista** de la **ciencia**, planteando la elaboración de un **modelo** mecánico del universo, centrado en el movimiento y la **geometría euclidiana**. En su **teoría**, los propios **individuos** que determinan mecánicamente a la **sociedad civil**, están a su vez mecánicamente determinados. Obra fundamental: "Leviatán" (1651).

Holismo: (Del griego *holos* = totalidad). Postura según el cual los "todos" o totalidades sociales tienen objetivos o **funciones** que no pueden ser reducidos a las creencias, actitudes y **acciones** de los **individuos** que los forman. Según este enfoque, la **sociedad** determina el comportamiento de los individuos que viven en ella. Las relaciones que se establecen entre estos individuos tendrán que ver con el lugar que cada uno ocupe dentro de la **estructura** de la **comunidad**. Aunque desde perspectivas muy diversas, el **realismo medieval**, la **Psicología** de la *gestalt*, el **funcionalismo** y Émile **Durkheim** utilizan un **método** holista. El **término** fue propuesto por el sudafricano Jan Christian Smuts (1926). Opuesto: **individualismo metodológico**.

Holismo: También llamado H de la **confirmación**, se trata de una posición que sostiene la imposibilidad de dar **apoyo inductivo** o de **refutar** una **hipótesis** aislada. Un **dato experimental** confirma, corrobora o refuta conjuntos de hipótesis y nunca a una hipótesis aislada, desde un punto de vista **lógico**. Por ejemplo, en una **refutación** participan varias hipótesis H1, H2...Hn en la **deducción** de una **consecuencia observacional** CO: (**H1. H2 ... . Hn**)$\rightarrow$ **CO**. Si CO resulta ser falsa ($\neg$**CO**) -lo que se puede probar por *modus tollens*- es que es falsa la **conjunción** de todas dichas hipótesis: $\neg$(**H1. H2 ... . Hn**), lo que quiere decir que alguna de todas ellas es falsa, al menos una: ($\neg$**H1 v** $\neg$**H2 ... v** $\neg$**Hn**). No hay una razón lógica para elegir una de ellas y determinar su falsedad, y cualquier razón experimental que pueda darse tendrá el mismo problema de que -para derivar una CO de alguna de esas hipótesis- van a necesitarse varias hipótesis más y por lo tanto sólo se contrastará la conjunción de todas ellas. Se llama H **semántico** a la posición que afirma la imposibilidad de dar cuenta del **significado** de los **términos** de una teoría de forma aislada. Por ejemplo, los llamados **términos observacionales** que se usan en las teorías no serían meras referencias a situaciones **empíricas** públicamente observables sino que parte de su **significado** estaría determinado por el rol que cumplen los términos dentro de la teoría y en especial dentro de una **contrastación**. Esta idea puede entenderse como la suma del H de la confirmación y el **criterio verificacionista del significado**, ya que si el significado de los términos y las proposiciones está determinado por las contrastaciones que permiten -y sólo se pueden contrastar conjunto de proposiciones no aislables- sus significados no parecen ser aislables tampoco.

Homeostasis (Norbert Wiener): Capacidad de mantener determinadas **variables** fisiológicas en un nivel relativamente constante. La **retroalimentación** negativa opera como mecanismo estabilizador neutralizando los posibles efectos nocivos (**entropía**) que el **entorno** puede provocar en un **sistema**, llevando al mismo a la autorregulación. Por ejemplo, las aves y mamíferos mantienen su temperatura corporal constante a un nivel superior a la del ambiente. Debido a esto, el cuerpo del organismo tiende a ceder calor al medio disminuyendo su temperatura. Sin embargo, toda caída de temperatura por debajo del nivel fisiológico activa al hipotálamo al aumentar la tasa metabólica, subiendo la temperatura. Por otra parte, un aumento de temperatura activa mecanismos (como la transpiración) que reducen la temperatura corporal. A través de la **teoría general de sistemas**, el concepto se hizo extensivo a otras disciplinas (por ejemplo, la "**mano invisible**" de A. **Smith** o los sistemas sociales en equilibrio del **funcionalismo** son ejemplos de H en las **Ciencias Sociales**).

Humanismo (Italia, siglos XIII-XVI): Movimiento cultural del **Renacimiento** que rescató la **cultura** clásica grecorromana (especialmente a los antiguos escritores **paganos** griegos y latinos) resaltando nuevos **valores**, opuestos a la **escolástica** dominante en el **Medioevo**. Con el H, la vida terrenal fue revalorizada frente a la vida en el más allá y el hombre comenzó a confiar en sus propias fuerzas, antes que en las de las divinidades. Pueden considerarse parte del H a **Erasmo, Moro, Copérnico, Bacon** y **Maquiavelo**. Así como existe un H **burgués** -el de los grandes hombres y las grandes individualidades- el **marxismo** ha reivindicado un H colectivo, cuyo centro es la **clase trabajadora**.

Hume, David (1711-1776): Filósofo, historiador y psicólogo británico, figura clave del **empirismo**. Sostuvo que el hombre al nacer es como una página en blanco o **tabla rasa** que la **experiencia** va llenando. Las **ideas** surgen a partir de los sentidos y de las percepciones psicológicas. Las impresiones son las percepciones que se reciben directamente; pueden ser de sensación (sonidos, colores, etc.) o de reflexión (placer, dolor, tristeza, etc) mientras que las ideas son percepciones derivadas, copias de las impresiones (por ejemplo, los hechos de la fantasía o la memoria). Las ideas derivan de las impresiones y no representan a los **objetos** sino a éstas: no vemos ni tocamos a la silla en sí misma sino a sus cualidades sensibles (forma, dureza, color, etc), las cuales pueden ir variando. La silla es una colección constante de ideas simples, como "liso", "duro", "marrón", conjunto al que llamamos "silla", planteo que posteriormente fue la base del **asociacionismo** en **Psicología**. En este sentido, H estableció tres **leyes de asociación: ley de semejanza, ley de contigüidad** y **ley de causa-efecto**. Quizás su mayor aporte fue el análisis impecable que hizo de la causalidad y del **problema de la inducción**. Entre sus obras principales encontramos a: *Tratado sobre la naturaleza humana* (1739).

Husserl, Edmund (1859-1938): Filósofo y matemático alemán, fundador de la **fenomenología** y crítico del **empirismo**, el psicologismo y el relativismo. El psicologismo pretendía garantizar la validez de todas las **ciencias** a partir de una disciplina general: la **Psicología**. Así, explicaba las leyes lógicas y los **teoremas** matemáticos a partir de las respectivas operaciones mentales de los hombres. El **principio de no contradicción**, por ejemplo, tendría su fundamento en la enorme dificultad que tienen las personas para creer que p y que no p pueden existir al mismo tiempo. H contra-argumentó: la **ley lógica** dice que es absolutamente imposible que una **proposición** sea falsa y verdadera a la vez y la respectiva ley psicológica no puede ser el fundamento de semejante imposibilidad cuando ella misma se funda en una **inducción** a partir de un número finito de casos, mientras que la ley de no contradicción se refiere a un número infinito de casos. La inducción necesitaba una justificación que no fuera otro **razonamiento inductivo** (ver **problema de la inducción**). El error del psicologismo fue tomar a los teoremas matemáticos y lógicos por entes naturales cuando son en realidad intemporales y su justificación es *a priori* (la geometría no estudia éste o aquel triángulo que podemos dibujar sino un único triángulo ideal con propiedades no sujetas al cambio). H también criticó al **cartesianismo**, cuyo ideal eran las matemáticas y en especial su **método deductivo**, porque también las **ciencias formales** tendrían supuestos no justificados (el cartesianismo tendría pretensiones de justificación absoluta, ver **fenomenología**). Planteó por otra parte que lo que distingue a la **conciencia** es la intencionalidad y la capacidad humana de significar y dotar de **sentido** a las cosas. Entre sus obras principales encontramos a: *Ideas para una fenomenología pura y una **filosofía** fenomenológica* (1913).

I

Ícono (Charles Peirce): Tipo de **signo** que tiene cierta semejanza con el **objeto** referido o que establece una relación directa con el objeto al que se refiere. Cualquier cosa puede ser I de algo en la medida en que copia (parcialmente) a ese algo y es empleado como un signo de él (**signo icónico**). Por ejemplo, una onomatopeya, un pulóver rojo en relación con el color rojo, el mapa de un país, la maqueta de un avión o una foto. El I se opone al **índice**, que tiene con el objeto una relación de contigüidad natural, y al **símbolo**, que se vincula al objeto por medio de una convención.

I-D: Ver **Investigación y Desarrollo**.

I & D: Abreviatura de **Investigación y Desarrollo**.

Idea (Platón): La I, también llamada *forma*, es un **objeto** de intelección, de captación intelectual, y no de percepción **sensible**. Las I son eternas, inmutables y **objetivas**, son el único objeto de **conocimiento**. La I es lo que es común en una multiplicidad, por ejemplo, tengo una multiplicidad de cosas hermosas (una mujer, un cuadro, un libro, el teorema de Pitágoras) y lo que tienen en común es la belleza en sí, lo que me permite clasificarlos y reconocer que son bellos y lo que le permite a cualquier otra persona, con gustos diferentes, clasificar sus propios objetos bellos. La **ciencia**, dice **Platón**, se ocupa de las I porque se ocupa de lo general y no de lo particular. Platón sostenía que las I eran lo único real y que el mundo sensible era una ilusión o confusión sin **realidad** (se llamó **realismo** a esta postura).

Idea (René Descartes): Las I en **Descartes** son los contenidos de la **conciencia** sin discriminación entre realidad sensible y realidad inteligible. Los sentimientos, percepciones, sensaciones, sueños y pensamientos son I. Este es el **significado** de I en la **Filosofía** moderna.

Idealismo: 1. Se ha llamado I a una **doctrina** que afirma que la realidad no es el espacio temporal sino que es eterna e inmutable (como las **Ideas** de **Platón**) y que lo que creemos que existe como entes materiales son meras ilusiones sin realidad. En este sentido, I es sinónimo de **realismo**. Opuesto: **nominalismo. 2.** En un sentido **ético** o político se llama idealista a quien actúa guiado por ideales. **3.** Éste es el sentido más frecuente de I, que refiere históricamente a la postura filosófica defendida entre otros por **Descartes, Berkeley y Hume** (I moderno), **Kant, Fichte, Schelling** y **Hegel**. Se caracteriza por un horror a los compromisos **ontológicos**, es decir, por una oposición a postular realidades que no fueran el **fenómeno** ante una conciencia, (el *cogito* para Descartes, la **razón pura** para Kant, etc.) ya que para esta concepción, el punto de partida del **conocimiento** es el **yo**, que es el **sujeto** que conoce el **objeto**. En el **sistema** idealista de Kant el "mundo" es la representación que la **conciencia** tiene del **fenómeno** "mundo". Para el I, el conocimiento es posible gracias a determinadas categorías **lógicas** (espacio, tiempo, causalidad), que son innatas en el sujeto humano. No existe nada fuera del sujeto que no pueda ser pensado. Así, Hegel pensaba que los objetos son una proyección de ideas que ya existían incluso antes de que el mundo material existiese. Opuesto: **materialismo**.

Idealismo trascendental (Immanuel Kant): Rechazo de la **teoría** del **conocimiento** que se rige por los **objetos** *a posteriori* (**experiencia** sensible), que –según **Kant**- hace imposible lograr un conocimiento de **validez** necesaria. Kant reclama un conocimiento *a priori* (anterior a toda experiencia) y plantea, entonces, que los objetos tienen que regirse por nuestro conocimiento. Conocer no es reflejar los objetos que estarían dados y constituidos de antemano, sino *elaborarlos*. Se arma el ámbito de la **objetividad** en base a las formas *a priori* dadas por el **sujeto**.

Ideología: El término surgió a fines del siglo XVIII con el filósofo de la **Ilustración** Destutt de Tracy, quien definió a la I como el análisis de las ideas humanas. Desde otro punto de vista, la I puede ser vista como un conjunto sistemático de ideas. En *La ideología alemana* (1846), **Marx** reivindicó el espíritu revolucionario de la **burguesía** francesa, en contraposición a la raíz **conservadora** e **idealista** de la burguesía alemana. Según Marx, la I es una cosmovisión o visión del mundo y de la **sociedad** que enmascara la realidad material –condicionada por un **modo de producción** determinado- y constituye una **falsa conciencia**. La I dominante es la expresión de las ideas de la clase materialmente dominante que se extienden al conjunto de la **sociedad** como las "ideas generales". Algunos ejemplos: en épocas remotas, los ancianos tenían la palabra dominante, ya que se valoraba su experiencia. En muchas sociedades, hubo brujos y hechiceros que "revelaban" los secretos de la naturaleza. Más adelante, la "voz cantante" serán los filósofos, en Grecia, y la **Iglesia**, en la **Edad Media**. Los sacerdotes medievales eran "la" voz de Dios en la Tierra y su palabra era indiscutida: si lo decía el Papa era cierto, y el que se oponía podía ser encerrado o condenado a la hoguera. El hecho de que hubiese un **discurso** y castigos para el desobediente, nos muestra que toda I dominante busca convencer -si es posible- o de lo contrario, reprimir al que no está de acuerdo. Lo importante es que veamos que esta lucha "de ideas" (en la **superestructura**) tiene una raíz material (en la **estructura**). La **Modernidad** y el **capitalismo** también crearon su discurso y su I, desplazando a los Dioses y poniendo en su lugar a la "Diosa" **razón**. De este modo, la **lucha de clases** material se refleja también en el campo de las ideas y las **instituciones**: una **guerra**, una **elección** presidencial, las distintas posiciones políticas de dos diarios, el conflicto entre el **Poder Ejecutivo** y los jueces, son algunos ejemplos visibles de un conflicto no tan visible, que es el conflicto de clases. Louis **Althusser** plantea que la I es una representación de la relación imaginaria (y no de la relación real) de los **individuos** con sus **condiciones reales de existencia**. Sostiene que la I no tiene existencia ideal sino material, e *interpela* a los **individuos** como **sujetos**: los transforma de individuos (libres) en sujetos (no libres, pero que creen ser libres), que realizan ciertas prácticas sin cuestionarse nada, y siendo funcionales al **sistema**. La I niega su carácter ideológico: no dice "los estoy engañando" sino "elijan libremente", garantizando, de este modo, la **dominación** de la **clase** dominante.

Ideología alemana (marxismo): Expresión utilizada por **Marx** y **Engels** para criticar a la **filosofía idealista** de **Hegel** y otros, a los que acusan de subordinar la realidad material al mundo de las ideas. Fue desarrollada en el libro que lleva ese nombre, datado en 1846.

Ideográfico: Singular, particular. Opuesto: **nomotético**.

Idola (**Francis Bacon**): (Del latín: "ídolos"). Falsas imágenes o fuentes de error que impiden al hombre conocer la **verdad** del mundo en el que vive. **Bacon** distinguía varios tipos de I: a) los I *tribu*, propios de la **especie** humana como tal, cuya mente imperfecta deforma las imágenes de las cosas y tiene la tendencia a poner orden y uniformidades en las cosas donde en verdad no lo hay, b) los I *specus*, deformaciones o errores propios de la naturaleza psíquica de los **individuos**, c) los I *fori* (es decir, propios del mercado o lugar donde la gente se reúne), referidos al carácter convencional de las palabras, a la creencia en la existencia de cosas ficticias designadas por el lenguaje y, d) los I *theatri*, las sugestiones ejercidas sobre las mentes por los **sistemas** filosóficos que se suceden en el escenario de la historia como fábulas teatrales. Partidario del **empirismo**, Bacon se propone eliminar esas fuentes de error, a través del **método** basado en una exhaustiva recolección de **datos** y su ordenación, para descubrir en ellos conexiones de **causa-efecto**.

Ídolos: Ver *idola*.

Iglesia Católica Apostólica Romana (1 →): Organización religiosa, la más importante de **Occidente**. Su autoridad máxima es el **Papa** –el obispo de mayor graduación-, siguiéndole los cardenales –obispos de mayor rango-, los obispos, sacerdotes, diáconos y fieles laicos. Cree en el pecado original, el bautismo, los sacramentos y la Eucaristía. Tiene su sede en la Ciudad del Vaticano. Su **historia** está signada por su intervención en la **política**, la **sociedad** y la **economía** de los últimos dos mil años. La ICAR tuvo en su seno desde siempre a sectores preocupados por mejorar las condiciones sociales de vida de su época. Sin embargo, sus niveles jerárquicos sostuvieron en general prácticas autoritarias, intolerantes y violentas, expresadas en la tortura y matanza de millones de personas en las **Cruzadas**, la **Inquisición** y la **colonización española**, entre otros acontecimientos. En 313, el emperador romano **Constantino** impuso al **cristianismo** como **religión** oficial. Con la caída del **Imperio Romano de Occidente** (476) la ICAR ocupó de algún modo su lugar y logró convertir a numerosos **pueblos bárbaros**. En los siglos V y VI el papado romano centralizó la representación de la ICAR, aunque debió enfrentar al **Imperio de Oriente** en los siglos VII y VIII bajo el liderazgo de **Carlomagno**, el que finalmente declinó. Además, la ICAR se convirtió en un grupo social y político poderoso, dominante desde la **Edad Media** -cuando formó parte de la **nobleza feudal**, sojuzgando a la **servidumbre**- y hasta la **Edad Moderna** –época en que explotó el **trabajo** de millones de **esclavos** africanos e **indios** americanos-. En 1054 se produjo el **Cisma de Oriente** en **Constantinopla** y en el siglo XII el Papa se arrogó el derecho de deponer emperadores (argumentando la existencia de un "testamento" de Constantino, que resultó falso), en la llamada **Querella de las Investiduras**. El Estado pontificio era uno de los más grandes de **Italia**, cuando **Francia** trasladó el Papado a Avignon durante casi todo el siglo XIV. Poco después se produjo el **Gran Cisma de Occidente**, con tres papas que se excomulgaron mutuamente. La **Reforma Protestante** y la **Contrarreforma** tienen una importancia vital en la historia de la Iglesia (ver aparte ambas entradas). **Francia** se convirtió tras la **revolución** de 1789 en el primer **Estado moderno** que se declaró **laico**. Por otra parte, la consolidación del Estado italiano debilitó el poder estatal del Papa y los **Estados Pontificios** sólo fueron reconocidos por **Mussolini**, en 1929. El siglo XX llegó con el debate de la llamada "**cuestión social**" y el desafío del **comunismo**, que apuraron la creación de la **Doctrina social de la Iglesia** (ver) con **León XIII**, complementada luego por Juan **XXIII**. En las últimas décadas se enfrentaron en la ICAR dos tendencias, una favorable a un acercamiento con el **marxismo** (la **teología de la liberación**) y otra hostil (que encabezó el Papa **Juan Pablo II** y continúa **Benedicto XVI**). En lo ideológico, la ICAR ha practicado la censura a los **disidentes** y ha rechazado avances científicos evidentes. Por ejemplo, condenó a **Galileo** y tardó más de un siglo en reconocer las **teorías** de **Darwin**. También se opone aún hoy, no sólo al derecho al aborto sino a la utilización de preservativos. Por cierto, existe también una fracción de la ICAR que se muestra abierta a las ideas de progreso, la **modernización** y la lucha contra el **oscurantismo**, pero que hasta el momento no ha planteado un cuestionamiento de ruptura radical con el ala **conservadora** dominante.

Iglesia Evangélica: Ver **protestantismo**.

Iglesia Protestante: Ver **protestantismo**.

Ignoratio elenchi (**conclusión inatinente**)**:** Tipo de **falacia de atinencia** que trata de demostrar, a partir de un **razonamiento**, una **conclusión** distinta de la esperada. Así, en un **juicio**, al tratar de probar que el acusado es culpable de asesinato, el **fiscal** acusador puede argumentar para demostrar que el asesinato es un horrible delito y lograr probar esta conclusión. La falacia está en tratar de vincular lo horrible del asesinato con la culpabilidad del acusado. Se trata, entonces, de apelaciones irracionales, emocionales, psicológicas (aunque puede cometerse la misma falacia usando un lenguaje neutro y frío).

Iluminismo: Ver **Ilustración**.

Ilustración (Francia, siglo XVIII): Corriente filosófica y cultural, fuente de inspiración para la **Revolución Francesa**. Los pensadores de la I trataron de demostrar que la **razón** humana llevaría a "iluminar" la oscuridad **medieval** y religiosa (de allí **"iluminismo"** o **"siglo de las luces"**), llevando a una sola línea de **evolución**, hacia una **sociedad** cada vez más racional, para salir de la ignorancia y la superstición. Estos filósofos también trataron de descubrir **leyes** de la **sociedad**, tal como ya entonces se conocían las leyes naturales. A diferencia de los pensadores del siglo XVII -para quienes la explicación debía partir de la **deducción** estricta y sistemática- los *"philosophes"* construyeron su ideal de **explicación** y **comprensión** según el modelo de las **ciencias naturales** contemporáneas. No se inspiraban tanto en **Descartes** –aunque son herederos de su **racionalismo**- sino principalmente en **Newton**, quien estaba interesado en los **hechos**, en los **datos** de la **experiencia**; sus principios e investigaciones descansaban en ella y en la **observación**, es decir que tenían **base empírica**. Suponían que en el mundo material regían el orden y la ley universales. Las claves de la I pueden encontrarse en las influencias recibidas de los filósofos modernos que los precedieron: **inducción**, autonomía racional, **cientificismo**, anti-clericalismo, **liberalismo**, **antropocentrismo**, **humanismo**, progresismo, optimismo. Entre los pensadores de la I se destacan **Voltaire**, **Rousseau**, Diderot y D´Alembert, creadores de la **Enciclopedia**.

Imperativo categórico (Immanuel Kant): Ley moral o mandato prescriptivo al que la voluntad debe obedecer incondicionalmente y que rige en forma inflexible la **conducta** de los hombres. **Kant** la formuló del siguiente modo: "Actúa de tal manera que creas que la **norma** de tus actos sirva de **ley universal** (como ejemplo para los demás)". En este sentido, la **moral** proviene de la **razón**.

Implicación: En **lógica**, "A implica B" significa que B se deduce lógicamente de A, es decir que es su **conclusión** lógica, siendo contradictorio que A sea verdadera y B falsa. En este sentido I es un **término** del **metalenguaje** y debe distinguirse del **condicional** que es una **conectiva lógica** del **lenguaje objeto**. "A implica a B" significa que puede deducirse en el lenguaje objeto B teniendo a A como única **premisa**, siguiendo las **reglas de transformación** del lenguaje objeto. En un sentido menos frecuente la expresión es equivalente a "Existe una **derivación** de B a partir de A (en el sistema de lógica X)", es decir que es una afirmación **existencial** (I es, en este sentido, equivalente a **consecuencia sintáctica**). Por ejemplo: "(p . q) implica p", "p y q implican (p . q)" (las dos derivaciones existen, por lo que los ejemplos son **enunciados** verdaderos; se utilizan respectivamente la regla de eliminación de la **conjunción** y la regla de introducción de la conjunción, en un **sistema** de **deducción natural**).

Implicación: Ver **condicional**.

Implicación contrastadora (Carl Hempel): Consecuencia observacional de una **hipótesis** que sirve para poner a **prueba** a ésta. Por ejemplo, en el **experimento** en el que Redi puso a prueba la **teoría de la generación espontánea**, se daba el siguiente esquema: si la generación de gusanos es espontánea (A), entonces si se coloca un trozo de carne en un recipiente y luego se lo tapa (B), entonces aparecerán gusanos (C). Redi comprobó que la IC "(B) entonces (C)" era falsa: en la carne del frasco tapado no había gusanos, lo que refutaba a la teoría de la generación espontánea. De todas formas, la **verdad** de una IC no prueba (deductivamente) la verdad de la hipótesis de la cual esa implicación surgió. Es por ello que **Hempel** –partidario del **confirmacionismo**- apela a la **inducción**, ya que a mayor cantidad y variedad de IC favorables –y sin que haya ni una sola contraria- la hipótesis se verá confirmada, al recibir **apoyo inductivo**.

Implicación lógica: Un **enunciado** implica lógicamente otro, cuando lo que afirma el segundo está afirmado en el primero, de manera que es absolutamente imposible que el primero sea verdadero y el segundo falso. Ver **Implicación**.

Implicación material: Relación **lógica** que no sugiere ninguna conexión real entre **antecedente** y **consecuente**. Sólo afirma que no se da el caso de que el antecedente sea verdadero cuando el consecuente es falso. Ver **Implicación**.

Implicado: Ver **consecuente**.

Implicante: Ver **antecedente**.

Imposibilidad: Condición de aquello que no puede ser o suceder. Se opone tanto a la **posibilidad** como a la **necesidad**.

Improbabilidad: Condición de aquello que se cree que no puede ser o suceder. Opuesto: **probabilidad**.

In adjecto: Ver **contradicción** *in adjecto*.

Inclusión: Relación entre dos clases tal que A está incluida en B si y sólo si todos los miembros de A son miembros de B.

Inconmensurabilidad de los paradigmas (Thomas Kuhn): Tesis que **Kuhn** sostiene en *La estructura de las revoluciones científicas* acerca de la imposibilidad de comparar **paradigmas rivales**, dado que éstos tienen modos de ver, hacer y comprender incompatibles. Cada paradigma tiene sus propias reglas que determinan cuáles son lo **enigmas** de los que debe ocuparse la **ciencia**, criterios para preferir una **teoría**, compromisos metodológicos que se deben adoptar, otros que no se deben adoptar, etc. Cualquier discusión entre dos partidarios de paradigmas rivales será de nunca acabar porque cada uno defenderá su propio paradigma estableciendo criterios como argumentos que son diferentes a los criterios y reglas que su rival está dispuesto a aceptar, de modo que ambos estarían argumentando de manera **circular** sin que haya un punto de acuerdo. Es decir que la comparación no es posible porque "la vara con la que se mida" será de uno de los dos paradigmas (de aquel que salga favorecido por la comparación). Puede explicarse la IP en términos del **holismo semántico**: es imposible encontrar en un **lenguaje** una descripción adecuada para traducir un **concepto** o categoría de otro **lenguaje**, porque el **significado** de los **términos** está determinado por su papel en el sistema total y si los sistemas son distintos, los términos serán distintos. Posteriormente, Kuhn moderó su posición y aceptó la posibilidad de que un paradigma pueda "traducir" los términos y categorías provenientes de otro paradigma.

Inconmensurable: Incomparable, que no se puede medir. Término utilizado por Thomas **Kuhn** para describir la imposibilidad de comparar entre sí **paradigmas** científicos distintos.

Inconsistencia: En **lógica**, relación de **contradicción** por la que de un **enunciado** se afirma que es al mismo tiempo verdadero y falso (A y no A). Un conjunto o un sistema de enunciados es inconsistente si se puede **deducir** de ellos una contradicción. La I es negada por el **principio de no contradicción**. Opuesto: **consistencia**.

Independencia: Un **axioma** es independiente si no se lo puede deducir del resto de los axiomas de su **sistema**. Si un axioma no es independiente es una falta de elegancia ubicarlo como axioma ya que se lo puede obtener igualmente como **teorema** a partir de los otros axiomas. Un **sistema axiomático** es independiente si todos sus axiomas son independientes, sino, se dice que es **redundante**. Para probar que un axioma Ax1 de un sistema S es independiente deben seguirse los siguientes pasos: 1) Construir un sistema Z tal que tenga como axiomas a los axiomas de S, salvo por Ax1 y que tenga como axioma a la **negación** de Ax1, 2) Probar la **consistencia** de S, 3) probar la consistencia de Z.

Indicadores de conclusión: Ver **expresiones derivativas**.

Indicadores de premisas: Ver **expresiones derivativas**.

Índice (Charles Peirce): Tipo de **signo** que establece una relación indirecta con aquello a lo que se refiere o que denota un **objeto** afectado por ese mismo objeto. Tipo de signo que tiene una relación de conexión, contigüidad o causalidad natural (no artificial) con el elemento representado u objeto. Por ejemplo, el humo es Í del fuego, el dedo í lo es de señalar algo y el pulso acelerado, de haber corrido. Mientras que el Í establece una relación real con su objeto, el **ícono** posee un vínculo de semejanza y el **símbolo**, uno convencional. Este tipo de signo indica, anticipa o evidencia algo (signo indicativo).

Indicio: Ver **índice**.

Individualismo metodológico (Karl Popper): Corriente que plantea que los **fenómenos** sociales son consecuencia de las acciones de los **individuos** y **método** que sostiene que las **explicaciones** de los fenómenos sociales, políticos o económicos sólo serán adecuadas si se establecen en términos de las creencias, actitudes y decisiones de los individuos, desechando la utilización de conceptos colectivos. El IM recibe las influencias del **nominalismo** medieval. En **Sociología**, es individualista la metodología de Max **Weber**, que parte de la **acción** de los individuos para construir las **instituciones** sociales generales. Opuesto: **holismo**.

Inducción: **Método** de **razonamiento** deductivamente inválido por el que, partiendo de **hechos, observaciones** o **experiencias** particulares, se pueden descubrir y formular **enunciados** o **leyes generales**. Se dice que va de lo particular a lo general equivocadamente porque hay I de lo general a lo particular (por ejemplo: "todas las pelotitas que saqué de la bolsa eran negras, así que la próxima que saque será negra"). En la I, la **verdad** de las **premisas** no garantiza la verdad de la **conclusión**, sino que sólo existe cierto grado de **probabilidad** si se acepta que pueden asignarse estas medidas (**Popper** no lo aceptaba, decía que toda I tiene grado cero porque la **teoría** probabilística pura lo indica, ya que deben dividirse los casos conocidos por los infinitos casos desconocidos). Ante el **problema de la inducción**, hay posturas **inductivistas (Carnap)** y anti-inductivistas (**Popper**). Para éste, no debe decirse que la **ciencia** se basa en la I: se basa en la **abducción**, seguida de **deducción** (contrastadora).

Inducción completa: Llamado también **inducción** fuerte o matemática, es un **razonamiento deductivo** (de modo que no es inductivo, aunque el nombre parezca indicar lo contrario), que se usa para definir propiedades **universales** de los números y cuya **regla de inferencia** fundamental es el quinto **axioma de Peano**. Este **axioma** autoriza una estrategia de demostración en virtud de una **verdad** constituyente de la naturaleza de los números tal que en un número finito de pasos puede probarse que los infinitos números tienen alguna propiedad. Por ejemplo la propiedad de los números naturales de que, si se suman 1 + 2 + 3 + 4... + n (n es un número cualquiera donde se decida cortar la sucesión), el resultado de la suma es igual a n (n + 1) dividido 2. También se usa la IC para demostrar propiedades de los **sistemas axiomáticos**. En ambos casos se llama *metateorema* a la conclusión de una IC. También se llama IC a un **razonamiento** cuyas **premisas** enumeran todos los miembros de la clase a la que se refiere la **conclusión** Por ejemplo, tomamos como premisas que "Pulgar, índice, mayor, anular y meñique son dedos de la mano y tienen uñas" y sacamos como conclusión que "Todos los dedos tienen uñas." Lo que hay aquí es una premisa oculta: la que señala que pulgar, índice, mayor, anular, meñique -en total cinco dedos- son todos los dedos. Una vez explicitada la **inferencia** se llega a la conclusión: todos los dedos de la mano tienen uñas. Es, por lo tanto, un **razonamiento deductivo**, ya que sería contradictorio afirmar las premisas y negar la conclusión.

Inducción enumerativa: Generalización empírica que se induce a partir de la repetición de **experiencias** que permiten afirmar que estamos en presencia de una **regularidad**. Por ejemplo: "El sobre 1 es rectangular, el sobre 2 es rectangular..., el sobre 1.083 es rectangular (los 1.083 sobres examinados son rectangulares sin excepción), por lo tanto, todos los sobres son rectangulares."

Inducción fuerte: inducción completa.

Inducción matemática: inducción completa.

Inductivismo (1620 →): Hay dos sentidos distintos con los que se usa esta expresión y ambos son muy frecuentes. **1. (I estrecho)** Según el primer sentido el I es la **tesis** que dice que la **lógica** inductiva es la lógica que rige la práctica científica tanto en el **contexto de descubrimiento** como en el **contexto de justificación**. Esta tesis es históricamente antigua y hoy en día nadie la defiende. **2. (I amplio)** En otro sentido el I es la tesis de que la lógica inductiva es la lógica que rige la **justificación** de las **hipótesis** científicas, pero no suministra un **método** de descubrimiento universal. **1. I estrecho:** Corriente **epistemológica** que planteó que hay un método mecánico para extraer o enunciar una regla general o **ley** luego de que se han realizado una gran cantidad de observaciones. Por ejemplo: "Un cisne es blanco, dos cisnes son blancos, diez cisnes son blancos, cuatrocientos cisnes son blancos. **Conclusión**: Todos los cisnes son blancos". El I fue resumido con claridad por John Stuart **Mill** en su obra *Sistema de lógica deductiva e inductiva* (1843) y sigue siendo la idea que el hombre no instruido actualmente tiene de la **ciencia**. Este tipo de **razonamiento** se caracteriza por lo siguiente: a) la **conclusión** no se deriva deductivamente de las **premisas**, b) se efectúa un "salto lógico" o "**salto inductivo**" que va de casos particulares a una conclusión general (aunque puede ser también una conclusión particular pero sobre un caso no contemplado en las premisas) y, c) ya que este "salto inductivo" no es válido desde el punto de vista lógico puede suceder que las premisas sean verdaderas y la conclusión, sin embargo, falsa. En síntesis, la **ciencia** y el **conocimiento** comienzan con la **observación** que, además, es neutral. Fue Francis **Bacon** en el siglo XVII el primero que dijo que la ciencia proviene de la **experiencia**, la observación sistemática de la naturaleza y la acumulación de **datos**, con el fin de detectar las regularidades y ordenar la reiteración de **fenómenos**. La secuencia del I es: **hechos** o datos registrados inicialmente-**inducción-experimento-**observación-**regularidad**-ley-**deducción-contrastación-**nuevos hechos o datos. Con variantes, el I fue visualizado como el método característico de todo **conocimiento científico** (opuesto a la especulación vacía de la **Edad Media**) por **Newton** –cuya física es el máximo **símbolo** del I-, **Copérnico, Kepler** y Harvey. La primera objeción importante al I provino del llamado "**problema de Hume**", quien planteó que ninguna cantidad (que necesariamente es finita) de **enunciados observacionales** particulares es suficiente para extraer lógicamente de ellos un **enunciado general** o ley, en particular porque no hay ninguna seguridad de que el pasado se repita en el futuro. La crítica más fuerte se produjo a comienzos del siglo XX, bajo la influencia de autores como Henri Poincaré y Pierre Duhem y, sobre todo, por la toma de distancia que experimentó el **Círculo de Viena**. La ruptura con el I surgió a partir del llamado "**problema de la I**", la crítica parcial del **I amplio** o **confirmacionismo**, de R. **Carnap** y C. **Hempel** y –fundamentalmente- del surgimiento del **método hipotético deductivo** de **explicación** científica. **2. I amplio** o **confirmacionismo:** en el siglo XX el I estrecho fue duramente criticado, entre otros por Hempel quien le dio este nombre peyorativo. Los nuevos inductivistas plantearon que no puede realizarse ninguna **investigación** científica sin hipótesis, porque las hipótesis guían a la investigación, son su punto de partida, porque indican qué datos son relevantes para resolver un **problema**. Argumentaron que acaso haya científicos que crean que investigan sin prejuicios, pero inconscientemente los tienen y por eso prestan atención a ciertos hechos y no a otros. Los nuevos inductivistas afirmaron que la lógica inductiva gobierna la racionalidad científica, pero sólo allí donde la ciencia tiene un método riguroso a la hora de evaluar si una hipótesis es, o probablemente sea, verdadera o falsa. La **comunidad científica** no va a rechazar una hipótesis porque haya sido descubierta de un modo extravagante (por ejemplo, si se le apareció a alguien en un sueño o rezando en una iglesia) sino que lo hará si la hipótesis no se adecua a la experiencia. Establecer si una hipótesis está o no de acuerdo con la experiencia es tarea de una **contrastación**. Para esta corriente, la justificación de una hipótesis (llamada "**confirmación**") es inductiva (esto se debe a que se trata de un **razonamiento inválido**: la conclusión podría ser falsa a pesar de que las premisas sean todas verdaderas). En una justificación se afirma que una hipótesis universal es probablemente verdadera sobre la base de que se ha cumplido lo que la hipótesis afirma en general (para todo X se da la propiedad F) aunque solamente en un número pequeño de casos (para los casos observados se dio la propiedad F). Pertenecen también a esta corriente **Russell**, **Carnap** y **Reinchenbach**, miembros del **empirismo lógico** del **Círculo de Viena**, en la década de 1930. El I amplio fue criticado por Karl **Popper**, quien defendió la tesis de que la lógica científica es deductiva (en el contexto de justificación) y sostuvo que no existen los "hechos en bruto": todos los hechos están cargados de **teoría**.

Inductivismo amplio: Ver **confirmacionismo**.

Inductivismo en sentido amplio: Ver **confirmacionismo**.

Inductivismo estrecho: Ver **inductivismo ingenuo**.

Inductivismo ingenuo: Según el II, la **ciencia** comienza con la **observación** a través de los sentidos. Los **enunciados observacionales** a los que se llega forman la base de la que se derivan las **leyes** y **teorías** que constituyen el **conocimiento científico**. Para ello utiliza **enunciados singulares** que se refieren a un determinado **hecho** o **estado de cosas** en un determinado lugar y momento. También usa **enunciados generales** que expresan afirmaciones acerca de las propiedades de algún aspecto del universo (se refieren a todos los acontecimientos de un determinado tipo en todos los lugares y tiempos). El II se basa en el **principio de la inducción**: si en una amplia variedad de condiciones se observa una gran cantidad de A y si todos los A observados poseen sin excepción la propiedad B, entonces todos los A tienen la propiedad B. C. **Hempel** ha criticado al II, planteando que no es correcto tomar como punto de partida de una investigación a los **datos**, porque es una tarea a ciegas y porque nunca podremos reunir todos los datos referidos a un tema (por ejemplo, los granos de arena, los pollos o las civilizaciones). Ni siquiera podemos seleccionar hechos relevantes, ya que no sabemos *respecto a qué* serian relevantes, ya que no hay una **hipótesis** que nos guíe. Así, desde el **inductivismo amplio**, Hempel dirá que los hechos **empíricos** sólo son relevantes por referencia a una hipótesis dada, y no por referencia a un **problema** dado. Las hipótesis no se derivan de los hechos observados, sino que se inventan para dar cuenta de ellos. Sin **hipótesis preliminares** no hay **ciencia**.

Inductivismo sofisticado: Ver **confirmacionismo**.

Inferencia: Se emplea el **término** I para designar a cualquier clase de **razonamiento**, incluso a aquellos que son incorrectos. Un razonamiento es todo paso desde ciertas **premisas** hacia una **conclusión**. Hay por tanto I válidas e inválidas. Nexo lógico que permite obtener de uno o varios conocimientos, un nuevo **conocimiento**. También se la puede definir como el **proceso** por el cual se llega a una **proposición** y se la afirma sobre la base de otra u otras proposiciones aceptadas como punto de partida. Las I permiten obtener **estructuras** lógicas de todo tipo. Entre estas estructuras se encuentran los razonamientos. No hay razonamiento sin I, sin esa operación de "salto lógico" que va de un conocimiento a otro; pero puede haber I sin razonamiento (aunque autores como **Deaño** los consideran sinónimos). La I queda indicada por términos como "por lo tanto", "por consiguiente", "en consecuencia"; también por una barra horizontal, por un triángulo de puntos ∴ o una barra inclinada /.

Inferencia estadística: Inferencia que supone el uso de observaciones muestrales de una parte de una población (muestra) para inferir algo acerca de las características desconocidas del conjunto o bien para generalizar los resultados de la muestra a una población desconocida más grande. Por ejemplo, las encuestas electorales o de opinión.

Inferencia inductiva (confirmacionismo): Inferencia que toma como **premisas** a **fenómenos** observados y llega a una **conclusión** probable sobre fenómenos no observados. Por ello –a diferencia de la **deducción**- la **verdad** de sus premisas no garantiza la verdad de la conclusión. El término forma parte del **lenguaje** del **confirmacionismo** y ha sido duramente criticado por K. **Popper**, quien le niega toda entidad. Por ejemplo: "Nunca me cayó mal el mate por lo tanto no me va a caer mal ahora".

Inferencia inmediata: Una II es un **razonamiento** que tiene una sola **premisa**. Hay II válidas, por ejemplo: "(premisa) Hoy es jueves, por lo tanto, (**conclusión**) hoy es jueves o martes." Opuesto: **inferencia mediata**.

Inferencia mediata: Una IM es un **razonamiento** que tiene más de una **premisa**. Opuesto: **inferencia inmediata**.

Inferir: Obtener **proposiciones** a partir de otras proposiciones. Obtener **conocimientos** a partir de otros conocimientos.

Informática: Tratamiento de la **información** por medio de computadoras.

Inmanente: Que reside en el **ser** (ver).

Innatismo: Postura filosófica que afirma la existencia de ideas, principios o nociones innatos, anteriores a todo **conocimiento empírico**. Entre otros, pueden considerarse partidarios del I a **Platón**, a **Descartes** y a **Chomsky**. Opuesto: **empirismo**.

Innovación: Aplicación de una **invención** en el ámbito de la **producción**, en la esfera técnico-económica.

Innovaciones incrementales: En un **proceso** de **producción**, mejoras sucesivas de los productos y procesos, ayudando al aumento de la **productividad** y la calidad, dando mayores usos y reduciendo costos.

Innovaciones radicales: Introducción en un **proceso** productivo de un **producto** o proceso realmente nuevo que rompe con la **tecnología** existente, iniciando un rumbo tecnológico nuevo. Algunas IR dan nacimiento a toda una **industria**; la TV, por ejemplo, no sólo implicó producir aparatos de televisión, sino servicios de programación y transmisión, publicidad, **informática**, etc.

Inquisición (1248-principios del siglo XIX): Tribunal **eclesiástico** que castigaba los **delitos** contra la fe **católica**, tales como **herejía**, brujería, adulterio, bigamia, sodomía, blasfemia, etc. Fue creado por el Papa Inocencio IV. En la práctica, se convirtió en un órgano represivo de toda disidencia **política**, religiosa y de cualquier índole, cometiendo todo tipo de atropellos y asesinatos (especialmente la muerte en la hoguera). El Tribunal actuó en **Italia, España**, Portugal, Países Bajos y **Alemania**. En América, la acción de la I –instaurada en 1509- fue particularmente sanguinaria y sólo cesó su accionar con la independencia de los diferentes países.

Instrumentalismo: Posición **epistemológica** –versión extrema del **convencionalismo**- que afirma que las **teorías** no son ni verdaderas ni falsas, sino herramientas, más o menos útiles para hacer **predicciones**. El I sostiene que las **leyes científicas** son simples instrumentos para deducir, de **hechos** observables, otros hechos observables. Pero no son ni verdaderas ni falsas, sino útiles o no. No se justifican, sólo se usan. El I no concibe mundos no observables directamente, a simple vista, tales como los elementos de la sangre, las células, los átomos, las galaxias o los agujeros negros sino que considera que estos conceptos son herramientas. Entre sus principales autores se cuenta a M. Schlick y L. **Wittgenstein**.

Insumo clave: El motor de las **revoluciones** tecnológicas es la necesidad, para el **capital**, de resolver sus **crisis** de **acumulación**. La posibilidad de resolverlas depende de la existencia de un **factor llave** o IC, es decir, aquel **insumo** que logra relanzar la **acumulación de capital** y que presenta la siguientes características: bajo **costo, oferta** prácticamente ilimitada, **demanda** masiva. El IC debe ser la base de los cambios tecnológicos, con capacidad de bajar los costos de los demás insumos, desde la **fuerza de trabajo** hasta la energía. Por ejemplo, el paradigma antecesor al actual **capitalismo neoliberal** fue el **capitalismo keynesiano**; su éxito se debió a la presencia de un *stock* de **productos** petro-químicos y metal-mecánicos que brindaban **bienes durables** (automóviles, electrodomésticos, etc). El bajo costo de las **materias primas (petróleo** e hierro) y el disciplinamiento que sufrió la fuerza de trabajo fueron otros factores de los que se valió el capital para llevar adelante el proceso de acumulación. Posteriormente, y dentro de la actual revolución informática, el factor llave pasó a ser el llamado "complejo electrónico".

Inteligible: Aquello que puede ser pensado, entendido o comprendido, el aspecto racional de la realidad.

Intencionalidad: Ver **fenomenología**.

Intensión: Ver **connotación**.

Internalismo: En **filosofía de las ciencias**, pretensión de autonomía absoluta de las **ciencias** y de la aparición y producción de las teorías científicas respecto de las condiciones sociales y psicológicas.

Interpretación: Hay I cuando se otorga un **significado** a todas las expresiones de un **sistema formal** o **cálculo**, convirtiendo las fórmulas en **enunciados** de los que se puede establecer su **verdad** o falsedad. Los sistemas tienen **términos primitivos** y **términos definidos** (a partir de los términos primitivos), por lo cual basta con asignar significado a los primeros para interpretar todo el sistema. Los **términos lógicos** no están sujetos a I porque son constantes; su significado está asignado por la **lógica** subyacente al sistema. La I es un conjunto ordenado que tiene un dominio y una función que asigna **individuos** y clases de individuos a los términos primitivos (ya que son **símbolos** de un **lenguaje** de **predicados** y los predicados se definen extensionalmente: por ejemplo, el predicado "x es un perro" se define como la clase o el conjunto de todos los perros. Y si digo que algunos perros son marrones, estoy diciendo que hay una intersección entre el conjunto de los perros y el conjunto de las cosas marrones). Si el sistema tuviera un lenguaje proposicional, lo que es infrecuente, no se asignaría significado a términos sino a **formas proposicionales** (por ejemplo: p = Andrés desayuna). Un mismo **sistema axiomático** puede tener distintas I. Las I que hacen verdaderos a todos los axiomas del sistema son **modelos** del mismo.

Intersubjetivo: Ver **intersubjetividad**.

Intersubjetividad: Experiencia entre **sujetos** que comparten **representaciones** (**símbolos**). También, acuerdo entre sujetos. La I científica o entre los científicos es la base del **convencionalismo:** una **teoría** o un **enunciado** (según se trate de un convencionalismo extremo o moderado) no es objetivamente verdadero sino intersubjetivamente verdadero (aunque es común usar el término como sinónimo de **objetivo** o de **público** sin que eso afirme o niegue la tesis convencionalista).

Inverosímil: Que no parece creíble, posible y/o admisible. Opuesto: **verosímil**.

Investigación aplicada: Ver **ciencia aplicada**.

Investigación básica: Investigación que se caracteriza por la búsqueda desinteresada de nuevos **datos** y **conocimientos**. A veces se la identifica con la **ciencia pura** o bien se la divide en **IB pura** e **IB orientada**.

Investigación básica orientada: Investigación en la que la **institución** que financia el proyecto sugiere o impone al científico un área de interés general al cual dirigir el trabajo.

Investigación básica pura: Investigación en la que el científico elige su tema con absoluta libertad.

Investigación de campo: Método típico de las **Ciencias Sociales** (en especial, en la **Antropología** y la **Sociología**) que se basa en un contacto directo con los **fenómenos** que se busca investigar, en un ámbito previamente delimitado.

Investigación estratégica: Concepto que surge tras la **Crisis del Petróleo**, que busca armonizar la **investigación básica** (la "**ciencia pura**", diría **Bunge**) con los requerimientos de la **economía** y la **producción**.

Investigación y desarrollo: Combinación de la investigación científica o **ciencia pura** con el desarrollo experimental o **ciencia aplicada**.

Ipso facto: Voz latina cuyo significado es "en el acto" o "inmediatamente".

Irrefutable: Afirmación o argumento que no se puede refutar (que una tesis no haya sido refutada aún no quiere decir que sea I). Según **Popper**, una **hipótesis** I no es una hipótesis científica. Es el ideal del **fundacionismo** poder acumular en un sistema afirmaciones I.

Islam **(fines del siglo VI →):** La segunda **religión** del mundo en la actualidad, el I deriva de las enseñanzas del profeta **Mahoma**. **Alá** es el único Dios, y gobierna toda la vida humana y natural. Hay cinco deberes religiosos: la recitación del credo islámico ("no hay más Dios que Alá, y Mahoma es su profeta"), la repetición de plegarias formales cinco veces al día, precedidas de las abluciones ceremoniales, la observancia del **Ramadán**, la entrega de limosnas a los pobres, y al menos intentar una vez en la vida hacer un peregrinaje a La Meca.

Islamismo (fines del siglo VI →): Religión de los seguidores de **Alá** y su profeta **Mahoma**, cuyos principios están compilados en el **Corán**. El I es monoteísta y cree en la predestinación y la resurrección. Sus ramas principales son el sunismo y el chiísmo. La cuarta parte de la Humanidad pertenece al I.

Isomorfismo: De "*iso*", igual; y "*morfismo*", que significa forma. Dos objetos isomóficos son dos objetos que tienen la misma forma, que son iguales en su **estructura**.

Iusnaturalismo: Ver **jusnaturalismo**.

J

Jaspers, Karl (1883-1969): Filósofo **existencialista** alemán, bajo la influencia de S. **Kierkegaard** analizó temas límite como la muerte y el sufrimiento. Se desarrolló también en el campo de la **fenomenología** y la **Psiquiatría**. Entre sus obras principales encontramos a: *Psicopatología General* (1913) y *Filosofía de la existencia* (1938).

Jesús de Nazareth (1-34): Predicador hebreo, considerado por los **cristianos** como el hijo de Dios. Fue perseguido por los romanos –temerosos de su popularidad- y por los judíos, siendo condenado a muerte. Según sus creyentes, resucitó al tercer día y posteriormente subió a los cielos. La **Iglesia Católica** es la organización religiosa más numerosa entre los seguidores de **Cristo**.

Judaísmo (2000 a.C. →): Una de las más antiguas de las religiones actuales, fundada por **Abraham**. Los primeros hebreos eran nómades que vivían en y alrededor de **Egipto**. Sus profetas en parte tomaron sus ideas de creencias religiosas existentes en la región, pero adoptaron el monoteísmo. El J sostiene que Dios o **Yahvé** exige la obediencia a códigos morales estrictos. Algunas de sus corrientes consideran sus creencias como la única **religión** verdadera. Su **doctrina** o enseñanza se denomina **Torá** y su profeta es **Moisés**.

Juegos de lenguaje (Ludwig Wittgenstein): Para **Wittgenstein**, el **lenguaje** es un conjunto de juegos lingüísticos con reglas que hay que respetar para que tenga el mismo **sentido**. El **significado** de una palabra depende de su uso en un contexto de sentido o "forma de vida" dados. No se trata de un lenguaje que nos dé significados universales, sino que está vinculado con las prácticas de la **comunidad** que lo utiliza. Este concepto, presente en sus *Investigaciones filosóficas*, representa una ruptura con la obra anterior del autor que había inspirado al **Círculo de Viena**.

Juicio: Afirmación o **negación** de una **proposición**. No es un J, por ejemplo, comprender el **significado** de "Mi vecina está loca" cuando uno todavía no sabe si esto es cierto o falso. Pero una vez que hemos comprobado que está loca tenemos un J: "(Es un hecho que) mi vecina está loca", que es la combinación de comprender el significado de un **enunciado** y además creer o afirmar que es verdadero. En **lógica matemática**, un J es una expresión correctamente construida del **lenguaje formal**.

Juicio *a priori*: Ver *a priori*.

Juicio *a posteriori*: Ver *a posteriori*.

Juicio analítico (Immanuel Kant): Enunciado que no va más allá de los **significados** de los **términos**, y que no nos dice nada acerca del mundo real. Por ejemplo, para saber que "Todos los perros son animales" no necesitamos acudir a la realidad para observar perros, ya que -por definición- ser animal es una característica de los perros. Lo único que cuenta es el análisis (de allí "analítico") de los términos, las relaciones de **significación** entre los términos (ver también **enunciado analítico**). Opuesto: **juicio sintético**.

Juicio apodíctico: Enunciado que expresa la **necesidad** de que S sea P o, lo que es lo mismo, la **imposibilidad** de que S no sea P. Por ejemplo: "Es imposible que no me haya dicho la verdad". A veces se llama JA a cualquier expresión de **modalidad alética**. Otras veces se usa como sinónimo de JA verdadero.

Juicio asertórico: Enunciado o **juicio** en sentido propio de la forma "S es P", en el que no se expresa **modalidad**. Por ejemplo: "la marea está alta".

Juicio categórico: Juicio o **enunciado** que afirma que determinado **sujeto** (S) tiene una propiedad (P). Este tipo de juicio dio lugar al **silogismo categórico**. Por ejemplo: "**Argentina** está en América".

Juicio de valor: Enunciado sobre lo que debe ser. Por ejemplo: "Es injusto que los despidan".

Juicio fáctico: Enunciado sobre lo que es. Por ejemplo: "Despidieron a treinta empleados".

Juicio sintético (Immanuel Kant): Enunciado que tiene contenido **fáctico**, ya que va más allá de los **significados** de los **términos**, diciéndonos algo acerca del mundo. Por ejemplo, "La luna gira alrededor de la Tierra" es un juicio de este tipo (ver **enunciado sintético**).

Juicio sintético *a priori* (Immanuel Kant): Enunciado que es **sintético** -porque dice algo acerca del mundo- y es *a priori* -porque se lo puede saber con certeza sin recurrir a la **experiencia** para justificarlo-. Los **empiristas** se oponen a la idea de que existan JSAP. Pero **Kant** dice que la geometría es absolutamente cierta -ya que de ciertos **axiomas** se deducen **teoremas**-, lo es de una manera que no requiere justificación por la **experiencia** y sin embargo habla acerca del mundo **empírico**. Se la justifica por intuición (por ejemplo, no hace falta dibujar dos puntos y trazar una línea para saber que sólo es posible trazar una línea recta entre dos puntos). La geometría es *a priori* pero nos está diciendo algo acerca del mundo -la **estructura** real del mundo- y por lo tanto usa **juicios sintéticos**. Pero no es *a posteriori* porque -a diferencia de una **ley empírica**- nunca va a suceder que un **dato** real contradiga el **Teorema** de **Pitágoras**. En la actualidad se advierte el error de Kant: consistía en no darse cuenta de que hay dos tipos de geometría: una matemática y otra física. La primera es **analítica** y *a priori* (**geometría euclidiana**), no dice nada del mundo, es una estructura lógica que relaciona **axiomas** y teoremas. La geometría física, en cambio, se ocupa de la aplicación de la geometría para el mundo. Aquí, un punto es una posición real en un espacio físico. La geometría matemática es *a priori*. La geometría física *a posteriori*. Así, hoy muchos sostienen que la categoría "sintético y *a priori*" es vacía, que no existe de ella ningún caso y que no se puede formular un **enunciado** que combine la certeza lógica con el conocimiento de la estructura geométrica del mundo. Hay, sin embargo, defensores contemporáneos de la **tesis** kantiana de que existen JSAP (por ejemplo, Saul Kripke), aunque no dan los mismos ejemplos: toda la **ciencia fáctica** es *a posteriori*, pero la filosofía no parece serlo y tampoco pretende ser **analítica**. Otros filósofos, como Quine, rechazaron la distinción analítico-sintético. Ver *a priori*.

Juicios categóricos de valor: Según la definición de **Hempel**, **enunciados** que no describen **hechos**, no contrastables, donde cabe la pregunta de si es o no correcto "hacer B para obtener A". Es un enunciado **expresivo** o **directivo**, es decir, que puede señalar **normas** o criterios que evalúan pragmáticamente algunas decisiones metodológicas que no pueden justificarse por otros medios. Por ejemplo, un **juicio** acerca de un criterio que pretenda determinar en qué condiciones una **inducción** es una razón suficiente para creer en la **verdad** de su **conclusión**.

Juicios de valor: Weber describió a los JV como a aquellas consideraciones acerca del carácter deseable o indeseable de ciertos **hechos** o **valores** presentes en la **sociedad**. Frente al problema de la **objetividad** en la investigación científica, Weber sostuvo que el hombre de **ciencia** puede neutralizar los efectos que sus propios **valores subjetivos** puedan causar en sus estudios. En este sentido, Weber reformuló el planteo **positivista** acerca de la completa objetividad del científico y de ausencia de valores frente a su **objeto** de estudio. Para Weber, es la ciencia la que es neutral, no los científicos. Este punto de vista ha sido criticado desde la **nueva filosofía de la ciencia** (por ejemplo, **Kuhn**). (Ver también **neutralidad valorativa**).

Juicios de valor apreciativos: Según **Nagel**, se trata de **afirmaciones** que realizan una evaluación positiva o negativa en relación con ciertos **valores**, por parte de un científico. Se oponen, en este sentido, a los **juicios de valor caracterizadores**.

Juicios de valor caracterizadores: Según **Nagel**, se trata de **afirmaciones** que buscan establecer la presencia o ausencia de **valores** en un **fenómeno** o situación, sin que ello implique que el científico tome partido –positiva o negativamente- por los mismos. Se oponen, en este sentido, a los **juicios de valor apreciativos**.

Juicios instrumentales de valor: Según la definición de **Hempel**, **enunciados condicionales** del tipo "Si queremos lograr A (por ejemplo, prolongar la vida de un paciente con daño cerebral irreversible), necesitamos hacer B (conectarlo a un respirador artificial)", donde B es un medio para obtener A, que es un fin. Se trata de un **enunciado** que habla de **hechos** empíricamente contrastables.

Jusnaturalismo: Doctrina del **derecho natural**, de base **aristotélico-tomista**. En oposición al **positivismo jurídico**, el J sostiene que hay una conexión intrínseca entre **Derecho** y **moral**. La expresión "derecho natural" tuvo su origen en **Roma**, entendida como un derecho superior al positivo. Más adelante Cicerón apoyó la idea de un orden superior, inmutable, que no puede ser derogado por el **derecho positivo**. El derecho natural **cristiano**, existía ya desde **Justiniano**, pero es **Santo Tomás de Aquino** quien construye el J cristiano o aristotélico-tomista o simplemente tomista. En cuanto al derecho natural **racionalista**, se originó en el **Iluminismo** europeo de los siglos XVII y XVIII, expuesto por filósofos como **Spinoza**, **Pufendorf**, Wolff y **Kant** -aunque tuvo en **Grocio** un antecedente importante- y despojó al derecho natural de cualquier contenido sobrenatural. El **tomismo** parte de la revelación, mientras que el derecho natural racionalista lo hace de la propia naturaleza del hombre.

Justificación: Ver **contexto de justificación**.

Justificacionismo: Ver **verificacionismo**.

Justificar: Ofrecer argumentos en favor de la corrección de una **hipótesis** o **teoría**. Todas las disciplinas están caracterizadas por tener, además de un **objeto** de estudio, reglas o criterios de **validez** que determinan qué argumentos son incontestables, necesarios o inatinentes para probar una **tesis**.

Justo medio (Aristóteles): Elección intermedia correcta entre dos opciones extremas, propio de la **virtud**.

K

Kant, Immanuel (1724-1804): Filósofo alemán, recibió influencias de la crítica **empirista** de **Hume**, la **Ilustración** alemana (**Leibniz**), el **protestantismo** y la física de **Newton**. Considerado fundador del **idealismo** alemán criticó, sin embargo, tanto al **racionalismo** de **Descartes** como al empirismo de Hume, ya que consideraba que ambos son formas del **realismo** y plantean que el **sujeto** que conoce recibe a un **objeto** ya dado, es decir, que el sujeto se limita a reflejar al objeto. **Kant**, por el contrario, sostendrá que el sujeto *elabora* el objeto, debido a que la **experiencia** se apoya en el **yo trascendental**, que es la síntesis *a priori*. De este modo, buscó una postura intermedia entre el empirismo y el racionalismo. Del primero acepta que el **conocimiento** proviene de una experiencia, es decir, que es *a posteriori*. Sin embargo, da un papel muy importante a la mente porque ésta permite incorporar las sensaciones a las **estructuras** mentales, permitiendo un conocimiento *a priori*. De él decía **Lenin**: "Cuando K admite que cierta "**cosa en sí**", fuera de nosotros, debe corresponder a la representación que nos formamos de ella, es **materialista**; cuando declara imposible conocer esta "cosa en sí", se vuelve idealista." Sus dos obras claves fueron ***Crítica de la razón pura*** (1781) y ***Crítica de la razón práctica*** (1788).

Kantismo: Filosofía de **Kant** y del **neokantismo**, basada en el **idealismo trascendental** y el criticismo. Según Kant, el intelecto aprehende las cosas a partir de las sensaciones físicas, el **fenómeno**, pero nunca puede captar la realidad profunda del mundo exterior, el **noúmeno**, que es el **objeto** de la **metafísica** y es indemostrable. La **experiencia** demuestra que el hombre siente la necesidad de actuar de acuerdo con el **imperativo categórico**, en base a la libertad, la inmortalidad del alma y Dios.

Kepler, Johannes (1571-1630): Matemático y astrónomo alemán. Influido por **Copérnico**, formuló las **leyes** que explican los movimientos planetarios o **Leyes de K** y creó un telescopio con dos lentes divergentes, uno del ocular y otro del objetivo.

Kierkegaard, Sören (1813-1855): Filósofo y clérigo danés, fundador del **existencialismo**. Negó la racionalidad universal hegeliana y la **lógica** científica y describió una **subjetividad** orientada a la **ética**, el individualismo, lo irracional y la **religión**. Entre sus obras principales encontramos a: *El concepto de la angustia* (1844).

Klimovsky, Gregorio (1922 →): Epistemólogo y matemático argentino, especialista en **lógica** y **filosofía de la ciencia**. Entre sus obras principales encontramos a: *Las desventuras del **conocimiento** científico* (1994).

Know-How: Vocablo inglés que significa "saber hacer" o "**saber cómo** hacerlo." Conocimiento de fórmulas, **técnicas** y procesos de **producción**. En general, se refiere a la transferencia de **conocimientos** y/o **tecnología**. Es el equivalente de la expresión francesa *savoir faire*. Opuesto: **conocimiento proposicional**, *kwow-that*.

Know-That: Vocablo inglés que significa "**saber que**", sinónimo de **conocimiento proposicional** (ver). Opuesto: *know-how*.

Kuhn, Thomas (1922-1996): Filósofo de la **ciencia** y físico norteamericano, considerado uno de los fundadores de la llamada **filosofía histórica de la ciencia**. Rechazó la noción del **progreso científico** acumulativo del **positivismo** y sostuvo que la ciencia avanza a saltos, a través de **crisis** y **revoluciones científicas** que determinan la transición de un **paradigma** dominante a otro, **inconmensurable** con respecto al anterior. También criticó la visión clásica que veía al científico como un pensador **objetivo** e independiente, y describió a la mayoría de ellos como **individuos conservadores** y "solucionadores de rompecabezas", es decir, sin espíritu crítico ni innovador, negadores de las **anomalías** que pudieran detectar en el desarrollo de sus investigaciones en el marco de la **ciencia normal**. Sólo los científicos que rompieran con aquella **lógica** podrían impulsar los cambios de paradigma. Entre sus obras principales encontramos a: *La estructura de las revoluciones científicas* (1962).

L

La estructura de las revoluciones científicas **(Thomas Kuhn, 1962):** Obra fundamental, donde **Kuhn** propone una reconstrucción de la actividad científica teniendo en cuenta que la **ciencia** tiene una **historia** y que surge como resultado de una práctica colectiva y no de meras individualidades. Kuhn afirma que una **comunidad científica** es tal en la medida en que comparte un **paradigma**, cosmovisión que guía la **ciencia normal**. En esta obra desarrolla las nociones de **paradigma rival, crisis, revolución científica, anomalía, ciencia normal, inconmensurabilidad de los paradigmas** y **enigma** (ver todas estas entradas).

La fenomenología del espíritu **(Georg W. Hegel, 1807):** Esta obra de **Hegel** expone las distintas etapas que la **conciencia** va recorriendo desde la conciencia ingenua hasta el saber absoluto.

La lógica de la explicación **(Carl Hempel y Paul Oppenheim, 1948):** Artículo que desarrolla una presentación clásica de la **estructura** de las explicaciones científicas, conocida como "**modelo de cobertura legal**". La idea básica de este modelo es que proporcionar una **explicación** sobre un hecho consiste –fundamentalmente- en mostrar que obedece a determinadas **leyes**. Esta obra sigue siendo hoy una referencia para quienes abordan el tema de la explicación, ya sea para criticarla o para seguir su línea.

La lógica de la investigación científica **(Karl Popper, 1934):** Obra en la que este autor, defensor del **método hipotético deductivo**, se ocupa de establecer un **criterio de demarcación** que permita distinguir la **ciencia** de lo que no lo es. **Popper** propuso el **principio de refutabilidad** como condición para que una **hipótesis** sea genuinamente científica. Además criticó la postura que sostiene que los **enunciados básicos** son infalsables y que son el suelo firme a partir del cual se edifica la ciencia.

La naturaleza está escrita en caracteres matemáticos (Galileo Galilei): Según algunos autores (Koyré) se trata de una creencia de la **ciencia moderna** y el **racionalismo**, que dirá que la naturaleza está determinada *a priori* en forma racional. **Galileo** se inclinaba por un método *a priori* de alcanzar la **verdad** que - debido a la **estructura** matemática del mundo- no tenía necesidad de **verificación** sensible, es decir, que no era necesario ponerla a la **prueba** de los sentidos. Sin embargo, Galileo sostenía que la matemática no es una verdad *a priori*, sino un **método** de expresión y **razonamiento** preciso que evita las arbitrariedades **subjetivas** de la **filosofía escolástica medieval**.

*La **República*** (**Platón**): Tratado de **política** y **teoría** del **Estado** y la **moral**. **Platón** lo escribió en forma de diálogos y en ella defiende la distribución del trabajo, la censura previa y el **gobierno** de los mejores (en su opinión, los filósofos).

*La **voluntad** de **poder*** (**Friedrich Nietzsche, 1889**): Obra póstuma en la que el filósofo alemán desarrolla las nociones de **nihilismo, voluntad de poder** y **eterno retorno**.

Laboratorio: Ámbito en el que el investigador realiza **experimentos**, manipulando y controlando factores o **variables**. La ventaja de trabajar en el L es que se obtiene un mayor grado de precisión, aunque se dificulta la certeza de las generalizaciones. Opuesto: **campo**.

Lakatos, Imre (1922-1974): Filósofo de la **ciencia**, matemático y físico húngaro, representante del **falsacionismo moderado**. L o Imre Lipschitz (nombre que debió cambiar por su condición de judío perseguido por los **nazis**) se propuso corregir las limitaciones del **falsacionismo** de **Popper**. En especial, se opuso a la idea de Popper de que una **teoría** resulta **refutada**, es decir, que su falsedad es probada, ante escasa evidencia **empírica** en su contra. Propuso una actitud más tolerante con las teorías, aplazando su rechazo. El objetivo de L es la búsqueda de la **objetividad**, la consistencia de las teorías y su capacidad predictiva y el **método** adecuado para lograrlo es reconstruir históricamente la racionalidad del **conocimiento**. En este sentido, su postura aparece como intermedia entre Popper, por un lado y **Kuhn** y **Feyerabend**, por el otro. Entre sus obras principales encontramos a: *Pruebas y refutaciones* (1962) e *Historia de la ciencia y sus reconstrucciones racionales* (1971).

Lamarck, Jean Baptiste de Monet de (1744-1829): Naturalista francés, precursor del **evolucionismo** y creador de la teoría **transformista**, basada en la adaptación del organismo al medio, que se opuso al **fijismo**. Se lo considera el fundador del **transformismo**. En su teoría transformista presenta dos leyes: a) que los cambios climáticos y geográficos del medio ambiente provocan una adaptación de los seres vivientes y, b) que esta adaptación se manifiesta en cambios que -una vez adquiridos- pasan al patrimonio hereditario y se transmite a los descendientes, es decir, la herencia de los caracteres adquiridos. Para L, estas leyes son evidentes, y no simples **hipótesis**, apoyándose en conocimientos zoológicos muy rudimentarios, y sintetizando su postura en la idea de que "la función crea el órgano", lo cual presupone un finalismo intrínseco (**teleología**). Es una ciencia influida por la **metafísica**, debido a que en la época de L, todavía la biología mantenía el esquema aristotélico-medieval. Los descubrimientos de **Mendel** a fines del siglo XIX refutaron los aspectos esenciales de la teoría de L. Entre sus obras principales encontramos a: *Filosofía zoológica* (1809).

Lamarquismo (1809): Teoría evolutiva planteada por J. **Lamarck**. Sostenía que los cambios en el medio alteran las características vitales.

Leibniz, Gottfried Wilhelm (1646-1716): Filósofo y matemático alemán, inventó el cálculo diferencial. Discrepó con el **concepto** de "sustancia única" de **Spinoza** y postuló las mónadas o sustancias simples. **Determinista** absoluto, afirmó la completa subordinación del **hombre** a la voluntad de Dios. Entre sus obras principales encontramos a: *Discursos de metafísica* (1686).

Lengua (Ferdinand de Saussure): Sistema de **signos** y reglas que sirven a una **comunidad lingüística (gramática)**, que se aceptan en una **sociedad** y que constituyen un idioma. **Saussure** la define como un producto social de la facultad del **lenguaje**, un conjunto de convenciones o **códigos** admitidos en una sociedad en las que se basan los **individuos** para hacer uso de la facultad del lenguaje (**proceso semiótico diacrónico**). Es decir, la L clasifica, establece **normas** que regulan la utilización del lenguaje, que permiten que el mismo pueda ser usado para comunicarse y transmitir pensamientos dentro de una comunidad. La L es social –la parte social del lenguaje, algo adquirido-, el **habla** es individual. En definitiva, es todo aquello que pertenece al lenguaje, menos el habla. La L es algo permanente, sus **códigos** son fijos para que todos puedan usarlos cuando entra en funcionamiento el habla.

Lenguaje: Facultad humana de comunicarse por medio de un **sistema** de **signos** (**semiótica**). Mientras que para los lingüistas, el L es verbal y las demás son formas derivadas, para los semiólogos se aplica la definición precedente, de carácter amplio, ya que sostienen que el signo no necesariamente es lingüístico (la escarapela o la señal de curva a la izquierda, por ejemplo, son signos no lingüísticos). **Saussure** distinguió en el L la **lengua** (aspecto social) y el **habla** (aspecto individual). A partir de observaciones del comportamiento de las abejas, **Benveniste** distingue el L humano (variable, basado en el diálogo y la **polisemia**) de la forma de **comunicación** animal basada en un **código** de señales (invariable, unilateral, **unívoca**). También puede diferenciarse al **L natural** del **L formal** o **L artificial** y al **L objeto** del **metalenguaje**.

Lenguaje artificial: Conjunto de **símbolos** y sus **reglas de formación**, creados no espontáneamente sino de forma deliberada para resolver o simplificar problemas, para axiomatizar **teorías** con claridad (no todos los **sistemas axiomáticos** usan un LA; se llaman *sistemas formalizados* si su lenguaje es artificial y *no formalizados* si usan un **lenguaje natural**). Entre las virtudes de los LA se destaca el hecho de que hay un algoritmo o procedimiento mecánico para determinar si una **fórmula** está bien formada y que el problema del **significado** de sus **proposiciones** se reduce al problema del significado de sus **términos primitivos** (ver **interpretación**). Al estar estrictamente reglado, es una herramienta invaluable para posibilitar la **comunicación** inequívoca y el acuerdo entre los científicos, incluso de distintas épocas y países (ver también **lenguaje formal**).

Lenguaje emotivamente neutro: Lenguaje desprovisto de **subjetividad**. La **ciencia** utiliza un LEN.

Lenguaje emotivo: Lenguaje con una fuerte carga de **subjetividad**.

Lenguaje formal: Lenguaje al que se le han eliminado **términos** del lenguaje ordinario y sólo se emplean **símbolos** arbitrarios, de cuyo **significado** se prescinde con el fin de dirigir la atención a las relaciones entre los símbolos. Se usa en álgebra o **lógica**. Por ejemplo, "(a + b) = (b + a)". (Ver también **lenguaje artificial**).

Lenguaje natural: Lenguaje utilizado por los humanos para las comunicaciones ordinarias. Son los idiomas, como el castellano, el inglés, el francés, etc. El LN se va formando paulatinamente mediante el uso de un **grupo** social. Posee gran riqueza significativa, aunque adolece de **vaguedad** y **ambigüedad**. Opuesto: **lenguaje técnico** o **artificial**.

Lenguaje no verbal: Modo de **comunicación** que se acepta y tiene **normas** que lo regulan dentro del contexto en que se encuentra. Forman parte del LNV: el silencio, gestos y movimientos corporales, vestimenta, señas, tonos de voz, imágenes, etc.

Lenguaje objeto (Rudolf Carnap): Lenguaje del cual se habla en base a otro lenguaje llamado **metalenguaje**. En el ejemplo "La palabra "perro" tiene cinco letras", "perro" pertenece al LO y el resto es el metalenguaje.

Lenguaje sintáctico: Ver **metalenguaje**.

Lenguaje técnico: Lenguaje natural a cuyos vocablos o expresiones se les otorga un **significado** restringido, mediante definiciones precisas. Utiliza términos estrictamente definidos, definiciones precisas, reduciendo o eliminando la **vaguedad** y la **ambigüedad**. Es el lenguaje de la **ciencia** y todo lenguaje profesional o especializado. Por ejemplo, "Al paciente se le realizará una traqueotomía".

Lenguaje verbal: Modo de **comunicación** en la cual se utilizan **signos lingüísticos** para expresarse.

Leviathan **(Thomas Hobbes, 1651):** Obra cumbre de este autor **contractualista** y **absolutista**, en cuya tapa mostraba un dibujo mostrando cómo el **Estado** era el resultado de la suma de los cuerpos de los hombres comunes. **Hobbes** fue testigo de la Revolución de **Cromwell**, a mediados del siglo XVII, y del regicidio de **Carlos I.** Sus objetivos se orientaban a evitar la **guerra civil** y defender la **monarquía absoluta**. Para Hobbes, uno de los autores más importantes del **contractualismo**, el **estado de naturaleza** es antisocial, egoísta, con un hombre guiado por su instinto de conservación que lo lleva a una **guerra de todos contra todos**. El **contrato** se firma para salir de ese estado de sumo peligro, y los hombres delegan todos sus derechos en el Estado (el *"Leviatán"*), quien se encargaría ahora del orden y tendría la **soberanía** o autoridad única e indiscutible. Hobbes, en su argumentación a favor del **despotismo**, eliminó todo rastro de pensamiento religioso y no tomó en cuenta elementos económicos. Lo **político** es el **poder**, el orden, en contraposición al estado de naturaleza que es la **anarquía** y el caos.

Ley causal: Ver **explicación causal**.

Ley científica: Proposición general de considerable poder explicativo-predictivo acerca de alguna **regularidad** en el orden de una cierta región de **hechos** o clase de **fenómenos**. Por ejemplo, la **ley de gravitación universal** de **Newton**.

Ley de causa-efecto (David Hume): Una de las tres **leyes de asociación**, la LCE vincula un **fenómeno** con otro, estableciendo que uno es **causa** del otro, que es su **efecto**. Por ejemplo, cuando pensamos en una persona que corre lo asociamos con la idea de que su corazón latirá más rápido.

Ley de contigüidad (David Hume): Una de las tres **leyes de asociación**, la LC vincula un **fenómeno** con otros que lo rodean. Por ejemplo, cuando pensamos en tres medialunas las asociamos con la idea del café con leche que suele acompañarlas.

Ley de De Morgan para la conjunción: Ley lógica cuya forma es: $\neg\,(p \,.\, q) \equiv (\neg p \lor \neg q)$.

Ley de gravitación universal (Isaac Newton, 1687): Una de las **leyes** fundamentales de la física. **Newton** explicó que todos los objetos del universo ejercen una fuerza de atracción sobre los demás, debida a su masa. La LGU fue publicada en sus *Principios matemáticos de la filosofía natural*.

Ley de semejanza (David Hume): Una de las tres **leyes de asociación**, la LS vincula un **fenómeno** con otros parecidos. Por ejemplo, cuando pensamos en el diario Clarín, lo asociamos con la idea de otros diarios (La Nación, Página 12, etc).

Ley empírica: Parte de la **estructura** de una **teoría** científica, convencionalmente denominada "**nivel 2**". **Enunciado** científico o **hipótesis** que puede ser confirmado directamente mediante **observaciones empíricas**, a través de **fenómenos** que pueden observarse directamente. A diferencia de la **afirmación empírica singular** ("nivel 1"), las LE son enunciados acerca de fenómenos observables también, pero con un alcance universal, porque se refieren a todos los casos posibles de ese tipo de fenómeno (también pueden ser existenciales o estadísticos). Por ejemplo, la **ley** que establece que "Todos los metales se dilatan al calentarse", o la que establece que "Si se mantiene constante la temperatura de un gas el producto del volumen por la presión es también constante". Estas leyes contienen **términos** directamente observables por los sentidos o mediante técnicas relativamente simples. Son leyes que se usan para explicar **hechos** observados y para predecir sucesos futuros observables.

Ley estadística: Ley científica que afirma que cierto **fenómeno** se produce en un determinado porcentaje de casos, pero nunca en todos los casos. Por ejemplo, "Las manzanas maduras, por lo general, son rojas", o "Aproximadamente la mitad de los niños que nacen son varones". Cuando tenemos una LE, la **predicción** derivada de ella será **probable**, como es el caso de la meteorología: no se puede afirmar que mañana lloverá, sino que es probable que llueva. En la **vida cotidiana**, predomina la **lógica** de la **probabilidad**: sin darnos cuenta, giramos el picaporte y "sabemos" que la puerta muy probablemente se abrirá.

Ley fáctica: Ver **ley empírica**.

Ley general: Ver **ley universal**.

Ley lógica: Es toda **forma proposicional** tal que, si sustituimos sus **variables** por **constantes** descriptivas adecuadas a su categoría **semántica**, el resultado será siempre una **proposición** lógicamente verdadera. Todos los ejemplos de sustitución o **interpretaciones** de una LL deben ser verdaderos. También se las llama **tautologías**. Por ejemplo: "Ser o no ser", "Si la manzana es roja, entonces la manzana es roja".

Ley probabilístico-estadística: Ver **ley estadística**.

Ley teórica: Ley o **hipótesis** ("nivel 3") que contiene **términos** no observables, y describe entidades tales como moléculas, electrones, protones, campos electromagnéticos, etc. La **confirmación** de una LT es indirecta, porque sólo se produce a través de la confirmación de **leyes empíricas** derivadas de la **teoría**. El valor de una LT radica en su poder de predecir nuevas leyes empíricas. También se la llama *ley abstracta* o *hipotética*.

Ley universal: Se trata de una **proposición** del tipo: "En todos los casos en los que se da el **fenómeno** A, se da también el fenómeno B." Si una **regularidad** se observa en todo tiempo y lugar, sin excepción, estamos ante una LU, como "El hielo es frío". Las LU se expresan en un **enunciado condicional** universal, que dice que "Si x es P, entonces x también es Q: (x) (Px $\rightarrow$ Qx)", donde (x) es el **cuantificador universal**: un **enunciado** que habla de todos los casos de x; "Px" significa que x es P y "Qx", que x es Q. El **símbolo** "$\rightarrow$" es una **conectiva**, que significa "**si...entonces....**" Por ejemplo, en física podemos decir que "Para todo cuerpo x, si se lo calienta, x se dilatará" (ley de dilatación térmica). Las **leyes científicas** suelen tener una **forma lógica** más compleja, pero esta simplificación alcanza para explicar lo que es una cuantificación universal. Cabe aclarar que la expresión "para todo x" siempre significa "para todo x en el Dominio" y el Dominio nunca refiere a la totalidad del universo. La expresión "todos los perros bajitos, que ladran mucho, tienen voz aguda, son tuertos, tienen puesto un moño en la cabeza y hacen pis en los zapatos de la gente tienen por dueños a señoras mayores" es una LU a pesar de que 1) el antecedente restringe excesivamente los casos, 2) carece absolutamente de interés científico y 3) es falsa. Las LU implicadas en las explicaciones no se obtienen sino raramente por **generalización**

inductiva a partir de casos particulares: por lo general se trata de meras **hipótesis** o **conjeturas**. Son la base de la **explicación nomológico-deductiva**.

Leyes de asociación (David Hume): Leyes fundamentales del **empirismo** y el **asociacionismo**. **Hume** distingue tres LA: **ley de semejanza, ley de contigüidad** y **ley de causa-efecto** (ver todas estas entradas).

Leyes de Kepler: Leyes que describen los movimientos de los planetas: a) cada planeta describe una elipse, en uno de cuyos focos está el Sol, b) los planetas recorren áreas iguales en tiempos iguales y, c) los cuadrados de los períodos de revolución son proporcionales a los cubos de los semi-ejes mayores de las órbitas.

Leyes de la asociación: Ver **leyes de asociación**.

Leyes de la dialéctica: Planteadas por **Hegel** y reformuladas por **Engels** y **Lenin**, las LD son las siguientes: 1) toda cosa es la unión de contrarios (**ley** de la coincidencia de los opuestos), 2) todo cambio se origina en una oposición o contradicción (ley de la **negación de la negación**) y 3) la cantidad y la calidad se transforman entre sí (ley del paso de la cantidad a la calidad).

Leyes de Mendel (Johann Gregor Mendel, 1869): Leyes sobre la herencia. Ellas son: **ley de segregación igualitaria**, ley de la **segregación independiente** de caracteres. Según la primera, en todo organismo de reproducción sexual, cada uno de sus genes se presentan de a pares, que se separan (segregan) durante la formación de gametas. De esta forma, la mitad de gametas llevan un miembro de la pareja génica y la otra mitad el otro miembro de la pareja génica. Según la segunda ley, durante la formación de gametas, la segregación de los miembros de cada pareja génica ocurre en forma independiente. A modo de ejemplo, de esta forma es posible encontrar gametas con el gen que determina el pelo oscuro y el gen que determina los ojos oscuros; gametas con el gen que determina el pelo oscuro y los ojos claros; gametas con el gen para ojos claros y pelo oscuro, y gametas con información para pelo y ojos claros. Es decir que cuando los miembros de pareja génica que determina el color de pelo se separan, cada uno de sus miembros tiene igual **probabilidad** de seguir a cualesquiera de los miembros de otra pareja génica (en este caso de ojos).

Leyes de De Morgan: Leyes lógicas, cuyas **formas lógicas** son: 1° LM: $\neg (A . B) \longleftrightarrow (\neg A \lor \neg B)$, 2° LM: $\neg (A \lor B) \longleftrightarrow (\neg A . \neg B)$.

Leyes de Newton: Tres principios fundamentales de la mecánica clásica: 1- el principio de inercia (todo cuerpo tiende a mantenerse en reposo o en movimiento rectilíneo uniforme a menos que se le aplique una fuerza), 2- la ecuación fundamental de la mecánica (la fuerza necesaria para cambiar la velocidad de un cuerpo es proporcional a su masa: $F = m . a$ y 3- la **ley** de interacción (mal llamada principio de acción y reacción): la fuerza es una interacción entre cuerpos (partículas). Esta característica de la fuerza suele ser expresada de la siguiente forma: a toda fuerza ejercida sobre un cuerpo (acción) se le opone una fuerza de igual magnitud pero de sentido contrario (reacción).

Leyes lógicas: Ver **principios lógicos** y **ley lógica**.

Leyes transculturales (Ernest Nagel): Leyes generales de carácter trans-histórico, aplicables para todo tiempo y lugar. Para los **positivistas** –entre los que se cuenta **Nagel**- las LT existen tanto en las **Ciencias Naturales** como en las **Ciencias Sociales**. Ejemplos de LT en el campo social serían las **leyes** de la agresión, la **prohibición del incesto**, las leyes del instinto y la energía psíquica, la teoría **marxista** de las **clases**, etc. Sin embargo, posiciones críticas sostienen que esas leyes no pueden escapar al contexto en que se desenvuelven -qué sociedad, en qué época, etc-, perdiendo su condición trans-cultural.

Liberalismo (fines del siglo XVIII →): Doctrina económica y política desarrollada en el contexto de la **Primera Revolución Industrial** y la **Revolución Francesa**, como expresión de los intereses de la **burguesía**. El **L económico** surgió de la mano de autores como Adam **Smith** quien –influido por los **fisiócratas**- sostuvo la idea de un orden natural en el **mercado** y el principio del **laissez faire**, rechazando la intervención del **Estado** en el mercado. Para Smith, el progreso humano está basado en la **división del trabajo**, la **ley de la oferta y la demanda** y el desarrollo del interés individual, que llevan al bienestar general. En el plano político, el L surgió como una reacción de la burguesía ascendente contra el **absolutismo** y la concentración de poderes, postulando la limitación y **división de poderes**. Son autores clave del **L político**: John **Locke** y **Montesquieu**, y del L económico, el ya mencionado Smith y David **Ricardo**.

Liberalismo político (fines del siglo XVIII →): Rama del **liberalismo** que se basa en el respeto de las libertades y **derechos** individuales por parte del **Estado**, la **división de poderes**, el **gobierno** representativo y la **democracia** –con diversos matices según los autores-. Se fundamenta en el **contrato social** y representa lo **público**, las decisiones que se toman centralmente. En los siglos XVIII y XIX, el LP expresó los intereses **burgueses** opositores al **conservadorismo**, es decir la crítica de las **corporaciones**, lo **aristocrático**, el **clero**, los privilegios **estamentales** y el **mercantilismo**. Pensadores principales: John **Locke**, **Montesquieu**, Alexis de **Tocqueville** y Jean-Jacques **Rousseau**.

Libertad de estipulación: Posibilidad de inventar términos y nombres.

Libre arbitrio: Sostener que los hombres tienen LA implica decir que pueden elegir entre hacer y no hacer lo que hacen (salvo que ese hacer se les imponga por la fuerza, aunque en estos casos no estarían *haciendo* sino *padeciendo*) y no están determinados a cada momento por fuerzas externas. Es la negación de la tesis **determinista** que dice que actuamos como actuamos porque las condiciones sociales, económicas, familiares, etc. nos han modelado tan fuertemente que la sensación de elegir es una ilusión porque no elegimos realmente. Uno de los argumentos más comunes a favor del LA es el que dice que si no suponemos que somos libres de elegir, no nos hacemos responsables de nuestros actos, porque la responsabilidad y el arrepentimiento implican que uno podría haber obrado de otra manera. Un defensor contemporáneo del LA fue J. P. **Sartre**.

Liceo (Grecia, siglo IV a.C.): Escuela en la que enseñaba **Aristóteles**.

Lingüística: F. **Saussure** –fundador de la L moderna o científica- la define como aquella parte de la **semiología** que estudia al **lenguaje natural**. Este autor es quien fija el **objeto** de la nueva **ciencia**: todo **lenguaje** humano, cualquiera sea su expresión, escrita u oral. La tarea del lingüista es estudiar la **estructura** de las lenguas y compararlas entre sí; hacer familias de lenguas y buscar **leyes generales** para todos los lenguajes. La **lengua** es una totalidad, donde sus piezas se determinan por su diferencia con las demás, sin términos positivos. Para la L, la lengua se articula en dos planos: lo significativo o **semántico** y lo fónico (**monemas** o **fonemas**). Fue el propio Saussure quien hizo una historia de la L, distinguiendo tres etapas: 1- entre 1660 y el siglo XVIII, con los gramáticos de Port-Royal, Lancelot y Arnauld, quienes plantearon que el lenguaje es racional, un reflejo de las ideas y se basa en una **lógica** universal, 2- la **L diacrónica** del siglo XIX, que sostenía que la **historia** de una lengua concreta explicaba el estado actual de esa lengua. El lenguaje es nombrar, asociar palabras a cosas, de modo que creían posible rastrear un momento originario de coincidencia entre nombre y objeto y, 3- la **L sincrónica** del propio Saussure quien, desde una óptica **estructuralista**, traslada el eje desde la historia de la lengua en general al estudio de una lengua natural concreta. También han realizado importantes aportes a la L Roman **Jakobson**, Émile **Benveniste** y Noam **Chomsky**.

Lo real es racional y lo racional es real (Georg W. Hegel): Con esta idea, **Hegel** plantea que no existe oposición entre el mundo y la **razón** humana.

Locke, John (1632-1704): Filósofo **empirista** y médico inglés, partidario de la **teoría contractualista**. Filosóficamente, fue el primer teórico que planteó que el **conocimiento** no es infinito sino que tiene un límite para su desarrollo. L rechazó toda visión que suponga que el ser humano viene al mundo con ciertos **conocimientos** innatos y pensó al ser humano como una hoja en blanco (**tabla rasa**) sobre el que se hacen presentes ciertas impresiones o sensaciones que son enriquecidas mediante asociaciones más complejas (reflexiones). En el plano económico, adhirió al **mercantilismo**. En lo político, L es el teórico del **liberalismo**, y su teoría se vincula con la **Revolución Gloriosa** de 1688, anti-monárquica y anti-religiosa. Partió de un hipotético **estado de naturaleza** racional -para **Hobbes** era irracional- donde no había una lucha de todos contra todos sino asistencia mutua. Los hombres tenían allí **derechos** innatos naturales e inviolables, en particular la **propiedad privada**, derecho que surge del **trabajo** del hombre al transformar la naturaleza. Con el contrato, el hombre conserva sus derechos (junto con la propiedad, la vida y la libertad) y puede invocarlos ante el gobernante, quien puede ser revocado por el **pueblo**. El **individuo** es más importante que el **Estado**, el que sólo es un garante de los derechos de aquél, lo que habilita a los individuos a rebelarse contra un **gobierno** o **leyes** injustas. Su obra representó los intereses de la **burguesía**, que requería garantías para sus propiedades y libertad de **producción** y comercio. Su modelo político limitaba la **democracia** a la participación de los propietarios. Entre sus obras principales encontramos a: *Ensayo sobre el entendimiento humano* (1689) y ***Ensayo sobre el gobierno civil*** (1690).

Lógica: Estudio de los **métodos** y principios usados para distinguir el buen **razonamiento** del malo. Disciplina que estudia los principios o reglas de la **validez** o **invalidez** formal e informal de la **inferencia**, es decir, la reglas que hacen a un **razonamiento deductivo**. Hay una L de la **inducción** pero no está incluida en la L en el sentido estrecho, que es el más frecuente. La L se basa en tres principios básicos: **principio de identidad, principio de no contradicción** y **principio del tercero excluido**. El surgimiento histórico de la L está ligado a la obra de **Aristóteles** *Organon*, en el siglo IV a.C., donde el filósofo reúne los escritos de autores anteriores y plantea nuevos conceptos como el de **silogismo**. La base fundamental de la L se mantendrá hasta fines del siglo XVIII y el siglo XIX, cuando surge y se desarrolla la **L moderna**, con los aportes matemáticos de G. Boole, G. **Frege**, G. **Peano** y C. **Peirce**. A principios del siglo XX, la **L matemática** o **L simbólica** dio un nuevo giro, de la mano de autores como B. **Russell** y A. **Whitehead**. A la L o L con principio de identidad, se le opuso la **L dialéctica (Hegel)**, que planteó que los **conceptos** y los **objetos** son y al mismo tiempo no son idénticos a sí mismos, ya que están envueltos en un **proceso** de desarrollo y cambio permanentes (desde un punto de vista, no sería estrictamente una L, sino una **metafísica**).

Lógica aristotélica: También llamada **lógica clásica**, era fundamentalmente una **lógica** de los **términos**, por lo que carecía de una **teoría** de los **razonamientos** proposicionales y de las relaciones entre las **proposiciones**, a las que estudiarían con detenimiento los **estoicos**, (aunque **Aristóteles** había identificado algunas **formas proposicionales** válidas, como el *modus ponens*, no desarrolló las reglas generales). Se llamó *silogística* a la lógica de términos y *silogismos* a los razonamientos que contenían proposiciones de la forma "todos los S son P", "Algún S es P", etc. Aristóteles no estudió las **proposiciones singulares** ("a es P") porque su interés en la lógica se reducía al de la lógica científica y para él la **ciencia** sólo razonaba deductivamente acerca de proposiciones generales. Su **lenguaje** simbólico no era aún lo suficientemente económico para operaciones lógicas de complejidad (de ello se encargará la **lógica formal**). La LA abarca el período histórico desde la obra lógica que luego se llamó *Organon* (**Aristóteles**, siglo IV a.C.) y si exceptuamos a la **lógica proposicional**, fue la única lógica hasta la mitad del siglo XVIII.

Lógica binaria: La LB se maneja con dos posibilidades o **valores de verdad** –sí o no, verdadero o falso- y se funda en los **principios de no contradicción** y **del tercero excluido**. Hay también **lógicas** multivalentes, con más de dos valores de verdad (por ejemplo: sí, no e indeterminado).

Lógica clásica: Es el conjunto de la **lógica proposicional** y la **lógica aristotélica** tal como fueron desarrolladas hasta que Boole y principalmente **Frege** hicieron los aportes con los que se inicia la **lógica contemporánea** (que incluye la introducción de un **lenguaje artificial** inspirado en el **cálculo** matemático y la **lógica de predicados** de orden superior, en la que hay predicados de predicados, predicados de predicados de predicados, etc.). También se usa el nombre de LC para referir a las lógicas regidas por el **principio de identidad**, el **principio de no contradicción** y el **principio del tercero excluido** distinguiéndolas del resto de las lógicas.

Lógica contemporánea: La LC es la **lógica** iniciada por los trabajos de G. Boole, G. **Frege**, G. **Peano** y C. **Peirce** a los que se sumaron los desarrollos posteriores que se hicieron en esta dirección hasta nuestros días. La LC se caracteriza por un cálculo, cuyo lenguaje creó Frege (aunque los **símbolos** que usó fueron reemplazados por otros), de **lógica de predicados** de primer orden y de órdenes superiores, y por el desarrollo de la **metalógica**, disciplina que estudia los **sistemas** lógicos con instrumentos matemáticos (y allí donde éstos encuentran sus límites, surge la **filosofía** de la lógica).

Lógica cuantificacional: Parte de la **lógica formal** llamada también **lógica de predicados**, que analiza la **estructura** interna de las **proposiciones**, esto es, la relación **sujeto-predicado** lógicos, que no son siempre idénticos a los gramaticales. Por ejemplo, en la oración "María y Juan comieron un asado" los sujetos o argumentos son tres: María, Juan y el asado y el predicado se define como: Cxy = x comió z; de modo que la oración se formaliza así: "Cma . Cja" ("María comió asado y Juan comió asado"). La LC tiene dos operadores llamados **cuantificador existencial** y **cuantificador universal** que permiten simbolizar proposiciones como "Todos comieron asado" = "(x) Cxa" o "María comió algo" = "Ex Cmx o "Todos comieron algo" = "(x) Ey Cxy". Hay **inferencias** válidas cuya **forma lógica** sólo puede comprenderse mediante el análisis interno de las proposiciones y por tanto la LC es más "poderosa", ya que permite demostrar más tautologías que la **lógica proposicional**. Por ejemplo, la inferencia: "María comió asado por lo tanto *algo* comió" (Cma / Ex Cmx) en lógica de predicados es inválida (p / q). Y por la misma razón, la fórmula "p → q" es **contingente**, mientras que "Cma → Ex Cmx" es una **tautología** (ver también lógica de predicados y **modalidades aléticas**).

Lógica de enunciados: Ver **lógica proposicional**.

Lógica de la inducción: Ver **lógica empírica**.

Lógica de los conjuntos (George Boole): La LC es el tipo más elemental de **lógica** y opera con dos **conceptos** fundamentales: "elemento" y "conjunto". Se ha llamado así a la **teoría** de conjuntos aplicada a la lógica. Su aplicación consiste en representar los **predicados** como clases o conjuntos y a los **individuos** de los que se predican propiedades como elementos de los respectivos conjuntos. Por ejemplo, si se predica la propiedad P de tres **individuos** (Pa, Pb y Pc), se dice que a, b y c son elementos que pertenecen a P o miembros de P. La **lógica de predicados** contemporánea interpreta de este modo a los predicados y los nombres de **individuos**.

Lógica de predicados: La LP se inicia con la silogística aristotélica que se limitaba a los predicados monádicos o de un único argumento (S es P). A partir de los aportes de **Frege** se desarrolló una LP más poderosa en la que los predicados pueden tener más de un **sujeto** o argumento. Frege mostró que la relación sujeto-**predicado** gramatical no expresa necesariamente la relación sujeto-predicado lógica e inventó un lenguaje para explicitar esta última. Uno de sus ejemplos es el par de oraciones "Los griegos derrotaron a los persas" y "los persas fueron derrotados por los griegos". Los sujetos gramaticales de las oraciones son diferentes ("los griegos" y "los persas" respectivamente) pero desde un punto de vista lógico ambas expresan la misma proposición. El predicado de esta **proposición** no tiene un sujeto sino dos, es decir que es una relación y se la puede graficar así: Dxy = x derrotó a y. Gracias a este descubrimiento, la lógica de Frege -a diferencia de la de **Aristóteles**- permite demostrar las **inferencias válidas** en las que intervienen relaciones de manera esencial, por ejemplo la relación "menor que" en el **razonamiento** matemático: "2 < 4 y 4 < 9, por lo tanto 2 < 9" (ver también **lógica cuantificacional**).

Lógica deóntica (G. H. von Wright, década de 1950): Lógica modal, sin **valores de verdad** o falsedad. Utiliza los llamados operadores **deónticos**: prohibido, permitido, obligatorio y facultativo.

Lógica dialéctica: Conjunto de **principios lógicos** basados en la **dialéctica**, especialmente **hegeliana** y **marxista**. Existen tres **leyes de la LD**: **negación de la negación** (toda realidad encierra su negación), paso de la cantidad a la calidad (la realidad cambia por una acumulación de fuerzas) y coincidencia de los opuestos (los elementos en contradicción forman parte de una misma unidad). Opuesto: **lógica clásica**.

Lógica empírica (John S. Mill): Metodología del **conocimiento científico** basada en **generalizaciones empíricas** o abstracciones.

Lógica formal (mediados del siglo XIX →): Rama de la **lógica** especializada en el **cálculo** o **lógica matemática**. Este es un concepto ideado por **Leibniz** quien creía que a partir de un **lenguaje artificial** estrictamente reglado como las matemáticas y en el que se pudieran traducir legítimamente las **proposiciones** del **lenguaje natural** en **símbolos**, podrían resolverse las disputa filosóficas de manera definitiva, como sucede con las ecuaciones matemáticas. Esta lógica se caracteriza, entre otras cosas, por el establecimiento de la lógica de las **proposiciones** y de la cuantificación y por la agilidad operativa gracias al uso del simbolismo de inspiración matemática. También llamada **lógica simbólica**, sus fundadores fueron Gottlob **Frege**, George Boole (1815-1864) y Augustus De Morgan, quienes intentaron formalizar la lógica de los **silogismos** aristotélicos y hacerla más poderosa. Su obra más importante es *Principia Mathematica* (1913), de los lógicos ingleses Bertrand **Russell** y Alfred **Whitehead**. También representan a esta corriente G. **Peano** y C. **Peirce**. Conocida también como **lógica nueva** o **logística**, se divide en dos grandes grupos: **lógica proposicional** o **lógica de enunciados** y **lógica de predicados** o **lógica cuantificacional**.

Lógica matemática: Ver **lógica formal**.

Lógica moderna: Ver **lógica formal**.

Lógica nueva: Ver **lógica formal**.

Lógica proposicional: Parte de la **lógica formal** que analiza los **razonamientos** según las relaciones entre las **proposiciones** o **enunciados**.

Lógica simbólica: Ver **lógica formal**.

Logicismo: Programa iniciado por G. **Frege** y continuado por B. **Russell** que buscaba demostrar que la matemática se reduce a la **lógica** (es decir, se puede deducir de ella). El L fue abandonado cuando se demostró que tanto la aritmética (y por tanto el resto de la matemática) como la lógica se pueden deducir de la **teoría** de conjuntos. A esto se llama "el fracaso del L" por la idea de que la teoría de conjuntos pertenece a la matemática y no a la lógica y de que, por tanto, lo que se demostró es lo inverso de lo que se quería demostrar: la lógica se reduce a la matemática. Pero muchos no consideran esto un fracaso en absoluto, ya que el L pudo mostrar la continuidad que existe entre la matemática y la lógica, al punto de que llamar "matemática" a la teoría de conjuntos parece ser una apreciación meramente histórica (Cantor, su creador, era matemático).

Logística: Ver **lógica formal**.

Logocentrismo: Concepción que plantea que el mundo puede ser explicado exclusivamente a partir de la **razón**.

***Logos*:** **Término** griego que tiene muchos **significados**, aunque todos relacionados: medida, proporción, **razón**, argumento, **discurso**, frase, facultad de razonar, facultad de hablar. Según **Aristóteles**, es lo que distingue al **hombre**.

Los entes no deben multiplicarse sin necesidad: Ver **navaja de Ockham**.

Lukács, György (1885-1971): Filósofo **marxista** húngaro, destacó la importancia de la **conciencia de clase** del sujeto revolucionario –la **clase obrera**- como condición fundamental para el triunfo de la **revolución socialista**. Entre sus obras principales encontramos a: ***Historia y conciencia de clase*** (1923).

Luteranismo: Ver **protestantismo**.

Lutero, Martín (1483-1546): Sacerdote agustino alemán, el líder de la **Reforma Protestante**. Rechazó la necesidad de realización de buenas obras con el argumento de que todo puede justificarse por la fe. En sus 95 **tesis** (llamadas Tesis de Wittenberg) cuestionó la autoridad del **Papa**, el culto de los santos y el monopolio de la **Iglesia** en la interpretación de la **Biblia**, por lo que fue excomulgado y desterrado (Dieta de Worms, 1521). Luego de su muerte, los **protestantes** lograron el reconocimiento de **Carlos V** como **religión** independiente.

> *Cuando el filósofo señala la luna, el tonto se fija en el dedo.*
>
> *Anónimo*

Magister dixit: Expresión latina que significa "lo dijo el maestro" y que es utilizada como argumento de autoridad. Por ejemplo, en la **Edad Media** era común el planteo de que "si lo dijo **Aristóteles**, debe ser verdadero".

Mahoma (570-632): Profeta nacido en **La Meca**, fundador de la **religión musulmana** o *Islam*. Proclamó a **Alá** como el verdadero Dios e impulsó la **Guerra Santa** contra los infieles.

Maniqueísmo (siglo III): Filosofía y **religión** de origen **persa** que sostiene la existencia separada y el conflicto eterno del mal (las tinieblas) y del bien (la luz). Su creador fue Maniqueo, persa nacido en **Babilonia**.

Maniqueo: Punto de vista que divide el **análisis** en dos polos, uno completamente afirmativo y el otro completamente negativo, y que no admite matices.

Maquiavelo, Nicolás (1469-1527): Político y pensador italiano, fue el primer politólogo moderno. Hombre de experiencia práctica, como diplomático escribió en 1515 *El Príncipe*, una obra en la que daba consejos a los gobernantes de Florencia (los Médici) para lograr la unidad de **Italia**, país que estaba fragmentado en pequeñas ciudades-Estado independientes, y que por eso se veía perjudicada ante la unidad de sus vecinos (**Francia, Inglaterra**, etc). En su obra, describió -no lo que los gobernantes deberían hacer- sino lo que en realidad hacen. Así, M fue el primer teórico de la **política** del **poder**: cuanto más poder tenga un príncipe (entendido como cualquier gobernante), más probabilidades tendrá de sobrevivir. Un gobernante debe estar dispuesto a hacer cualquier cosa para obtener, conservar y aumentar su poder: "**el fin justifica los medios**". Olvidando la moral, describió la política en términos de causas y efectos, simplificando todo en unos pocos elementos y leyes (al igual que los grandes científicos naturales de los siglos XVI y XVII). De este modo, M expuso los **métodos** de obtención y conservación del poder como una forma de fortalecer al **Estado**. Para ello, plantea revalorizar lo terrenal y al hombre, tanto tiempo subordinado a Dios. El hombre podía ahora cambiar las cosas y ser distinto. La política debía ser una actividad humana, y la **sociedad** debería ser ordenada por el Estado. M reivindicó la violencia del Estado, porque sin ella no es posible ordenar la sociedad de los hombres. Pero M advierte que no debe abusarse de ella -porque se corre el riesgo de una rebelión-: lo que hay que hacer es combinarla con la búsqueda del respaldo de los gobernados. Así, la ciencia de la política consiste en combinar la fuerza sobre el **pueblo (coerción)** con la fuerza del pueblo (**consenso**), por ejemplo en las **leyes**: obligatorias (coerción), pero aceptadas por todos (consenso). Sus preguntas centrales eran cómo lograr la simpatía del pueblo hacia el gobernante, cómo y cuando usar la fuerza, y cómo lograr estabilidad en el poder. Y todo ello abandonando los supuestos religiosos y ubicándose desde el punto de vista de los hombres (**secularización**).

Marco teórico: El MT está compuesto de una serie de supuestos o **hipótesis**, que frecuentemente no son explicitados y de los cuales se infieren consecuencias que no se cuestionan, no al menos mientras se está usando el MT para hacer investigaciones acerca de alguna cuestión concreta. El MT es generalmente el que indica las directivas más generales, como qué **datos** son relevantes para ocuparse de un tema y cuáles son las **variables independientes**.

Marcuse, Herbert (1898-1979): Filósofo alemán, de la **Escuela de Frankfurt**, recibió influencias de **Freud** y de **Marx**. En su principal obra, *El hombre unidimensional* (1964) denunció la **alienación capitalista**, que lleva al hombre a abandonar la **razón** y a depender del consumismo. Fue uno de los pensadores más influyentes en el **Mayo francés**. Escribió también *Razón y revolución* (1941).

Maritain, Jacques (1882-1973): Filósofo **católico** francés, fue influido por el pensamiento de **Santo Tomás de Aquino**. Entre sus obras principales encontramos a: *Elementos de filosofía moral* (1960).

Marx, Karl Heinrich (1818-1883): Filósofo alemán, fundador del **socialismo científico, comunismo** o **materialismo histórico**. Postuló la **lucha de clases** como motor de los cambios históricos y –en el contexto de la **Segunda Revolución Industrial**- comenzó a organizar a la **clase obrera** mundial con el objetivo del derrocamiento revolucionario del **capitalismo** y la instauración de una **sociedad** comunista, sin explotadores ni explotados. Fue uno de los fundadores de la **I Internacional** y explicó el funcionamiento básico del **modo de producción capitalista** a través de la **acumulación de capital**, en base a la extracción de **plusvalía** realizada por la **burguesía** sobre el **proletariado**. Entre sus obras principales encontramos a: *Manifiesto del Partido Comunista* (1848, junto a Friedrich **Engels**) y *El Capital* (1867).

Marxismo (1843 →): Doctrina creada por Karl **Marx** que explica el funcionamiento de la **sociedad** en base a la **producción** material de la existencia humana y a la **lucha de clases** a través de la **historia (materialismo histórico)**. Sostiene que la **propiedad privada de los medios de producción** es la base de la **explotación del hombre por el hombre** y que el **Estado** es un instrumento de la **clase dominante** para oprimir a las otras clases. El M introdujo en la **teoría del valor** el concepto clave de **plusvalía**, aquella parte del **trabajo** del **obrero** que no es remunerada y que un **capitalista** se apropia con el objetivo de acumular **capital**. Postula la formación de un **partido obrero** que derroque en forma revolucionaria a la **burguesía** e instaure la **dictadura del proletariado**, un **Estado obrero** como fase de transición a la sociedad **socialista** y a la fase final: el **comunismo**, sociedad sin clases ni Estado. El M se formó a partir de tres fuentes principales: la **economía política en Inglaterra (Smith** y **Ricardo)**, el **socialismo utópico** en **Francia (Saint-Simon, Owen, Fourier)** y la **filosofía dialéctica** en **Alemania (Hegel)**. Desde su surgimiento, el M ha dado lugar a una gran diversidad de movimientos (en muchos casos, antagónicos entre sí) que se reclaman pertenecientes a esta doctrina: **socialdemocracia, leninismo, stalinismo, trotskismo, maoísmo, castrismo, guevarismo**, etc. Entre los sucesores más importantes del M inicial de Marx y Friedrich **Engels**, se destacan **Lenin**, León **Trotsky**, Rosa **Luxemburgo**, Antonio **Gramsci**, José Carlos **Mariátegui** y Ernesto **Che Guevara**. En el plano teórico, el M ha realizado aportes fundamentales en campos tan disímiles como la **Filosofía**, la **Psicología**, la **Antropología**, la **Economía**, la **Ciencia Política**, la **Sociología**, entre otros.

Marxismo vulgar: Lectura simplificada del **marxismo**, basada en una **filosofía materialista** a-histórica (**Feuerbach**) y **positivista** (sostenida en una utilización tergiversada del **concepto** de "**materialismo dialéctico**"), e influida por el **mecanicismo**, el **determinismo** y el **economicismo**. El MV plantea la centralidad de los **fenómenos** económicos en abstracto y el carácter inevitable de la **revolución**, subestimando la importancia de la **lucha de clases**, la **historia**, la **conciencia de clase** y los factores **subjetivos**. Fue propio del **stalinismo**.

Materia (Aristóteles): Ver **forma**.

Materialismo (siglos XVII-XVIII): Doctrina filosófica que sostiene que la **materia** es el fundamento de la realidad y que el mundo existe desde siempre –y por lo tanto, no fue creado- y con independencia de los **sujetos**. La materia -en este sentido, que no es el aristotélico- está compuesta de corpúsculos que actúan unos sobre otros de acuerdo con **leyes** mecánicas expresables matemáticamente y ellos son a la vez el fundamento de toda realidad y la **causa** de todas las transformaciones (aunque no todo M es **determinista**). Así, la **idea** y el espíritu tienen un *status* inferior que varía según de qué M se trate, pero en líneas generales están determinados por la materia y deben ser explicados en términos de sus **causas** materiales. El M moderno es una reacción contra las investigaciones idealistas de corte **cartesiano** que privilegian la **gnoseología** y la certeza hasta el extremo de poner en tela de juicio la realidad del mundo sensible (tradición que inició **Platón**). Para el M, el mundo existe independientemente de la **conciencia** y debe estudiárselo como tal, es decir, sin la pretensión de que la conciencia tenga de él una captación plena e indubitable. Representantes del M: **Demócrito** y **Epicuro** en la **Antigüedad** y Thomas **Hobbes**, Gottfried W. **Leibniz**, Ludwig **Feuerbach** y Denis **Diderot** en el pensamiento moderno. Posteriormente, el **marxismo** desarrolló el **M dialéctico** y el **M histórico** para superar las que consideraba eran limitaciones del M precedente –en especial, el de Feuerbach-, al que calificó de **M vulgar**. Opuesto: **idealismo**.

Materialismo dialéctico (marxismo): Se llama con este nombre a las **doctrinas** de **Marx** y de **Engels** y a doctrinas posteriores que desarrollaron sus ideas. Se lo llamó así para diferenciarlo del **idealismo dialéctico** de **Hegel** ya que su herencia hegeliana es puramente metodológica: el MD es anti-idealista. El **método** del MD pone el énfasis en el **proceso** y no en el estado, en la conversión y no en el **ser**, en "la película" y no en "la foto", en las relaciones entre las partes y no en las partes aisladas, en la contradicción y en el movimiento. Se diferencia del método de Hegel en que es menos especulativo, incorporando en los argumentos **datos** estadísticos y, en general, incorporando la **historia** en términos económicos y de **lucha de clases** y no ya la historia entendida como los pormenores de un **espíritu absoluto**. Una idea central de esta doctrina es la de que la vida espiritual es una **superestructura** de la **estructura** fundamental de las **relaciones de producción**, es decir, que la **ideología** o cosmovisión de las diferentes **clases sociales** en un momento histórico y sus **instituciones** están condicionadas por el lugar que ocupan en el "mapa" de la **economía** (en este sentido es materialista el MD clásico: las condiciones materiales puede ser **causa**, puede causar, en la medida en que la **sociedad** es un entramado de pactos implícitos sobre la **propiedad** de **bienes** económicos). El MD sostiene que hay **leyes** históricas que se conocen *a posteriori*, pero éstas no son leyes constantes como las físicas sino evolutivas: explican **procesos** que no se repiten. La historia es la resultante de fuerzas en conflicto y cuando un conflicto es suficientemente importante produce una ruptura e inicia una nueva fase. Estas fuerzas son principalmente económicas pero también son superestructurales, es decir que estructura y superestructura se relacionan dialécticamente. Una línea pretendidamente continuadora de las ideas de Marx y Engels que también se conoce como MD y sobre todo como *dia-mat* fue la ideología dominante de los **partidos** comunistas durante el **stalinismo** (influida por las obras de **Plejánov** y **Bujárin**). La *dia-mat* se distingue del MD originario por la tesis que podríamos llamar de "unidireccionalidad estructural" que dice que la estructura determina a la superestructura mientras que apenas sucede lo inverso. Los conflictos económicos en la estructura y en la naturaleza son dialécticos y no mecánicos (si lo fueran, sería un **determinismo** inquebrantable) y pueden explicarse a través de leyes que, para esta corriente, sí son asimilables a las leyes físicas. Sus defensores afirman que el *dia-mat* fue creado por Engels, pero no puede demostrarse que éste haya subordinado la historia de la lucha de clases a la materia y a la dialéctica de la naturaleza. Los críticos del *dia-mat* sostienen que el MD en manos del stalinismo constituyó una desviación determinista, **economicista** y **positivista** ajena al **comunismo** y al **marxismo**. En un sentido amplio, podemos mencionar como autores destacados del MD a **Lenin**, **Trotsky**, **Althusser**, **Gramsci**, Lukács, Lefèbvre, Kolakowski y **Sartre**, entre otros. El uso común no distingue entre MD y **materialismo histórico** (ver) y toma ambas expresiones como sinónimos que nombran el método del **marxismo** (ver) pero es posible trazar una distinción entre ambos: puede haber un materialismo histórico que no sea dialéctico (ni marxista) si explica la historia a partir de condiciones materiales pero niega el papel de la lucha de clases, negando así la dialéctica de la historia (como en el caso mencionado del stalinismo). Una posición como ésta se opone al **idealismo** histórico representado, entre otros, por Max Weber. Por otro lado, el MD puede aplicarse a un objeto que no sea histórico, sirviendo de instrumento para un análisis sincrónico (y, en ese caso, no se trataría de materialismo histórico).

Materialismo histórico (marxismo): Estudio de la **historia** humana desde el punto de vista de la historia del **desarrollo** de las **fuerzas productivas** y la **lucha de clases**. Para el MH, la historia no la hacen ni Dios ni el destino, sino el **hombre**, en su relación con el mundo **objetivo**. El MH trata de explicar las distintas formas de organización social que se dan en la historia, a partir de las condiciones materiales de **producción** de la riqueza y reproducción del hombre. **Marx** intentó descubrir el camino que llevase de los **modos de producción** basados en la **explotación** del **trabajo** de una **clase** por otra, a un modo de producir la riqueza sin explotación y –por lo tanto- sin clases. EL MH surgió a mediados del siglo XIX como respuesta a las **teorías** burguesas (**economía política, sociología clásica**, etc). Estas teorías habían surgido con las **revoluciones burguesas** en **Inglaterra, Francia** y **Estados Unidos**, en los siglos XVII y XVIII, con el fin de consolidar y defender al orden **capitalista**, amenazado por los profundos cambios políticos, económicos y sociales que se produjeron a partir de la formación de los **Estados modernos** (aproximadamente desde el siglo XV) y la **Primera Revolución Industrial** (aproximadamente desde 1750). Marx y **Engels** denunciaron que las tres banderas de la **Revolución Francesa** de 1789 –Libertad, Igualdad y Fraternidad- no se habían concretado. El reemplazo del **feudalismo** por el capitalismo no había traído una sociedad más justa. Y la **clase obrera** -los **asalariados** o **proletarios**- sufrían una terrible explotación. Marx y Engels estudiaron las bases del funcionamiento del capitalismo y las causas de sus **crisis**, con la finalidad **política** de organizar su derrocamiento. El MH criticó al **materialismo burgués**, reivindicando la existencia no sólo de una materia natural sino de una materia social, hecha por los hombres. Según **Gramsci**, esto significa que para el MH la materia **subjetiva** y la objetiva interactúan, de modo que la materia está social e históricamente organizada. Según el **marxismo vulgar**, el MH tiene un rol secundario, siendo la aplicación del **materialismo dialéctico** (en su versión simplificada y deformada) a los **fenómenos** de la vida social: el *hismat* sería la abreviatura del MH, el elemento particular, siendo el elemento dialéctico natural el elemento universal. Pero para el **marxismo**, el MH implica la transformación **dialéctica** del mundo realizada por el hombre (ver también materialismo dialéctico y **marxismo**).

Materialismo vulgar: Ver **materialismo**.

Matriz disciplinar (Thomas Kuhn): Reformulación que realizó **Kuhn** del concepto de **paradigma** a partir de críticas recibidas en referencia a la **ambigüedad** de este último término.

Mayéutica (Sócrates): Método filosófico por el cual, partiendo de una serie de preguntas, se va llevando a un interlocutor al descubrimiento de la **verdad**. El término griego es de la familia de la palabra "parto" y el *Sócrates* de Platón se llama a sí mismo un "partero de almas", haciendo una analogía con la profesión de su madre que era partera, porque él "sacaba a la luz la verdad que ya estaba en su interlocutor". El método consistía en hacer preguntas, no en afirmar tesis propias y era el interlocutor solo quien se contradecía en sus respuestas (hábilmente guiado por las preguntas de Sócrates) y luego aceptaba que algunas de sus creencias eran equivocadas porque eran incompatibles con otras.

Mecanicismo (siglo XVII): Doctrina que afirma que la naturaleza (física) es una máquina que está formada por partes semejantes a los engranajes de una máquina y que comprendiendo dichas partes se conoce al todo (M metafísico), o bien que la naturaleza puede explicarse como si fuera una máquina, sin afirmar que realmente lo sea (M explicativo). En el primer caso el universo está gobernado por fuerzas mecánicas, creadas (o no) por un Dios ingeniero o relojero. Ha sido frecuente la combinación de M con **naturalismo** o **materialismo**. También se llama M a una **teoría** que toma como **modelo** a la física mecánica de **Newton**. Ya que las **leyes** de Newton son deterministas y no estadísticas, M puede entenderse como sinónimo de "**determinismo**". Son representativos del M los pensamientos de René **Descartes**, Thomas **Hobbes** y el mencionado Isaac Newton. Opuesto: **finalismo** y **creacionismo**.

Mendel, Johann Gregor (1822-1884): Botánico, matemático, escritor y sacerdote austríaco, estableció los cimientos de la genética moderna; disciplina que posteriormente resolvió puntos oscuros de la **teoría evolucionista**, dando por tierra con la teoría de los **caracteres adquiridos** de **Lamarck**. Trabajó en un pequeño jardín con arvejas, **especie** con características fácilmente diferenciables y observables (**fenotipos**), y en un número relativamente grande. Luego de seleccionar los "caracteres diferenciales" -es decir una serie de observaciones que consideró importantes- M postuló sus leyes (ver **leyes de Mendel**).

Mesianismo: Doctrina religiosa de origen judío, que plantea la llegada del Mesías, hijo de Dios salvador de la Humanidad. Se considera mesiánico al **movimiento** político totalitario basado en una personalidad adorada e indiscutida.

Metafísica: (Del griego: "Lo que está detrás o más allá de la física", es el título que habría puesto un editor de la obra aristotélica a los escritos que ubicó después de la *Física*, según especulan la mayoría de los filólogos). En **Aristóteles**, estudio del **ser** "en tanto que ser" (**ontología**) o de la **sustancia** (ousiología) o de las **causas** primeras (aitiología) o de Dios (**teología**) de acuerdo a las cuatro definiciones que da en su obra, *Metafísica*. En el pensamiento moderno y contemporáneo, **campo** de lo abstracto y no observable, aislado, inerte, eterno e inmodificable. En este sentido, para corrientes como el **positivismo** y el **marxismo**, la M estaría fuera del campo del **conocimiento científico**. Hay autores que identifican la M con la ontología y otros que dicen que la ontología es una parte de la M.

Metalenguaje (Rudolf Carnap): Lenguaje que se emplea para hablar sobre otro lenguaje, llamado **lenguaje objeto. Carnap** planteó la diferencia entre el M (la lengua *que* hablamos) y el lenguaje objeto (la lengua *de la que* hablamos). Otra manera de expresar la diferencia es decir que en el lenguaje objeto se *usan* ciertos términos o signos y en el M se los *menciona*. Las afirmaciones que se hacen en el M son acerca del lenguaje objeto, acerca de sus **símbolos**, su correcto uso, etc, y por lo general los símbolos del M son diferentes a los del lenguaje objeto para evitar confusiones. Una de las consecuencias de confundir el M con el lenguaje objeto puede ser la afirmación de una **paradoja**, en la que se toman **enunciados** de los dos lenguajes como si pertenecieran a un único lenguaje de modo que pueden entrar en contradicción si se toma a uno de ellos como la negación del otro. Si en cambio se acepta que los dos lenguajes no tienen palabras con el mismo **significado**, esto no sucede. En el ejemplo "La palabra "inédito" es esdrújula", "inédito" es el lenguaje objeto y todo lo demás es M.

Metalingüístico: Relativo a un **metalenguaje**.

Metalógica: Disciplina que se ocupa de la **demostración** de las propiedades de los **sistemas** de **lógica**. En un sentido más amplio incluye a la **filosofía** de la lógica.

Metarrelato (Posmodernidad): Relato que pretende dar una explicación general y completa acerca del mundo, y que deposita sus expectativas en una salida general para el **género** humano (la salvación, el **progreso**, la **razón**, la **revolución**, etc). Según el pensamiento **posmoderno**, los M están en crisis, perdiendo capacidad explicativa y **legitimidad**. Son ejemplos de M: el **cristianismo**, el **liberalismo**, el **positivismo**, el **pensamiento científico** y el **marxismo**.

Metatexto: Metalenguaje, un texto metido adentro de otro texto.

Método: (Del griego *métodos*, "camino para alcanzar una meta"). Procedimiento, camino a seguir o estrategia **sistemático**, regular y repetible que busca arribar al **conocimiento científico** de un **objeto** de estudio o a algún otro fin determinado de antemano.

Método axiomático: Método de **demostración** de **proposiciones** propio de los **sistemas axiomáticos** (ver **axiomas de Peano, axiomatización** y **sistemas axiomáticos**).

Método cartesiano (René Descartes): Procedimiento de acceso a la **verdad** a través de la puesta en duda de todo **conocimiento** que no sea indubitable (ver **duda metódica**).

Método científico: Procedimiento de **justificación** de **proposiciones** que la **comunidad científica** considera válido. No hay un único **método** que compartan todas las ciencias y estrictamente hay un método por cada **ciencia**, pero en líneas generales pueden dividirse tres categorías: las **ciencias formales** usan la **deducción** y el **método axiomático**, las **ciencias naturales** el **método hipotético-deductivo** y el **método experimental** y las **ciencias sociales** se sirven de la **estadística** y de su interpretación (ver todas las entradas). También puede llamarse MC al conjunto de procedimientos por los cuales los científicos descubren o crean las proposiciones que luego tendrán que justificar, aunque esta acepción es menos frecuente porque estos procedimientos no están reglados y por tanto no parecen ser un método sino más bien un hábito.

Método comparativo: Procedimiento de **experimentación** indirecta utilizado en las **Ciencias Sociales**. Los primeros en utilizarlo fueron los sociólogos **evolucionistas**. El MC sirve para comprobar **hipótesis**, aunque se presenta la dificultad de la falta de hipótesis claramente formuladas. También se usa para comparar sociedades o **instituciones** particulares de una misma **sociedad** o de sociedades diferentes. Otra de las variantes es la de estudiar sociedades primitivas, mientras que autores como Lipset y Bendix han estudiado los comportamientos electorales y las condiciones de un **gobierno** democrático. Barrington Moore, por su parte, comparó distintos **procesos** de industrialización. Por último, **Durkheim** planteó que para demostrar que un **fenómeno** es **causa** de otro hay que estudiar los casos en que ambos están presentes o ausentes y ver si uno depende del otro. Durkheim analizó las variaciones al interior de una sociedad en particular, lo que dio lugar a otras investigaciones ligadas a la comprobación de hipótesis en pequeña escala (por ejemplo, la relación entre la **educación** y las **clases sociales**).

Método de la analogía lógica: Procedimiento lógico por el que, dado un **razonamiento**, tratamos de encontrar uno de su misma forma, que tenga **premisas** verdaderas y **conclusión** falsa. Si hallamos ese ejemplo habremos probado que el razonamiento es **inválido** (por eso se lo llama **contraejemplo**), así como también todos los de su misma forma. Pero si no encontramos ese ejemplo, la garantía de que el razonamiento sea válido no es total, ya que está la posibilidad de que no se nos haya ocurrido el ejemplo, pero que exista. Si alguien nos dijera "El médico me mintió, así que los médicos son unos mentirosos", podríamos preguntarle: "Mi perro es negro, ¿usted cree que todos los perros son negros?" Si responde que no y además acepta la validez del MDLAL, tendrá que admitir que su razonamiento inicial es inválido.

Método de la concordancia (John Stuart Mill): Uno de los **métodos inductivos** propuestos por este autor. El MC plantea que -si dos o más casos de un **fenómeno** tienen sólo un aspecto en común- la situación en la que coinciden todos esos casos, es la **causa** del fenómeno de que se trate. Así, si se quiere saber si una hamburguesa de pollo en mal estado provocó una intoxicación, debemos establecer si A (hamburguesa de pollo) es causa de B (intoxicación), hay que modificar todas las demás variables (C (lugar), D (pan), E (aceite), etc) y mantener sin cambios a A y B. Si B se sigue produciendo, su causa será A (ver también **método de la diferencia**).

Método de la diferencia (John Stuart Mill): Uno de los **métodos inductivos** propuestos por este autor. El MD plantea que si se investiga un **fenómeno** y éste se presenta en un caso y en otro no y todas las circunstancias son las mismas, salvo una, entonces ésta última es la **causa** del fenómeno. Así, si se quiere saber si una hamburguesa de pollo en mal estado provocó una intoxicación, debemos constatar que, en la situación en la que las circunstancias son las mismas -el mismo lugar, el mismo pan, el mismo aceite, etc-, salvo una -puede tratarse, por ejemplo, de una hamburguesa de carne- no se produzca la intoxicación. Al colocarse de nuevo la hamburguesa de pollo, sí hay intoxicación. He allí la diferencia buscada (ver también **método de la concordancia**).

Método de las tablas de verdad: Ver **método del condicional asociado**.

Método deductivo: Dícese del procedimiento de obtención de **proposiciones** o **fórmulas** a partir de otras llamadas **premisas** o supuestos, tal que la **verdad** de las premisas garantiza la verdad de la **conclusión**, vale decir que sería una **contradicción** lógica afirmar a la vez la verdad de las premisas y la falsedad de la conclusión. El MD tiene reglas explícitas que se deben seguir para obtener este propósito (llamadas **reglas de transformación**). Utilizado en las **ciencias formales**, también se lo aplica en las **ciencias fácticas**, destacándose la matemática aplicada a la física y el **método hipotético-deductivo** como algunas de sus aplicaciones. El defecto más señalado del MD es que las conclusiones no aportan más información **fáctica** que la contenida en las premisas. Opuesto: **método inductivo**.

Método del condicional asociado: Técnica lógica para determinar la **validez** de **formas de razonamiento proposicionales**. Consiste en los siguientes pasos: 1) se abstrae la **forma lógica** del razonamiento que se analiza, 2) se convierte la forma de razonamiento (que se compone de al menos dos fórmulas) en una única **fórmula** (o **forma proposicional**) **condicional** tal que el **antecedente** sea la **conjunción** de las **premisas** y el **consecuente** sea la **conclusión** de la forma de razonamiento original, 3) se resuelve la **tabla de verdad** de la forma proposicional obtenida. Si el resultado es un condicional tautológico, el razonamiento original es válido; en caso contrario es inválido. También se lo conoce como el **método de las tablas de verdad**. Por ejemplo: "O vamos a tu casa o vamos a la mía. Si vamos a tu casa, vemos un video. Si vamos a la mía, vemos un video. Por lo tanto, vamos a ver un video." La forma de este razonamiento es: 1) p v q, 2) p → r, 3) q → r, 4) Conclusión: r. El condicional que hay que construir es: ((p v q) . (p → r) . (q → r)) → r y su tabla de verdad se construye suponiendo la verdad del antecedente para ver si eso determina la verdad del consecuente. (Por lo general las **reglas de formación** de fórmulas prohíben que se formen fórmulas con dos conectivas principales, por lo que hubiéramos debido poner un par adicional de paréntesis. Hemos elegido esta notación para exhibir la propiedad asociativa de la **conjunción**: ((p . q) . r) es equivalente a (p . (q . r)) y a ((p . r) . q), de modo que la falta de esos paréntesis no genera ambigüedad). Una vez que se tiene la fórmula, deben seguirse los siguientes pasos: 1) se asigna el valor V debajo de la conectiva principal del antecedente, que en este caso son las dos conjunciones, 2) se asigna el valor V debajo de las fórmulas separadas por las conjunciones (ya que la verdad de la conjunción implica la verdad de los conyuntos, según la definición de conjunción), 3) se asigna el valor que corresponda a las fórmulas separadas por la conectiva a la que se asignó una valor en el paso anterior, según la definición de cada conectiva (quizás sea necesario hacer varias filas horizontales para contemplar todas las combinaciones posibles. Por ejemplo, para la **disyunción** es posible que los dos disyuntos sean verdaderos, que lo sea sólo el primero o que lo sea sólo el segundo y hay que expresar las tres opciones en tres filas diferentes. Es importante mantener la coherencia en la fila horizontal; si se asigna a p el valor F en una fórmula no hay que escribir bajo otra aparición de p el valor V en esa fila), 4) repetir el paso 3) de ser necesario. En nuestro caso no hace falta porque acabamos de asignar valor a **proposiciones** que son todas atómicas, 5) Asignar a la fórmula que está en el consecuente los valores de sus **proposiciones atómicas** de acuerdo a los valores obtenidos en el antecedente (si es una **proposición molecular**, deducir el valor que le corresponde). 6) asignar a la conectiva condicional los valores que correspondan (si el antecedente es F y el consecuente V, el valor del condicional es F. En los demás casos es V.) El condicional es tautológico (todos sus valores posibles son V) así que el razonamiento original es válido. Los números indican en qué paso se asignó el valor a cada símbolo:

((p	v	q)	.	(p	→	r)	.	(q	→	r))	→	r
V	V	V	V	V	V	V	V	V	V	V	V	V
F	V	V	V	F	V	V	V	V	V	V	V	V
V	V	F	V	V	V	V	V	F	V	V	V	V
3	2	3	1	3	2	3	1	3	2	3	**6**	5

Método dialéctico: Ver **dialéctica**.

Método experimental: Método científico surgido con **Galileo** y desarrollado por **Bacon** y **Mill**, que se caracteriza por ser especulativo (la **teoría** es un conjunto de **hipótesis**) y tiene dos etapas: una matemática o deductiva (saber *a priori*) en la que se establecen las relaciones inferenciales entre las hipótesis más generales y los **enunciados singulares** con los que se describe el **experimento** y sus resultados (por ejemplo: según las hipótesis H, el resultado del experimento descripto en los enunciados E debe ser necesariamente R y si fuera diferente ($\neg$R) debe inferirse que al menos un enunciado perteneciente a H o a E es falso) y sirve para diseñar los experimentos contrastadores; mientras que la otra etapa es **empírica** (saber *a posteriori*): incluye la realización del **experimento**, las mediciones y el establecimiento de los **valores de verdad** de los enunciados H, E y R. La experimentación involucra la modificación deliberada de algunos factores, sea en un laboratorio o fuera del laboratorio, por ejemplo, en un **experimento de campo** y debe ser repetible, es decir, que con la ayuda del registro escrito de un experimento se puede reproducir para constatar que los resultados sean los mismos. Así, si los resultados son otros, puede ponerse en tela de juicio el primer experimento.

Método hipotético-deductivo: Procedimiento científico que parte de la suposición de **hipótesis generales**, formulando **enunciados observacionales** que se infieran de esas hipótesis y contrastando a éstas por medio de la **observación** o la **experimentación**. El MHD niega la primacía de los **hechos** en la **lógica** del descubrimiento (sostenida por el **inductivismo estrecho**) defendiendo la idea de que es la **teoría** la que guía la búsqueda de hechos relevantes –la observación tiene una "**carga teórica**" ya sea una **teoría** completa o unas categorías de clasificación pre-teóricas-, no son puros sino siempre relevantes con respecto a algún fin. El esquema básico del MHD es: **marco teórico-problema**-hipótesis-**deducción**-consecuencias contrastables-**contrastación-refutación** o **corroboración/confirmación/verificación**. Según el MHD las hipótesis se justifican o contrastan mediante sus **consecuencias observacionales** (enunciados que describen **estados de cosas** observables y que se deducen de las hipótesis). Pertenecen a esta corriente tanto miembros del **confirmacionismo** (por ejemplo, **Hempel**) como del **falsacionismo** (por ejemplo, **Popper**).

Método inductivo: Procedimiento científico propuesto por **Aristóteles**, quien planteaba que se debía partir de las observaciones particulares para luego llegar a principios generales desde los cuales se volvería nuevamente a observar los **fenómenos** particulares. En el MI se debe seguir el siguiente orden: **observación** y registro de los **hechos** sin ideas preconcebidas; **análisis** y clasificación de los hechos; elaboración de **hipótesis** o **leyes generales** que sirvan para todos los fenómenos del mismo tipo, por medio de **razonamientos inductivos**; **contrastación** de las generalizaciones del punto anterior mediante la **experimentación** u **observación**. En el siglo XVII, el MI fue enriquecido con los aportes de Francis **Bacon**. En el siglo XVIII, David **Hume** planteó que el MI tenía un problema (ver **problema de la inducción**): los hechos observados no son siempre la totalidad de los hechos sobre los que se habla. Por eso, Hume considera que la forma inductiva de razonar supone un salto entre las **premisas** y las **conclusiones** que no está justificado lógicamente. A pesar de que el MI dice que hay que trabajar sin ideas previas, en realidad supone que existe una regularidad de la naturaleza porque afirma que los hechos observados son iguales a los que no lo fueron y que las cosas no cambian con el tiempo (ver **principio de uniformidad de la naturaleza**). Frente a este cuestionamiento el MI ha sido defendido con el argumento de que a lo largo del tiempo ha sido funcional para la **ciencia**. Sin embargo, este argumento mismo utiliza el criterio inductivo, ya que el hecho de que haya funcionado en el pasado no significa que seguirá funcionando en el futuro. **Popper** ha criticado al **inductivismo** diciendo que en la ciencia lo más importante no es la percepción sino la **observación**. Y esta última siempre está guiada por ideas, ya que se observa con un propósito, con un sentido y eso ya implica una idea previa. Cuando se tiene una hipótesis, por ejemplo, se observa de acuerdo con ella, de manera tal que ésta funciona como un reflector que ilumina la realidad **empírica** (ver **teoría del reflector** y **teoría del cubo**). Opuesto: **método deductivo**.

Metodología de la ciencia: Rama de la **epistemología** que estudia los procedimientos y **técnicas** empleados por la **ciencia** para acceder al **conocimiento** del mundo. Según Gregorio **Klimovsky**, la MC se diferencia de la epistemología al no cuestionar las ideas de la **comunidad científica**, interesándose sólo por desarrollar estrategias y establecer reglas para conocer más en el marco de cierto **paradigma**.

Mill, John Stuart (1806-1873): Economista y filósofo **utilitarista** inglés, planteó que la **norma** de la felicidad es el placer o ausencia de dolor. Continuador de la obra de David **Ricardo**, sostuvo que en la **economía** existen **leyes** de la **producción** (regidas por la naturaleza y por lo tanto inmutables) y leyes de la **distribución** (que están sometidas a control del hombre), aunque no compartía con los clásicos la visión del *laissez faire* –promovía la **libre competencia** en la producción y el **comercio** pero abogaba por una distribución más equitativa de la riqueza, con un criterio de nivelación social-. Seguidor de F. **Bacon** en el plano filosófico, impugnó al deductivismo y defendió la **inducción**. Entre sus obras principales encontramos a: *Principios de economía política* (1845-47) y Sobre la libertad (1859).

Místico: Relativo a lo que está unido íntimamente con Dios.

Mito: Narración fantasiosa de corte sobrenatural e ilógico. **Platón** y **Aristóteles** utilizaban al M como una forma de aproximación deformada a la **verdad**, y G. **Vico** lo concebía como un verdad poética, no intelectual. F. **Schelling** lo vio como una suerte de **religión** espontánea, en tanto que **Freud** encontró una **estructura** común entre los sueños y los M, como **sistemas** de **significación**, lo que fue tomado luego por **Lévi-Strauss** quien la extiende al **lenguaje** y las relaciones de **parentesco** presentes en toda **sociedad**. B. **Malinowski**, en tanto, adjudica al M la **función** de garantizar el mantenimiento en el tiempo de la **cultura**. En la Sociología, el M cumple una función de **control social**. Algunos autores consideran al M como la forma más primitiva de **imaginario social**, la que puede expresarse en **ritos**. El mencionado Lévi-Strauss describe al M como un relato oral y anónimo, cuyo origen se desconoce y sin **significado** propio sino sólo en la relación con otros M –unos se transforman en otros- , y cuya real función es la de explicar el pasaje de la naturaleza a la **cultura** (con sus diversas oposiciones binarias: de lo animal a lo humano, de lo crudo a lo cocido, de lo desnudo a lo vestido). En definitiva, explican metafóricamente determinados problemas, le dan **sentido** al mundo sin tener –ellos mismos- un sentido.

Mito de la caverna (Platón): Describe la situación originaria del alma humana antes de contemplar las **ideas**, que sólo una enseñanza gradual puede permitir conocer. También conocido como la **alegoría de la caverna** (ver).

Mito de Prometeo: La versión de Hesíodo acerca del MP dice que los Dioses encabezados por Zeus mantenían oculto el fuego, lejos de los hombres, enojados por las bromas de Prometeo y porque -si los hombres tuvieran el fuego en su poder- se liberarían del trabajo físico. Prometeo roba el fuego para los hombres y Zeus amenaza con castigar a éstos. Para ello, ordena construir una figura de mujer de tierra y agua, de aspecto inocente y seductor, pero de carácter perverso, a la que llama Pandora y la envía a Epimeteo, hermano de Prometeo. Pandora destapa una enorme jarra de donde salen todos los males que el hombre todavía no conocía: angustia, fatiga, enfermedades, dolor, etc. La otra versión, que **Platón** pone en boca del sofista Protágoras, no pone el acento en el castigo sino en el rol que cumple el fuego en la **cultura** humana. Epimeteo reparte las capacidades entre los animales, olvidándose del hombre. Prometeo roba a Hefesto y a Atenea el fuego y la **técnica** para usarlo. Prometeo es castigado. En el MP, el fuego es interpretado como una **metáfora** del **conocimiento**.

Mitología: Concepción de la realidad que plantea la continua penetración del mundo de la experiencia cotidiana por parte de fuerzas sagradas, con una continuidad entre el mundo humano y el de los Dioses.

Modalidad: 1. Ver **modalidades aléticas. 2. M fáctica:** La M expresa la **posibilidad**, la **necesidad** o la **imposibilidad** de que dos **predicados** se afirmen de un mismo **sujeto** ("Es imposible que algo sea completamente blanco y completamente negro") o de que dos clases compartan un elemento. **Aristóteles** llamó **proposiciones categóricas** a los **enunciados** que expresan M (que era según él una relación entre predicados) y reconoció cuatro formas: A universal afirmativa (Todo S es P), E universal negativa (Ningún S es P), I particular afirmativa (Algún S es P) y O particular negativa (Algún S no es P). Su idea era que el **conocimiento científico** se expresa mediante este tipo de **afirmaciones**. Por ejemplo, si quiero hablar de una **clase natural** puedo decir cosas como "Ningún hombre es una planta", "Algún hombre es rubio" y "Todos los hombres son animales". Se supone que no estoy afirmando que de hecho, empíricamente, doy fe de que hay sobre la faz de la Tierra un hombre rubio, sino que estoy diciendo que podría haberlo, a modo de **hipótesis general** o de **definición** de la **esencia** de "hombre". De esta manera sé que el predicado "hombre" implica *necesariamente* al predicado "animal", que es *posible* combinarlo con el predicado "rubio" y que es *imposible* combinarlo con el predicado "planta" respecto de un mismo **individuo**. En estos casos estamos hablando de posibilidad y necesidad fácticas y no lógicas. Así, A = "Es necesario que S sea P", E = "Es imposible que S sea P", I = "Es posible que S sea P" y O = "Es posible que S no sea P". Cuando **Frege** creó un **lenguaje** matemático para la **lógica de predicados** expresó este tipo de enunciados con los **cuantificadores**, de modo que: A = "(x) Sx $\rightarrow$ Px", E = "(x) Sx $\rightarrow$ ¬Px", I = "Ex Px . Sx" y O = "Ex Sx . ¬Px". Sin embargo, la **lógica** contemporánea que inicia Frege considera que esta clase de enunciados expresan M existenciales y que las M fácticas -que expresan necesidad y posibilidad- son **objeto** de una lógica diferente que se conoce como lógica modal. En lógica de predicados las letras de predicados (Px, Sx) se definen como conjuntos de modo que decir "**Ex Px . Sx**" significa "Hay un elemento del conjunto P que pertenece también al conjunto S". G. H. von Wright distingue las **M aléticas** integradas por los **conceptos**: "necesario", "posible", "**contingente**" e "imposible", de las **M** existenciales: **universal**, existente, vacío. Según esta clasificación la silogística y la lógica de Frege se ocupan de las **modalidades existenciales**.

Modalidades: En la **teoría de la enunciación**, son formas o modos de expresar un **enunciado**, es decir, que revelan una intención del **enunciador** (querer, saber, poder y deber se combinan con ser y hacer).

Modalidades aléticas: Modalidades de la **verdad** (y de la falsedad). Una **proposición** puede ser necesaria, posible o imposible (ver **modalidad**).

Modalidades deónticas: Modalidades de la **verdad** que tienen que ver con lo obligatorio. Pueden consistir en un deber hacer (**prescripción**), un deber no hacer (prohibición), un no deber no hacer (permisión) y un no deber hacer (autorización). Por ejemplo, el uso de verbos como "deber", "permitir", "obligar", "prohibir", o expresiones como "hay que", "es necesario que", "debemos".

Modalidades epistémicas: Modalidades de la **verdad** que apelan al **conocimiento** colectivo para argumentar. Por ejemplo, "Como todos saben", "No es un secreto para nadie", etc.

Modalidades existenciales: Modalidades de la **verdad** que tienen que ver con lo existente, lo **universal** y lo vacío (ver **modalidad**).

Modelo: En **ciencias fácticas**, construcción abstracta, visión simplificada e ideal de la realidad en sus características basamentales y típicas, que sirve para estudiar las relaciones **causa-efecto** entre distintas **variables** y así poder establecer **predicciones** y medidas correctivas. Así, en las ciencias económicas el M es una descripción simplificada de una **economía** sencilla e imaginaria basada en determinados supuestos y explicada por gráficos, ecuaciones o palabras. En **ciencias formales**, el M refiere a una **interpretación** en la que todos los **axiomas** de un **sistema** son verdaderos. También puede definirse al M como la representación de la realidad a pequeña escala o como algo digno de imitación.

Modelo de cobertura legal (Carl Hempel): (*Covering law model*). Según **Hempel**, una **explicación** es científica si subsume el **hecho** explicado bajo una **ley general** o la ley explicada bajo otra ley más general que ésta. Las leyes generales pueden ser **leyes universales** o **leyes estadísticas** por lo que hay dos tipos de explicación (ver **explicación nomológico-deductiva** y **explicación inductivo-estadística**).

Modelo de explicación de cobertura legal: Ver **explicación nomológico-deductiva**.

Modernidad (siglos XVI-XX): Proceso histórico caracterizado por la paulatina disolución de los **estamentos** medievales, la gradual introducción de formas **capitalistas** de **producción** y **comercio**, la igualdad **jurídica**, el **auge** de la racionalidad liberada de la **religión (secularización)** y el avance de las ideas laicas, el poderío social anclado al **dinero** y la centralización del **poder** político con la formación del **Estado moderno**. La M comenzó a existir hace aproximadamente quinientos años en algunas regiones de Europa. Está asociada con **valores** tales como la capacidad de controlar racionalmente la realidad que rodea al hombre, llevar adelante una aventura, ejercer el poder y vivir sentimientos como la alegría y el crecimiento, que fueron sistematizados con la **Ilustración**. La M pretende construir un mundo en el cual las personas pueden transformar su entorno y tener capacidad de decidir sobre él. Váttimo plantea tres ejes de la M: a) la **historia** es una: detrás de la aparente variedad de sucesos históricos hay un **sentido** unitario que los reúne, b) el criterio de superación: el desarrollo de la historia supone una serie de etapas sucesivas en un **progreso indefinido**, donde la última etapa supera a las anteriores y c) la categoría de emancipación: la marcha de la historia se encamina a la recuperación de la verdadera identidad del hombre. (Ver también **sociedad moderna, sociedad tradicional** y **modernización**).

Modus ponendo ponens: Ver *modus ponens*.

Modus ponens: (Del latín *ponere*, "afirmar"). Significa el modo que, afirmando la **premisa**, se afirma la **conclusión**. Su **forma lógica** es: Si p entonces q, p, Luego q. Por ejemplo, "Si se dan recursos para construir viviendas, se crearán fuentes de trabajo. Se están destinando recursos para construir viviendas. Por lo tanto, se crearán fuentes de trabajo". La regla del MP es: $(p \supset q), p \therefore q$.

Modus tollendo tollens: Ver *modus tollens*.

*Modus tollens***:** (Del latín *tollere*, "negar"). Es el modo en que la **negación** de la **premisa**, niega en la **conclusión**. Su forma lógica es: Si p entonces q, no q, Luego no p. En **ciencias fácticas**, se utiliza en la **refutación** de **hipótesis** (ver **falsacionismo)**. De una hipótesis se deducen las **consecuencias observacionales**, las que se someten a **contrastación experimental**. Si no se cumplen las consecuencias esperadas, se considera que la hipótesis de la que se dedujeron es falsa: por ejemplo, "Si llueve torrencialmente, la Ciudad de Buenos Aires se inunda. No se ha inundado la Ciudad de Buenos Aires. Por consiguiente, no ha llovido torrencialmente en Buenos Aires." El **antecedente** de las refutaciones científicas es por lo general una **conjunción** de muchas hipótesis, de modo que la conclusión del MT es que la conjunción entera es falsa, de lo cual se deduce que al menos uno de los **enunciados conyuntos** es falso. En el caso de que las consecuencias resultaran verdaderas, podría pensarse que las hipótesis deberían ser aceptadas como verdaderas. Sin embargo, no es así, ya que la forma de **razonamiento** que emplearíamos en ese caso sería inválida: se denomina **falacia de afirmación del consecuente**. La regla del MT es: (p $\supset$ q), -q $\therefore$ -p.

Moisés (1725-1606 a.C.): Profeta de Israel. Según el **judaísmo**, recibió de **Jehová** (Dios) la orden de sacar a su pueblo de Egipto y llevarlo a la tierra prometida (Palestina), y que dio a los judíos la **Torá** y los diez Mandamientos. Murió a los 120 años.

Momento abstracto o del entendimiento (Georg W. Hegel): Primer momento de la **dialéctica** hegeliana, donde el **entendimiento** fija las determinaciones de un **objeto** (por ejemplo, cuando decimos "esta hoja es blanca"). Es un momento abstracto, porque no tiene movimiento. Responde al **principio de identidad** (toda cosa es igual a sí misma). Hegel lo identifica con la "conciencia burguesa", porque se busca la seguridad de las determinaciones fijas. Aunque limitado, es un momento necesario para ordenar la realidad. Suele asociárselo a los conceptos de **tesis** y **espíritu subjetivo**. También llamado "momento de lo inmediato".

Momento negativo o dialéctico en sentido estricto (Georg W. Hegel): Segundo momento de la **dialéctica** hegeliana, donde la **negación** no es exterior a la realidad, sino que está en el interior de las cosas mismas. Además, no es una negación destructora sino creadora. Suele asociárselo a los conceptos de **antítesis** y **espíritu objetivo**. También llamado "momento de la **alienación** o perturbación".

Momento positivo o especulativo (Georg W. Hegel): Tercer momento de la **dialéctica** hegeliana, donde se supera la **negación**, produciéndose un nuevo elemento, que es el mismo que estaba al comienzo, pero enriquecido. Suele asociárselo a los conceptos de **síntesis** y **espíritu absoluto**. También llamado "momento de la mediación dialéctica".

Mónada: Sustancia indivisible.

Monismo: En general, cualquier **doctrina** que postule uno y sólo un elemento, **causa**, principio explicativo o tipo de **entidades** o del **ser** como **causa** de la existencia. Así, para el **materialismo**, la materia es la causa única de todos los **fenómenos** y para los **idealistas** lo son las **ideas**. Pueden considerarse representantes del M a **Parménides, Spinoza, Schelling** y **Hegel**. Opuesto: **dualismo, pluralismo**.

Monismo metodológico (siglo XIX →): Postura defendida por los **positivistas** que afirma que todas las **ciencias fácticas** tienen un único **método** y que las **ciencias sociales** deben seguir el método aplicado por las **ciencias naturales**. Una fuerte defensa del MM ha sido realizada por Ernest **Nagel**. El MM se opone a los teóricos de la *verstehen* y al **dualismo metodológico**.

Monogenismo: Postura bíblica que reivindica a Adán y Eva como el origen único de la Humanidad. Opuesto: **poligenismo**.

Monoteísmo: Creencia en la existencia de un único Dios. Opuesto: **politeísmo**.

Montesquieu, Charles-Louis de Secondat, barón de la Brède y de (1689-1755): Escritor y filósofo francés, defensor de la **división de poderes** (que observara en su visita a **Inglaterra**) y enemigo de la **monarquía absoluta** francesa (era partidario de una monarquía con contrapesos parlamentarios y judiciales; desechaba el **despotismo** pero también la **democracia**). Su obra más importante fue *El espíritu de las leyes* (1748), una de las bases ideológicas de la **Revolución Francesa**. Para M, cada **pueblo** elige las **leyes** que se adaptan a su **idiosincrasia**.

Moral: Disciplina que estudia cuál es el bien absoluto o el fin natural del hombre y examina los actos humanos señalando las reglas de conducta que aproximan a los hombres a ese fin (las **virtudes**) o los alejan del mismo (los vicios). Para algunos autores M se identifica con **ética** mientras que otros establecen una diferenciación tajante: la M (de *mores* o **costumbre**) implica un mandato social y normativo sobre los **individuos**, mientras que la ética refiere a los **valores** de la **conciencia subjetiva**, sin intervención del medio social externo.

Morfología: Parte de la **lingüística** que analiza los **morfemas**, la forma y la formación de las palabras y las relaciones entre la forma y la función gramatical.

Moro, Tomás (1478-1535): Historiador y teólogo **humanista** inglés, en su obra más conocida –*Utopía* (1516)- concibió una **sociedad** ideal, sin conflictos ni violencias, como forma de criticar a la **Inglaterra** de su época, con su expansionismo y sus guerras. Pregonó la abolición de la **propiedad privada** y el **dinero**, la desaparición del **clero** y la **burocracia**, y una sociedad agraria y artesanal. Consideró que la **virtud** consiste en vivir con placer de acuerdo con la naturaleza. Se opuso a la **Iglesia** fundada por **Enrique VIII**, por lo que fue decapitado.

Morris, Charles (1901-1979): Semiótico y lógico norteamericano, aportó las tres dimensiones del **signo**: la **semántica** –relación entre el signo y aquello que denota-

, la **sintáctica** o **sintaxis** –relación de los signos entre sí- y la **pragmática** –relación de los signos con sus usuarios-. Entre sus obras principales encontramos a: *Fundamentos de la **teoría** de los signos* (1938).

Mundo de la vida (Edmund Husserl): (Del alemán, *lebenswelt*). Afirma **Husserl** que la "crisis de la **ciencia** europea" se debe en gran medida a que ha olvidado que emergió del MV. Sostiene que, si no entendemos primero la **vida cotidiana** -el MV- no sabremos controlar a la ciencia, ya que en lo cotidiano hay determinadas pre-comprensiones (**valores**, creencias, etc), que influyen sobre la concepción que se tiene sobre la misma. Por ejemplo, el MV confía demasiado ciegamente en las generalizaciones realizadas a partir de la **observación inductiva**. La ciencia –dice- queda así severamente cuestionada en su confiabilidad. El MV no es un **hecho** sino un "horizonte de hechos" en el que emergen los **fenómenos** culturales, incluida la ciencia. El MV está presente en todo momento pero no nos es dado en la experiencia natural sino que hay que explicitarlo para poder criticarlo y modificarlo (ya que no es algo estático). Muchos autores afirman que la noción de MV es muy semejante a la de *"estar-en-el-mundo"* de **Heidegger**. También trabajaron este **concepto** la **Sociología comprensiva** de W. **Dilthey** y la Sociología fenomenológica de A. Schutz.

> *Hasta ahora la filosofía se ha encargado de interpretar al mundo. Ahora, de lo que se trata es de transformarlo.*
>
> **Karl Marx, economista y filósofo alemán**

Nadie se baña dos veces en el mismo río (Heráclito): Frase fundamental de la **dialéctica**, demuestra la transformación permanente de las cosas.

Nagel, Ernest (1901-1985): Filósofo de la **ciencia** checoslovaco, representante del **neopositivismo** y partidario del **confirmacionismo**. En su principal obra, *La estructura de la ciencia*, defendió el **monismo metodológico**.

Naturalismo (siglo XIX): Postura filosófica que considera a los **fenómenos** del mundo natural como los únicos existentes. Para esta posición, solamente se puede conocer el conjunto de los **hechos** observables y de allí derivan la **afirmación** de que no existe otro tipo de hechos o de que carece de sentido hablar de otro tipo de entidades que las que son **objeto** de las **ciencias fácticas**. Al N se le imputa una posición reduccionista porque pretende explicar todos los fenómenos por referencia a explicaciones de **ciencia natural**. El **mecanicismo** y el **materialismo** pertenecen al N (pero no a la inversa). Opuesto: espiritualismo, platonismo.

Naturalización: Otorgamiento por parte del **Estado** de la condición de **ciudadano** a un individuo extranjero.

Navaja de Ockham: Principio económico que dice que "en vano se hace con más cosas lo que puede hacerse con menos", que Guillermo de **Ockham** introdujo en la llamada **disputa de los universales** como argumento a favor del **nominalismo**.

Necesidad: Aquello cuya **negación** implica una **contradicción** (N **lógica**). Lo que no puede ser de otro modo. Decir que p es necesario es lo mismo que decir que no p no es posible. Opuesto: **contingencia**.

Negación: Expresión **lógica** del "**no**" que utiliza el **signo** "¬". Si "p" es una **proposición**, "¬p" es su N. El **enunciado** negativo (que se compone de un signo de N y de una proposición) dice que dicha proposición es falsa. Por ejemplo: "¬ p" y "No iré al cine" son verdaderos si es cierto lo que afirman, a saber: que "p" es falsa y que "Iré al cine" son falsas, respectivamente. Si "p" fuera verdadera y si "Iré al cine" fuera verdadera, sus N serían falsas.

Negación alternativa: Expresión **lógica** en la que se debe optar entre dos negaciones. Por ejemplo, "O no vamos al cine o no vamos al teatro". El **signo** que la representa es la barra vertical |. Una NA es falsa cuando sus dos componentes son verdaderos y es verdadera en los demás casos.

Negación conjunta: Expresión **lógica** que involucra dos negaciones. Con el "ni" se forma una **proposición compuesta**. Por ejemplo, "Ni voy a ir al cine ni voy a ir al teatro". El **signo** que la simboliza es la flecha invertida ↓. Una NC es verdadera cuando sus componentes son falsos y es falsa en los demás casos.

Negación de la negación: Ver **síntesis**.

Neguentropía: Orden, diferenciación de elementos y predecibilidad existentes en un **sistema**. Opuesto: **entropía**.

Neodarwinismo: Ver **teoría sintética de la evolución**.

Neoevolucionismo (década de 1930): Teoría que continuó la línea del **evolucionismo. White** investigó, no culturas particulares, sino el desarrollo de la **cultura** humana en su conjunto en un derrotero unilineal y progresivo. El hombre usa la cultura para satisfacer sus necesidades y dominar el **hábitat** que lo condiciona. El factor que puso como motor de desarrollo es la energía. White formuló la **ley** de la **evolución** cultural, que usa para la comprensión de la **historia** una estrategia materialista cultural, en términos de energía. La evolución de la cultura es igual al análisis de **Morgan**. Con cada fuente de energía, White planteó que el hombre cambia de **estadio** -por ejemplo, cuerpo humano (**salvajismo**), cultivos y domesticación de animales (**barbarie**) y **Revolución Industrial** (**civilización**)-, a diferencia de Morgan y **Tylor** que marcaban la civilización por la cultura. Para el N, el elemento condicionante de los **sistemas** sociales es el tecnológico y la evolución social sigue a la evolución tecnológica. En una concepción **mecanicista**, Kroeber planteó la subordinación del **individuo** a su cultura, al igual que White. Pero Kroeber puso el acento en los aspectos ideales de la cultura (**filosofía**, arte, etc). Su propósito era descubrir rasgos comunes en las diferentes **sociedades** (cosa que no logró).

Neokantismo (Alemania, 1860-1900): Corriente filosófica que produjo una renovación del pensamiento de **Kant**. Entre sus representantes se destacan la Escuela de Baden (N **axiológico**: por ejemplo, E. Lask y H. Rickert) y la Escuela de Marburg (N lógico: por ejemplo, H. Cohen y J. Volkelt).

Neopositivismo: Ver **positivismo lógico**.

Neutralidad valorativa: Suele asociarse a la NV con la **objetividad** de la **razón** científica. El **positivismo** plantea que es posible y deseable que la **ciencia** quede al margen de los **valores**. Esta postura ha sido criticada desde el **comprensivismo**, la **filosofía** histórica de la ciencia y el **marxismo**, entre otras corrientes (ver también **juicios de valor**).

Newton, Isaac (1642-1727): Físico, matemático y astrónomo inglés, creador de la **teoría** de la gravitación universal y de las teoría de los colores (comprobación de que la luz blanca es compuesta, es decir que está formada por varios colores, cada uno de ellos determinados por diferentes partículas). Formuló las **leyes** básicas del movimiento (ver **leyes de N**). La **ley** de gravitación universal afirma que todos los cuerpos se atraen en virtud de su masa. La caída de un cuerpo, la atracción que la Tierra ejerce sobre la Luna y la que ejerce el Sol sobre los planetas son ejemplos de esta **ley universal**. Esta idea rompe con la concepción aristotélica de dos mundos: uno sublunar y otro supralunar con leyes físicas diferentes, ya que tanto en la Tierra como en el resto del universo, las leyes (en particular la ley de gravitación universal) son las mismas. Inventó además el cálculo infinitesimal (coincidiendo con **Leibniz**).

Nexos lógicos: Ver **expresiones derivativas**.

Nietzsche, Friedrich (1844-1900): Filósofo alemán, profesor de filología clásica, discípulo de Arnold **Schopenhauer** (el principal teórico del **vitalismo**). Su obra filosófica, de un estilo personal y poético, ambiguo y deliberadamente enigmático, ha recibido una multiplicidad de interpretaciones, incompatibles entre sí. N se propuso llevar a cabo una crítica radical de la **cultura** que culmina con un llamamiento a abrazar ciertos **valores**, lo que se cristaliza en su idea del **superhombre**. Una estrategia muy común en sus críticas a las **instituciones** fue la de analizar el origen que hoy llamaríamos afectivo y biológico que tienen en los **sujetos** que las defienden o que las inventaron y mostrar que de alguna manera contradice a su forma externa y consciente, a modo de **demostración por el absurdo**. Para ello ha propuesto una serie de **conceptos** como *voluntad de vivir/morir, resentimiento, venganza silenciosa*, etc. que dan cuenta de los valores, considerándolos como estrategias para llevar a cabo fines **inconscientes**. Cuestionar así la **conciencia** que la cultura tiene de sí misma constituye una innovación radical que repercutió con fuerza en la **filosofía** europea posterior y en particular inspiró a **Freud** sus **teorías** psicoanalíticas. N consideró decadente y condenada por tanto a un hundimiento, a la **moral** que contradice a los instintos que la engendran, a la voluntad de vivir o voluntad de dominio. N se apoyó en el irracionalismo contra el **racionalismo** socrático y pos-socrático. Atacó la sobrevaloración que se ha hecho de la facultad racional y la pretensión de **objetividad** del hombre de **ciencia**: negó que exista *una* **verdad**, afirmando que los **hechos** no existen: sólo hay interpretaciones. Opuso a la **subjetividad** moderna (una pasiva captadora de **datos**) un **sujeto** creador de valores y de interpretaciones guiado en última instancia por su cuerpo, que no es un animal burgués que busca la comodidad sino un ser que disfruta del (inevitable) vivir en peligro. La filosofía de N es un "martillo" que destruye los conceptos y deja al **individuo** libre, huyendo de los encasillamientos y buscando desarrollar su voluntad de vivir y sus instintos. Opuso la visión individualista y aristocrática del superhombre a la moral **cristiana** (a la que veía como mezquina, la moral del rebaño, la de la culpa y el resentimiento), postulando la "muerte de Dios" y oponiéndose a la "moral de los **esclavos**", del **pueblo**, de los explotados, de los pobres. Entre sus obras principales encontramos a: *Así habló Zaratustra* (1883-1885), *La genealogía de la moral* (1887) y *La voluntad de poder* (1889).

Nihilismo: (Del latín *nihil* = nada). **Doctrina** que niega toda creencia, ya sea de la existencia de una **verdad**, de la posibilidad del **conocimiento** o de Dios. El N relativo a la posibilidad del conocimiento ha sido caracterizado como una dogmatización del **escepticismo**, ya que no supone un a **duda** sino la firme creencia acerca de que no es posible conocer. El N es la pérdida de **sentido** del mundo: todas las certezas se pierden, primando la duda y el escepticismo. Se caen los **dogmas**, las religiones, los **valores** dominantes: para el N, ése es el **signo** de nuestra época. Es el ocaso de la "interpretación **moral** del mundo", la era de la incredulidad. El N descubrió que detrás del mundo no hay nada: el mundo no tiene un sentido pre-constituido, una **metafísica** (un "más allá" o un "paraíso" a donde llegar). La metafísica era el truco por el que se le buscaba sentido al mundo, una trascendencia: la **religión**, la **razón**, la **ciencia**, etc. Y el resultado era la negación de la vida, del devenir, del cambio, de la multiplicidad, de la **contingencia**. Por ello, los nihilistas plantean la necesidad de abandonar todo endiosamiento: "Dios ha muerto", dirá **Nietzsche**. El N moral fue estudiado en profundidad por Nietzsche, quien lo definió como el rechazo de los valores considerados superiores desde una perspectiva de sobreestimación de los **juicios** morales de valor, es decir, con un criterio moral alternativo. La causa histórica del N europeo sería, según él, la interpretación cristiana de la existencia y la de la **Modernidad**, debido a la voluntad de comprenderlo todo negando la vida. Nietzsche criticó a este N y propuso otro que no perdiera de vista la naturaleza de la moral: una "doctrina de las relaciones de dominio en que surge el fenómeno *vida*", dicho de otro modo, los **juicios de valor** son fisiológicos y la moral es su posterior expresión lingüística que incluye por lo general una defensa "de abogado" que no es en modo alguno un cuestionamiento de su **validez**. El N fue planteado por primera vez por F. Jacobi y J. Paul y retomado luego por Arthur **Schopenhauer**, Max Stirner y el mencionado Friedrich Nietzsche.

Nirvana (budismo): Estado de espiritualidad suprema y eterna beatitud, sin atributo corpóreo. Estado del espíritu o estado mental que se logra a través de la fe y la buena conducta, eliminando los deseos, los placeres y las ambiciones.

Nivel 1 (Gregorio Klimovsky): Enunciados observacionales o **afirmaciones** básicas de una **teoría**, que hablan de **individuos** o grupos de individuos particulares -a los que llamamos **muestra**- y de las propiedades que observamos en ellos. Se trata de **proposiciones singulares** directamente observables. Por ejemplo, "la rata recorre el laberinto hasta encontrar el alimento." También llamado "**base empírica**".

Nivel 2 (Gregorio Klimovsky): Parte de una **teoría** que hace referencia a las **generalizaciones empíricas** o **enunciados empíricos generales**. Pueden ser universales, existenciales, mixtos o estadístico-probabilísticos. Se predican propiedades de todos los especímenes pasados, presentes y futuros. Los enunciados de N2 corresponden a las **leyes** de la **ciencia**. Según el **método inductivo**, el N2 se obtiene por **generalización** –proyección sobre todos los casos, en todo tiempo y lugar- de las observaciones efectuadas y expresadas en el **nivel 1**, llamado "**base empírica**". Por ejemplo, "Todos los metales se dilatan con el calor".

Nivel 3 (Gregorio Klimovsky): Enunciados teóricos de una **teoría**, no susceptibles de ser directamente observados. Por ejemplo, la **ley de gravitación universal**.

Nivel pragmático: Ver **pragmática**.

Nivel semántico: Ver **semántica**.

Nivel sintáctico: Ver **sintaxis**.

Niveles de una teoría (Gregorio Klimovsky): Partes en que se puede clasificar a una **teoría** científica según la cercanía de los **enunciados** que las componen con el terreno **empírico**. **Klimovsky** reconoce tres niveles: **base empírica** o **nivel 1**, **generalizaciones empíricas** o **nivel 2** y **enunciados teóricos** o **nivel 3**.

Niveles del lenguaje: Niveles de análisis del **lenguaje**. Se distinguen el **nivel sintáctico**, el **nivel semántico** y el **nivel pragmático**.

No: Signo que indica **negación**.

No es la conciencia del hombre la que determina su ser social, sino que es el ser social lo que determina su conciencia (Karl Marx): Frase que sintetiza el **materialismo histórico** de **Marx**, ya que hace referencia a la dependencia de las **ideas** humanas con respecto al contexto material e histórico en el que el **hombre** se desenvuelve.

No todo lo que reluce es oro (Galileo Galilei): Frase que se supone pronunció **Galileo** en referencia a la falsedad de la **teoría geocéntrica**.

Noético: Aquello que es evidente por sí mismo.

Nominal: Relativo al nombre de algo. Lo que se mide en términos monetarios o valores corrientes. Opuesto: **real**.

Nominalismo (siglo XI →): Doctrina medieval que trata sobre la relación entre los **objetos** y sus nombres, que afirma que sólo tienen realidad los objetos particulares (*este* auto blanco) y no los **conceptos** generales (la *blancura*). **Filosofía metafísica** que afirma que los términos **universales** –los conceptos- no tienen entidad más que como operaciones de la mente y no como sus objetos atemporales de intelección (que es lo que sostiene el **realismo** platónico) y que dice que lo único que existe y puede percibirse realmente es un conjunto finito de casos particulares de una categoría. Abelardo (1079-1142) defendió el N sosteniendo que la realidad se conoce desde el análisis de sus partes individuales. También fue representante de esta corriente Guillermo de **Ockham**. El N enfrentó al realismo en la **disputa de los universales** y es una de las fuentes del **empirismo** y el **individualismo metodológico**.

Nomológico: Referido a **leyes** científicas.

Nomológico-deductivo: Ver **explicación nomológico-deductiva**.

Nomotético: General, aquello que es explicado en términos de **leyes** y principios generales. Opuesto: **ideográfico**.

Noseología: Ver **gnoseología**.

Noúmeno (Immanuel Kant): La realidad profunda del mundo exterior (**fenómeno**), imposible de acceder para el **conocimiento**, ya que se halla fuera de toda **experiencia** posible, y **objeto** de estudio de la **metafísica**. En este sentido, el N es equiparable a la **cosa en sí** (lo que *es* realmente) y se opone a lo fenoménico (lo que *parece*). Pero Kant por momentos distingue entre uno y el otro, siendo el N el concepto de la cosa en sí, así como el **fenómeno** es el concepto de **apariencia**. En la tradición racionalista, N es la realidad **inteligible** o lo que es pensado, opuesto al **mundo sensible** de los fenómenos.

Núcleo central (Imre Lakatos): Parte esencial del **programa de investigación científica**, formado por las **hipótesis fundamentales**, intocables dentro del programa. El NC siempre permanece y es defendido aún con abundantes **anomalías**. Según **Lakatos**, los programas nunca son refutados, sino que sólo existe la decisión metodológico-**pragmática** de abandonarlos por otros que posean contenido **empírico** adicional. Además, el NC está rodeado de un **cinturón protector**, formado por las **hipótesis auxiliares** e **hipótesis derivadas**, que podrán ser descartadas o variadas en las sucesivas falsaciones que hagan los científicos. El NC es el conjunto de hipótesis que tienen en común todas las teorías de un programa de investigación científica.

Núcleo duro: Ver **núcleo central**.

Núcleo firme: Ver **núcleo central**.

Núcleo protector: Ver **cinturón protector**.

Núcleo tecnológico: Ver **insumo clave**.

Nueva ciencia: Expresión de **Galileo** para describir el **método científico** basado en la **observación** y **experimentación empíricas**, en contraposición con la visión medieval de la **ciencia**.

Nueva ciencia: Ver **filosofía de la ciencia**.

Nueva filosofía de la ciencia (1962 →): 1. Se ha llamado así (y también "filosofía histórica de la **ciencia**"), a la corriente de filósofos de la ciencia que impugnó las distinciones -realizadas por el **positivismo lógico-** entre **contexto de descubrimiento** y **contexto de justificación**, entre **proposición analítica** y **proposición sintética** y entre **términos teóricos** y **términos observacionales** y que negó la existencia de una **base empírica** neutral. De este modo, el interés por la **lógica** dejó paso al análisis de los elementos sociológicos e históricos de la ciencia. Sus principales autores fueron Stephen Toulmin, Thomas **Kuhn**, Imre **Lakatos** y Paul **Feyerabend. 2.** En general, se denomina así a la **filosofía de la ciencia** posterior a 1960, que abandonó la equiparación de las teorías científicas a **sistemas axiomáticos** que se vinculan con la realidad **empírica** a través de **reglas de correspondencia.** La primera reacción contra esta **concepción heredada** fue la de tomar las teorías científicas como **procesos** en el tiempo, inclusive a la hora de analizar el **significado** de las **proposiciones** científicas (ejemplos de este giro son las nociones de **Hempel** de **principios puente**-principios internos y más radicalmente, la conceptualización del cambio científico en las obras historicistas de los años sesenta y principios de los setenta de Kuhn, Lakatos y otros). Algo que se suele decir sobre la NFC es que ha vuelto la mirada sobre la labor efectiva de los científicos en lugar de especular desde una perspectiva primordialmente **lógica**. El **historicismo** se consolidó como disciplina bajo el nombre de **sociología de la ciencia** en los años ochenta mientras que desde la década anterior fueron revalorados los análisis formales o **semánticos** en el estudio de las teorías. En los años ochenta se extendió la denominada **concepción semántica de las teorías**, que se caracteriza por un enfoque lógico abordado desde la perspectiva de alguna **teoría** de **modelos**. La teoría científica puede identificarse con el conjunto de los modelos que determina, es decir, las **interpretaciones** que autoriza en algún sentido (sentido que varía en los distintos autores de esta corriente).

Nuevo patrón tecnológico productivo: Denominación surgida en la década de 1990 para designar las transformaciones tecnológicas de la **producción** tras la **Tercera Revolución Industrial**. El NPTP está basado en la microelectrónica, la robótica y la **informática**.

O

O: Signo que coordina dos **proposiciones** indicando una alternativa. La interpretación **lógica** de este signo es la **disyunción** (ver **disyunción inclusiva** y **disyunción exclusiva**).

Objetivación: Proceso por el que los **objetos** creados por los **sujetos** se convierten en cosas que adquieren cierta independencia y quedan fuera del control de sus creadores. Por ejemplo, si un sujeto escribe un artículo de opinión en un diario y luego cambia de opinión, aquello que alguna vez pensó ya no dependerá del sujeto: se *objetivó* y se independizó del sujeto. El **conocimiento** es una O porque surge del sujeto pero se convierte en algo independiente de él, en una cosa. Entonces, decimos que se objetiva. También se vinculan a la O los **conceptos** de **alienación, cosificación** y **externalización**.

Objetividad: Análisis de un **objeto** con la completa separación de la **subjetividad** del investigador, es decir, independiente de todo punto de vista particular. En la actualidad, se habla más de **intersubjetividad**, como acuerdo o **consenso** entre **sujetos** acerca de un objeto, en particular en el campo de la O científica.

Objetivismo: Ver **objetividad**.

Objetivo: Realidad existente independiente del **sujeto** que conoce y comprobable por todos. Lo que existe fuera de la **conciencia** humana y es independiente de ella.

Objeto: Cosa, **realidad**. Por ejemplo "el O de predicación" (aquello en el mundo de lo cual se dice que tiene alguna propiedad). También O puede ser, en **Psicología**, una cosa que no es propiamente real, sino que sólo existe en la psiquis de alguien como construcción. El O es también aquello que estudia determinada **ciencia** o disciplina, también llamado O de estudio. Por otra parte, puede usarse el término O sin que eso suponga un juicio a favor o en contra de su realidad. Por ejemplo puede discutirse si los objetos de los que habla una **teoría** son partes de un **modelo ideal** o si son partes del mundo real, **objetivo**.

Observación: Utilización de los sentidos con el fin de clasificar y registrar acontecimientos o **fenómenos** para resolver un **problema** de investigación según categorías previamente establecidas (o no). El observador utiliza un **metalenguaje** para hablar de su **objeto** de estudio. Ventaja: el **conocimiento directo**. Desventaja: la posible distorsión que ocasione la presencia del observador. Hay varios tipos de O, por ejemplo, **O simple** y **O participante**. En el campo de la **epistemología**, la O es el paso inicial del **método inductivo** clásico, mientras que el llamado **inductivismo amplio**, el **falsacionismo** y otras corrientes sostienen que toda O está guiada por una **teoría**.

Observación de campo: Evaluación de un **objeto** de estudio en el lugar y condiciones naturales en el que éste se encuentre. Por ejemplo, ir a la cancha y observar el comportamiento de los hinchas o ver la ropa que usan los adolescentes en un recital.

Observación directa: Ver **observación de campo**.

Observación participante: Herramienta central de la **etnografía** que B. **Malinowski** desarrolló en su estudio de los habitantes de las islas Trobriand y que consiste en un **trabajo de campo** en el que el antropólogo estudia a una pequeña **sociedad** como unidad de análisis, conviviendo con ella y aceptando el **rol** que la **comunidad** le dé. Exige una convivencia prolongada, el dominio de la **lengua** del lugar y la participación del investigador en la **vida cotidiana** del **grupo**. La OP es utilizada también en **Sociología**.

Observación simple: Situación en la que un investigador observa en forma directa a su **objeto** de estudio. También llamada **observación de campo**.

Obsolescencia: Disminución de la vida útil de un **bien de consumo** o de un **bien de capital** producido por un cambio económico o tecnológico. Por ejemplo, puede decirse que el video-cassette sufre de O a partir del surgimiento del DVD. Nótese que no debe confundirse la O con la **depreciación**.

Obstáculo epistemológico (Gastón Bachelard): "La relación imaginaria que el investigador mantiene con su **objeto** de estudio." Se llama *obstáculo* a esta relación porque impide que el **conocimiento** progrese, en la medida en que carga al objeto con falsas creencias o **prejuicios** que el investigador tiene y aún no ha cuestionado. Estos prejuicios son solidarios unos a otros, forman una trama coherente de opiniones o de errores primarios y debe producirse una ruptura en la trama para que podamos aceptar una nueva creencia que contradiga al error previo (a esto se llama **ruptura epistemológica**). Esta relación es una **condición necesaria** del conocimiento, es decir que todo conocimiento supone un error, porque se conoce siempre un objeto desde una **subjetividad** que lo construye y por tanto, desde otras creencias. El **conocimiento científico** se aproxima a la **verdad** sin alcanzarla nunca. Suponer que no hay en el **progreso** de la ciencia rupturas con errores previos y por tanto saltos, es suponer que los investigadores tratan con la realidad directamente y no con objetos construidos. A esta concepción **Bachelard** opone la suya: "El **sentido** del vector epistemológico lo consideramos perfectamente nítido. Se mueve sin duda de lo **racional** a lo **real**, y de ningún modo a la inversa, de la realidad a lo general, como sostenían todos los filósofos, desde **Aristóteles** hasta **Bacon**." Tomando la terminología de **Kuhn** se puede identificar a las rupturas epistemológicas de la comunidad científica con los cambios de **paradigma**. También se puede interpretar como OE a las creencias y percepciones que tiene un científico que está trabajando con una **anomalía**. Si éste logra adaptar su **teoría** convirtiendo la anomalía en un **enigma**, ello se debe a una ruptura epistemológica que va a expresarse en las **hipótesis** modificadas.

Ockham, Guillermo de (1270-1347): Teólogo, filósofo y lógico escolástico. Fue un defensor de la separación de la **Iglesia** y el **Estado**, y discrepó con la lectura **medieval** de **Aristóteles**, razones por las que fue excomulgado. Utilizando la denominada "**navaja de Ockham**" sostuvo su **tesis** de que "no hay que multiplicar los entes sin necesidad", siendo referente del **nominalismo** en la **disputa de los universales**. Fue pionero en ideas que luego desarrollarían el **Renacimiento** y la **Reforma Protestante**.

Omnímodo: Que lo incluye todo.

Omnisciente: Que tiene un **conocimiento** perfecto y completo de todo.

Óntico: Lo que existe, lo que tiene **ser**. Según **Heidegger**, lo que refiere a los **entes (esencia)** en oposición a lo **ontológico**, propio del ser (existencia).

Ontogenia: Proceso de formación y desarrollo de los seres vivos.

Ontología: Estudio del **ser** o el **ente** en sí mismo, independientemente de sus modos o **fenómenos** (la "**ciencia** de la **esencia**", según **Husserl**). El **término** apareció en el siglo XVII con J. Clanberg. La O de una **teoría**, sea filosófica, científica o pseudo-científica, es el conjunto de entidades que postula. Por ejemplo, el **psicoanálisis** postula un ente al que llama **inconsciente** y caracteriza con una serie de propiedades mientras que la **psicología conductista** ni se ocupa de este **objeto** ni acepta que exista tal como lo concibe el psicoanálisis, por lo que las O de estos **sistemas** son diferentes. Opuesto: **deontología**.

Operacionalismo: Corriente filosófica que afirma que el **significado** de un **concepto** es el conjunto de operaciones repetibles que deben llevarse a cabo para determinar sus casos particulares. Por ejemplo, la temperatura está dada por el procedimiento de usar un termómetro para tomar la temperatura de alguna cosa determinada. **Hempel**, en 1954, criticó a esta posición por la **vaguedad** con la que se definía el **concepto** de "operación" y dijo que una vez que se precisara la noción no iba a generar las condiciones para una definición operacional sino las de una **verificación**, semejante a la del **neopositivismo**. Sus principales representantes son P. Bridgman y H. Dingler, quienes desarrollaron en la década del ´50 el O en el campo de la física para luego extenderlo a las ciencias exactas.

Operador: Símbolo lógico que representa un nexo entre **proposiciones** o **fórmulas** y que tiene un **significado** fijo –no variable-.

Opinión: Ver *dóxa*.

Oposición: Relación entre **proposiciones** opuestas, es decir aquellas que tienen **significados** distintos a pesar de que dicen algo acerca de los mismos **predicados** o bien sobre las mismas **proposiciones**, porque combinan de manera diferentes **términos lógicos** como "algún", "todos", "no", "es necesario", "es posible", etc. Existen cuatro tipos de O: **contradicción**, **contrariedad**, **subcontrariedad** y **subalternación** (ver **cuadro de O**).

Oposición (estructuralismo): Concepto fundamental de la corriente **estructuralista**, la idea de O plantea que no vemos a las cosas como *son* sino como *actúan* respecto de otras. Así, la letra "a" es "a" no por identificación consigo misma, sino por diferencia con las demás letras del abecedario: "a" es "a" porque no es ni "b" ni "c", etc. Conocemos en términos de diferencia u oposiciones (dos cosas son iguales entre sí porque difieren del mismo modo de una tercera).

Or: **Operador** lógico **disyuntivo** "o". Es **verdadero** si lo es al menos una de sus **premisas** y sólo es falso cuando ambas son falsas.

Oración: Palabra o palabras que expresan un **sentido** gramatical completo. Al **significado** de la O se le llama **proposición** si tiene sentido decir de aquel que es verdadero o falso. Por ejemplo, el significado de "Llueve" es una proposición porque es una **O informativa** pero el significado de "Andate a dormir" no lo es, ya que se trata de una O imperativa (su función no es afirmar ni negar una proposición sino inducir a alguien a hacer algo). Dos O diferentes pueden expresar la misma proposición: "Juan ama a María" y "María es amada por Juan" afirman lo mismo. También pasa eso con "*Es regnet*" y "Llueve". Al revés, la misma oración puede expresar proposiciones diferentes: "El actual presidente es abogado", que en 1976 expresaba una proposición (falsa) y en 1989 otra (verdadera).

Organicismo: Idea de que el mundo y la **sociedad** tienen un funcionamiento análogo al de un organismo biológico. Pueden considerarse propios del O a los planteos de **Spencer**, Shelling, Bergson y **Whitehead**, entre otros. Opuesto: **mecanicismo** y **vitalismo** (ver también **sociobiología**).

Organon **(Aristóteles):** Conjunto de los tratados aristotélicos sobre **lógica**.

Oscurantismo (525-siglo XVIII): Actitud dogmática de rechazo al saber y a la educación del **pueblo**, y censura de la crítica científica del mundo. Históricamente, el O está vinculado con la **Iglesia Católica**. Surgió en 525, cuando **Justiniano** prohibió las escuelas filosóficas y se extendió durante toda la **Edad Media**, hasta que el **Iluminismo** lo puso en crisis.

P

Paganismo: Dícese de las creencias anteriores al **cristianismo** (con excepción del **judaísmo**).

Pagano: No evangelizado, infiel no bautizado.

País desarrollado: Ver **países desarrollados**.

País en vías de desarrollo: Ver **países en desarrollo**.

País subdesarrollado: Ver **países subdesarrollados**.

Países centrales (teoría de la dependencia): Son PC aquellos en los cuales el **capitalismo** se encuentra altamente desarrollado y por lo tanto existe una **industrialización** muy fuerte donde prevalece **tecnología** de punta. Los PC son los de Europa occidental, **Estados Unidos** y Japón. Se oponen a los **países periféricos**.

Países en desarrollo: Término que hace referencia a países no desarrollados o no industrializados, pero que estarían transitando lentamente un camino hacia el **desarrollo**. El término ha sido criticado, por ejemplo, por la **teoría de la dependencia**, que señala que se trata de un **eufemismo** para hacer referencia a los **países subdesarrollados** de la **periferia**.

Países en vías de desarrollo: Ver **países en desarrollo**.

Países periféricos (teoría de la dependencia): Son PP aquellos con un **desarrollo** industrial débil y una fuerte **dependencia** en relación con los **países desarrollados**. Es el caso de todos los países de Latinoamérica, de África y de la mayor parte de Asia. Se oponen a los **países centrales**.

Países satélites: Países controlados **política** y económicamente por una potencia.

Países subdesarrollados: Países que carecen de una **estructura** económica desarrollada, lo que puede medirse en términos de nula o escasa **industrialización**, desniveles regionales, **índices** bajos de **nivel de vida** y **PBI, distribución** regresiva del **ingreso**, etc. Son PS la mayoría de los países de América Latina, Asia y África (ver también **Tercer mundo** y **teoría de la dependencia**).

Panteísmo: Doctrina monista que plantea que todo lo que existe es Dios, la identidad entre éste y el mundo.

Paradigma (Thomas Kuhn): Cosmovisión del mundo, **matriz disciplinar** [(reformulación posterior dada por **Kuhn** y sustentada por Laudan)] o base sobre la que se asientan la **investigación** científica y la **ciencia normal** en cada época y lugar determinados. Un P es más amplio que una **teoría**: es un conjunto de prácticas y **conceptos** compartidos por un grupo de científicos en un momento histórico dado, en un contexto político e ideológico específico, que les permite organizar y conocer el mundo de una determinada manera. En el marco del P, los científicos que a él adhieren desarrollan la ciencia normal. Sólo la aparición de **anomalías** graves, que ponen en **crisis** al conjunto del edificio, plantean una **revolución científica**, donde un **P rival** puede desplazar al P dominante de su sitial. Son elementos de los P: 1) teorías generales que incluyen definiciones y **leyes** válidas para el P, 2) **modelos heurísticos**, es decir, modelos de cómo interpretar la realidad de tal forma que un científico pueda detectar dónde hay un **enigma** a resolver y cuáles son las soluciones aceptables para su **comunidad científica**. Estos modelos son un conjunto de **problemas** resueltos, ejemplos a partir de los cuales el estudiante adquiere la capacidad de ver situaciones como similares y, por lo tanto, resolverlas de manera parecida, 3) **valores** tales como coherencia, predictibilidad, sencillez, precisión, tenidos en cuenta a la hora de evaluar una teoría. Un P funciona como un par de anteojos especiales o como un mapa, que muestra una determinada visión de las cosas (pero que se le presenta al usuario como única): los científicos bajo un mismo P están de acuerdo acerca de cuestiones **metafísicas** (qué entidades pueden postularse y cuáles no); metodológicas, que indican cómo llevar a cabo la investigación científica; conceptuales: indican qué es un enigma y qué es un problema ajeno a la ciencia, restringen las soluciones posibles a los problemas (siempre hay varias soluciones posibles, ya que el P deja mucho para descubrir a los investigadores que hacen ciencia normal. Ellos deben encontrar alguna respuesta válida según los parámetros del P a problemas que aún no habían sido solucionados); por último, hay un acuerdo acerca de los instrumentos y de su utilización correcta. La noción de P fue abandonada por Kuhn en obras posteriores a *La estructura de las revoluciones científicas*, planteando un nuevo concepto. En I. **Lakatos**, el **programa de investigación** puede considerarse como un equivalente del P. La práctica científica que se inicia con la aceptación de la teoría de **Einstein** es un ejemplo de P.

Paradigma rival (Thomas Kuhn): Paradigma que surge confrontando con otro seriamente amenazado por una **crisis**. El nuevo paradigma será muy diferente del viejo e incomparable –"**inconmensurable**"- con él. Cada paradigma considerará que el mundo está formado por distintos tipos de cosas. Paradigmas diferentes considerarán lícitos o significativos distintos tipos de cuestiones y diferirán en las **normas** generales que guiarán la **ciencia normal**. Los defensores de paradigmas distintos viven en mundos distintos. Por ejemplo, las **teorías** astronómicas de **Ptolomeo** y de **Copérnico** se sucedieron provocando un cambio de paradigma, en el cual es notable la diferencia entre metodologías.

Paradoja: Del griego *parádoxa* "lo que es contrario a la opinión (*dóxa*)". Para los griegos una P era una **razonamiento** convincente que conduce a la **afirmación** de algo inaceptable. En la actualidad el **término** se utiliza para nombrar razonamientos que en algún momento tienen dos **enunciados** de la forma: p $\rightarrow$ ¬p y ¬p $\rightarrow$ p, aunque también se conserva el **sentido** del término como sinónimo de "contra-intuitivo". Se ha hecho una clasificación entre P **lógicas** y P **semánticas** porque las soluciones que se dan a una P son diferentes dependiendo de que su contexto sea un **lenguaje artificial** o un **lenguaje natural**. Un ejemplo de P lógica es la de la **clase** de todas las clases que no pertenecen a sí mismas. Una clase así definida, ¿pertenece a sí misma? Si pertenece a sí misma, entonces no pertenece a sí misma. Si no pertenece a sí misma, entonces pertenece a sí misma. Las soluciones a las P lógicas se resuelven eliminando del **sistema** las **fórmulas** que las provocan. Un ejemplo de P semántica es la famosa **paradoja del mentiroso**: "Esta frase es falsa" ¿es un enunciado verdadero? Si es verdadero, entonces es falso (porque lo que afirma es falso). Y si es falso, es verdadero. Este tipo de paradojas se solucionan trazando una distinción entre **lenguaje objeto** y **metalenguaje**. Una **oración** siempre pertenece a un lenguaje y se habla acerca de ella desde su metalenguaje (y acerca de este metalenguaje, desde otro metalenguaje, etc). Según A. Tarski, las expresiones "es falsa" o "es verdadera" son siempre metalingüísticas.

Paradoja de Aquiles y la tortuga (Zenón de Elea): Paradoja que conduce a la negación del movimiento: Aquiles no puede alcanzar nunca a una tortuga que camina por el mismo camino. Acaso uno sólo de sus largos pasos sería suficiente para llegar hasta ella, pero antes de dar el paso completo él debe recorrer la mitad de esa distancia, y antes que eso la mitad de esa mitad y así infinitamente, por lo que nunca llega y ni siquiera puede moverse. Esta paradoja puede resolverse si se acepta que -si el espacio es infinitamente divisible- también lo es el tiempo.

Paradoja del cuervo: Ver **paradojas de la confirmación cualitativa**.

Paradoja del mentiroso: Esta **paradoja semántica** ha sido reformulada de diversos modos a lo largo de la historia. Lo que tienen en común todas las formulaciones es que hay un **enunciado** que dice de sí mismo que es un enunciado falso. Por ejemplo, el enunciado "Miento", que es equivalente a "Lo que digo es falso". La **paradoja** se presenta cuando nos preguntamos por el **valor de verdad** de tal enunciado. Será verdadero si es cierto lo que dice, es decir, si es falso. Y será falso si es verdadero. La PM es un ejemplo de **autorreferencia lingüística**; la frase "Estoy mintiendo" es paradójica: si estoy mintiendo digo la verdad y si digo la verdad estoy mintiendo. La confusión proviene de la no distinción entre **lenguaje objeto** y **metalenguaje**. Al establecerse ambos **niveles del lenguaje** la PM se disuelve.

Paradojas de la confirmación cualitativa (Carl Hempel): Nos detendremos en una de las PCC más conocidas; sin embargo, **Hempel** ha desarrollado otras varias en sus estudios acerca de una **teoría** de la **confirmación** cualitativa (la cual se complementa con la confirmación cuantitativa o probabilística desarrollada por **Carnap**). Esta aparente **paradoja** es expuesta por Hempel en *Problemas recientes de la inducción*. La paradoja se genera cuando se aceptan dos **premisas**: la primera es el criterio de Nicod, que dice que una **hipótesis general** (como "todos los cuervos son negros") se ve **confirmada** por todos los **enunciados singulares** que son instancias de la hipótesis (como "Arturo es un cuervo y es negro"). En lenguaje simbólico la hipótesis se puede escribir como "(x) (Cx $\rightarrow$ Nx)" y su instanciación como "Ca . Na". Es decir que cada cuervo negro del que tomamos registro es un elemento confirmador de la hipótesis. La segunda premisa es la condición de equivalencia que dice que las expresiones lógicamente equivalentes significan la misma **proposición**. Al aceptar esta condición, resulta que nuestra hipótesis puede expresarse como (el enunciado equivalente) "Todas las cosas no negras no son cuervos" o "(x) ($\neg$Nx $\rightarrow$ $\neg$Cx)". Según el criterio de Nicod las instanciaciones de este enunciado confirman la hipótesis, lo que quiere decir que cualquier cosa que veamos que no sea negra ni sea un cuervo, confirma la hipótesis de que todos los cuervos son negros ("$\neg$Na . $\neg$Ca"). Esta es la conclusión anti-intuitiva que se sigue de aceptar las dos **premisas** mencionadas. Según Hempel, esta consecuencia y otras similares resultan paradójicas sólo en un sentido psicológico pero no lógico. La extrañeza que producen se debe a que contradicen intuiciones previas, pero eso no significa que estas consecuencias sean incorrectas: deben ser aceptadas por quien quiera aceptar las dos premisas, y estas premisas son razonables. La condición de equivalencia dice que un elemento de **prueba** confirma una **hipótesis** (o no) según cuál sea el contenido -el **significado**- de la hipótesis, con independencia de cómo ha sido formulada. Difícilmente pueda renunciarse a esta condición. El criterio de Nicod también expresa un principio irrenunciable para el **confirmacionismo**, pero no se lo puede aplicar en todas las situaciones, ya que la expresión "(x) (Cx . $\neg$ Nx) $\rightarrow$ (Cx . $\neg$ Cx)" (léase: "Para toda cosa, si la cosa es un cuervo y no es negra, entonces es y no es un cuervo) también es equivalente a nuestra hipótesis y no puede tener casos confirmatorios como los tenían las formulaciones anteriores, ya que no puede haber algo que sea un cuervo y que no sea un cuervo. Dadas estas excepciones a la aplicabilidad del criterio, Hempel sugiere que se tome al criterio de Nicod como una **condición suficiente** pero no necesaria de la confirmación.

Paradojas de la implicación material: Las llamadas PIM son dos consecuencias acaso curiosas de la definición del **condicional material**. La primera es que cualquier **proposición** implica lógicamente a todas las **tautologías** y, en general, a cualquier **enunciado** que sea verdadero. La segunda es que un enunciado falso cualquiera, por ejemplo una **contradicción**, implica a cualquier proposición. También se sigue de la definición del condicional material que, dadas dos proposiciones cualesquiera p y q, o bien p $\rightarrow$ q o bien q $\rightarrow$ p.

Paradojas de la inducción: Ver **paradojas de la confirmación cualitativa** y **ambigüedad de la inducción**.

Paralogismo: Razonamiento falaz, sin que quien lo plantea tenga conciencia de esa incorrección (lo que lo diferencia del **sofisma**).

Parménides de Elea (540-470 a.C.): Filósofo **presocrático** griego, representante de la escuela eleática, que concebía al **ser** como uno, eterno e inmutable, en oposición al movimiento y cambio perpetuos de **Heráclito**. Se lo considera fundador de la **metafísica** –el estudio del ser- y de la **teoría** del **conocimiento**.

Pascal, Blaise (1625-1662): Matemático, físico y filósofo francés, creador del cálculo infinitesimal y del principio de hidrostática. Seguidor de **Descartes**, la **religión** ocupó un lugar muy importante en su **teoría**. Entre sus obras principales encontramos a: *Pensamientos sobre la religión* (1670).

Patrística (catolicismo, siglos II-VIII): Período de los llamados Padres de la **Iglesia** (Justino, Tertuliano, Orígenes, **San Agustín**, etc), sus obras, su **filosofía** y sus **doctrinas**.

Patrón tecnológico productivo: Forma de organización de la **producción** basado en la difusión de un nuevo "**factor llave**" o "**núcleo tecnológico**", que produzca la consolidación de un nuevo **paradigma** tecnológico dominante y que resuelva los problemas que traban la **reproducción (ampliada)** de una **formación social**.

Peano, Giuseppe (1858-1932): Lógico y matemático italiano, se destacó por su **axiomatización** de la aritmética (ver **axiomas de Peano**), porque distinguió las nociones de inclusión y pertenencia a un conjunto y creó un **sistema** de **símbolos** usado en la **lógica** y la matemática.

Peirce, Charles Sanders (1839-1914): Lógico, filósofo, lingüista, matemático y astrónomo estadounidense. Heredero de una tradición lógico-filosófica y científica, con influencias de **Kant**, **creó** la **semiótica** moderna, marco que él proponía para una **teoría del conocimiento**. Definió al **signo** como "lo que representa algo para alguien" y propuso tres tipos: el **ícono**, el **índice** o **indicio** y el **símbolo**. Además, mientras que **Saussure** reconocía en el signo dos elementos, P plantea tres: **representamen** (el signo en sí), el **objeto** y el **interpretante**. Su obra influyó en varios autores, por ejemplo en C. **Morris**. Simultáneamente, es considerado el fundador del **pragmatismo**. Las obras de P están dispersas en diversos *papers*.

Peripatéticos: Nombre que recibían los seguidores de **Aristóteles**, habituados a hablar o discutir caminando.

Petitio principii **(Petición de principios o "pedir la pregunta"):** Tipo de **falacia de atinencia** que trata de tomar como **premisa** de un **razonamiento** la misma **conclusión** que pretende probar. La premisa es igual que la conclusión (aún cuando la redacción, es decir la **oración**, pueda ser diferente), es decir que es atinente en cuanto a la **verdad** de la conclusión, pero no es atinente en cuanto a la **prueba** de la conclusión. Ejemplo: Borges escribe mejor que Sábato porque la gente de buen gusto literario lo lee más. Si se pregunta cómo sabemos que tiene buen gusto literario, se responderá que tener buen gusto literario es preferir a Borges y no a Sábato.

*Philosophes***:** Voz francesa que refiere a los pensadores de la **Ilustración** de la **Francia** prerrevolucionaria, como **Montesquieu**, **Voltaire** y **Rousseau**, entre otros.

Pienso, luego existo (René Descartes): *Cogito ergo sum*. Esta afirmación es según el autor, indubitable y en tanto que tal es un fundamento sólido para inferir otros conocimientos. En las *Meditaciones metafísicas* la conciencia de **ser** un ser pensante lleva a **Descartes** a la convicción de que de ahí se deriva la existencia de Dios. De este modo, **Descartes** plantea a un **sujeto** con ideas innatas, con Dios como garantía de la **verdad** de nuestras ideas (ver **método cartesiano** e **idea** en Descartes).

Pitágoras (584-496 a.C.): Filósofo **presocrático**, matemático y metafísico nacido en Samos. Considerado uno de los fundadores de la Geometría, creó el **teorema** que lleva su nombre y aplicó el **método deductivo**. Sostenía la armonía del universo sobre la base de la relación entre los números y las cosas.

Platón (428-347 a.C.): Filósofo griego, discípulo de **Sócrates**, de quien tomó el **método** del diálogo o **dialéctica**. A diferencia de Sócrates, P escribió su pensamiento y lo hizo en forma de diálogos socráticos (diálogos con Sócrates) que era un género literario difundido en su época. Pregonó el **idealismo objetivo**, según el cual las **ideas** son eternas y lo único real mientras que el mundo sensible no es más que un flujo de imágenes cambiantes que apenas reflejan la realidad de las ideas. Un caso de esta **tesis** es: "Los caballos no existen, lo único que existe es la idea que tenemos de los caballos, el caballo en sí." Hay aquí un dualismo, en la distinción entre el mundo de las ideas (lo inteligible, intemporal) y el mundo sensible, que es temporal. Al **conocimiento** de la **esencia** de las cosas se accede por la **razón** y no por la percepción. Escribió numerosas obras, entre las que se destaca *La República*, en la que propone un **modelo** aristocrático, según el cual la **sociedad** debía ser gobernada por los que más saben: los filósofos. Distinguió tres **clases sociales**, cada una con una característica: 1- los gobernantes o magistrados, la prudencia, 2- los guerreros, la fortaleza y, 3- los labradores y **artesanos**, la templanza. La justicia se da cuando cada uno cumple con la **función** social que le tocó. Fundó la escuela de **filosofía** llamada la **Academia**, donde le dio clases a **Aristóteles**, entre otros. Entre sus obras principales encontramos a: *La República*, *Fedón*, *Parménides* y *Sofista*.

Platónico: Relativo al **platonismo**.

Platonismo: Postura de **Platón** y sus seguidores que sostiene que las **ideas**, a las que llamamos hoy **universales** y a las que sólo accedemos mediante la **razón**, son reales, tanto o más que el mundo espacio-temporal al que accedemos por los sentidos.

Plausible: Verosímil. También, recomendable o meritorio.

Poligenismo: Posición que admite varias explicaciones acerca del origen del **hombre** y cuestiona la explicación bíblica del origen humano —el llamado **monogenismo**-.

Polimorfo: Lo que tiene o puede tener varias formas.

Polis (**Grecia clásica, siglos IX-IV a.C.**): Organización de las **ciudades-Estado**, **territorios** con un **sistema político** regido por una fuerte participación del conjunto de los varones libres, los únicos reconocidos como **ciudadanos**. En el marco de esta participación **política** –**democracia directa** asamblearia- podía ejercitarse la **Razón**. La P –surgida con la decadencia de la **monarquía** vitalicia- era considerada anterior a la **familia** y al **individuo** -ya que el todo es necesariamente anterior a la parte- y no una mera suma de individualidades. La **teoría política** aristotélica y el **Estado** ideal de **Platón** se desarrollaron en la última etapa de la P, en el siglo IV a.C.. Según **Aristóteles**, fuera de la P el ser humano no podía ser considerado humano. De hecho, los **esclavos** no lo eran, y tampoco las mujeres ni los **metecos** (extranjeros) podían participar. En realidad, hablar de la P griega es hablar de la P de **Atenas**, ya que en ninguna otra P –incluidas las anteriores o posteriores- se dieron las condiciones producidas allí: abundancia de recursos, liderazgo comercial y marítimo, política imperial, la figura de **Pericles**, etc. La expansión de **Roma** y Macedonia (conquista de Grecia por Filipo II) y la llegada de la época helenística marcaron su ocaso, sucediéndole un gran **imperio** militar con **Alejandro Magno** como figura excluyente.

Politeísmo: Creencia en la existencia de varios dioses. Opuesto: **monoteísmo**.

Politeia (**Aristóteles**): **Régimen político** propuesto por el filósofo griego, mezcla de **aristocracia** y **democracia**. La P era una fórmula intermedia que reflejaba la desconfianza de **Aristóteles** hacia el **gobierno** del **pueblo**, al que consideraba como el gobierno de los ignorantes. También se identifica a la P con la **comunidad** de los **ciudadanos**.

Política: El término deriva de *Polis*, que designa todo lo relativo a lo **público** y lo civil. Llegó hasta nuestros días por la obra de **Aristóteles**, que llevaba esta palabra como título. La P es el espacio en el que se desarrolla la lucha por el **poder** y la toma de decisiones. Estructura y funcionamiento de las **instituciones** del **Estado**. Para **Weber**, la P es la dirección o influencia sobre una **asociación política**. En sentido amplio, P se define por el poder, o sea, todo poder es político (por ejemplo, el poder de un padre sobre un hijo o de un sacerdote sobre un creyente). En sentido restringido, es P sólo lo que se relaciona con los asuntos públicos, con el arte de gobernar un Estado y de dirigir sus relaciones con las demás instituciones.

Popper, Karl Raimund (1902-1994): Filósofo de la **ciencia** austriaco radicado en **Inglaterra**, cabeza del **falsacionismo** o **racionalismo crítico** y figura central del **método hipotético-deductivo**. Férreo enemigo del **totalitarismo** y del **historicismo**, **marxista** en su juventud y admirador de **Freud**, rompió con ellos y se dedicó a combatirlos, argumentando que se trata de **teorías** no abiertas a la **refutación**, sino sólo a la **confirmación**. Aunque no fue miembro del **Círculo de Viena** siguió una línea semejante a la de este grupo, aunque criticó algunas de sus tesis: el **verificacionismo** y el **confirmacionismo**, dando su propia versión del **positivismo lógico**. Entre sus obras principales encontramos a: *La lógica de la investigación científica* (1934), *La sociedad abierta y sus enemigos* (1945) y *La miseria del historicismo* (1957).

Posibilidad: Situación de lo que puede llegar a ser (aunque aún no es). Opuesto: **imposibilidad**.

Positivismo (siglo XIX): Filosofía y **método científico** que plantea como postulados básicos: 1) que los **hechos empíricos** y la **inducción** son los únicos medios eficaces del **conocimiento**, rechazando la **metafísica** y la **teología**, 2) que las diferentes disciplinas científicas deben tener el mismo **método** más allá de que tengan diferentes **objetos (monismo metodológico)**, 3) que las **ciencias naturales** -la física matemática en especial- constituyen un **modelo** para el resto de las **ciencias**, incluidas las humanidades, 4) que la **explicación científica** consiste en encontrar **leyes** que involucren a gran cantidad de casos individuales, demostrando la **causa** de un tipo de **fenómeno** y, 5) que debe ser posible prever lo que va a ocurrir en el futuro, y para eso hacen falta fuertes leyes **generales**. Otras ideas que compartieron algunos positivistas, aunque no todos: la **modernización**, la **racionalidad**, la **razón instrumental**, la **evolución** lineal de la **sociedad**, la fe en el **progreso** en base a la innovación científica y tecnológica, el **darwinismo social** (sobrevive el más fuerte), la función civilizadora del hombre blanco (**racismo**), el no cuestionamiento del pasado (tradición) y la idea de que la sociedad debe ser mirada de la misma manera que un organismo biológico (**organicismo**). Son autores claves del P: Francis **Bacon**, David **Hume**, John S. **Mill** y Augusto **Comte**.

Positivismo lógico (1920 →): Escuela científica de los autores vinculados al **Círculo de Viena**, al Círculo de Varsovia y a las escuelas de Cambridge y Oxford. El PL enunció un conjunto de reglas de cientificidad basadas en el análisis crítico y lógico-estructural del **lenguaje** y en una actitud filosófico-empírica, conocida también como **neopositivismo** o **empirismo lógico**. Según el PL, sólo son científicos aquellos **enunciados** de los cuales puede predicarse su **verdad** o falsedad y que son empíricamente verificables, ya que el **conocimiento científico** sólo puede basarse en la **experiencia** sensible. El **conocimiento proposicional** debe ser una copia fiel de los **hechos**: las **proposiciones singulares** justifican la **afirmación** de **proposiciones generales**, a través de **derivaciones** lógicas **inductivas** (de "Juan es mortal", "José es mortal" y "María es mortal", surge "todos los hombres son mortales"). La fuente del conocimiento son las sensaciones que captan hechos materiales singulares. Las proposiciones con **sentido** son las que se pueden verificar y están construidas de acuerdo a las reglas **semánticas** y **sintácticas** del **lenguaje**. Los positivistas lógicos dividieron a las ciencias en **ciencias formales** y **ciencias fácticas**, y distinguieron el **contexto de descubrimiento** y el **contexto de justificación** de las **teorías**, poniendo toda la importancia en éste último. El PL reduce el conocimiento humano relevante a aquel que tiene su origen en lo **empírico**; pretende reducir la diversidad metodológica a la unidad (**monismo metodológico**); reduce la **racionalidad** a la **ciencia**; y reduce el **método** científico al análisis lógico y a la contrastación o puesta a **prueba** empírica de las teorías. Entre sus principales pensadores se destacan Alfred Ayer, Carl **Hempel** y Rudolf **Carnap**.

Posmodernidad (década de 1960 →): Surgido del contexto del arte (el posmodernismo), el concepto P se extendió luego a la discusión filosófica para hacer referencia a la **crisis** de la **Modernidad** en general y de la Modernidad capitalista en particular. La P cuestiona la concepción moderna del **progreso** como camino ascendente y progresivo, considerando los resultados adversos de la **industrialización** y la utilización de la **tecnología**, entre otros aspectos. También pone sobre el tapete la idea de la **sociedad** como una totalidad, reivindicando en su lugar una visión de la sociedad como una multiplicidad de fragmentos y espacios, incluso en temáticas como el **poder** –bajo la influencia de M. **Foucault**-. El **discurso** posmoderno propone resaltar la diversidad, el individualismo, la multiplicidad de **lenguajes** y el **relativismo axiológico** -es decir que frente a los valores, no se toma posición: "**todo vale**"-. En este sentido, la P recibe el influjo del pensamiento de F. **Nietzsche**, de donde se nutre para elaborar conceptos como la "crisis de las certidumbres" o "metarrelatos", el "**fin de la historia**" o el sin sentido del mundo. En particular, la P implica un rechazo a las explicaciones generales o **teleológicas** de la **historia** como las que proporcionan la salvación divina o la **revolución** de raíz **marxista**. Algunos críticos han planteado que la P opera como un mecanismo ideológico reproductor del llamado **capitalismo** posindustrial. Entre los principales pensadores ligados a la P tenemos a G. Vattimo y J. F. Lyotard.

Post hoc: Expresión latina que refiere a una **explicación** de un **hecho** o **hipótesis** que predice un hecho, pero que fue agregada después de que el hecho ocurriera o después de que fuera predicho por otra **teoría**, porque la teoría a la que se agregó la hipótesis PH no podía predecir el hecho en cuestión sin esta hipótesis.

Postmodernidad: Ver **Posmodernidad**.

Postulado (Euclides): En la Antigüedad, **proposición** que se presupone verdadera, pero de la cual puede dudarse, a diferencia del **axioma** cuya **verdad** es indudable. En la actualidad ya no se distingue entre uno y otro porque el criterio de indubitabilidad resulta excesivamente impreciso (los axiomas no tienen que ser evidentes y por lo tanto desaparece la distinción) diferenciándose por su **función** en un **sistema axiomático**: se los toma como verdaderos y lo que se pueda derivar de ellos sin el auxilio de ninguna **premisa** adicional es un **teorema** del sistema. En el caso de un **sistema formal** (que no está interpretado y por tanto sus **fórmulas** no tienen **valores de verdad**) la definición de P recoge únicamente sus propiedades **sintácticas**, a saber, su ya mencionado rol en la demostración de los teoremas. Dada esta última definición podemos decir que hay interpretaciones de un sistema en las que los P o axiomas no son verdaderos y en esos casos la **interpretación** no es un **modelo** del sistema. También llamado **principio geométrico**. Opuesto: **premisa**.

Postulados euclidianos (Euclides): Los PE son cinco: 1- Desde cualquier punto a cualquier otro se puede trazar una recta, 2- Toda recta limitada puede prolongarse indefinidamente en la misma dirección, 3- Con cualquier centro y cualquier radio se puede trazar una circunferencia, 4- Todos los ángulos rectos son iguales entre sí, 5- Por un punto exterior a una recta se puede trazar una y sólo una paralela a dicha recta. Mediante **axiomas, postulados** y definiciones, el método de **Euclides** demostró **proposiciones** o **teoremas** de la geometría. Este **método** (llamado a veces *método geométrico* en honor a Euclides) se convirtió en **paradigma** del **método científico**. Su origen se remonta a **Aristóteles** quien explicitó las reglas que lo definen.

Potencia (Aristóteles): (Del griego *dýnamis*). Esta noción y la de "acto" son usadas por **Aristóteles** para dar cuenta del cambio. Algunos intérpretes equiparan la P y la **materia** y del mismo modo la **forma** y el acto, pero hay buenas razones para no hacerlo: el par P-acto puede explicar el movimiento y el otro par sólo ofrece un enfoque estático (ver **forma**). La P es la posibilidad real (y no meramente lógica) de pasar a otro estado que tiene una cosa, es su capacidad para ser algo que actualmente no es: por ejemplo, la capacidad del hombre para procrear es su P, pero sólo se transformará en efectividad cuando se forme la cigota.

Pragmática (Charles Morris): Parte de la **semiótica** que estudia las relaciones entre los **signos** y sus intérpretes y usuarios, los elementos de un **lenguaje**, y los **sujetos** que emplean ese lenguaje como medio de **comunicación**. También la P puede definirse como la rama de la **lingüística** que analiza los usos del lenguaje.

Pragmatismo (EE.UU., 1872 →): **Filosofía utilitarista** que sostiene que la **verdad** del **conocimiento** está en sus **efectos** prácticos, es decir, en su **utilidad** y posibilidad de llevarse a la **acción**. Por ejemplo, "Dios existe" es verdadera para alguien que encuentre satisfacción espiritual en esa creencia, según señala W. James. El P se vincula con el **positivismo** y el **empirismo** y se opone al **racionalismo**. Principales representantes: Charles S. **Peirce**, William James, John **Dewey** y en la actualidad Richard Rorty.

Praxis: Combinación de pensamiento y **acción** que permite al hombre cambiar las cosas. Por ejemplo, para que pudiera existir la luz eléctrica tuvieron que desarrollarse una serie de **teorías** sobre cómo funciona el mundo. Sin embargo, esas teorías pudieron ser pensadas por la relación del ser humano con el mundo y han sido aplicadas al mundo a través de acciones. Esta conexión múltiple entre acción y pensamiento, acción y experiencia práctica, es la P. Pero también se opone a la **conducta**: la **producción** de miel por parte de la abeja es una conducta, la apicultura desarrollada por el hombre es una P.

Praxis (marxismo, 1845 →): Transformación material de la realidad hecha por el hombre. Conjunto de las prácticas sociales o unidad **dialéctica** entre la realidad y el pensamiento. El **concepto** surgió de la crítica de **Marx** a **Feuerbach**, donde denunció como estéril a la **teoría** sin consecuencias concretas y ciegas a las prácticas sin la guía de la teoría. L. **Althusser** entendió que el pensamiento en sí es P, acuñando el concepto de "práctica teórica", visión no demasiado aceptada en el campo **marxista**.

Preciencia (Thomas Kuhn): Etapa del desarrollo científico que se caracteriza por el desacuerdo y debate de lo fundamental, de los supuestos básicos de una disciplina científica, lo cual impide un trabajo detallado y unívoco (lo que caracteriza a la **ciencia normal**). Como aún no se ha impuesto por primera vez un **paradigma** dominante, en esta etapa los investigadores tienen **teorías** rivales y no tienen pautas e **hipótesis** básicas en común: cada uno trabaja en sus propios problemas, con sus propios métodos y conceptos. **Kuhn** sostiene que sin un paradigma que preceda y guíe todas las investigaciones y **observaciones**, no es posible hablar de **ciencia**.

Predestinación: Doctrina protestante que sostiene que Dios salva a algunas almas y condena a otras, sin que sea posible torcer el destino.

Predicado: Uno de los **términos** que forman una **proposición**, junto con el **sujeto**, o lo que se enuncia o dice de un sujeto. Conjunto de elementos de una **oración** agrupados alrededor de un verbo o "núcleo del P", que equivale en su número y persona al núcleo del sujeto. Si el sujeto es aquello de lo que se habla, el P es lo que se dice de aquel. En **lógica cuantificacional** puede haber P de varios individuos, como por ejemplo "x le dio el y a j" es un P o relación de tres argumentos (hacen falta tres nombres de individuos para formar una proposición), P con el que se forman oraciones como "Milton le dio el libro *París era una fiesta* a Hernán". Un predicado es una **fórmula** o forma lingüística que tiene al menos una **variable** de **individuo** libre, por ejemplo respectivamente: "Dmxh" y "Milton le dio el x a Hernán". Para construir una proposición la variable debe ser reemplazada con un nombre de individuo ("Dmlh") o bien puede ser ligada a un **cuantificador** ("(x) Dmxh" que se lee en este caso "Milton le dio *todo* a Hernán" ya que el cuantificador universal está ligado a la variable "objeto directo").

Predicción: Según **Hempel,** la P **nomológico-deductiva** es igual a la **explicación** salvo porque el *explanandum* de la explicación es un **hecho** conocido o se lo supone verdadero mientras que el de la P no. Comúnmente se dice que la P se caracteriza por anticipar un hecho aún no ocurrido, pero esto no es correcto según el uso que se hace del **término** en **filosofía de la ciencia.** Se llama P a un hecho que, según una serie de **hipótesis** y **condiciones iniciales,** ha sucedido, está sucediendo u ocurrirá en el futuro. Por ejemplo se dice que una **teoría** es mala porque no predice ciertos hechos que han sucedido y lo que se está indicando es que esos hechos no se deducen de la teoría, que para ella no están previstos. Y en ese caso, diría **Kuhn,** los hechos en cuestión constituyen una **anomalía** para esa teoría. Además es frecuente que se hable de P de hechos pasados y desconocidos (P a la que también se llama **retrodicción**) y de hechos que no se pueden conocer porque la **tecnología** es insuficiente o que, eventualmente, habrán sucedido en alguna otra galaxia.

Predicción suicida (Ernest Nagel): Pronóstico correcto que al ser difundido no se cumple. El **conocimiento** que la gente tiene de una **predicción** puede modificar su **conducta**, de manera que la predicción no se cumpla. Por ejemplo, si se predice una **recesión** económica, los comerciantes pueden bajar los **precios**, evitando que se produzca el descenso esperado en el nivel de actividad.

Pregnancia: Equilibrio o buena organización del **conocimiento**.

Pregunta compleja: Tipo de **falacia de atinencia.** Las preguntas de este tipo suponen que se ha dado una respuesta definida a una pregunta anterior, que ni siquiera ha sido formulada. Se supone que se contestó "sí" a una pregunta no formulada. Por ejemplo, si se pregunta "¿Ha dejado usted de robar?", se supone que hubo una pregunta anterior ("¿Usted roba?") con una respuesta afirmativa. Esta pregunta no admite entonces un simple "sí" o "no", porque hay más de una pregunta. Se utiliza mucho en **juicios**, como por ejemplo cuando el **fiscal** le pregunta al acusado "¿Dónde ocultó el arma con que mató a la víctima?" También se puede hacer a través de la publicidad: "¿por qué la marca X es mejor que las demás?", o en **política**: "¿por qué el **capitalismo** es mejor que el **socialismo**?" La trampa también puede estar en preguntar del siguiente modo: ¿está usted a favor del **Presidente Kirchner** y el progreso?, lo cual implica una única respuesta por sí o por no, cuando en realidad son dos preguntas. Si quien contesta la pregunta cae en la trampa, pagará las consecuencias: por ejemplo, si, en el ejemplo del juicio, el acusado contesta "sí", implícitamente el fiscal habrá logrado una "confesión".

Premisa: Proposición que se usa como base de un **razonamiento**, es decir que no hay una pretensión de que esté fundamentada lógicamente en otra proposición del mismo (en esto se distingue de la **conclusión**) ni efectivamente está fundamentada en una proposición previa (en esto se distingue de "conclusiones preliminares" que se deducen de las P con el fin de mostrar la verdad de la última proposición, la conclusión, que no son P en sentido propio sino pasos necesarios para llegar a la conclusión en algunos razonamientos largos). Cada una de las dos primeras proposiciones de un **silogismo**, de las cuales se infiere una conclusión. En un **sistema axiomático** una P es una **fórmula** que está en una **derivación** tal que ni es un **axioma** del sistema ni está justificada su aparición por **una regla de inferencia** y fórmulas anteriores de esa derivación. También llamada **supuesto**.

Premisa condicional: Ver **implicación material**.

Premisa mayor: Premisa de un **silogismo** que contiene al **término mayor**.

Premisa menor: Premisa de un **silogismo** que contiene al **término menor**.

Prescripción: Relato de lo que algo debe ser o de lo que debe hacerse, en contraposición a la **descripción**, que habla de lo que algo es o de lo que efectivamente se hace.

Presocráticos: Filósofos griegos anteriores a **Sócrates** que cuestionaron los **mitos** y recurrieron a las **observaciones** y **experiencias** naturales para explicar el mundo (los milesios) o bien a la matemática (**Pitágoras**), o bien a la **lógica** (**Parménides**, **Zenón** de Elea) o bien a una profunda inspiración racional (**Heráclito**). Hay muchos más P de los cuales se conservan fragmentos pero éstos son los más famosos por la influencia que tuvieron en pensadores como **Platón**, **Aristóteles** y luego en **Hegel**, **Nietzsche** y **Heidegger** entre otros. Los P fueron los primeros matemáticos, físicos y astrónomos de **Occidente**.

Preteórico: Un **concepto** es P si proviene del **sentido común**, del **saber** adquirido con imprecisión y -si se está hablando de una **teoría** nueva que alguien va a construir- las nociones P son aquellas que se intentarán plasmar en la teoría o que no están en la teoría pero que ayudan a comprenderla porque hablan acerca de la misma cosa. Por ejemplo, alguien va a su primera clase de física y ve una enorme ecuación de la velocidad en el pizarrón, que no comprende. Entonces se dice a sí mismo, para no entrar en pánico, que él algo sabe sobre la velocidad: sabe lo que es la velocidad de un auto, sabe que es una relación entre espacio recorrido y tiempo, sabe que la velocidad rara vez es constante, etc; y que de alguna manera esa ecuación refiere a esos factores y a algunos otros que tratará de comprender a lo largo de la clase.

Prigogine, Ilya (1917-2003): Físico y químico belga de origen ruso, premio Nobel de Química en 1977 por sus **teorías** sobre la termodinámica del no equilibrio y el descubrimiento de las **estructuras** disipativas (estructuras que mantienen su organización debido a un intercambio de materia y energía con el medio).

Primer motor (Aristóteles): Expresión con la que **Aristóteles** designa a Dios, el que mueve todo sin ser movido, **causa** última del movimiento en tanto objeto de deseo o amor y primer principio de todo lo que es, perfecto y eterno.

Principia Mathematica **(Bertrand Russell y Alfred Whitehead, 1910-1913):** Obra capital de la **lógica formal** que incluye la recopilación de autores anteriores, como G. **Frege** y G. **Peano**.

Principio de contradicción: Ver **principio de no contradicción**.

Principio de identidad: "Todo **objeto** es idéntico a sí mismo". Principio de la **lógica clásica** que plantea que si un **enunciado** es verdadero, es verdadero: "A = A", "Si p entonces p" (p ⊃ p); y también "p equivale a p". Es decir que, "Si una **proposición** es verdadera, entonces es verdadera, y si es falsa, entonces es falsa", lo que es lo mismo que decir: "Toda proposición es equivalente a sí misma".

Principio de inducción: El PI sostiene que -en toda ocasión en que dispongamos de una **generalización**, de la cual tenemos un número suficientemente grande de casos verificados y ningún caso refutado- puede darse a la **conclusión** general el carácter de **proposición** verificada. Es "la **premisa** que falta" en una **inducción** para que sea una **deducción**. Llamado por algunos autores "**principio de legalidad natural**", plantea que el universo está regido por **leyes** estrictas de modo tal que todo acontecimiento observable es un caso o ejemplo de una **regularidad** universal. Se trata de postular un principio universalmente válido que permita justificar lógicamente el resto de las verdades científicas obtenidas por **generalización inductiva**. Las críticas contra las posturas inductivistas se pueden resumir en la postura que señala la imposibilidad de justificar un PI como el propuesto: habría que recurrir a la inducción para justificar el PI, el que fue introducido para tratar de justificar a la inducción. Se trata de un círculo lógico (ver **regresión al infinito y círculo vicioso**).

Principio de la tenacidad: Ver **estratagemas inmunizadoras**.

Principio de legalidad natural: Ver **principio de inducción**.

Principio de no contradicción: "Es imposible que una cosa sea y no sea." Principio de la **lógica clásica** que afirma que ningún **enunciado** puede ser verdadero y falso a la vez: "no es verdad que A y ¬ A", "no (p y no p)" o ¬ (p . ¬p). Es decir, "Si una **proposición** "p" es verdadera, su negación "no p" es falsa; y si "p" es falsa, su negación "no p" es verdadera." Así, el PNC niega la **inconsistencia**.

Principio de Ockham: Ver **navaja de Ockham**.

Principio de racionalidad: Principio que sostiene que los **individuos** actúan racionalmente, tratando de maximizar la obtención de sus metas. Se basa en la **racionalidad instrumental**.

Principio de refutabilidad (Karl Popper): Principio que plantea que una **hipótesis** puede ser considerada científica en función de que sea posible, al menos en principio, su **falsación** a través de su puesta a **prueba** o **contrastación**.

Principio de uniformidad de la naturaleza (inductivismo): El PUN sostiene que todo lo que pasó en el pasado volverá a pasar, porque la naturaleza se comporta siempre igual. Argumento fundamental de los **inductivistas**, este principio establece que la naturaleza es estable y que sus **fenómenos** se reiteran indefinidamente porque están regidos por **leyes** constantes. Los anti-inductivistas han planteado a partir del PUN el llamado **problema de la inducción**.

Principio de utilidad (Jeremy Bentham): Cualidad que tienen los **objetos** para producir placer e impedir el dolor. El PU fue fundamental en el pensamiento de los **neoclásicos**.

Principio de verificación: Ver **verificabilidad**.

Principio de verificabilidad del significado (positivismo lógico): Este principio estipula que todas las **proposiciones sintéticas** (referidas al mundo sensible) son ciertas -si es que lo son- en virtud de la **experiencia** práctica. Y son significativas **si y sólo si** son susceptibles, al menos en principio, de **contrastación empírica**. En la práctica, el PVS generó una profunda desconfianza respecto del uso en las **teorías** científicas de **conceptos** no observables, tales como el espacio absoluto y el tiempo absoluto de la mecánica newtoniana, los electrones de la física de partículas o la **selección natural** de la **teoría de la evolución. Popper** rechazó este intento de demarcación científica entre lo significativo y lo que carece de **significado** y propuso un nuevo **criterio de demarcación**, entre lo que tiene significado científico y lo que tiene significado **metafísico:** "**ciencia**" es el cuerpo de **proposiciones sintéticas** acerca del mundo real, que es susceptible -al menos en principio- de **falsación** por medio de la **observación** empírica (ver **criterio verificacionista del significado**).

Principio del tercero excluido: "Una cosa, o bien tiene una propiedad o no la tiene, y no existe una tercera posibilidad." Principio de la **lógica clásica** que plantea que un **enunciado** o es verdadero o es falso: "A es o A no es." Es decir, que todas las **proposiciones** de la forma "(p o no p)" o (p v ¬p) son verdaderas, por ejemplo, "llueve o no llueve." O una cosa o la otra, no hay una tercera posibilidad.

Principios geométricos: Ver **postulado**.

Principios lógicos: Son llamados por **Aristóteles** principios de la demostración o **axiomas** y sirven para convalidar las demostraciones científicas. Según Aristóteles, estos principios son indemostrables porque si se los quisiese demostrar, en vez de tomarlos como punto de partida de la demostración, se caería en una **regresión al infinito**. Para la **lógica aristotélica**, los PL fundamentales son tres: **principio de identidad**, **principio de no contradicción** y **principio del tercero excluido**. La **lógica moderna** ha comprobado que los PL (llamados también **leyes lógicas**, **verdades lógicas** o **tautologías**) son incontables. Además, ya no se los considera indemostrables de manera absoluta; para la lógica moderna, lo que es un principio (**proposición** no demostrada) en un sistema **deductivo**, pueden pasar a ser un **teorema** (proposición demostrada) en otro **sistema**. La **lógica dialéctica** ha impugnado la pertinencia de los PL.

Principios puente (Carl Hempel): **Hempel** introduce esta noción en un contexto en el que está criticando el enfoque de análisis de **teorías** como **sistemas axiomáticos**. Estos sistemas tienen un **cálculo** y una **interpretación**, y el mencionado enfoque atribuía a la interpretación la tarea de vincular la teoría con el mundo **empírico**. Para Hempel, en cambio, una teoría debe entenderse como el conjunto de **proposiciones** dado por: principios internos más los PP más las consecuencias lógicas que se sigan de los dos primeros. Los principios internos son las **hipótesis** centrales de la teoría, la novedad que la teoría introduce respecto de teorías previas, y postulan las entidades básicas y las **leyes**. Los PP relacionan esas entidades y leyes con los **fenómenos** que la teoría pretende explicar y con fenómenos previamente examinados científicamente. El vocabulario de los principios internos es teórico (especialmente introducido) mientras que el de los PP es teórico y **pre-teórico**, y puede incluir muchos elementos de otra teoría previa (por ejemplo, los principios para la medición de longitudes de onda ópticas son nociones preteóricas para la teoría del átomo de hidrógeno de Bohr). Así es que el **significado** de los **términos** nuevos es accesible por medio de términos ya conocidos de teorías previas. Pero los **conceptos** viejos no pueden definir por completo a los nuevos (sino, no haría falta introducirlos), así que, argumenta Hempel, el significado de los términos nuevos se termina de definir con ciertas prácticas científicas, mediante ejemplos, paráfrasis, etc. Además, siempre hay dudas sobre el uso apropiado de los términos que más entendemos: los conceptos teóricos son adaptables.

Privado: En **filosofía** se habla de pensamientos P por contraposición a los pensamientos **públicos** que son los que se pueden transmitir a otras personas. Suponer que hay algo público es suponer que María, Pedro y Marta piensan la *misma* cosa y no algo parecido. Suponer que *yo* tengo una idea P, intransmisible, es suponer que no todos los **objetos** del pensamiento son **objetivos** sino que hay algo **subjetivo** que sólo yo puedo entender.

Probabilidad (inductivismo amplio): Cuando se habla de que un **hecho** es muy probable implícitamente se está diciendo que la P de que el hecho (o de que sea verdadero el **enunciado** que lo describe) ocurra es alta en relación con la evidencia disponible. La P es una relación **lógica** entre proposiciones, es probable en cierta medida que la **proposición** p sea verdadera, dada la **verdad** de otras proposiciones, q y r, llamadas **premisas**. La reformulación del **inductivismo clásico** o **inductivismo ingenuo** por parte del **positivismo lógico** (R. **Carnap**), con el fin de superar las limitaciones del **verificacionismo** (ver) incluye la **tesis** de que ciertos **enunciados observacionales** confirman una **hipótesis** en cierta medida y que esa medida puede expresarse en términos de probabilidad. En otro sentido, la P es una parte de la matemática: la **teoría** de la P es una teoría matemática axiomatizada y los valores de probabilidad son números reales entre 0 y 1 (los **confirmacionistas** utilizan esta herramienta matemática). Opuesto: **improbabilidad**.

Probabilismo: Posición **epistemológica** que sostiene que no es posible probar o justificar de manera definitiva la **verdad** de las **teorías** –posición defendida por el **justificacionismo** o **verificacionismo**-, pero sí es posible confirmarlas, es decir, dar **pruebas** que aumentan su **probabilidad** de ser verdaderas. Son partidarios del P, el **empirismo lógico** y el **confirmacionismo**. Exponentes: R. **Carnap** y C. **Hempel**.

Problema: Cuestión no resuelta que sirve como punto de partida en una **investigación** científica. Un P supone un interrogante que hay que resolver, siendo las **hipótesis** científicas respuestas posibles a ese P.

Problema de Hume: Ver **problema de la inducción**.

Problema de la inducción (David Hume, 1739): También llamado "**problema de Hume**", consiste en la dificultad para justificar la **verdad** de las **conclusiones** universales obtenidas por **inducción**, a partir de **premisas singulares** dependientes de la **experiencia**. Según **Hume**, la **justificación** de una **proposición** cualquiera debe mostrar que la misma es o bien una *verdad de razón* como es el caso de las **afirmaciones** de la matemática y la **lógica** (mediante un argumento **deductivo**), o bien una verdad de **hecho**, es decir, **empírica**, que se justifica a través de las impresiones sensibles correspondientes. Cuando el autor se ocupa de la justificación o **validez** de los **razonamientos inductivos**, dice que no se fundan ni en la razón -ya que no son deductivos- ni en los hechos -ya que no hay una impresión de los sentidos que nos permita afirmar que lo que ocurrió en el pasado seguirá ocurriendo en el futuro-. La conclusión de Hume es que el **principio de uniformidad de la naturaleza** no está justificado, no es verdadero, sino que es una entidad psicológica: es un hábito o costumbre que nos impulsa a esperar que se repitan ciertas **regularidades** y que carece de fundamento, con lo que caemos en una **regresión al infinito** (se explica una inducción con otra inducción y así sucesivamente). Frente al PI fueron propuestas dos grandes teorías: para el **inductivismo**, la validez de las generalizaciones inductivas descansa en la legitimidad del principio general llamado **principio de inducción**, que hace del razonamiento inductivo una **deducción**. El **método hipotético-deductivo** hace caso omiso del PI, relegándolo a la faz **subjetiva** de la investigación científica, donde no hay **prescripciones** para la producción o el hallazgo de nuevas ideas. **Popper** sostiene que una **hipótesis** o suposición científica no es el resultado de una inducción. Sostiene que no se parte de casos individuales para luego llegar a una **generalización inductiva**; sino que se parte de la formulación de una hipótesis y luego se deducen de ella consecuencias directamente contrastables por la experiencia. De este modo, la **teoría** siempre precede a la **observación**. Por su parte, el llamado **inductivismo amplio** planteó, no ya la demostración de una verdad definitiva (**verificacionismo**) sino sólo la **probabilidad** de esa verdad (**confirmacionismo**).

Problema de los universales: Ver **disputa de los universales**.

Proceso: Cualquier fenómeno que presenta una continua modificación a través del tiempo. Encadenamiento y continuidad de los sucesos, fases sucesivas de un **fenómeno** o **sistema** cuyos cambios dependen del tiempo (los sistemas que son independientes del tiempo se llaman estacionarios).

Profano: Lo que no tiene relación con la **religión** y forma parte de la **vida cotidiana. Secular, laico, seglar.** Opuesto: **sagrado**.

Profecía autorrealizadora (Ernest Nagel): Pronóstico incorrecto, pero que se concreta al ser difundido. La **predicción** no es cierta en el momento en que se la da a conocer, pero la gente modifica su conducta y entonces el **fenómeno** pronosticado se produce. Por ejemplo, si se quiere hacer quebrar un **banco** que funciona bien, se hace correr el rumor de que ese banco va a quebrar: la gente retira sus **depósitos** y el banco efectivamente quiebra.

Prognosis: Predicción científica. **Conocimiento** anticipado de lo que sucederá sobre la base de una fundamentación científica, lo que permite un control y un dominio sobre la naturaleza. Se distingue, en este sentido, de otro tipo de anticipaciones, como la profecía (vinculada a la **religión**) o la **utopía** (como futuro deseable).

Programa de investigación científica (Imre Lakatos): Lakatos llama PIC a una sucesión de **teorías** que comparten hipótesis fundamentales o un **núcleo firme**. Cada una de esas teorías tiene un **cinturón protector**, que es un conjunto de hipótesis auxiliares que se van modificando en función de las sucesivas **contrastaciones** con el fin de que éstas no entren en contradicción con el núcleo firme (cada modificación del cinturón protector da lugar a una teoría nueva de la secuencia). Con el PIC, Lakatos buscó corregir las limitaciones que observaba en el llamado **falsacionismo dogmático**, el cual plantea que un único **dato** adverso refuta a una teoría en forma definitiva. Lakatos plantea que, por ejemplo, de haberse aplicado un **refutacionismo** extremo, la penicilina se habría desechado como curadora de infecciones: las primeras aplicaciones de penicilina no curaron a los enfermos pero no porque la medicación no sirviera sino porque las dosis eran insuficientes. Según Lakatos, algunos planteos de **Popper** fuerzan la eliminación de hipótesis fundamentales demasiado fácilmente. En el ejemplo de la penicilina, lo que se había refutado era una **hipótesis auxiliar** (algo así como "Una dosis pequeña de penicilina cura infecciones") y no la **hipótesis fundamental** ("La penicilina cura infecciones"). De este modo, con un PIC, lo que queda refutada es una parte del cinturón protector, pero el núcleo firme (el hecho de que la penicilina cura infecciones) sigue en pie. Además el PIC incluye un conjunto de creencias o **hipótesis** que indican cuál es el modo correcto de modificar las hipótesis auxiliares y dan determinadas instrucciones sobre lo que se hará en el curso de una investigación para aumentar el **contenido empírico** del PIC (**heurística positiva**). Los PIC determinan la elección de los **objetos** de estudio y los **problemas** que deben plantearse, en función de la capacidad del programa para explicar la realidad.

Progreso (positivismo, siglo XIX): Concepción optimista acerca del avance indefinido y lineal del control del hombre sobre el mundo. El **término** expresa la **ideología** del **capitalismo** industrial, que expone el P de una **cultura** (la europea) y de una **clase social** (la **burguesía**) como si fuera el P de toda la Humanidad.

Progreso científico: Según el **inductivismo**, el PC es lineal, ascendente, continuo y acumulativo, y permite descubrir nuevas **leyes** y nuevos **hechos**. Para **Popper**, el PC es un acercamiento a la **verdad** (a la que nunca se llega) por la negativa: se aprende con el ensayo y el error. Progresar es demostrar la falsedad de **hipótesis** que se abandonan para dar paso a la siguiente, en un ascenso continuo. En **Kuhn**, hay un PC acumulativo en el marco de la **ciencia normal**, pero no existe progreso acumulativo alguno cuando se salta de un **paradigma** a otro. No existe el progreso continuo. Sólo se dispone de una herramienta de **trabajo** mejor, pero nada nuevo se descubre ni hay un acercamiento a la verdad. Para **Feyerabend**, la **ciencia** experimenta cambios, pero niega la noción de PC.

Progreso de la ciencia: Ver **progreso científico**.

Progreso indefinido: Ver **progreso**.

Prometeo: Ver **Mito de Prometeo**.

Propiedad disposicional: Una PD describe una **regularidad** de una cosa del siguiente tipo: si esa cosa se expone a la situación o factor C, le sucederá E, es decir, indica su disposición a reaccionar del modo E frente a C. Por ejemplo, la propiedad "ser combustible" es una PD que se puede definir como "si se le acercara fuego, ardería".

Proposición: Enunciado que describe un **estado de cosas (función informativa)** en forma de **afirmación** o **negación** y del que tiene sentido establecer su **verdad** o falsedad. La P es el **significado** que tiene una **oración** informativa. Es una de las tres **estructuras lógicas** junto con los **términos** y los **razonamientos**.

Proposición afirmativa: Se denomina así a toda **proposición** donde existe compatibilidad entre **sujeto** y **predicado**, por ejemplo, "Los economistas clásicos son **liberales**", cuya **forma lógica** es "S es P". Opuesto: **proposición negativa**.

Proposición alternativa: Ver **proposición disyuntiva**.

Proposición analítica: Enunciado donde el **predicado** explicita lo que ya estaba en el **sujeto**. Por ejemplo, "El cuadrado es una figura de cuatro lados." Se trata de **proposiciones tautológicas**, que no agregan información y cuya **verdad** puede establecerse sin recurrir a la **experiencia**, mediante el análisis del **significado** de sus **términos**. Por ejemplo: "Todo hijo tiene un padre biológico" no es tautológica tal como está formulada, pero mediante el análisis del término "x tiene un padre biológico" (=x es hijo de alguien), puede reemplazárselo por su expresión equivalente: "todo hijo (de alguien) es un hijo (de alguien)" de modo que el resultado tenga la forma de una **tautología**. Ocurre algo análogo con las ecuaciones matemáticas, que se resuelven reemplazando enunciados por expresiones equivalentes: $2=4.x \rightarrow 2/4=x \rightarrow x=1$. Son las proposiciones de las **ciencias formales (lógica** y matemática).

Proposición apodíctica: Proposición donde el nexo entre **sujeto** y **predicado** es necesario. Es el caso, por ejemplo, de las verdades de la geometría (o **teoremas** geométricos): "La suma de los ángulos interiores de un triángulo es 180 grados", cuyo **significado** es "S necesariamente es P", ya que se sigue con **necesidad** de **axiomas** geométricos y no es **contingente** (como sí lo es, por ejemplo: "Este triángulo particular tiene un ángulo recto"). Opuesto: **proposición asertórica**.

Proposición apofántica: Para la **lógica aristotélica**, todas las proposiciones eran reductibles a la forma "S es P" o PA, porque la **función** fundamental de una **proposición** consiste en mostrar, dar a conocer, declarar, revelar. Para esta concepción, el verbo "ser" es el nexo lógico fundamental que permite mostrar la naturaleza de las cosas. Las formas **apofánticas** fundamentales son cuatro y bastan para construir los distintos tipos de **inferencia**: universal afirmativa, universal negativa, particular afirmativa y particular negativa.

Proposición asertórica: Proposición donde el nexo entre **sujeto** y **predicado** es **contingente**, es decir que sólo es probable, pudiendo ser distinto: "El mate está frío", cuya **forma lógica** es "S es P". Opuesto: **proposición apodíctica**.

Proposición atómica: La **proposición** más simple posible, se formaliza con una única **variable** (en **lógica proposicional**). Unidad mínima **categoremática** del análisis proposicional. Un término de la lógica proposicional es categoremático si al considerarlo aisladamente puede predicarse de él **verdad** o falsedad. En estas proporciones no aparecen **conectivas** inter-proposicionales. Por ejemplo, "**San Martín** murió en Boulogne Sur Mer." La suma de varias PA, vinculadas por **conectivas lógicas**, forman una **proposición molecular**. También la suma de una sola PA con la conectiva de **negación** "¬" forma una proposición molecular.

Proposición básica: Ver **enunciados básicos**.

Proposición bicondicional: Ver **bicondicional**.

Proposición categórica: Aserción o **afirmación** que afirma o niega que una clase esté incluida en otra, sea total o parcialmente. Son utilizadas en el tratamiento clásico o aristotélico de la **deducción**. Hay cuatro clases de PC: universal afirmativa (Todo S es P), universal negativa (Ningún S es P), particular afirmativa (Algún S es P) y particular negativa (Algún S no es P). En cuanto a un **razonamiento**, veamos este ejemplo: "Ningún atleta es vegetariano", "Todos los jugadores de fútbol son atletas", "Por lo tanto, ningún jugador de fútbol es vegetariano". En este ejemplo, tanto las **premisas** como la **conclusión** son PC.

Proposición compuesta: Proposición formada por varias proposiciones simples o una sola **proposición simple** y el **término** lógico de la **negación**. Por ejemplo, "No aprobaré el examen", que contiene la proposición "aprobaré el examen" y el término "**no**" (que indica la inversión del **valor de verdad**). O bien "Ernesto y Oscar reían" que se compone: "Ernesto reía" (proposición simple) + "**y**" (**conectiva** que dice que las proposiciones a la izquierda y a la derecha del signo son ambas verdaderas) + "Oscar reía". Opuesto: proposición simple. Sinónimo: **proposición molecular**.

Proposición condicional: Ver **implicación material**.

Proposición contradictoria: Proposición falsa por su forma. Por ejemplo, "Los gatos no son gatos." Su **tabla de verdad** da todos los valores falsos.

Proposición disyuntiva: **Proposición** en que existe una alternativa o incompatibilidad entre dos o más **predicados**. Por ejemplo, "Café ó té", cuya **forma lógica** es "p v q". Ver **disyunción**.

Proposición empírica: **Proposición** que puede ser verdadera o falsa y cuya **verdad** se sólo se puede determinar a la luz de la **experiencia** sensible. Por ejemplo, "El cigarrillo trae cáncer" o "Juan corre". En el primer caso se dice que la proposición es verdadera luego de los correspondientes **experimentos** científicos y tomando, aunque sea de manera provisoria, ciertas **hipótesis** como verdaderas o corroboradas. La segunda proposición se acepta como verdadera por la experiencia de ver a Juan corriendo. Puede decirse que un PE es tal que tiene sentido imaginar un mundo en que sea falsa. Puedo imaginar el maravilloso mundo en que fumar no produzca cáncer porque comprendo el concepto de cáncer sin recurrir al concepto de cigarrillo y viceversa. Pero no puedo imaginar un mundo en que 2 + 2 no sea igual a 4 porque entender el **concepto** o la **definición** de "2" supone entender que hay sólo una respuesta a 2 + 2 = x y supone algún método para obtener el resultado 4.

Proposición existencial: **Proposición** que puede y debe formalizarse con un **cuantificador existencial**. Una PE dice que existen casos de cierto tipo ("Hay perros negros") pero que no se "compromete" con ningún caso en particular, no da un nombre o una indicación sobre una caso puntual. En esto se distingue de la **proposición singular** ("mi perro es negro", "este perro es negro", "Napoleón, mi perro, es negro"). De una proposición particular puede inferirse la correspondiente PE, pero no a la inversa. Sinónimo: **proposición particular**.

Proposición falsa: **Enunciado** que describe un **estado de cosas** que no se corresponde con los **hechos** (PF **contingente**) o que es contradictorio (PF por su **forma lógica**). Por ejemplo: "**Menem** fue un Presidente muy querido" o "Mi gato no es un gato". Opuesto: **proposición verdadera**.

Proposición hipotética: **Proposición** en que la relación entre **sujeto** y **predicado** está sujeta a una **condición**. Por ejemplo, "Si **EE.UU.** invade **Cuba** desatará una **rebelión** popular en América Latina", cuya **forma lógica** es "S es P, si es Q" o, en **lenguaje** de **lógica proposicional**, "p → q". Sinónimos: **proposición condicional**, **implicación material**.

Proposición molecular: Ver **proposición compuesta**.

Proposición negativa: Se denomina así a toda **proposición** donde no existe compatibilidad entre **sujeto** y **predicado**, como "No es cierto que tu gallina pone huevos de oro" o "No me gusta el helado de mango", cuya **forma lógica** es "S no es P". En toda PN hay algún **símbolo** o palabra que indique la **negación** que es una **conectiva lógica**.

Proposición particular afirmativa: Tipo de **proposición categórica**. Afirma que algunos de los miembros de la clase **sujeto** son también miembros de la clase **predicado**. Por ejemplo: "Algunos políticos son mentirosos", cuya forma es: Algún S es P. En **lógica de predicados** se la llama **proposición existencial** afirmativa porque se usa el **cuantificador existencial** para formalizar los **términos** "algún...", "hay...", etc.

Proposición particular negativa: Tipo de **proposición categórica** que niega que alguno o algunos de los miembros de la primera clase esté incluido en la de la segunda. Por ejemplo: "Algunos políticos no son mentirosos", cuya forma es: Algún S no es P. En **lógica de predicados** se la llama **proposición existencial** negativa porque se usa el **cuantificador existencial** para formalizar los **términos** "algunos...", "una parte de los...", etc.

Proposición problemática: Proposición donde el nexo entre **sujeto** y **predicado** es probable. Por ejemplo, "Tal vez la **inflación** baje en el próximo mes", cuya **forma lógica** es "S probablemente sea P ".

Proposición simple: Proposición que no contiene dentro de si misma ninguna otra proposición. Por ejemplo, "El perro tiene cuatro patas." Opuesto: **proposición compuesta**. Sinónimo: **proposición atómica**.

Proposición singular: Tipo de **proposición** en el que el **sujeto** es uno solo y está determinado mediante un nombre propio ("**San Martín** cruzó los andes") o con un **deíctico** ("*este* perro es ovejero"), cuya **forma lógica** es "S es P."

Proposición sintética: Enunciado donde el **concepto predicado** agrega o amplía lo que expresa el **sujeto**, como "el gas se enfría al ser comprimido", cuya **verdad** es **contingente**. Las **proposiciones** de las **ciencias fácticas** son ejemplos de PS, porque dependen de la **contrastación empírica** y pueden ser **refutadas**. Sinónimo: **proposición empírica**. Opuesto: **proposición analítica**.

Proposición tautológica: Proposición verdadera por su forma. Por ejemplo, "Los gatos son gatos." La **tabla de verdad** de una PT da todos valores verdaderos.

Proposición universal afirmativa: Tipo de **proposición categórica**. Se trata de una **aserción** acerca de dos clases, que afirma que la primera clase está incluida o contenida en la segunda; es decir, que todos los miembros de la primera clase son miembros de la segunda. Por ejemplo: "Todos los políticos son mentirosos." Toda PUA puede escribirse esquemáticamente así: Todo S es P o (x) (Sx → Px).

Proposición universal negativa: Tipo de **proposición categórica**. Una **proposición** de este tipo niega que haya una relación de unión entre dos clases. Por ejemplo: "Ningún político es mentiroso", cuya forma es: Ningún S es P: Ninguno de los miembros de S es miembro de P. El ejemplo puede formalizarse como (x) (Px → ¬ Mx).

Proposición verdadera: Enunciado que describe un **estado de cosas** que se corresponde con los **hechos** o bien es una **tautología**. Por ejemplo: "John Lennon fue un hombre muy talentoso" y "John era John", respectivamente. Opuesto: **proposición falsa**.

Protestantismo (1529 →): Doctrina religiosa de la **Iglesia Protestante**, creada por el monje alemán Martín **Lutero** durante la **Reforma Protestante**. El P plantea que el pecado sólo puede ser salvado a través de la fe y no por medio de las buenas acciones (doctrina de la gracia) como sostenía la **Iglesia Católica**, consideradas una suerte de sobornos por los protestantes. De este modo, la acción de sacerdotes intermediarios entre el hombre y Dios se hace innecesaria, ya que todos los fieles pueden acceder directamente a las Sagradas Escrituras. El sacerdote o pastor sólo es considerado un intérprete de la **Biblia** mejor preparado, pero de ningún modo un representante de Dios en la **tierra**, ya que todos los hombres son sacerdotes. Por otra parte, la autoridad del **Papa** es rechazada, ya que el P no reconoce representantes terrenales del **poder** de **Cristo**. De los sacramentos católicos, el P sólo reconoce el bautismo y la eucaristía, desconociendo además el culto a los santos y a la Virgen María. Políticamente, el P actual postula la separación entre la Iglesia y el **Estado**. Fueron los primeros grupos del P los **luteranos**, los **calvinistas**, los **anglicanos** y los **anabaptistas**. En la actualidad cuenta con unos cuatrocientos millones de seguidores.

Prototipo: Primer **modelo** o ejemplar de algo.

Proudhon, Pierre Joseph (1809-1865): Pensador **anarquista** francés. Influido por el **socialismo utópico** cuestionó la **propiedad privada** como contraria al **derecho natural** y antisocial ("la propiedad es un robo"), y –en defensa de la libertad individual- planteó la abolición del **Estado** y su reemplazo por una **sociedad** de armonía universal basada en mutuales y federaciones espontáneas y pacíficas. Se opuso a lo que interpretó como "**determinismo** económico" en **Marx**, y discrepó con las visiones individualistas absolutas de M. **Stirner** y con los planteos **colectivistas** y centralistas. Entre sus obras principales encontramos a: *¿Qué es la propiedad?* (1840).

Prueba: Elemento del **saber proposicional** que otorga un fundamento para creer en la **verdad** de una **proposición**. Probar consiste en demostrar que lo afirmado es una consecuencia lógica de los principios o **axiomas**.

Prueba concluyente: Prueba fáctica que establece en forma definitiva la **verdad** de una **hipótesis** científica. La existencia de PC sólo es sostenida por la corriente **verificacionista**, siendo rechazada por el **confirmacionismo** y el **refutacionismo**. También se llama PC a las pruebas deductivas de las disciplinas formales.

Prueba de reducción al absurdo: Ver **demostración por el absurdo**.

Prueba directa: Demostración (ver) que no es una **demostración por el absurdo** (ver).

Prueba empírica: Ver **prueba fáctica**.

Prueba fáctica: Datos que dan respaldo a una **hipótesis** que habla sobre cierta porción de la realidad y que pueden obtenerse mediante la **observación** o la **experimentación**. También llamada **prueba empírica**.

Prueba formal: Consiste en mostrar cómo se deduce (ver **deducción**) la **afirmación** que queremos sostener desde principios previamente aceptados.

Prueba indirecta: Ver **demostración por el absurdo**.

Prueba por reducción al absurdo: Ver **demostración por el absurdo**.

Pseudo-ciencia: Hipótesis o **teoría** que pretende ser científica y no lo es respecto de algún criterio o definición de lo que se entiende por "científico". K. **Popper** señala que el criterio de demarcación para determinar si una hipótesis o teoría es científica se basa en su **falsabilidad**, esto es, en la existencia de **enunciados** derivados de ellas que puedan contrastarse para intentar su **refutación**. Desde este punto de vista, la astrología, por ejemplo, sería una P. Otro ejemplo histórico de un **criterio de demarcación científica** es el del **verificacionismo** (ver **criterio verificacionista del significado**).

Pseudo-hipótesis: Hipótesis de la cual no pueden derivarse **consecuencias observacionales** o **implicaciones contrastadoras**, de modo que no es posible determinar empíricamente su **verdad** o falsedad. Se dice que es una P porque no tiene contenido **empírico**. Por ejemplo "Tauro es un signo zodiacal de personas muy tercas" es una P porque pertenece a una (pseudo) teoría que carece de **hipótesis auxiliares** que permitan deducir una consecuencia contrastadora como "Si un hombre es de Tauro, será terco" y que en cambio tiene todo tipo de hipótesis que la protegen de una **refutación** (como por ejemplo: "Toda persona que tenga en su carta astral algún planeta en Tauro –casi todo el mundo- tendrá propiedades de Tauro", "Toda persona de Tauro que tenga algún planeta en otro signo, presentará propiedades de los otros signos", etc).

Pseudo-proposición: Fórmula o expresión lingüística que carece de **significado**. Según el **positivismo lógico** son P las **proposiciones** que tienen una palabra a la que se le supuso un significado equivocado, ya que no tiene un denotado experiencial (un ejemplo real), como "la nada", "Dios", **"esencia"**, "espíritu", etc. También se refiere a las palabras que fueron conectadas de un modo contrario a las reglas de la **semántica**, como "Pedro es múltiplo de 2".

Psicologismo: Postura **epistemológica** que sostiene que los **enunciados** científicos pueden justificarse a partir de la experiencia perceptiva. El P ha sido criticado por **Popper**, quien sostiene que un enunciado como "Aquí hay un vaso de agua" no puede demostrarse por ninguna experiencia, ya que los términos universales no se demuestran por la experiencia sensorial, que siempre ofrece ejemplos particulares.

Ptolomeo, Claudio (100-178): Astrónomo, matemático y geógrafo griego, defensor de la **Teoría geocéntrica**, que afirmaba que la Tierra estaba inmóvil y era el centro del universo. Inventor del astrolabio, P sistematizó esta **teoría** iniciada por **Aristóteles**, mediante cálculos matemáticos para predecir las órbitas de los planetas (que se creía eran circulares) en cada época del año. Sin embargo, en sus observaciones vio que algunos planetas, como Marte, en un lapso retrocedían un poco para luego retomar su órbita. Entonces reformuló su teoría diciendo que estos planetas describían pequeñas órbitas llamadas "epiciclos" (como rulos: el epiciclo es una sub-órbita circular sobre un punto que, a su vez, describe una órbita circular alrededor de la Tierra). Su teoría –sintetizada en el Almagesto- fue rechazada en el siglo XVI por N. **Copérnico** y en el siglo XVII -con los trabajos de **Galileo** y de **Kepler**- fue definitivamente abandonada.

Pufendorf, Samuel (1632-1694): Pensador *iusnaturalista*, planteó la existencia de dos tipos de pacto o **contrato social**: en uno de ellos, los hombres firman su unión en **sociedad** y crean al **Estado** (pacto de unión); en el otro, el **pueblo** se somete a los gobernantes (pacto de sujeción). Entre sus obras principales encontramos a: *Deberes del **hombre** y del **ciudadano*** (1673).

Puritanismo (Inglaterra, siglo XVI →): **Doctrina protestante**, escisión del **anglicanismo**. El P se basa en el rigor **moral** extremo e intransigente. Con el triunfo de O. **Cromwell** a mediados del siglo XVII, el P se consolidó.

Puritano: Protestante extremista, dícese en especial del presbiterianismo.

Q

Quimera: Palabra proveniente de la mitología griega que se utiliza para describir a algo de imposible realización.

R

Racionalidad: Aquello vinculado con lo perteneciente a la razón.

Racionalidad instrumental: Ver **razón instrumental**.

Racionalismo: Postura filosófica que confía en que la **razón** explica al universo, lo domina, lo prevé, pudiendo conocerse las **causas** últimas de las cosas. Los supuestos básicos del R en metaciencia o **filosofía de la ciencia** son: que la **teoría** es más importante que la **observación** y la **experiencia** y que los **enunciados observacionales** no son la base segura para el **conocimiento** porque son posibles dentro de las teorías y –por lo tanto- son tan falibles como éstas. El R ve una naturaleza ordenada racionalmente, cuya **estructura** puede ser descubierta por la razón y el **modelo** matemático, que parte de ciertos principios universales para extraer de ellos toda la **verdad** que encierran. En este sentido, todo **conocimiento** cierto es *a priori* y evidente y proviene de la **deducción lógica** racional, utilizando **proposiciones analíticas**. Aunque el **idealismo** de **Platón** y **Parménides** es considerado un antecedente del R, el **término** se aplica a los filósofos modernos, como **Leibniz**, **Spinoza** y **Descartes**. Éste afirmó los dos grandes **axiomas** de esta escuela: el predominio de la razón (las **ideas** innatas son la única base segura del saber) y la invariabilidad de las **leyes** naturales. Opuesto: **empirismo**.

Racionalismo crítico (Karl Popper, 1934 →): Corriente que aunque reivindica los procesos de **deducción lógica** propios del **racionalismo**, abandona el interés por la cuestión del origen del **conocimiento científico** centrándose en su fundamentación y legitimidad. Nombre que adopta el **falsacionismo**. Se trata de un **racionalismo** de base deductiva, pero con la intervención de la **experiencia**. Fue un discípulo de **Popper** –Alan Musgrave- quien estableció que es razonable aceptar como verdadera a la **hipótesis** mejor corroborada, aquella que mejor resistió la crítica, es decir aquella que salió airosa de los intentos de **refutación**.

Razón: 1. Facultad mental distintiva de los humanos que nos permite conocer lo general o universal. **2.** Fundamento, **causa**, **principio** que explica por qué algo es como es. **3.** El correlato **ontológico** de la **explicación**, es decir, cierto ordenamiento constitutivo de la realidad. **4.** En ocasiones se habla de R indicando a la vez los últimos dos sentidos. **5.** En la Edad Media la R se distinguía de la fe y era una discusión frecuente la de cuál de las dos facultades era más importante. Hay autores que sostuvieron que la R se subordinaba a la fe, otros lo inverso, otros que había entre ambas un equilibrio y que se complementaban en el acceso a la **verdad** y otros postularon una separación entre ambas (doctrina de la doble verdad). En líneas generales, se entiende que el **objeto** de la R es el **conocimiento** mientras que el de la fe es la verdad o realidad a la que se accede por la lectura de los Evangelios, el diálogo con Dios, bajo el supuesto, a veces, de que no siempre pueden darse explicaciones de por qué las cosas son como son y que sin embargo hay alguna captación de cómo son las cosas. **6.** En la Modernidad la R se independiza de la fe, pueden distinguirse las versiones del **racionalismo** y del **empirismo** acerca de la naturaleza de la R como facultad y como su objeto (ver). **7.** Para **Kant**, la R es la facultad que proporciona los principios del conocimiento *a priori*. Se distingue del **entendimiento** que es la actividad mental que ordena los **datos** de la sensibilidad por las categorías, mientras que la R hace la síntesis de los conocimientos del entendimiento construyendo **ideas** trascendentes. Distingue la R **teórica** o **especulativa** vinculada a los principios *a priori* del conocimiento, de la **R práctica** vinculada a los principios *a priori* de la acción. La R en un sentido amplio se opone a la **experiencia**, mientras que la R diferenciable del entendimiento se llama propiamente R **pura**. **8.** Para **Hegel**, la R nos permite alcanzar el absoluto, porque aprehende las cosas en su totalidad. Así -ante el **entendimiento** que separa y opone- la R une en una totalidad concreta. La R deviene y transita varios estadios en un desenvolvimiento dialéctico que culmina con la identificación entre R y realidad.

Razón instrumental: La RI se ocupa de guiar la acción por el camino más deseable en relación a algún fin. Es decir, establece los medios para lograr cierto objetivo, a la luz del **conocimiento** de la realidad o de **hipótesis** acerca de la realidad y es considerada a veces como la **causa** de la **acción** humana. Por lo general y desde **Aristóteles**, la RI que acompaña a cierta acción produce o implica un **razonamiento** cuyas **premisas** contemplan el fin de la acción y un **estado de cosas** que indica los medios apropiados para la realización del fin y cuya **conclusión** es la acción misma. Según esta concepción, la acción impulsiva que no supone un razonamiento de este tipo no es acción racional y por tanto no involucra a la RI o **razón práctica**. Algunos autores llaman RI a la **idiosincrasia** típica de la racionalidad científico-técnica de la **sociedad** industrial moderna, que busca los medios para llegar a un fin, sin cuestionarse esos fines. Por ejemplo, se le critica a la RI haber generado las condiciones para que la **ciencia** colabore en la creación de armas nucleares.

Razón práctica: 1. Ver **razón instrumental. 2.** La RP para **Aristóteles** siempre tendía al Bien, porque todas las personas que realizaban alguna acción la emprendían para obtener algún bien, por lo que el fin supremo de la **razón** en sí misma debería ser el Bien absoluto. Por este motivo, la RP necesitaba del espacio de la *Polis* para desarrollarse e implementar esta tendencia al bien. **3.** En **Kant**, la RP proporciona los principios del conocimiento *a priori* de la **acción**.

Razonamiento: El R es una de las tres **estructuras** lógicas junto con las **proposiciones** y los **términos**. Se llama R tanto a cierto **proceso** psicológico de pensar como a su producto (al que generalmente se concibe como una serie de proposiciones expresables en un **lenguaje**). Las proposiciones tienen entre sí una relación: se supone que la **verdad** de algunas de ellas (las **premisas**) proporciona buenas razones para creer en la verdad de una en particular (la **conclusión**). Hay diferentes criterios con los que se puede establecer qué es dar buenas razones. La **lógica** tiene el criterio más exigente, que establece que un R es correcto o válido cuando es deductivo (ver **deducción**). El orden de las premisas y la conclusión dentro de un R es completamente variable: ambas pueden estar al inicio, en el medio o al final, salvo en los casos en los que se usan **lenguajes artificiales** porque se adoptó la convención de que la conclusión es la última fórmula de una secuencia o en los casos en los que las **fórmulas** justificadoras van antes que las justificadas. **El lenguaje natural**, en cambio, indica este orden lógico por medio de **expresiones derivativas**. Cuando se abstraen los **significados** de los **enunciados** de una razonamiento se obtiene su **forma lógica**, también llamada **forma de razonamiento**. Las **ciencias fácticas** necesitan, además de los **R deductivos**, de otros R y por ello establecen criterios para determinar cuándo un **razonamiento no deductivo** es aceptable para la ciencia. En particular, se han interesado por la **inducción** y a lo largo de la historia se dieron diferentes respuestas a preguntas tales como: ¿cuándo una inducción da buenas razones para aceptar la conclusión?, ¿qué valor tiene en esos casos la conclusión (es verdadera, probablemente verdadera, corroborada...)?

Razonamiento abductivo: En **Aristóteles, silogismo** con una **premisa** mayor verdadera y evidente, y una menor probable, por lo que la **conclusión** es probable. **Peirce** la ha definido como un tipo de **razonamiento** que parte del conocimiento de una **afirmación** general y una afirmación de un **hecho**, y conduce a afirmar (**conjeturar**) la ocurrencia de un hecho previamente desconocido, siendo una forma de razonamiento de la que surge una idea nueva (a diferencia de la **deducción**, que no agrega información). Se maneja con el esquema "resultado → regla → caso", es decir que va del **efecto** a la **causa**. Por ejemplo: sé que siempre que pasa el lechero toca el timbre entre las 10 y las 11 horas. Un día oigo el timbre a las 10 y cuarto. Inmediatamente se me ocurre que se trata del lechero. Así, en el RA hay dos pasos: a) se debe tener una regla que rija cierto tipo de **fenómenos** o, en su defecto, hay que inventarla, b) conjeturar que el hecho observado es de esa clase. Se trata de una operación que consiste en identificar, a partir de ciertos rasgos o indicios, el tipo o clase a que algo pertenece. La conclusión de una **abducción** siempre es hipotética; formalmente hablando, es una forma falaz, inválida, de razonamiento (**falacia de afirmación del consecuente**: si p entonces q, q, entonces p), que no garantiza la **verdad** de su conclusión. La abducción es una forma de razonamiento falaz que consiste en atribuir al objeto de la investigación, identificado en la premisa que manifiesta el resultado, características expresadas en el **antecedente** de la premisa mayor o regla. De este modo, desde el punto de vista lógico, la abducción carece de valor formal, porque la **verdad** de sus premisas no es garantía de una conclusión verdadera –condición para la **validez** formal del razonamiento–.

Razonamiento analógico: Razonamiento no deductivo que se caracteriza por tener **premisas** que afirman similitudes entre dos o más objetos en uno o más aspectos. Sobre la base de que un nuevo **objeto** comparte con los anteriores una de esas propiedades, se concluye que también comparte las demás. Los RA parten de premisas que tienen un cierto grado de generalidad, llegando a una **conclusión** que tiene ese mismo grado pero que, sin embargo, aumenta la información al adjudicar propiedades a objetos que en las premisas no aparecen atribuidas a esos objetos. Por ejemplo: premisa 1: Juan no estudió en Física y aprobó, premisa 2: Juan no estudió en Química y aprobó, conclusión: Juan no va a estudiar en Matemática y aprobará. Desde el punto de vista lógico, el RA es un **razonamiento inválido**.

Razonamiento deductivo: Razonamiento cuya **conclusión** se desprende de sus **premisas**, de modo tal que afirmar sus premisas y negar la conclusión es contradictorio. Un razonamiento es un RD cuando sus premisas dan un fundamento seguro para la **conclusión**, esto es, cuando las premisas y la **conclusión** están relacionadas de tal manera que es imposible que las premisas sean verdaderas sin que la conclusión también lo sea. Todo razonamiento deductivo es válido y viceversa: todo razonamiento válido es deductivo (ver también **deducción** y **razonamiento**).

Tipos de razonamiento No deductivos:	$\frac{V}{F}$	$\frac{V}{V}$	$\frac{F}{V}$	$\frac{F}{F}$	Tipos de razonamiento deductivos:	$\frac{V}{V}$	$\frac{F}{V}$	$\frac{F}{F}$

Hemos consignado las cuatro combinaciones posibles de los **valores de verdad** del conjunto de las premisas y la conclusión. En negrita están marcados los únicos tres casos posibles de RD que, como puede verse, también son casos posibles de razonamientos no deductivos. El signo "F" arriba de la raya indica que al menos una de las premisas es falsa y el signo "V" indica que ninguna lo es (son todas verdaderas). El RD se caracteriza por tener una **forma lógica** que garantiza que si todas las premisas son verdaderas, la conclusión también lo será. Esta propiedad también se puede expresar diciendo que no es posible que sus premisas sean verdaderas y su conclusión falsa, o sea, que un razonamiento V/F nunca será un caso de deducción. En virtud de esta definición un **contraejemplo** es una **prueba** definitiva de que un razonamiento no es deductivo. Ya que lo que el contraejemplo exhibe es que cierta **forma de razonamiento** tiene un ejemplo V/F.

Razonamiento escalonado: Tipo de **razonamiento** muy común, que se produce cuando -a un comportamiento, una decisión o una sugerencia- le sigue la proximidad de un principio o un **hecho**. Se aplica una norma general a un caso concreto que suscita una **conclusión** normativa o imperativa. Por ejemplo, si en **Argentina** hay **devaluación**, y **Uruguay** tiene una economía similar a la **Argentina**, por lo tanto en **Uruguay** habrá devaluación también.

Razonamiento inductivo: Razonamiento no deductivo que apela a un principio o supuesto no expresado que dice que lo que sucede con todos los casos conocidos de un **fenómeno** también sucede con los casos desconocidos del mismo fenómeno. Los casos conocidos son las **premisas** del **razonamiento** ("x1 tiene la propiedad P, x2 tiene la propiedad P, ...xn tiene la propiedad P", tal que n es un número finito) y su **conclusión** dice o bien que un caso desconocido (que no figura en las premisas) también tiene la propiedad P ("x (n+1) es P") o bien dice que absolutamente todos los casos del fenómeno en cuestión tienen la propiedad P ("(x) Px", tal que el dominio es el conjunto de los infinitos casos del fenómeno). Es decir que la conclusión de un RI agrega una información nueva que no estaba contenida en las premisas. No pretende que sus premisas ofrezcan fundamentos concluyentes para la **verdad** de su conclusión, sino solamente que ofrezcan *algún* fundamento para ella. No son válidos, aunque sí pueden ser mejores o peores según su grado de **probabilidad**: cuantos más casos se puedan conocer e incorporar como premisas, mejor; si alguno de los casos no tiene la propiedad P en cuestión, peor, esto sería algo muy malo. Por ejemplo: premisa 1: José vive en la villa y es un delincuente, premisa 2: Juan vive en la villa y es un delincuente, premisa 3: Pedro vive en la villa y es un delincuente, conclusión: Todos los que viven en la villa son delincuentes.

Razonamiento inválido: Un **razonamiento** es inválido cuando su **forma lógica** es inválida, lo que ocurre cuando hay por lo menos un razonamiento de esa forma que tiene **premisas** verdaderas y **conclusión** falsa (es decir, todos los RI tienen **contraejemplos** y, a la inversa, si un razonamiento tiene contraejemplos, entonces es inválido). En los RI la forma lógica no garantiza que **verdad** se transmita en todos los casos de las premisas a la conclusión. Opuesto: **razonamiento válido**.

Razonamiento no deductivo: Razonamiento cuya **conclusión** no se desprende en forma necesaria de las **premisas**. Son tipos de RND el **razonamiento inductivo** y el **razonamiento analógico**. Muchos autores y en general la **ciencia fáctica** atribuyen a los RND cierto grado de **probabilidad**, distinguiendo así mejores y peores razonamientos.

Razonamiento por analogía: Ver **razonamiento analógico**.

Razonamiento válido: Razonamiento en el que no hay ninguna posibilidad de que se dé algún caso en que las **premisas** sean verdaderas y la **conclusión** sea **falsa**. En los RV la **verdad** se transmite de las premisas a la conclusión. De este modo, garantizan la verdad de la conclusión sólo en el caso de que las premisas sean verdaderas. Cuando un conjunto de premisas (una o más) implica una conclusión, tenemos una **deducción** correcta o RV. Para poder distinguir un RV de uno inválido existen varios **métodos**. Uno de ellos es el de las **tablas de verdad**. Opuesto: **razonamiento inválido**. Sinónimo: **razonamiento deductivo**.

Realidad inteligible: Es la realidad que captamos con la inteligencia, aunque para algunos autores no es una realidad en sentido propio. Los objetos inteligibles no están sujetos al cambio, por eso se dice que son atemporales, eternos e inmutables. Por ejemplo, el triángulo del que hablan los **teoremas** de geometría, que es diferente a todos los triángulos que se puedan dibujar y cuyas propiedades son constantes (la suma de los ángulos interiores de un triángulo de geometría euclidiana siempre suman 180° sin excepción).

Realidad sensible: Es la realidad de la que dan testimonio nuestros sentidos. Es la realidad espacio-temporal que está sujeta al cambio.

Realismo: 1. **Tesis** filosófica de raíz **platónica** que afirma que los **conceptos** o **categorías universales** son reales, es decir, tienen una **realidad** de una naturaleza especial diferente de la del mundo sensible. El R extremo llega a afirmar que la única realidad es la de los universales (también llamados **ideas**), de modo que superan a cada uno de sus ejemplos concretos. Así, "mesa" –concepto **universal**- posee una **sustancia** propia, superior a la de cada una de las mesas existentes. El R constituyó una de las posturas de un debate que atravesó el **Medioevo** y que lo enfrentó con el **nominalismo** en la llamada **disputa de los universales**. El R ha influido en el pensamiento de diversos autores, por ejemplo, en **Hegel**. 2. Dícese también de la postura de atenerse a los **hechos** y no a los principios, motivos o fantasías.

Realismo (positivismo): Postura que se atiene a los **hechos** de la realidad o hechos positivos sin la pretensión de transformarlos.

Realismo ingenuo: Ver **realismo**.

Reducción al absurdo: Ver **demostración por el absurdo**.

Reduccionismo: 1. Método que intenta explicar gran cantidad de **fenómenos** a partir de una **teoría** que se considera básica, **2.** Posición epistemológica que considera científicos sólo los **conocimientos** a los que se les aplica el método de las **Ciencias Naturales**. El **mecanicismo** y la **sociobiología** son ejemplos de R.

Reductio ad absurdum: Ver **demostración por el absurdo**.

Referencia: Relación entre el **signo** y su referente o **denotación**, el objeto real aludido por el signo (referente del signo). Hay R cuando en la comunicación existen señales innecesarias. En **semiótica** se habla de recurrencia.

Reforma: Ver **Reforma Protestante**.

Reforma intelectual y moral (Antonio Gramsci): En general, el concepto refiere a todo cambio cultural y moral profundo, revolucionario, que se da en una **sociedad**. En lo particular, es la denominación gramsciana de la **revolución socialista**, del nuevo tipo de sociedad a la que aspiraba y de la concepción del **hombre nuevo** (como lo llamaría posteriormente el **Che Guevara**), con nuevos **valores**, basados en la solidaridad y el esfuerzo compartido. Otros ejemplos de RIYM en la **historia** fueron la **Reforma Protestante**, el **Renacimiento** y la **Ilustración**.

Reforma Luterana: Ver **Reforma Protestante**.

Reforma Protestante (1517-1648): Movimiento religioso iniciado en **Alemania**. Se basó en una crítica a algunos principios y métodos de la **Iglesia Católica**, encabezado por Martín **Lutero** –que denunció los abusos cometidos con la venta de indulgencias o perdones por los pecados que se transformaron en un negocio para la jerarquía **eclesiástica**-, y que derivó en la formación de la **religión protestante**. Entre los puntos más cuestionados, la RP señalaba su oposición a la utilidad de las buenas obras para la salvación del alma y el rol de mediación de la Iglesia, especialmente el carácter indiscutido de la autoridad del **Papa**. También cuestionaron los lujos en que vivían muchos sacerdotes. Los príncipes, la **nobleza** y la incipiente **burguesía** alemanes apoyaron a Lutero con una "protesta", por el rechazo a la reforma por parte del emperador alemán **Carlos V**, al que querían debilitar. La RP se extendió a **Inglaterra** –de la mano de **Enrique VIII**- Suiza, **Francia**, Escocia y los Países Bajos –adoptando la variante del **calvinismo**-, y se sucedieron las rebeliones de la nobleza y el **campesinado** contra la Iglesia, los primeros para apropiarse de sus bienes y los segundos para liberarse de obligaciones. No obstante, las rebeliones fueron condenadas por Lutero y los príncipes, alegando que sus reformas no eran sociales sino religiosas. Sin embargo, conscientes o no de ello, los protestantes se transformaron en la voz religiosa de la **burguesía**. La Iglesia Católica será cuestionada por estar profundamente ligada al **feudalismo** y por los crímenes cometidos contra los disidentes, especialmente durante la **Inquisición**. Así, mientras que el trabajo productivo era mal visto en la visión **medieval**, los protestantes lo convertirán en un valor positivo, agradable a Dios. El Papa Paulo III convocó al **Concilio de Trento** en 1545, con el fin de organizar la **Contrarreforma**. Finalmente un siglo después, la **Paz de Westfalia** estableció las pautas de convivencia de ambas creencias. Max **Weber** destaca que la RP y la "**ética protestante**" fueron un paso decisivo en favor del **desarrollo** de las relaciones mercantiles y **capitalistas**.

Refutabilidad: Ver **refutable**.

Refutable: Que existe la posibilidad de intentar la **refutación** de una **hipótesis** a partir de sus **consecuencias observacionales**. Según **Popper**, sólo una hipótesis R pertenece al campo de la **ciencia**: lo importante no es la refutación en sí misma, sino que exista la posibilidad de poner a **prueba** las hipótesis.

Refutación: Demostración de la falsedad de una **hipótesis científica** a partir de la falsedad de alguna de sus **consecuencias observacionales**. Este **razonamiento** tiene la **forma lógica** denominada *modus tollens*.

Refutacionismo: Ver **falsacionismo**.

Refutacionismo ingenuo: Ver **falsacionismo ingenuo**.

Refutacionismo sofisticado: Ver **falsacionismo sofisticado**.

Refutadores potenciales (falsacionismo): Base empírica o conjunto de **enunciados básicos** que pueden potencialmente **falsar** una **hipótesis** o **teoría**.

Refutar (falsacionismo): Falsar. Probar la falsedad de un **enunciado** o **teoría**, rebatirlo.

Región sublunar (Aristóteles): Parte imperfecta del universo aristotélico donde reinan el cambio, la corrupción y el devenir, situada debajo de la órbita de la luna (de su esquema geocéntrico). Opuesto: **región supralunar**.

Región supralunar (Aristóteles): Parte perfecta del universo aristotélico que se mantiene idéntica a sí misma. Es incorruptible e inmutable, situada arriba de la órbita de la luna (de su esquema geocéntrico) hasta la esfera de las estrellas fijas, donde se suponía que acababa el universo. Opuesto: **región sublunar**.

Regla de conjunción: Regla de inferencia con el siguiente esquema: p, q ∴ p . q.

Regla de simplificación: Regla de inferencia cuya **forma lógica** es: p. q ∴ p.

Reglas de correspondencia: Afirmaciones que relacionan entidades observables y no observables. Las RC permiten que de las **leyes teóricas** se deduzcan nuevas **leyes empíricas**. Se utilizan de manera parecida a un diccionario bilingüe: las leyes teóricas se traducen en leyes empíricas. Sin ellas, las leyes teóricas serían sólo especulaciones que no podrían ser **contrastadas** mediante la **observación**. También conocidas como la **interpretación** que se hace de un **sistema**, a través de la cual los **signos** no interpretados (vocabulario teórico aún sin contenido empírico, definido de manera implícita por el papel inferencial que juega, es decir, por su lugar en **proposiciones**, que se deducen de determinadas proposiciones y que son el fundamento para deducir otras proposiciones) adquieren contenido empírico, mediante un diccionario. Por ejemplo, autorizan a sustituir la **variable** "t" por un **valor** de tiempo. El valor debe ser un intervalo ya que ninguna medición puede ser infinitamente precisa y debe considerarse cierto margen de error. A partir de la interpretación de algunas variables se puede dar automáticamente el valor de otras que están definidas (en una ecuación) a partir de la primeras. **Hempel** opuso a la noción de RDC la de **principios puente**, que según él es más aplicable a la práctica científica.

Reglas de designación: Reglas que relacionan un **signo** con un **objeto**.

Reglas de formación: Las RF son **enunciados** metalingüísticos que establecen reglas de un **lenguaje objeto**. En particular establecen la manera de combinar los **signos** elementales para obtener **estructuras** complejas bien formadas. En un **lenguaje formal**, las RF establecen cómo se forman correctamente las **fórmulas**, determinando el conjunto de las infinitas **fórmulas bien formadas** de un **lenguaje**. En el castellano, por ejemplo, hay una regla que prohíbe que se puedan formar oraciones como "Josefina y Germán *está* despierto".

Reglas de inferencia: Formas válidas de **razonamiento** que sirven para indicar cómo debe procederse -en un **sistema axiomático** o en un conjunto de **enunciados**- para pasar de una **fórmula (premisa)** a otra (**conclusión**). Las RI más comunes son las siguientes: *modus ponens*, *modus tollens*, **leyes de De Morgan, silogismo hipotético, regla de conjunción** y **regla de simplificación**. En castellano la voz pasiva nos permite transformar una **oración** en otra equivalente. Todas las RI garantizan que el vínculo entre una fórmula o **proposición** y la fórmula o proposición que se infiere, es deductivo (aunque nada impide crear un sistema cuyas RI no sean deductivas, ya que pueden postularse reglas de manera arbitraria, aunque casi todos los sistemas usan reglas deductivas). También se las llama **reglas de transformación**. Las RI son **afirmaciones** metalingüísticas.

Reglas de transformación: Reglas de inferencia.

Reglas lógicas: Así como una **ley lógica** nos garantiza la **verdad** formal de todas las **proposiciones** obtenidas por sustitución correcta de las **variables proposicionales** de una **tautología**, una RL nos garantiza la **validez** de los **razonamientos** que tienen determinada **forma lógica**. Las reglas son expresiones metalógicas; son prescripciones que nos permiten pasar correctamente de una o más **premisas** a una **conclusión**. En las RL, no puede suceder que al sustituir las variables proposicionales por proposiciones obtengamos un razonamiento que tenga premisas verdaderas y conclusión falsa. Son ejemplos de RL: *modus ponendo ponens*, *modus tollendo tollens*, **silogismo hipotético, silogismo disyuntivo, simplificación**, adición, transposición, etc. Las RL son las **reglas de inferencia** de un **sistema lógico**.

Regresión al infinito: Demostración lógica que explica p a partir de q, q a partir de r, r a partir de s, y así sucesivamente. Por ejemplo, se acusa al **principio de inducción** de apelar a la RAI para su **justificación inductiva**.

Regularidad: Relación estable y constante entre dos **variables**. Las **leyes** científicas se establecen tomando en cuenta R.

Reichenbach, Hans (1891-1953): Filósofo **neopositivista** alemán. De orientación **inductivista**, creó los **conceptos** de **contexto de descubrimiento** y **contexto de justificación**. Entre sus obras principales encontramos a: *Objetos y métodos del conocimiento científico* (1931).

Reificación: Actitud de tomar los **fenómenos** humanos (ideas, procesos, relaciones, propiedades, etc) como si fuesen cosas, en términos no humanos o suprahumanos, como si fueran algo no creado por los humanos, como hechos naturales, divinos, etc. Cuando hay R, el hombre olvida que él mismo ha creado el mundo humano, y ve un mundo deshumanizado. Se dice entonces que el hombre está **alienado** o tiene una **falsa conciencia (Marx)**. Así, por ejemplo, se critica a **Durkheim** el que sus **hechos sociales cosificados** son un ejemplo de R.

Reingeniería: Proceso de reestructuracion de las **empresas** para la adaptación a los cambios tecnológicos, con el fin de simplificar los procesos de **producción**, distribución y administración.

Reino de la libertad (Karl Marx): Denominación dada por **Marx** a la situación de los hombres en la **sociedad comunista**. Requiere un desarrollo altísimo de las **fuerzas productivas** y la desaparición de la división entre el **trabajo manual** y el **trabajo intelectual**, entre otras características. Marx imagina que en el comunismo, el desarrollo de las fuerzas productivas será tan alto y la riqueza producida será tan abundante –y disponible para todos- que ninguna persona tendrá que penar en su vida por no tener **trabajo** o por tenerlo en exceso. De ese modo, Marx imagina a un hombre que trabaje quizá unas pocas horas –la **tecnología** lo permitiría- y se dedicaría el resto del tiempo a vivir la vida, a disfrutar de su familia, de la naturaleza, del arte y de todo lo demás. En esta sociedad rige el principio "**De cada cual según su capacidad, a cada cual según su necesidad**".

Reino de la necesidad (Karl Marx): Denominación dada por **Marx** a la situación de los hombres anterior a la instauración de la **sociedad comunista**. La necesidad se explica porque en esa fase aún subsiste la división entre el **trabajo manual** y el **trabajo intelectual**, las **fuerzas productivas** no se han desarrollado lo suficiente y el **trabajo** sigue siendo considerado un medio de subsistencia. En esta sociedad rige el principio "**De cada cual según sus capacidad, a cada cual según su trabajo**". La primera etapa en el camino al comunismo -el **socialismo**- nace directamente de la sociedad **capitalista**, por lo que todavía recibe sus influencias (por ejemplo, el egoísmo o la competencia). Allí, la gente aún está acostumbrada a hablar de "lo mío" y "lo tuyo". Por eso, en dicha fase la **distribución** se haría en base al **trabajo** aportado por cada uno. Se trata aún, de un **derecho** que -por igualar en el trabajo- es desigual (ya que algunos pueden rendir más que otros).

Relación de implicancia: Relación **lógica** que establece que el **antecedente** implica el **consecuente**, pero no afirma que el antecedente sea verdadero, sino sólo que si el antecedente es verdadero, también lo será el consecuente.

Relación de significancia: Vínculo existente entre un **signo** y su **significado**.

Relación espuria: Falso vínculo causal entre dos **variables**. También conocida como **falacia de relación causal**.

Relativismo: Postura filosófica que sostiene el carácter no absoluto del **conocimiento** y que –por lo tanto- admite que el cambio de circunstancias modifica la **validez** de todo **enunciado**. Para el R el conocimiento humano sólo puede conocer las relaciones entre cosas, pero no a las cosas en sí mismas.

Relevancia explicativa (Carl Hempel): Requisito de una **explicación científica** que plantea que la información explicativa dada en el *explanans* debe proporcionar una buena base para creer que el **fenómeno** que se trata de explicar (*explanandum*) tuvo o tiene lugar, es decir, que todos los **enunciado** del *explanans* deben ser indispensables para la **derivación** de la **conclusión** (no debe ser posible omitir una de las **premisas** y obtener esa misma conclusión).

Religión: Conjunto de creencias, **dogmas, normas, valores** y **ritos** acerca de la Divinidad, que promueven sentimientos de veneración y temor, y subordinan la vida del **hombre** a un orden superior divino. Desde el **funcionalismo**, E. **Durkheim** vio a la R como una creencia que se define por lo que hace, por su manera de actuar, cumpliendo la **función** de reforzar la solidaridad social. Distinguió, en este contexto, lo **sagrado** de lo **profano**.

Respaldo empírico: Ver **apoyo empírico**.

Retroacción: Ver **retroalimentación**.

Retroalimentación (teoría de sistemas): Proceso de autorregulación por el que el resultado final modifica la condición inicial de un **sistema**. En general, en la R se compara el resultado de un proceso con un patrón preestablecido de modo que – en caso de error o desviación- el sistema controlador actúa para reestablecer ese patrón. En la **teoría** de D. **Easton**, reacciones del **sistema político** frente a cambios en el medio externo provocados por productos (*outputs*). También se le llama *feed-back*. Por ejemplo, ante la sanción de una ley de divorcio (producto), la **Iglesia** realiza manifestaciones en su contra (cambio en el medio externo que vuelve a presionar en forma de *input*), provocando una **crisis** en el **gobierno** (R).

Retroceso infinito: Ver **círculo vicioso**.

Retrodicción: Predicción de un **hecho** sucedido en el pasado.

Revolución: Ver **revolución científica**.

Revolución científica de los siglos XVI y XVII: Conjunto de transformaciones que en los siglos XVI y XVII constituyeron el nacimiento de la **ciencia moderna**. Fue Francis **Bacon** quien propuso un nuevo **método** de **conocimiento** del mundo: ya no serían más la **Biblia** ni la tradición la fuente del conocimiento de la naturaleza, sino la **observación empírica** y racional de los **fenómenos** con el fin de establecer **regularidades** y descubrir **leyes científicas**. La RC de los siglos XVI y XVII tiene sus puntos más reconocidos en la física y la astronomía, gracias a los trabajos de Nicolás **Copérnico**, **Galileo** Galilei, Johaness **Kepler** e Isaac **Newton**. La obra de Copérnico *Sobre la revolución de las esferas celestes*, suele ser considerada como detonante de un período -de aproximadamente un siglo y medio- que se conoce como la **Revolución Copernicana**. Pero este período no sólo dio lugar a una nueva **cosmología**, sino que produjo un cambio sustancial en la manera de hacer ciencia. La RC del siglo XVII abarcó no sólo la astronomía y a la física, sino también a otras ciencias, como la medicina. La física antigua adoptaba una metodología demostrativa, según la cual se partía de determinados **enunciados**, que se aceptaban como verdaderos, a partir de los cuales se deducían otros que daban cuenta de las observaciones. Es decir, que se trataba de aplicar en las **ciencias naturales** o **fácticas**, la metodología de las **ciencias formales**, como la matemática. En cambio, la ciencia moderna aplica una metodología teórico-experimental, según la cual se parte de **hipótesis** o suposiciones teóricas, a partir de las cuales se deducen **consecuencias observacionales** que, luego, son sometidas a **prueba** de manera experimental. Otra diferencia entre **ciencia antigua** y ciencia moderna, es que se realizan observaciones activas, en condiciones controladas y con magnitudes medibles. En cambio, la observación en la ciencia antigua se limitaba a registrar de manera cualitativa fenómenos que ocurrían espontáneamente, sin control alguno. Con la ciencia moderna nace la noción de control de **variables**, es decir, el fijar algunas de las variables que están en juego en el fenómeno que se estudia, para revisar el comportamiento de las que quedan libres. Galileo fue el pionero de la física moderna cuando cuestionó la física aristotélica y propuso hipótesis físicas que sentaron las bases de la física newtoniana (por ejemplo, descubrió y demostró algo así como la ley de inercia mediante una **contrastación** empírica).

Revolución científica (Thomas Kuhn): Proceso por el cual un **paradigma** científico es reemplazado por otro. Cambio abrupto del paradigma científico, ocasionado por crecientes **anomalías** no resueltas por la **comunidad científica** y que derivaron en una **crisis**. En este período extraordinario, los científicos ya no dan por válida la **teoría** central ni sus métodos e **hipótesis**, la critican y buscan nuevas soluciones a los **problemas** que se les presentan. Así, los científicos comienzan a buscar un nuevo marco de explicación o **paradigma rival** que resuelva las anomalías. Al producirse una RC, todas las pautas de investigación son revisadas y surgen nuevas teorías y un nuevo modo de interpretar el mundo ("Lo que antes de la revolución eran patos en el mundo del científico, se convierte en conejos después"), en un período que **Kuhn** llama de **ciencia extraordinaria**. Un ejemplo clásico del esquema kuhniano es el siguiente: 1- Paradigma: en la **Edad Media** regía el paradigma **teológico**, es decir que todo se explicaba a partir de Dios, 2- **Ciencia Normal**: a partir del paradigma se partía de la idea de que la Tierra era el centro inmóvil del universo, girando todo en torno de ella (teoría de **Ptolomeo**). La ciencia normal consistía en la lectura dogmática de la **Biblia** y de las obras de **Aristóteles**, que eran una verdad absoluta y nadie podía cuestionar, 3- Anomalía: **Galileo** había descubierto a través del telescopio que unos cuerpos celestes giraban alrededor de Júpiter, contradiciendo la teoría ptolemaica. Los sectores dominantes de la **sociedad medieval (nobleza feudal** y **clero)** lo acusaron de **hereje** por atacar la palabra de Dios, 4- Crisis: si bien Galileo debió retractarse de sus dichos para no ser enviado a la hoguera, sus descubrimientos provocaron un rotundo fracaso de la concepción religiosa, 5- RC: el viejo paradigma teológico fue reemplazado por el paradigma científico, cambiando la visión que el hombre tenía de la naturaleza. La ciencia normal comenzó a basarse en la **observación** y la **experimentación**, con un activo papel de la **razón** y de la capacidad creadora del hombre, a diferencia del rol pasivo y fatalista que éste tenía en el paradigma anterior. También cambiaron las reglas referentes a los **contextos de descubrimiento** y **justificación**. (INSERTAR IMAGEN PATO-CONEJO)

Revolución científico-técnica: Nuevo **paradigma** de **producción**, surgido tras la **crisis del petróleo**, donde priman la automatización, la robotización, la informatización de las finanzas, la teleinformática, la bioingeniería, los nuevos materiales, la microelectrónica, la **informática**, la **biotecnología** y el uso de fuentes energéticas alternativas.

Revolución copernicana: Durante el **Renacimiento, Copérnico** descubrió que la Tierra no era el centro del universo ni estaba quieta sino que daba vueltas alrededor del Sol. Esta **hipótesis** cambió la forma de ver el mundo vigente durante siglos, cuestionando seriamente al **paradigma** sostenido por la **Iglesia**. La teoría de Copérnico fue corroborada en el siglo XVII por **Galileo** y por **Newton**, quien elaboró a partir de aquí la física clásica, planteando la idea de gravitación.

Revolución de los transportes: Expresión que describe los avances productivos y tecnológicos referidos a los transportes, en el marco de la **Revolución Industrial**. En **Inglaterra**, la RT se concentró en los trenes y los barcos de vapor, acelerando la expansión de la **producción** -la construcción del ferrocarril arrastró al crecimiento a la industria del carbón y del acero- y el comercio –que prosperó en Liverpool, Manchester y Londres-. Grandes capitales de inversión se orientaron al tendido de redes ferroviarias, que culminó en 1850. Fue un cambio más profundo que la anterior revolución del algodón, porque transformó el modo de vida, implicó un **trabajo** en una escala nunca vista y empleó **tecnología** totalmente novedosa, al calor de los avances científicos. En realidad, la construcción de los ferrocarriles no se debió a una necesidad de transporte -el país se conectaba bien por vía acuática- sino a **capitales** sobrantes que necesitaban invertirse.

Revolución Industrial: Conjunto de innovaciones tecnológicas que reemplazan la habilidad y energía del hombre (y del animal) por la máquina y la energía mecánica y motriz, provocando el pasaje de la **producción** artesanal a la fabril, dando nacimiento a la **industria** moderna.

Revolución Industrial (Inglaterra, 1750-1830): Primer pasaje histórico –en **Inglaterra** primero y cn un conjunto de países europeos y unos pocos más en el resto del mundo, después- desde una economía artesanal y **agraria** a otra dominada por la **industria** y la **manufactura** mecanizada. El **crecimiento** económico, la innovación tecnológica y organizativa y las transformaciones sociales son algunos de los rasgos centrales de la RI. El nivel de **producción** y **productividad** aumentó en ese período como nunca antes en la **historia** de la Humanidad. La **burguesía industrial** impulsó este proceso. Al mismo tiempo, los niveles de **explotación** y miseria de los **asalariados** fue enorme. La industria comenzó a crecer, mientras que el sector **agropecuario** comenzó a perder su liderazgo. Algunas de las principales características de la RI fueron las siguientes: se difundieron las **fábricas**, creció la **urbanización**, aumentó la **población** urbana, se formaron y/o consolidaron la burguesía industrial y el **proletariado industrial**, se aceleró la **innovación tecnológica**, aumentaron la **producción** y la **productividad**, creció el **comercio**, se desarrollaron los transportes y las comunicaciones, se desarrolló la **clase media**, mejoró la educación, subió la esperanza de vida y bajó la mortalidad infantil. Entre las **teorías** que intentan explicar el origen de la RI están aquellos que cuestionan –precisamente- la existencia de una **revolución**, planteando –en cambio- una "**evolución** acelerada" en el marco de la continuidad de un **proceso** de transformaciones previas que se fueron acumulando **(Nef, Ashton)**. **Rostow** –por su parte- aportó el concepto de "**despegue**" o "*take off*", como primer motor del proceso de industrialización. La mayoría de las clasificaciones identifican a este primer período como **Primera Revolución Industrial**, dada la existencia de las posteriores **Segunda Revolución Industrial** y **Tercera Revolución Industrial** (ver ambas entradas).

Revolución Neolítica (8.000-3.000 a.C.): Término acuñado por G. Childe para describir el salto producido en el **desarrollo** económico y social, basado en la **agricultura** (trigo), la domesticación de animales y la artesanía. Sus consecuencias fueron fenomenales: en primer lugar, la **tribu** ya no necesitó migrar detrás de las manadas de animales que constituían su alimento. Así, surgió el modo de vida **campesino** y nacieron las primeras ciudades. Tampoco necesitó restringirse a zonas tropicales (ricas en frutos): al poder llevarse a sus animales y plantar semillas en otras tierras, se amplió enormemente el territorio en el que el hombre podía vivir. Se poblaron las zonas templadas y comenzaron las grandes migraciones. Por primera vez, la **productividad** del trabajo humano sobrepasaba la capacidad de **consumo** inmediata del productor directo. Así, un pastor podía cuidar ovejas que alimentaran a decenas de hombres, y lo mismo pasaba con un agricultor sembrando. Ese **excedente** que supera la capacidad de consumo individual de la persona que lo produce puede ser -por primera vez- acumulado (ganado en pie o granos). Con ese excedente acumulable, surge también, por primera vez en la historia humana, la posibilidad material de la **explotación** del trabajo humano ajeno, y con ello, la división de la sociedad en dos **clases**: una explotadora, que vive del trabajo ajeno, y otra explotada, que con su trabajo sostiene a la clase explotadora. Se considera al surgimiento de la escritura como el hecho que determina la finalización del **Neolítico**.

Revolución tecnológica: Difusión de un nuevo **"factor llave"** o **"núcleo tecnológico"**, que produce la consolidación de un nuevo **paradigma** tecnológico dominante, que resuelve los problemas que traban la **reproducción ampliada** de una **formación social**.

Robótica: Actividad de construcción de máquinas y aparatos que sustituyen el **trabajo** humano. La R se utiliza en las **industrias** con **tecnología de punta**.

Rousseau, Jean Jacques (1712-1778): Filósofo y pedagogo suizo radicado en **Francia**, figura clave del **contractualismo** y el pensamiento de la **Ilustración**. En su *Discurso sobre los orígenes de la desigualdad entre los hombres* (1755) denunció la corrupción **moral** de la Humanidad. Concibió a un hombre con una bondad originaria, en el **estado de naturaleza**, corrompido con el surgimiento de la **propiedad privada** y la **civilización**. Su obra fundamental fue, sin duda, *El contrato social* (1762), en la que sentó las bases del pensamiento **iluminista** de la **pequeña burguesía** democrática, que influyó en la **Revolución Francesa**. En esa obra, presentó al **Estado** como la unidad de la voluntad individual con la voluntad colectiva o **voluntad general**, y reivindicó la **democracia directa**. El contrato social rescata lo mejor del estado de naturaleza y de la **sociedad** implantando las condiciones sociales más convenientes para todos, a través de la voluntad general, única fuente de **soberanía** y del interés general, que "obliga a los hombres a ser libres".

Ruptura epistemológica (Gastón Bachelard): Proceso que describe lo que ocurre en una **revolución científica**, tal como la describiera Thomas **Kuhn**. La RE implica la superación de uno o varios **obstáculos epistemológicos** y un cambio de la perspectiva de la **comunidad científica** y de la lectura que los científicos realizan de las problemáticas de su disciplina (ver también **obstáculo epistemológico**).

Russell, Bertrand (1872-1970): Filósofo y matemático inglés, escribió *Principia Mathematica* con A. **Whitehead** (1910-1913), donde intentó dar una fundamentación **lógica** a la matemática. Posteriormente adoptó posiciones **empiristas** y **cientificistas**.

S

Saber cómo: Conocimiento o **saber** práctico o instrumental que implica llevar a cabo correctamente una actividad. Por ejemplo, correr o jugar al ajedrez. En procesos técnico-productivos, se utiliza el vocablo inglés *know-how*.

Saber es poder (Francis Bacon): La expresión simboliza la importancia que este filósofo **empirista** daba al **saber** práctico.

Saber proposicional: Saber que consiste en "saber que p", donde p es una **proposición** cualquiera. La definición clásica de SP o **conocimiento proposicional** establece tres **condiciones necesarias** y suficientes: la **creencia** (x cree que p), la **verdad** (p es verdadera) y la **prueba** (x tiene pruebas de que p).

Saber qué: Conocimiento que permite afirmar que determinadas proposiciones son verdaderas. Se llama así porque en castellano se usa la expresión "x sabe que p" para indicar una relación entre una persona (x) y una **proposición** (p). Significa lo mismo que el vocablo inglés *know-that* y que la expresión castellana **conocimiento proposicional**. Por ejemplo, el médico sabe que debe suministrar cierta dosis máxima de una droga.

Sacralizar: Declarar **sagrado** algo que hasta entonces no lo era.

Sacro: Sagrado.

Sagrado: Referente a lo religioso o mágico, lo que no debe tocarse ni profanarse por ser sobrenatural, divino, oculto, especial o prohibido, o por constituir un **tabú** vinculado a cierto ritual. Opuesto: **profano**.

Salto inductivo: Ver **problema de la inducción**.

San Agustín (354-430): Filósofo **medieval** nacido en África, sostuvo que la igualdad espiritual ante Dios es lo que caracteriza a los hombres. SA intentó la armonización de la **filosofía** y la fe –siendo esta última el fundamento natural de la **razón**-. SA fue el primero que conformó lo que luego se denominaría la filosofía cristiana. Un aspecto de su influencia **platónica** se manifestaría en la **idea** de alejarse de las apariencias sensibles para captar lo **inteligible**, para poder dirigirse con certeza hacia Dios. Así, SA describió dos reinos: la Ciudad de Dios o ciudad celeste, que es perfecta, y la ciudad terrena, sometida a la primera. Dios dirá a cual pertenece cada uno. De este modo, todo **poder** viene de Dios: el reino de la Tierra se somete a las **leyes** divinas, que determinan el **sentido** y destino de todo. La posibilidad de alcanzar la **verdad**, para SA, está ligada a descubrir en el alma la presencia de Dios que ilumina las verdades eternas. El procedimiento para lograr ello pasa por lo que SA llama iluminación interior. Entre sus obras principales encontramos a: *La Ciudad de Dios* (412).

Santo Oficio: Ver **Inquisición**.

Santo Tomás de Aquino (1227-1274): Filósofo y teólogo nacido en Nápoles. Recristianizó la **filosofía** de **Aristóteles**, combinándola con la lectura de la **Biblia**. ST logró una síntesis entre **teología** y filosofía en la que adquiere una autonomía relativa el elemento de la **razón**. Como Aristóteles, ST piensa que el hombre es un compuesto de cuerpo y alma pero da una enorme importancia a la segunda. Así, el hombre es **individuo** por su alma -que es inmortal-. Justificó el origen divino del **poder**, pero planteó que el **Estado** surge de la necesidad humana, de sus instintos, y no como consecuencia no deseada de un pecado original -que es la concepción negativa del Estado, presente en **San Agustín**-. ST ve a la **sociedad** en forma jerarquizada: Dios en la cúspide, el **Papa** como su representante en la Tierra -concentrando el poder espiritual y el poder **secular**-, el soberano o **Rey**, la **nobleza** y los **vasallos** o **siervos**. Cada hombre ocupa en la **sociedad** el lugar que Dios le dio. Entre sus obras principales encontramos a: ***Summa Theologica*** (1265).

Santo Tomás Moro: Ver **Moro, Tomás**.

Sartre, Jean-Paul (1905-1980): Filósofo y escritor francés, uno de los principales representantes del **existencialismo**. Sostuvo que la existencia precede a la **esencia**: no hay Dioses ni espíritus absolutos que determinen a la existencia. En verdad, no hay esencia, sino la sensación de la nada o "inautenticidad". En este sentido, la libertad del hombre se logra al costo de vivir con la angustia existencial: no hay nada más allá del hombre mismo, pero al menos podemos hacer algo con lo que el mundo hace de nosotros. Es decir que afirmaba que todos los hombres somos libres (tenemos *libre arbitrio*) en un sentido muy fuerte: elegimos todo, incluso lo que el común de la gente considera que no se elige como todas nuestras creencias, nuestro carácter, etc. S aceptaba que hay una realidad entendida como *aquello que no podemos modificar*, que se resiste a nuestro deseo de que las cosas sean de otro modo. Pero él la veía como la condición indispensable de nuestras elecciones. La realidad así entendida no se nos presenta en forma de **proposiciones** verdaderas sino que nosotros debemos interpretarla y crear un **discurso** acerca de ella. Hay muchas maneras de interpretar la realidad y nosotros elegimos una de ellas y por tanto, debemos hacernos responsables de nuestra interpretación. A esto se refiere cuando dice que no hay esencias: no las hay hasta que las inventamos. Por esta tesis se considera a S un defensor del **pragmatismo**. Recibió influencias de **Kierkegaard, Hegel, Nietzsche, Marx, Husserl** y **Heidegger**. Entre sus obras principales encontramos a: *El ser y la nada* (1943).

Saussure, Ferdinand de (1857-1913): Lingüista suizo, revolucionó el estudio de la **lengua** al proponer una nueva concepción del **signo**, compuesto por una **imagen acústica** o aspecto material –el **significante**- y un **concepto** mental –el **significado**-, vinculados de modo arbitrario. S, desde lo que definió como **semiología**, privilegió el estudio de la lengua por sobre los demás elementos del **lenguaje** porque consideraba que la facultad del lenguaje -es decir, de articular palabras- no se ejerce sin la ayuda de un instrumento creado y transmitido por la **sociedad**: es decir, la lengua ordena, clasifica, hace posible el lenguaje. S concibió a la lengua como un **sistema** gramatical compartido por un **grupo** de **individuos**. Este sistema, que existe virtualmente en el cerebro de cada **individuo**, no está completo en ninguno de ellos sino en la totalidad del grupo, idea central en el desarrollo del **estructuralismo**. Así, la lengua es la suma de las imágenes verbales almacenadas en todos los **individuos**. S se opuso a un análisis lingüístico **diacrónico**, inclinándose por un análisis **sincrónico** y deductivo de las condiciones de existencia de cualquier lengua, en todo tiempo y lugar, independientemente de los usos históricos particulares (el **habla**). Se interesó también por distinguir en los signos las **relaciones sintagmáticas** de las **relaciones asociativas**. Le interesa estudiar la **estructura** de las reglas del lenguaje más que los cambios de la lengua en el tiempo. Su obra influyó decisivamente en autores como C. **Lévi-Strauss** y M. **Foucault**. Su obra cumbre fue el *Curso de lingüística general* (1916), publicada por sus alumnos en base a notas tomadas entre 1906 y 1911.

Savoir faire: Vocablo francés que significa "saber hacer", por ejemplo, un oficio específico, la especialidad de una persona. Es el equivalente de la expresión inglesa *know how*.

Schelling, Friedrich Wilhelm Joseph von (1775-1854): Filósofo **idealista** alemán. Criticó el **subjetivismo** de **Fichte**, afirmando que lo absoluto se forma de la suma del **sujeto** y del **objeto**, del **individuo** y de la naturaleza. De influencias kantianas, destacó la importancia del arte. Entre sus obras principales encontramos a: *Ideas para una filosofía de la naturaleza* (1797).

Schopenhauer, Arthur (1788-1860): Filósofo alemán, rechazando a **Hegel** reivindicó la voluntad omnipotente del **individuo** por encima de lo racional. El mundo es representación de un **sujeto**: todo el **conocimiento** humano proviene de la acumulación de percepciones, **fenómenos**, apariencias o representaciones. Influyó en el pensamiento de Friedrich **Nietzsche** y los neokantianos. Entre sus obras principales encontramos a: *El mundo como voluntad y representación* (1819-1844).

Secular: Relativo al siglo o a algún **fenómeno** centenario. También es S lo **profano** o no religioso.

Secularismo: Ver **secular**.

Secularización: Transformación de lo **sagrado** o religioso en **profano** o **secular**. **Proceso** por el que **sociedades** organizadas en torno a **normas** y **prescripciones** de tipo sagrado o tradicional se convierten en sociedades abiertas a las innovaciones. De acuerdo con la óptica de G. **Germani**, la S implica un proceso de **modernización** económica –impulso a la **división del trabajo**- y de **crisis** de los **valores** tradicionales -en particular la **religión**- y de creciente predominio de la **razón** y de la **racionalización** de la **política**. Lo religioso deja de tener importancia decisiva en la constitución del orden social, lo cual no implica ateísmo, sino que la **religión** queda relegada a lo privado. Por ejemplo, la llegada a una **tribu** de personas de una **cultura** más moderna puede llevar a una S y a una caída de las tradiciones. Implica también un proceso por el cual los hombres acrecientan la capacidad racional, analítica y **empírica** de su acción **política**. Siguiendo a Almond y Powell, este desarrollo de la **cultura política** es equivalente al concepto de **diferenciación** en el marco de una **estructura**.

Seglar: Referente al siglo. También, **secular**, **profano**, **laico**.

Selección natural (Charles Darwin, 1819): Concepto clave de la **teoría de la evolución** que plantea que el medio ambiente natural determina cuáles son los **individuos** más aptos para sobrevivir en la lucha por la vida. Así, por ejemplo, ciertas razones ambientales hacen que en un determinado momento sobrevivan las mariposas de alas negras, en vez de las de alas blancas (las mariposas negras en una ciudad con mucho hollín pueden camuflarse mejor y así protegerse de los predadores y reproducirse). Los procesos que causan pequeños cambios se acumulan a gran escala produciendo grandes cambios. La acumulación de grandes cambios produce nuevas **especies** (ver *El origen de las especies por medio de la selección natural*).

Semántica (Charles Morris): Parte de la **semiótica** que estudia las relaciones entre los **signos** y aquello que éstos designan, entre los signos y aquello de lo cual hablamos por medio de ellos, es decir los **significados** o el **sentido** de los signos, la **significación**. Existen distintos tipos de S: discursiva, fundamental, generativa y narrativa.

Semiología: (Del griego *semeion*: **signo**). Disciplina que estudia los signos sistematizados en **instituciones** sociales, o en el seno de la vida social. Así, la S observa a los signos que acompañan al uso de los signos lingüísticos, como los pre lingüísticos a los que se refiere una palabra -el término humo se refiere a la sustancia humo-, paralingüísticos -un gesto de la cara- o pos lingüísticos, como los que surgen del análisis de un texto. F. **Saussure** postuló la necesidad de crear una **ciencia** que tuviera como objeto de estudio al funcionamiento de los signos dentro de la **sociedad**, cuya **función** consistiría en analizar el origen de los signos así como las **leyes** que los gobiernan. Saussure consideró que la **lingüística** como ciencia debería estar incluida dentro de esta ciencia más general que es la S (aunque sería su parte principal y privilegiada). La tarea del lingüista debería ser la de explicar por qué el sistema de la **lengua** es especial dentro del conjunto de todos los otros **sistemas** de signos (imágenes, gestos, **ritos**, costumbres, reglas, etc) y analizar específicamente el sistema de signos lingüísticos. Contra lo sostenido por Saussure, R. Barthes planteó que la disciplina general es la lingüística y lo semiológico sería una parte especial dentro de ella, ya que no es posible concebir a los significados de imágenes o gestos sin utilizar el **lenguaje**. Por su parte, Charles **Peirce** creó el concepto de **semiótica**, disciplina que estudia a los signos desde el punto de vista lógico. Así, la S en Europa y la semiótica en **EE.UU.** abordarán un mismo campo de análisis. La S saussureana ha influido en la **Antropología estructuralista** de **Lévi-Strauss** y en el **Psicoanálisis** lacaniano, que define al **inconsciente** como estructurado por el lenguaje.

Semiótica (Charles Peirce): Ciencia que se ocupa del estudio de los signos, o de los **lenguajes** (verbales o no) en cuanto son **sistemas** lógicos de signos. La tarea básica de la S es fijar un modelo de signo que pueda aplicarse a sistemas muy diferentes. Según **Peirce** y **Morris**, hay cinco componentes del **proceso** semiótico: el **signo**, el **objeto** al cual el signo se refiere (*designatum*), el **intérprete**, los **interpretantes**, los **contextos** en los que los signos ocurren. Son partes de la S la **sintaxis**, la **semántica** y la **pragmática**. El término S surge en el siglo XVII con J. **Locke**, pero se afianza en los **EE.UU.**

Semmelweis, Ignazius Philip (1818-1865): Médico húngaro, pionero en la **teoría** del contagio a partir de sus investigaciones sobre la fiebre puerperal. Como resultado de sus descubrimientos, surgió la asepsia en ginecología. Este caso es citado reiteradamente como ejemplo clásico de una investigación científica (por ejemplo, en *Filosofía de la ciencia natural*, de C. **Hempel**).

Sentido: Intencionalidad dada por un **sujeto** a sus **acciones**. Es un concepto esencial de la **Sociología comprensivista**.

Sentido: Valor **semántico** ligado a las condiciones particulares en que un **enunciado** es producido. Si bien una postura lo equipara al **significado**, otra visión sostiene que éste es distinto, ya que es el concepto que todo **signo** conlleva en abstracto, independientemente de sus usos. El S, en cambio, será aquello que se produce en y por el **proceso** de **significación**.

Sentido común: Pensamiento vulgar, no científico, que no profundiza en el **análisis** de la naturaleza y **causas** de los **fenómenos**. Se ha dicho que la filosofía de un siglo es el SC del siglo siguiente, haciendo referencia al hecho de que algunas conquistas teóricas de la **filosofía** y de la **ciencia** se "democratizan" con el tiempo, integrándose a las creencias de personas que no se dedican a esas disciplinas, a través de diferentes mecanismos sociales (como por ejemplo la escuela y la televisión).

Ser: Todo ente existente, considerado, en general, único e irrepetible.

Si: Es un **signo** que introduce una **proposición** sin afirmarla ni negarla, que suele operar con otro signo como **"entonces"** o una coma, etc, que introduce otra proposición. La construcción completa coordina las dos proposiciones indicando que la segunda es verdadera en ciertas condiciones, a saber, cuando la primera es verdadera. Esa construcción se llama **condicional** y en el **lenguaje natural** puede hacerse con varias combinaciones de tiempos, modos y aspectos verbales, indicando en cada caso **significados** distintos. En **lenguaje** lógico es frecuente interpretar estas construcciones como un **condicional material**. Se llama **antecedente** a la proposición que sigue al signo S y **consecuente** a la otra proposición. Por ejemplo: "Vas a tener mejor salud si dejas de fumar" (ver también **implicación**).

Si y sólo si: Suele abreviarse "**sii**". Esta expresión está compuesta por el **signo "si"** en **conjunción** con "sólo si". La primera parte dice que lo que está a la derecha del signo es una **condición suficiente** (ver) de lo que está a la izquierda y el "sólo si" dice que es, además, una **condición necesaria** (ver). Dicho de otro modo, el **enunciado** "A sii B" es equivalente a esta otra expresión "Si A entonces B y si B entonces A". Esta **oración** está implicando que A y B son equivalentes lógicamente, es decir, que son verdaderos en los mismos casos y falsos en los mismos casos. Por ejemplo: "Amo a otros si y sólo si me amo a mí mismo" significa que no puedo amar a otros si no me amo a mí mismo y que no puedo amarme a mí mismo si no amo a otros seres. Es decir que, o bien amo a otros y a mí mismo, o bien no amo a nadie en absoluto.

Si-entonces: Ver **implicación**.

Siglo de las Luces (Europa, siglo XVIII): Denominación recibida por el siglo XVIII debido a la importancia dada por los pensadores de la **Ilustración** a la razón, en ruptura con la **teología** y el **oscurantismo** dominantes en el **Medioevo**.

Significación: Saussure define a la S como a la relación entre el **significante** y el **significado**, entre el **signo** y el **fenómeno** que representa (ver **arbitrariedad del signo**). Esta concepción no es compartida por la **semiótica** de **Peirce** y **Morris**, que se interesan por la S en tanto **procesos** y actos de **producción** e interpretación de **enunciados (semiosis)**.

Significado (Ferdinand de Saussure): Concepto, referente o **idea** representada por el **significante** o construido con la materia fónica de éste. Relación del **símbolo** con aquello que simboliza. El S de un término consiste en el concepto acerca de los **objetos** a los que el **término** se aplica, lo expresado por el significante.

Significante (Ferdinand de Saussure): Secuencia lineal de sonidos imaginados en la mente, que tiene una conexión arbitraria con un **significado** o **concepto**. En el **lenguaje** oral se identifica con la **imagen acústica**, pero en otros **sistemas** puede ser un grafismo, un dibujo, un gesto o cualquier otra forma de expresión sensible de un **signo**. El S es la expresión y el significado, lo expresado. Es la forma física del signo como la percibimos a través de nuestros sentidos. **Lacan** habló de una **cadena S** en relación con la **teoría** de **Freud**: el S no sería el sonido material sino su huella psíquica.

Signo: Fenómeno perceptible o **significante**, que denota la presencia de otro fenómeno no perceptible en forma directa o **significado**. La interpretación de un S sólo es posible en el contexto de un **código** que pueda comprenderse por estar compartidos en la vida social. Por ejemplo, una cama caliente es S de que alguien estuvo acostado recientemente en ella. El S es el concepto clave de la **semiología** y de la **semiótica**.

Signo (Ferdinand de Saussure): Unidad mínima de **significación** que contiene un **significado** o **concepto** mental y un **significante** o sonido imaginado en la mente (**imagen acústica**). El lazo que une el significante al significado es arbitrario, porque su relación no es natural, sino que está apoyada en un hábito colectivo, o sea convencional (**arbitrariedad del S**). Así, no hay razón para que el concepto "Sol" tenga que ser relacionado con la sucesión de los **fonemas** s-o-l (Saussure también planteó el **fenómeno** de la **linealidad del S**). Desde una visión **estructuralista**, para **Saussure** es S todo aquello que describe algo distinto de sí mismo: es "lo que los demás no son", su diferencia con todos los demás S o "lo que nos habla de algo distinto de sí mismo." Por ejemplo, si vamos a estacionar y vemos un cartel con una E tachada con una línea roja, no pensaremos que está allí para que pensemos en la letra E y en las líneas rojas, sino para que sepamos que está prohibido estacionar. Y "perro" significa lo que no es "cerro" ni "berro", ni "gato" ni "caballo". El S no tiene una definición por la positiva ("El S es X cosa") sino por la negativa ("El S no es X cosa ni Y cosa ni Z cosa").

Signo (Charles Peirce): También llamado **representamen**, se relaciona con un **objeto** interpretado o explicado por el **interpretante** que, a su vez, conduce a otros S con sus respectivos interpretantes, constituyendo una cadena infinita, una **semiosis ilimitada**. Es "algo que representa para alguien algo, algún aspecto y capacidad." **Peirce** no toma al S primariamente en cuanto elemento de la **comunicación** sino del **conocimiento**: el S es una forma de conocer mediante los sentidos. Peirce clasifica los S en tricotomías: la primera es según la propia naturaleza del S; la segunda, es según su relación con el objeto dinámico, y la tercera es según su relación con el interpretante.

Signo lingüístico: Entidad psíquica que forma una unidad dicotómica de dos **términos** inseparables: el **concepto** y la **imagen acústica**. F. **Saussure** rechaza la idea tradicional de que el **signo** sea la unión entre una cosa y un nombre (esto es un proceso extra-lingüístico), y lo toma como **entidad psíquica**. Además, considera que es una unidad bifacial o de dos caras inseparables: imagen acústica o **significante** y **concepto** o **significado**. Saussure habla siempre de SL mientras que C. **Peirce** se refiere a signo en general. Para Saussure, el signo une un concepto y una imagen acústica, un **significado** y un **significante** y es, por lo tanto, una "entidad psíquica de dos caras". Para Peirce, el signo tiene su fundamento en un **proceso** -la **semiosis**- que es una relación real que subyace al concepto de signo.

Signo natural: Vínculo no artificial entre un **signo** y su **designado**. Es decir que el SN no es una creación humana, sino que responde a una relación de **causa** (el designado)-**efecto** (el signo). Por ejemplo, si salgo a la calle y está mojada es signo (efecto) de que llovió (causa).

Silogismo (Aristóteles): Tipo de **razonamiento deductivo** que parte de dos **enunciados** considerados **premisas** –**premisa mayor** y **premisa menor**- que son **enunciados condicionales** que no contienen **términos singulares** -es decir que son **proposiciones generales**- y están ligados por una **conjunción**, y deriva en otro enunciado llamado **conclusión**. No siempre premisas y conclusión estarán visibles: si sólo se expresa una parte del razonamiento y el resto se deja implícito, es decir, se da por sobreentendido, hablamos de un **entinema**. No es correcto considerar S a razonamientos donde no aparezca un **condicional** (si...entonces...), donde las premisas no estén ligadas por una **conjunción** o donde existan **términos** singulares. **Forma lógica** del S: Si todo M es P y si todo S es M, entonces todo S es P. Por ejemplo: Si todos los árboles son vegetales y si ningún vegetal es animal, entonces ningún árbol es animal. (en este caso la segunda premisa es negativa, por lo que la conclusión también es negativa). Puede verse que el S expresa el razonamiento por medio de una **proposición** (tautológica) y no a través de varias. La forma de esta proposición es "(x) (Ax $\rightarrow$ Vx) . (x) (Vx $\rightarrow$ $\neg$Nx) $\rightarrow$ (x) (Vx $\rightarrow$ $\neg$Nx)". En ocasiones se usa el nombre de S para designar a cualquier razonamiento deductivo, aunque no cumpla con estos requisitos.

Silogismo categórico: Razonamiento deductivo formado con tres **proposiciones categóricas** -dos **premisas** y una **conclusión**-. El SC tiene tres **términos** – término mayor, término menor y término medio- donde dos de ellos se relacionan en las premisas con un tercero, surgiendo una relación entre los dos primeros términos en la conclusión. En un SC de forma típica, primero se formula la **premisa mayor**, después la **premisa menor** y, por último, la conclusión. La **validez** o **invalidez** de un SC depende de su forma y es completamente independiente de su contenido específico o del tema que trata. Por ejemplo: "Si algún niño es porteño y si todos los porteños son prepotentes, entonces algún niño es prepotente."

Silogismo conjuntivo: Silogismo cuya primera **premisa** es una **proposición molecular** conjuntiva. Aunque también la **conjunción** puede estar en la **conclusión**. Es el caso, por ejemplo, de la **regla de simplificación** (por ejemplo: "1) **Russell** y **Whitehead** escribieron *Principia mathematica*), 2) Russell escribió *Principia mathematica* y de la **regla de conjunción** (por ejemplo: "1) María jugó al truco, 2) Antonio jugó al truco, 3) María *y* Antonio jugaron al truco.")

Silogismo disyuntivo: Silogismo cuya primera **premisa** es una **proposición molecular** disyuntiva o **proposición alternativa**. A veces, la **proposición disyuntiva** es la **conclusión**. Su **forma lógica** cuando la disyunción es premisa puede ser: p o q, -p, q. O bien: p o q, p $\rightarrow$ r, q $\rightarrow$ r, r. Cuando la disyunción es la conclusión: p, p o q. Los ejemplos respectivos son: "Juego de arquero o de goleador, no juego de arquero, por lo tanto juego de goleador", "Voy a leer un libro o voy a mirar una película, si miro un película me voy a divertir, si leo un libro me voy a divertir, por lo tanto (en cualquier caso) me voy a divertir", "No hice la tarea, por lo tanto, o bien no hice la tarea o bien se la comió el perro."

Silogismo hipotético: Regla de inferencia consistente en un **silogismo** con al menos una **premisa condicional**, formada por un **antecedente** (con el encabezado "Si") y un **consecuente** (con el encabezado "**entonces**"). Es el caso, por ejemplo, del *modus ponens* (modo afirmativo) o del *modus tollens* (modo negativo). En un sentido más restringido y también frecuente, se llama SH a la regla que dice: (p $\supset$ q), (q $\supset$ r) $\therefore$ (p $\supset$ r). Por ejemplo: "Si no como tengo hambre y si tengo hambre no puedo pensar, luego, si no como no puedo pensar."

Simbolización: Conversión de un **razonamiento** en una **forma lógica**. Por ejemplo, el razonamiento "llueve y hace frío" puede pasar, por S, a la forma lógica "p.q". Opuesto: **sustitución**.

Simbolización: Relación motivada o intencional –no artificial- entre el simbolizante y lo simbolizado.

Símbolo (Charles Peirce): Tipo de **signo** que tiene una relación convencional o artificial, con su **objeto** de acuerdo a reglas. No hay nada en el símbolo que indique que representa a esa cosa, simplemente está asociado a un **objeto** por un acuerdo. Son símbolos los logotipos, las señales de tránsito. Por ejemplo: El significado que le damos la paloma blanca, son compartidos porque existe un acuerdo previo que establece que quiere decir "paz". También se puede definir como aquel tipo de **signo** que se conecta a algo representado por él –un **objeto**- de manera convencional o artificial, de acuerdo a reglas (lo que diferencia al S o **legisigno** del **ícono** y del **índice**). Un S es aquello que está en lugar de otra cosa, que no es la cosa en sí misma, sino que la representa. Por ejemplo, la bandera de un país, las palabras, la clave de sol, un gesto, los colores del semáforo. Lo que **Peirce** llama S es el signo (arbitrario y convencional) de **Saussure**, quien utiliza al S para designar la unión entre elementos que tienen algo en común. Según C. **Lévi-Strauss** toda **cultura** es un conjunto de **sistemas** simbólicos. E. **Cassirer**, por su parte, definió al hombre como un "animal simbólico", creador de S, el único ser capaz de crearlos.

Símbolos primitivos: Ver **términos primitivos**.

Simplificación: Ver **regla de simplificación**.

Sincategoremático: Ver **términos lógicos**.

Sincretismo: Unidad de **teorías** y pensamientos de orígenes diversos. Concurrencia de elementos distintos en una unidad común sin que exista un criterio selectivo organizado.

Sincronía (Ferdinand de Saussure): Del latín *syncronos*, "al mismo tiempo". Enfoque de un **fenómeno** (de **lenguaje** o de otro tipo) en un momento determinado, de modo estático, sin interés por sus cambios ni su **historia** (a **Saussure** le interesa lo estructural y permanente). Opuesto: **diacronía**.

Sincronismo: Ocurrencia simultánea de dos o más **fenómenos** en un momento determinado.

***Sine qua non*:** Expresión latina que significa "sin la cual no" y que se emplea como **condición necesaria** para que algo se produzca o se haga.

Sintáctica: Ver **sintaxis**.

Sintaxis (Charles Morris): Parte de la **semiótica** que estudia las relaciones de los **signos** entre sí; es la **teoría** de la construcción y la identificación de las secuencias de signos bien formadas. Estudia las reglas que establecen qué signos se aceptan o no, con independencia de su **significado**. Es la tarea propia de la S la construcción de cálculos. Por ejemplo, "las palabras esdrújulas llevan tilde". Estrictamente, existe una **S gramatical** y una **S lógica**. También hay otros tipos de S: discursiva, fundamental, narrativa y textual.

Sintaxis gramatical: Sintaxis del **lenguaje natural**. Opuesto: **sintaxis lógica**.

Sintaxis lógica: Combinación de los **signos** en **fórmulas**, con el fin de estudiar la **estructura** del **lenguaje**. Opuesto: **sintaxis gramatical**.

Síntesis: Idea que unifica, concentra y recombina a todo un conjunto de **conceptos**. Se contrapone a **análisis**.

Síntesis: Tercer momento de la **dialéctica**, que unifica y supera a la **tesis** y a la **antítesis**. También se le llama **negación de la negación**.

Sintético: En **lógica**, es S todo **enunciado** cuyo **predicado** agrega algo nuevo al **sujeto**. Por lo tanto, no basta con analizar el **significado** de sus **términos** para saber si la **proposición** es verdadera o falsa, ni puede reducirse a una **tautología** porque dice algo acerca del mundo (y por lo tanto es un **enunciado contingente**) sino que hay que recurrir a la **experiencia** o a la intuición. Por ejemplo, "El oro se dilata al ser calentado." Opuesto: **analítico**. Ver **enunciado sintético**.

Sistema (teoría general de sistemas): Conjunto de partes relacionadas que conforman un todo, delimitado de su **entorno**. Existen S abiertos y S cerrados. Ejemplos de S: un idioma, el depósito del baño, el S nervioso, la **democracia**, la psiquis, etc.

Sistema axiomático: Conjunto de **fórmulas** y reglas que determinan su orden lógico y su **significado** -si el SA está interpretado-. Algunas de las fórmulas del **sistema**, llamadas **axiomas**, se aceptan sin **demostración** (o "se auto-demuestran") y son el punto de partida para demostrar todos los **teoremas** del sistema a través de la aplicación de las **reglas de transformación** del SA. Un SA puede ser formal o interpretado según comprenda o no una interpretación que asigne **significado** a sus **términos primitivos**. Además un SA puede ser **formalizado** o no formalizado según su **lenguaje** sea **natural** o **artificial** (remitimos a las entradas: **sistema axiomático formal, sistema axiomático formalizado, sistema axiomático interpretado**).

Sistema axiomático formal: Sistema axiomático cuyos **términos primitivos** carecen de **designación** o **significado**, siendo meros **símbolos** o formas, sin contenido. Un SAF se compone de cinco partes: **1.** El vocabulario, que puede dividirse entre símbolos lógicos y símbolos no lógicos, y estos últimos entre términos primitivos y **términos definidos. 2.** Las **reglas de formación**. (1 y 2 determinan el lenguaje del sistema que es el conjunto de las **fórmulas bien formadas** –fbfs-). **3.** Las **reglas de transformación. 4.** Los **axiomas** (que son un subconjunto de las fbfs). **5.** Los **teoremas**, que son un subconjunto de las fbfs. Las fbfs de un SAF no son ni verdaderas ni falsas, por lo tanto, tampoco los **axiomas** ni los **teoremas** son verdaderos ni falsos. Sinónimo: **cálculo**.

Sistema axiomático formalizado: Un **sistema axiomático** cuyo **lenguaje** es un **lenguaje artificial**. Un SAF puede ser formal o interpretado.

Sistema axiomático interpretado: Sistema axiomático cuyos **términos primitivos** son interpretados, es decir que el sistema tiene una **interpretación** metalingüística que asigna significados a dichos términos del **lenguaje** del sistema. Inmediatamente se asigna también el **significado** a los **términos definidos** (ya que se definen a partir de los primitivos). Un SAI se compone de las cinco partes que hacen a un **sistema axiomático formal** (ver) más la función interpretación, que lo convierte en no formal. A partir de la interpretación se puede asignar **verdad** o falsedad a las **fórmulas bien formadas**, por lo que se convierten en **proposiciones**. Si los **axiomas** del sistema son todos verdaderos, entonces todos los **teoremas** lo serán ya que se deducen de los axiomas. En este caso se dice que la interpretación es un **modelo** del sistema. Si se asigna a los términos primitivos significados con **contenido empírico**, entonces la verdad de los axiomas dependerá de la **contrastación empírica**. Este no es el caso de un SAI de **lógica**, en el que se asignan **valores de verdad** a los primitivos directamente, por lo que carecen de contenido empírico.

Sistema binario: Sistema basado en un **teorema** matemático que permite escribir cualquier número combinando ceros y unos. El SB es útil para toda situación o **fenómeno** de doble alternativa (por ejemplo, abierto-cerrado, prendido-apagado, etc).

Sistema coherente: Ver **sistema consistente**.

Sistema completo: Ver **completitud**.

Sistema consistente: Sistema axiomático que tiene al menos un **modelo**. Llamado también **sistema coherente**. Ver **consistencia**.

Sistema formal: Ver **sistema axiomático formal.**

Sistema formalizado: Ver **sistema axiomático formalizado.**

Sistema inconsistente: Sistema axiomático en el que puede demostrarse alguna **contradicción**. Dícese también de aquellos sistemas en los que no es posible hallar un **modelo** para aplicar. Ver **consistencia**.

Sistema independiente: Un **sistema** es independiente cuando sus axiomas son independientes, es decir, cuando ninguno de los axiomas puede deducirse de los demás axiomas que pertenecen al **sistema axiomático**. Por ejemplo, la sospecha que recaía en el 5º **postulado de Euclides** era que no satisfacía este requisito de **axioma** independiente. Ver **independencia**.

Sistema interpretado: Ver **sistema axiomático interpretado.**

Sistema lógico: Los **axiomas** y/o **reglas de inferencia** de un SL sólo autorizan **razonamientos deductivos**. La **interpretación** de un SL proposicional asigna a cada **letra proposicional** un **valor de verdad** como **significado**. A partir de allí se pueden definir nociones metalógicas como, por ejemplo: **tautología** = **fórmula** (del **lenguaje** O) que es verdadera en toda interpretación. Un SL semánticamente completo (ver **completitud**) tiene como **teoremas** a todas las tautologías que pueden expresarse en su lenguaje (si sus **términos primitivos** son **variables proposicionales**, sus teoremas serán las tautologías de la **lógica proposicional**).

Sistemas tecnológicos: En un **proceso** productivo se llama ST al conjunto de **innovaciones** interrelacionadas técnica y económicamente, que afectan varias ramas del aparato productivo. Un nuevo ST encadena sucesivas **innovaciones radicales**.

Sistemático: Lo que se realiza siempre siguiendo un mismo procedimiento o **sistema** pre-establecido.

Socialdarwinismo: Ver **darwinismo social**.

Sociedad abierta (Karl Popper): Popper identifica a la SA con la **sociedad capitalista**, caracterizada por fomentar un saber racional, objetivo, neutral y libre de valores.

Sociedad libre (Paul Feyerabend): Libre acceso de todas las formas de **conocimiento** a su difusión, sin que la **ciencia** ejerza un **monopolio** del **saber**. Es la **sociedad** del "**todo vale**": tanto la ciencia como la **religión**, el curanderismo o la astrología, una sociedad en la que el **individuo** elija libremente el saber que prefiera. Este punto de vista es criticado por M. **Bunge,** considerando que se trata de una peligrosa manera de manipular a la gente, especialmente a la más ignorante.

Sociobiología (Edward Wilson): Disciplina que explica el comportamiento social de las **especies** (incluida la humana), en términos de la **selección natural** de genes, basándose en la biología evolutiva, el **neodarwinismo**, la **etología**, la **ecología** y la genética. La S sostiene que el hombre actual "es lo que es" porque nuestros antepasados "fueron quienes fueron". La agresión, el altruismo, la sexualidad, el odio, la **moral** y la **ética** pueden ser interpretadas –según la S- por el proceso de selección natural, que determina tanto la **evolución** de las **culturas** como la de las especies. Las "barras bravas", los grupos de choque o un marido maltratando a su esposa, estarían expresando la misma propiedad biológica subyacente al macho agresivo: la competencia territorial o la dominación sexual. Para la S, la organización social es resultado automático de la supervivencia de las características ventajosas de cada individuo: nada puede alterar el orden social establecido. Todo cambio es indeseable, anti-natural y anti-humano. Se ha criticado a la S el hecho de que no es válido culpar de nuestros crímenes violentos y guerras al remoto pasado de nuestros **ancestros**. La S utilizaría mal la **teoría de la evolución**, porque el que sobrevive en el proceso de selección natural no es el más *fuerte* sino el más *apto*. Además, que una **conducta** sea adaptativa no implica que la misma surja de la selección natural. También se ha vinculado a esta corriente con los intereses justificatorios de las potencias **imperialistas** del siglo XX, con el fin de dar razones supuestamente científicas a sus políticas agresivas hacia otros pueblos.

Sociología del conocimiento (Max Scheler, década de 1920): Se podría definir a la SC como a la **investigación** de la influencia de la **sociedad** sobre las creencias de los hombres. Se trata de una **teoría** que sostiene que todas nuestras opiniones, científicas o morales, están determinadas por nuestros intereses o por la **ideología** total (es decir, el **sistema** de **hipótesis** subyacentes o presupuestos culturales en el que se mueve nuestro pensamiento). Según la SC, cada **grupo social** tiene la **ciencia** que le conviene, es decir, que es útil a sus intereses como sociedad y no acepta hipótesis contrarias a dichos intereses. Así, la SC niega la **objetividad** de la ciencia: todo **conocimiento** está influido por elementos **inconscientes** ocultos. Entre sus principales impulsores se destacan Karl Mannheim y más recientemente Paul Ricoeur.

Sócrates (469-399 a.C.): Filósofo griego, maestro de **Platón** (quien difundió sus ideas, que nunca escribió). Utilizó la **dialéctica** como **método** de enseñanza basado en diálogos progresivos hacia la **verdad**. La base de su pensamiento era la **moral** y el **conocimiento** de uno mismo: "**conócete a ti mismo**", que debía conducir al reconocimiento de las falsas creencias que uno sostuvo sin saberlo porque nunca antes las había explicitado al punto de refutarlas: "sólo sé que no sé nada". Defendió la *techné* o **saber** práctico y útil, en contraposición al saber por el saber mismo y sostuvo que la duda es el origen de la verdad. Fue condenado a muerte acusado de corromper con sus ideas a los jóvenes y –aunque era inocente– aceptó beber la cicuta como muestra de acatamiento de la autoridad del **Estado**: aunque las **leyes** sean malas, los **ciudadanos** las deben obedecer.

Sofisma: Silogismo o argumento no válido pero de apariencia válida. También conocido como **falacia**, parte de semejanzas aparentes pero no reales. Defensa de algo falso con el objetivo de provocar confusión. Los hay lingüísticos y extralingüísticos.

Sofistas (Grecia, siglo V a.C.): Filósofos que centraban su atención en los problemas humanos y el saber práctico. Intervinieron activamente en la **política** de su tiempo y fueron rechazados por **Sócrates**, **Platón** y **Aristóteles**. Entre sus representantes encontramos a Protágoras y a Trasímaco.

Solidez: Un **razonamiento** es sólido cuando cumple con estas dos condiciones: 1) es válido y 2) todas sus **premisas** son verdaderas. De la definición de **validez** se sigue que su **conclusión** será necesariamente verdadera.

Solipsismo: Forma extrema de **idealismo**, el S plantea que sólo podemos estar seguros de nuestra propia existencia, ya que todo **conocimiento** nos es dado a través de sensaciones y éstas son engañosas. Lo demás, es ilusión nuestra.

Spencer, Herbert (1820-1903): Filósofo inglés, fundador de la **Filosofía** sintética o **evolucionista**. Apoyándose en la **teoría de la evolución de las especies** de **Darwin**, S estableció el **darwinismo social**, planteando el principio de la **supervivencia del más apto** al campo social para justificar el dominio racial, **colonial** y **capitalista** del mundo. De fuertes ideas **liberales**, entre sus obras principales encontramos a: *Sistema de filosofía sintética* (1862-93).

Spinoza, Baruch de (1632-1677): Filósofo **racionalista** holandés. Coincidió con **Descartes** en la confianza en el **método** geométrico (así llamaba al **método axiomático**) como medio para conocer con exactitud el mundo real. Identificó a Dios con la naturaleza misma o sustancia infinita (hay autores que califican esta tesis de **panteísmo**). En la relación espíritu-**materia**, afirmó que una cosa y la **idea** de esa cosa son lo mismo, sólo que desde dos perspectivas diferentes. Entre sus obras principales encontramos a: *Ética demostrada según el modo geométrico* (redactada entre 1663 y 1665 y publicada póstumamente), *Principios de filosofía de Descartes* (1663).

Stirner, Max (1806-1856): Filósofo **anarquista**, reivindicó la máxima libertad individual rechazando cualquier restricción. La corriente individualista que encabezó fue minoritaria en el movimiento anarquista. Entre sus obras principales encontramos a: *El individuo y su propiedad* (1845).

Subalternación: Según la **lógica clásica**, relación entre una **proposición** y otra de mayor extensión. Dichas proposiciones son llamadas *subalternas*. Por ejemplo: a = "todos los hombres son mortales" y b = "algunos hombres son mortales". Si a es verdadera, b también es verdadera. Si b es falsa, a es falsa. Pero si a es falsa, b puede ser tanto verdadera como falsa y si b es verdadera puede ocurrir que a sea verdadera como que no lo sea. Todo esto puede expresarse como "V(a) → V(b)", interpretando el **signo** metalingüístico "→" como un **condicional material** (ver **cuadro de oposición**).

Subcontrariedad: En la **lógica clásica**, relación entre una **proposición** y otra, tal que ambas pueden ser al mismo tiempo verdaderas pero no pueden ser al mismo tiempo falsas. Dichas proposiciones son llamadas *subcontrarias*. Por ejemplo: "p v q" y "¬p v ¬q". En el caso en que p es verdadera -V(p)- y q falsa -F(q)-, ambas son verdaderas. Pero no pueden ser falsas a la vez porque si F(p v q) entonces F(p) y F(q), según la definición de la **disyunción**. Y en ese caso se deduce de la misma **definición** que V(¬p v ¬q). Y puede probarse lo inverso: Si F(¬p v ¬q) se sigue que V(p v q), porque en ese caso los **valores** de p y de q serían: V(p) y V(q) (ver también **cuadro de oposición** para lo referente a la S de proposiciones modales).

Subdesarrollo: Estructura de un **sistema** económico con bajo **desarrollo** de las **fuerzas productivas** y cuyas principales características son: predominio del **sector primario**, dependencia de las **importaciones** de **manufacturas** e **insumos**, alta densidad de **población**, fuerte concentración –o mala **distribución**- de la **renta**, baja tasa de **ahorro**, poca diferenciación del **sistema** productivo con uno o dos productos centrales, predominio del **mercado externo** sobre el **mercado interno,** copamiento de los sectores más rentables por parte del **capital** extranjero, atraso tecnológico, convivencia de unos pocos sectores modernos con una **economía** tradicional, alto analfabetismo, altos **índices** de natalidad y mortalidad y fuerte **desempleo**, entre otras. El S es uno de los temas clave de la **CEPAL**, del **estructuralismo** y de la **teoría de la dependencia**.

Subjetividad: Perspectiva que coloca los sentimientos u opiniones personales por delante de consideraciones **objetivas**.

Subjetivo: Relativo o perteneciente al **sujeto**, a su sentir o pensar. Opuesto: **objetivo**.

Subsomption: Ver **razonamiento escalonado**.

Suficiente: Ver **condición suficiente**.

Sujeto: Persona, **ser** o conciencia que conoce a la realidad exterior y es capaz de producir representaciones. Opuesto: **objeto**.

Sujeto: Parte de la frase que determina gramaticalmente al **predicado** y que designa el **objeto** a lo que aquel refiere.

Sujeto empírico: En la **teoría de la enunciación** es el autor efectivo de un **enunciado**.

Summa Theologica **(Santo Tomás de Aquino, 1265):** Obra fundamental del **tomismo** en la que Tomás de **Aquino** expone las cuatro características definitorias de la **ley**: racional, perteneciente al **bien común**, creada por la **comunidad** y que requiere de su **promulgación** para que sea conocida por todos. La Ley Eterna es un plan eterno de Dios, la Ley Divina es la que guía al hombre a su fin último sobrenatural, la Ley Natural es la Ley Eterna destinada al hombre como ser libre y racional y la Ley Humana –el **derecho positivo**- es la creada por el legislador como derivación de la Ley Natural.

Superhombre (Friedrich Nietzsche): Figura que **Nietzsche** expuso en *Así habló Zaratustra*. El S es un ideal nietzscheano por medio del cual se puede "superar al hombre", es decir, a lo que hasta el momento los hombres han postulado como **modelo** y han creído acerca de sí mismos. Esto es lo que ellos han definido como "Humanidad" o "lo que nos distingue de los animales", a saber: el hombre es racional, tiene conciencia total de sí mismo y es (o debe ser) justo y bueno con los otros hombres. Nietzsche ataca este ideal o imagen de sí mismo que tiene el hombre, porque le parece mentiroso. Según él se llama *justo* a lo que nos resulta cómodo, a lo que nos hace sentirnos bien con nosotros mismos y con nuestras elecciones, pero estas elecciones son previas al discurso que construimos para legitimarlas o justificarlas. Así, hay algo previo a la **conciencia** (el **inconsciente**), del que no se había hablado con seriedad antes de Nietzsche y **Marx**), y por ello ataca este autor también a la **razón** idealizada, a la que se atribuían cada vez más virtudes al son del **progreso** de la **ciencia** moderna. El S reemplazaría a Dios y a la **moral** cristiana. Es una nueva moral "más allá del bien y del mal", que haría a los hombres sinceros frente a sí mismos. Lo que todos realmente perseguimos, según el autor, es la auto-conservación y -para garantizarla- el **poder**. La moral burguesa, la moral judeo-cristiana, la moral *plebeya* "mienten poder", les dicen a los desposeídos que su condición de tales no es mala, prometen un mundo trans-mundano en el cual va a haber premios para los "justos" y los "buenos". La justicia y el bien se reducen entonces a una promesa de poder para quien no lo tiene y por tanto es una mentira capaz de apagar el resentimiento. En un sentido semejante, dijo Marx que la **religión** es el "opio de los pueblos", ya que las promesas de la religión adormecen y aplacan el deseo de rebelión, de *hacer* la justicia.

Supervivencia del más apto (Herbert Spencer): Concepto fundamental del llamado **darwinismo social**, intenta demostrar que en toda **sociedad** se imponen y sobreviven aquellos que mejor se adaptan a las condiciones existentes. Sirvió como justificación de la **política colonial** británica del siglo XIX.

Supervivencia del más fuerte (darwinismo social): Teoría que sostiene que algunos **individuos** son más fuertes y por lo tanto superiores a otros, por lo que poseen el derecho de ejercer la dominación sobre los más "débiles". Para algunos autores, es una deformación del concepto de **supervivencia del más apto** de **Charles Darwin** (aunque otros sostienen que la expresión es de H. **Spencer**) y fue utilizada para justificar las políticas **imperialistas** de las **potencias capitalistas**.

Sustancia (Aristóteles): Fusión de **materia** y **forma**, lo que es en sí y por sí mismo. También llamada *entidad*, la S aristotélica es individual y espacio-temporal (a diferencia de la de **Platón**, que es la **idea**). Son ejemplo de S: quien escribe, un libro, un árbol, etc.

Sustitución: Conversión de una **forma lógica** en un **razonamiento** o de una **fórmula** con variables en una **proposición**. Por ejemplo, la **forma proposicional** "p.q" puede pasar, por S, a la **proposición** "llueve y hace frío". Un razonamiento es válido cuando constituye un ejemplo de S de una forma válida de razonamiento; y una forma de razonamiento es válida cuando ninguno de sus ejemplos de S tiene **premisas** verdaderas y **conclusión** falsa. Opuesto: **simbolización**.

Sustrato: Lo que está detrás de lo superficial, lo sustancial o esencial de algo.

Syss: Abreviatura que se utiliza en **lógica** para la expresión "**si y sólo si**".

> *Es más fácil juzgar el talento de un hombre por sus preguntas que por sus respuestas.*
>
> ***Duque de Levis, escritor francés***

Tabla rasa: Ver *tabula rasa*.

Tablas de verdad (Ludwig Wittgenstein): Procedimiento lógico que consiste en desplegar en forma tabular todas las maneras posibles de combinar la **verdad** o falsedad de cada uno de los **enunciados atómicos** y el **valor de verdad** que en cada caso adoptaría el **enunciado molecular** según el **significado** de las **conectivas** que figuren en él. Las TV permiten determinar si una **fórmula lógica** es una **tautología**, una **contradicción** o una **contingencia**. El número de filas horizontales de una TV se calcula a partir del número n de **proposiciones atómicas** y es 2 a la n. A continuación damos ejemplos de una tautología (A: (p . q) → (r → q)) y de una contingencia (B: (p . q) → (r . q)):

p	q	r	(A)	(p	.	q)	→	(r	→	q)	(B)	(p	.	q)	→	(r	.	q)
V	F	V		V	F	F	**V**	V	F	F		V	F	F	**V**	V	F	F
V	F	F		V	F	F	**V**	F	V	F		V	F	F	**V**	F	F	V
V	V	V		V	V	V	**V**	V	V	V		V	V	V	**V**	V	V	V
V	V	F		V	V	V	**V**	F	V	V		V	V	V	**F**	F	F	V
F	F	V		F	F	F	**V**	V	F	F		F	F	F	**V**	V	F	F
F	F	F		F	F	F	**V**	F	V	F		F	F	F	**V**	F	F	F
F	V	V		F	F	V	**V**	V	V	V		F	F	V	**V**	V	V	V
F	V	F		F	F	V	**V**	F	V	V		F	F	V	**V**	F	F	V

Las TV sirven para definir a las conectivas lógicas, ya que su significado se agota en el valor de verdad que "atribuyen" a las proposiciones que las rodean. Por ejemplo, la **negación** "atribuye" a la **proposición** de la derecha el valor falsedad. Esto quiere decir que si se acepta "no p" (si es verdadero el enunciado negativo), se acepta inmediatamente que "p" es falso (es falso el enunciado negado). Del mismo modo una conjunción "dice" que los conyuntos son ambos verdaderos (porque la proposición cuya conectiva principal es una conjunción es verdadera **si y sólo si** las proposiciones conjuntas son verdaderas). A continuación damos mediante TV las definiciones de las conectivas lógicas más frecuentes:

Conjunción

p	·	q
V	V	V
V	F	F
F	F	V
F	F	F

Disyunción

p	v	q
V	V	V
V	V	F
F	V	V
F	F	F

Disyunción exclusiva

p	w	q
V	F	V
V	V	F
F	V	V
F	F	F

Condicional material

p	→	q
V	V	V
V	F	F
F	V	V
F	V	F

Bicondicional

p	≡	q
V	V	V
V	F	F
F	F	V
F	V	F

Negación

¬	p
F	V
V	F

Incompatibilidad o negación alternativa

p	|	q
V	F	V
V	V	F
F	V	V
F	V	F

Negación conjunta

p	↓	q
V	F	V
V	F	F
F	F	V
F	V	F

Tabula rasa **(empirismo): Concepto** central de la **filosofía empirista**. En su *Ensayo sobre el entendimiento humano*, **Locke** sostenía que las **ideas** no son innatas, es decir, no nacemos con ellas de modo que fueran previas a la **experiencia**, sino que al nacer, la mente es una TR, que se halla en blanco y vacía. Sólo a través de la experiencia penetran en ella las ideas. La **función** de la mente es reunir las impresiones y los materiales que suministran los sentidos.

Tales de Mileto (624-545 a.C.): Filósofo griego **presocrático**, investigó el origen del hombre y de las cosas, incursionó en la astronomía (prediciendo un eclipse de Sol) y elaboró el **teorema** matemático que lleva su nombre. Es considerado el primer filósofo de la **historia**.

Taoísmo (siglo IV a.C. →): Religión del **Lejano Oriente** que propone la meditación y la no violencia para llegar a la vida superior, integrando al hombre con la ley cósmica. Difusor del Yin y el Yan (la dualidad que se complementa), el T surgió en oposición al **confucianismo** y su rígido ordenamiento social. Su base son las obras del filósofo **Lao-Tsé**.

Tautología: Una T es una **proposición molecular** que por su **forma** es verdadera no importa cómo se interpreten los **términos no lógicos**. La negación de una T es una **contradicción**. Como es verdadera independientemente del **significado** de las **proposiciones atómicas** que la conforman y por tanto sin afirmar ninguna de ellas, se considera que la T no tiene **contenido empírico**, porque no nos da información acerca del mundo. Toda T es una **proposición analítica** o **ley lógica**, cuya **verdad** puede decidirse por métodos puramente lógicos. Sus **tablas de verdad** sólo tienen resultados verdaderos. Son ejemplos de T: "los patos son patos" y "$p \to (q \to p)$".

Taxonomía: Clasificación de los seres vivos. Por extensión, se aplica a toda clasificación u organización sistemática de **datos**.

Técnica: (Del griego *tekhné*, que significa "medio para alcanzar un fin"). Conjunto de procedimientos que usa una **ciencia** o arte. La T utiliza a la ciencia como un medio para producir artefactos útiles o un conjunto de procedimientos para obtener un fin. Ejemplo: el ingeniero que estudia células fotoeléctricas para diseñar una batería para mantener iluminada una ciudad. Suele decirse también que se habla de T cuando la base teórica es el **conocimiento** del **sentido común**, centrado en un **saber** hacer (por ejemplo, podemos hablar de la T para cavar un pozo). En cambio, se habla de **tecnología** cuando la base teórica es el **conocimiento científico** (por ejemplo, la tecnología para fabricar un aparato de audio). El gran desarrollo de la T como tecnología se inició a mediados del siglo XVIII, con la **Revolución Industrial**.

Tecnociencia: Conocimiento científico producido y dominado, aplicable al control de **procesos** sociales o naturales.

Tecnocracia: Gobierno orientado o controlado por especialistas o expertos de la **ciencia** y la **tecnología**. Por lo general, se lo utiliza despectivamente para señalar una visión técnica y economicista que desprecia consideraciones de otro tipo, por ejemplo, las consecuencias sociales y ecológicas de la decisión tecnocrática de instalar una planta de **fertilizantes** en una zona poblada por **familias**.

Tecnología: Según la definición dada por M. **Bunge,** la T es la **técnica** que emplea **conocimiento científico**. En ella se unen el conocimiento teórico y la **producción**, por lo que puede hablarse de **ciencia aplicada**. Por ejemplo, la modista usa una técnica, la **industria** de la confección usa una T. Para Jorge Sábato, la T es "el conjunto ordenado de conocimientos necesarios para la producción y comercialización de **bienes** y **servicios**", en una definición más orientada a lo económico. Por su parte, para John K. Galbraith es "la aplicación sistemática del conocimiento científico, o de otro tipo de conocimiento organizado, a tareas prácticas". Otros autores, en cambio, vinculan a la T con lo cultural. Mientras que la técnica nació casi junto con el hombre, la T surgió durante el curso de la **Revolución Industrial**. Hay quienes la sitúan en 1876, simbolizando el paso del "mundo visible" de las palancas, poleas, ejes, engranajes, etc, al "mundo invisible" de los átomos, virus, electrones, moléculas, etc.

Teísmo: Doctrina que sostiene la creencia en un **Dios** personal creador del universo, a diferencia del **deísmo**, que niega el carácter personal de Dios. Opuesto: **ateísmo**.

Teleología: (Del griego *telos* = fin o meta). **Doctrina** filosófica que interpreta a los **fenómenos** de acuerdo con una finalidad. Se postula una propiedad de las cosas o **causa final**, el fin u objetivo, que va más allá de las características que tengan en un momento dado y que hace que se transformen en un modo que está pre-establecido. El **mecanicismo** rechazó la existencia de **causas finales**. La **explicación teleológica** se sigue usando para dar cuenta de la conducta humana: "Martín abrió el paquete de galletitas para hacer una chocotorta".

Teleológico: (Del griego *telos* = fin). Lo que tiene una finalidad. Lo que no se explica por las **causas** físicas sino por los fines.

*Telos***:** Voz griega que significa finalidad o meta.

Teodicea (Gottfried Leibniz): Parte de la **metafísica** que trata acerca de la justicia divina y de la defensa de la existencia de Dios.

Teogonía: Teoría mítica sobre el origen de los Dioses.

Teología: Disciplina que estudia a Dios, sus características, **esencia** y existencia. En la **Antigüedad**, la T se orientaba al análisis de los **mitos**, pero **San Agustín** y **Santo Tomás de Aquino** le dieron su connotación actual.

Teorema: Proposición demostrada a partir de otras, llamadas **axiomas**. Consecuencias **lógicas** de los axiomas, la última **fórmula** de una secuencia **lógica** sin **premisas**, o **demostración**.

Teorético: Teórico, especulativo.

Teoría: En **términos** generales podemos decir que una T es un conjunto de **hipótesis** que ha superado la **prueba** de los hechos. También podemos hablar de T en el sentido de un conjunto de **proposiciones** o hipótesis **empíricas** relacionadas lógicamente en un **sistema hipotético-deductivo**, susceptibles de ser **contrastadas** por medio de la **experiencia** o la **observación**. Otra definición posible es que una T es un conjunto de **leyes** de distinto nivel, donde de algunas **leyes fundamentales** (por ejemplo, las **leyes de Newton** de la mecánica clásica) se derivan otras de menor nivel (por ejemplo, la ley de caída de los cuerpos de **Galileo** y la ley de las áreas que barre un planeta en su translación orbital de **Kepler**). En una T hay una relación de **implicación lógica** que introduce un orden, ausente en un mero conjunto. Por ejemplo, la **T de la relatividad** permitió explicar **fenómenos** que las T anteriores no habían podido explicar (la órbita anómala de Mercurio) y permitió predecir nuevas leyes empíricas (la curvatura de los rayos de luz en campos gravitatorios muy intensos). También se habla, en un sentido más general, de T filosóficas, psicoanalíticas, etc, aunque no tengan leyes empíricas entre sus **proposiciones**. En **epistemología**, la discusión central acerca de las T científicas se basa en la relación existente entre dos elementos fundamentales: el **dato** y la **hipótesis**. El tipo de vínculo entre éstos dependerá de la posición epistemológica del investigador: así, por ejemplo, mientras que para el **inductivismo estrecho** el dato *precede* a la hipótesis, en el **confirmacionismo** el dato *sirve de* **apoyo inductivo** para las hipótesis y en el **hipotético-deductivismo** el dato *se deduce* de la hipótesis.

Teoría atomista: Ver **atomismo**.

Teoría catastrófica: Ver **catastrofismo**.

Teoría celular (Schwann, Schleiden, Virchow; aproximadamente 1830 →): **Teoría** que sostiene que la célula es la mínima unidad vital, en la que se expresan las propiedades básicas de los seres vivos: nutrición, crecimiento y reproducción. También sostiene que toda célula proviene de otra por división celular y que todo ser vivo está formado por células, de las que se origina por sucesivas divisiones.

Teoría científica: Ver **teoría**.

Teoría creacionista: Ver **creacionismo**.

Teoría Crítica: Ver **Escuela crítica**.

Teoría de la acción comunicativa (Jürgen Habermas): Acción social no orientada a fines egoístas —como es el caso de la acción instrumental o la acción estratégica- sino a la búsqueda de diálogo y **consenso** con el otro, aceptando sus críticas y tratando de comprenderlo. Para **Habermas**, la **acción comunicativa** es la única que puede garantizar el funcionamiento de una sociedad libre.

Teoría de la causalidad (Aristóteles): Aristóteles sostuvo que, para que ocurra un **fenómeno**, intervienen cuatro tipos de **causas**: 1- **causa material** (el bronce), 2- **causa formal** (el **modelo** o **idea** que el artista tiene en su mente como proyecto de realización), 3- **causa eficiente** (la acción de las manos del escultor) y, 4- **causa final** (la intención del escultor de terminar la obra).

Teoría de la ciencia: Ver **filosofía de la ciencia**.

Teoría de la comunicación: Teoría que estudia los modos en que la transmisión de un **mensaje** desde un **emisor** o **fuente** hacia un **receptor** llega a través de un **canal** o **medio** que transmite esas señales. La TI ha sido desarrollada, entre otros, por Paul Lazarsfeld, Edgar Morin y Umberto **Eco**. **Shannon** y Weaver la desarrollaron con la denominación de **teoría de la información**.

Teoría de la dependencia (América Latina, décadas de 1960 y 1970): Corriente sociológica crítica de la denominada "**teoría del despegue**", que sostiene que el **desarrollo** de unos países se basa en el **subdesarrollo** de otros sometidos a ellos por lazos de dependencia (**centro** y **periferia**). En el contexto de la **descolonización**, la **Guerra Fría** y la "**edad de oro**", la TD planteará que hay un lazo entre las **estructuras** internas de los países dependientes con las estructuras externas de la **economía** mundial, de tal modo que los países **periféricos** están condenados a mantener una economía agrícola atrasada, o a impulsar una **industrialización** limitada. Además, los **dependentistas** no creían que las causas del atraso estuviesen dadas por una cuestión de **cultura política** (planteo de la **Sociología de la modernización**), sino por los vínculos de ciertas *élites* nativas con los grupos económicos mundiales más poderosos. Encontramos dos vertientes de la TD: el estructuralismo (CEPAL, con autores como R. **Prebisch**, A. **Ferrer**, O. Sunkel, F. Cardoso y C. Furtado) plantea la posibilidad de un desarrollo nacional **capitalista** autónomo, contraponiendo un rol progresivo de la **burguesía nacional** con el carácter reaccionario de las **oligarquías** nativas. Así, Cardoso dirá que **Brasil**, país capitalista dependiente, tuvo en la década de 1970 un desarrollo espectacular de su industria. En cambio, el dependentismo **marxista** –por ejemplo, A. Gunder Frank y T. Dos Santos- sostendrá que el **Tercer Mundo** sólo puede romper con la dependencia si impulsa transformaciones revolucionarias de carácter **socialista**, siguiendo el ejemplo de **Cuba**. La implantación de **dictaduras** militares en Latinoamérica en la década de 1970, el **auge neoliberal** y la consolidación de la **globalización**, pondrán en crisis muchos de los supuestos de esta **teoría**.

Teoría de la enunciación: Teoría fundamental para el análisis del **discurso**, cuyo principal exponente es E. **Benveniste**. Esta corriente **lingüística** se centra en analizar la situación en que se produce el **enunciado** y las marcas que aparecen en el discurso de la subjetividad.

Teoría de la evolución: La **evolución** como **concepto** se remonta a los filósofos presocráticos. Pero durante la **Edad Media** se consideró que todos los animales y plantas que estaban sobre la Tierra habían sido creados por Dios (**fijismo**). Las ideas evolucionistas resurgieron con la **ciencia** moderna. En el siglo XVIII, Jean Baptiste **Lamarck** fue el primero en formular una TDE, conocida como **transformismo**. La revolución definitiva en la TDE la dará **Darwin** con su **TDE de las especies**.

Teoría de la evolución de las especies (Charles Darwin): Teoría de la **evolución** planteada por **Darwin,** para quien las poblaciones de los organismos son variables. Darwin partió de la observación de estas variaciones individuales y de la idea de que nacen más organismos de los que son capaces de sobrevivir. Los que presentan rasgos que no son ventajosos en un determinado dejan menos descendencia al vivir menos, o no la dejan si no llegan a la edad reproductiva; mientras que los que presentan características ventajosas, sobreviven logran reproducirse más. Los caracteres de esos padres exitosos pasan a sus hijos, y en esa **población** cada generación será ligeramente diferente a la anterior y estará un poco mejor adaptada a las condiciones del hábitat. Otro elemento innovador de las ideas de Darwin fue el despojar a la idea de **evolución** de todo sentido de dirección, de progreso. Darwin consideraba que la evolución no se dirigía hacia lo más perfecto, sino que tenía que ver con la adaptación de los organismos a condiciones cambiantes.

Teoría de la explicación por subsunción: Ver **explicación nomológico-deductiva.**

Teoría de la generación espontánea (siglo XVII): Teoría sobre el origen de la vida. En la época de **Newton**, en **biología** se consideraba que había dos formas de generación de los seres: una era la generación de los seres avanzados de la naturaleza (animales, plantas, hombres) mediante la reproducción sexual, y otra la generación de los seres más simples o ruines (insectos, ratas, serpientes, etc), por efecto del calor del Sol sobre los desechos. Según esta teoría, los primeros eran engendrados y los otros eran producto de una "generación espontánea". Los avances de la **ciencia** experimental y el uso de nuevas **tecnologías** (como el microscopio) complicaron dicha teoría y abrieron dos posiciones enfrentadas respecto de cada tipo de generación. La confianza de algunos seguidores de la TGE era tal que Van Helmont, en 1667, creyó probar la generación espontánea de un ratón dejando veintiún días en un frasco ropa interior sucia con granos de trigo. Conocida también como **heterogénesis**. La teoría rival fue conocida como **biogénesis** o anti-espontaneísmo, que finalmente se impuso: en 1668 Francesco Redi experimentó con el objetivo de refutar a la TGE, según la cual los gusanos de la carne podrida surgen por sí mismos. Redi buscó demostrar que esos gusanos son creados por organismos vivos, para lo cual puso pedazos de carne en dos recipientes, uno tapado con una lámina de metal delgado, y el otro sin tapa. Si la TGE fuera cierta, los gusanos deberían haber aparecido en ambos recipientes. Sin embargo, los gusanos sólo aparecieron en el frasco abierto, lo que habilitaba a pensar que un agente externo tomaba contacto con la carne podrida. Efectivamente, los gusanos surgían a partir de huevos de moscas (que las moscas sólo pudieron depositar en el frasco abierto).

Teoría de la información (Claude Shannon, 1948): Teoría que se basa en los desarrollos publicados por **Shannon** en el artículo *Teoría matemática de la comunicación*, donde propone una serie de **leyes** matemáticas que explicarían y medirían la transmisión de **mensajes** a través de **canales** (teléfono, TV, etc.). Shannon sostenía que los procedimientos lógicos de verdadero/falso se correspondían con abierto/cerrado y encendido/apagado de las llaves de los aparatos electrónicos. Con esa base, postuló el **BIT** o dígito **binario**, es decir, la cantidad de información requerida para seleccionar un mensaje entre dos alternativas. La consecuencia de la teoría de Shannon es que la información se convierte en una forma independiente de cualquier dispositivo de transmisión. Fue Warren Weaver quien aplicó el modelo de Shannon a la **comunicación** humana, estableciendo la siguiente secuencia: **fuente** de información → mensaje → transmisor o **emisor** → **señal** → (**ruido**) → señal recibida → **receptor** → mensaje → destino. Así, la información se encuentra codificada en señales que el receptor decodifica. Esta teoría modificó la visión simplista que se tenía acerca de un proceso de comunicación lineal desde una fuente a un receptor.

Teoría de la panspermia (Fred Hoyle y Chandra Wickamasinghe): La TP se basa en la idea de que la vida está presente en todas partes y habría llegado al planeta desde el espacio interestelar. Hoyle y Wickamasinghe provenían de la astronomía y no de la biología, pero su **teoría** fue apoyada por biólogos como Crick (quien, junto con Watson, descubrió en 1953 la **estructura** de doble hélice del ADN). Un refuerzo para este argumento es la suposición de que los dinosaurios perecieron por las descargas de virus desconocidos que dejaron lluvias de cometas, lo que se probaría con el estudio de los impactos meteóricos en la Luna y Marte en la misma época. También sostuvieron que la caída de virus estelares se amortigua con la atmósfera y que se han encontrado rastros de virus en la alta atmósferas. Los meteoritos tienen la edad del sistema solar; si se encontrasen organismos en ellos se probaría que existía vida en el sistema solar antes que en la Tierra. Así, en el meteorito Orgevil, caído en 1930, se hallaron esporas carbonizadas y en 1984, Murchinson Hans Phug halló en él bacterias y aminoácidos. Sin embargo, no hay acuerdo acerca de estas cuestiones debido a la difícil interpretación de los hallazgos.

Teoría de la relatividad (Albert Einstein, 1905): Teoría que revolucionó al pensamiento científico, superando al **paradigma** newtoniano, vigente por siglos. La TR dejó de considerar al tiempo y al espacio como valores absolutos, para tomarlos en su conjunto como una dimensión relativa del universo (el continuo espacio-tiempo). Además, disolvió la tradicional dualidad entre **materia** y **energía**, al descubrir la conversión de una en otra. La TR de **Einstein** demostró que, para situar la simultaneidad de dos hechos en el tiempo, es precondición necesaria un sistema de referencias particularizado que excluye al observador omnisciente (el que todo lo sabe), universal y absoluto (propio de la física newtoniana). De este modo, buscó dar con una imagen del mundo que sea independiente de la posición de los distintos observadores.

Teoría de la verdad como coherencia: Tesis que sostiene que una **proposición** es verdadera si es consistente con las demás proposiciones de la **teoría** de la que forma parte.

Teoría de la verdad como correspondencia: Esta **teoría** sostiene que una **proposición** es verdadera si se corresponde con un **hecho**, si describe un **estado de cosas** real. Caso contrario, es falsa (a menos, claro, que sea una **tautología**).

Teoría de los equilibrios puntuados (Niles Eldredge y Stephen Gould, 1972): Suele ser caracterizada como una **teoría de la evolución** crítica de las **teorías** de **Darwin** y de la **teoría sintética de la evolución**. Sin embargo, se trata de una ampliación de la teoría darwiniana a entidades supra-individuales. Así, según Darwin, la **selección natural** opera sobre la variabilidad existente entre los individuos de una **población**. Según la TEP, existe selección natural a diferentes escalas: a nivel de las variaciones entre los individuos de una población, pero también entre diversas **especies**. Según Gould, la selección natural opera sobre cualquier entidad que sea variable y se reproduzca. Así como los individuos son variables y dejan descendencia, las especies también lo hacen a una escala de tiempo más amplia. Aquellas especies que colonizan más hábitat y se propagan más rápido, serán seleccionadas sobre las demás. Esta selección a nivel de especies se produce cuando surgen cambios geológicos que desestabilizan la **ecología** de las especies. Eldredge encontró que en las especies no se había producido ningún cambio en un período de tres o cuatro millones de años; el cambio, cuando se presenta, aparece en forma repentina. Por su lado, Gould encontró un patrón semejante al estudiar los caracoles de las islas Bermudas. Los dos comenzaron a llamar *stasis* a esta etapa de falta de cambio. Eldredge consideró que el cambio que se da de una especie a otra en los **fósiles** por él estudiados en el oeste norteamericano, eran sólo aparentes. Darwin y la teoría Sintética consideraban a las especies como efímeras, poco duraderas, dada la continuidad de la evolución. En cambio, para la TEP, las especies pueden verse como *individuos* y están espacio-temporalmente limitadas.

Teoría de Oparin-Haldane (Alexander Oparin y John Haldane 1930 →): **Teoría** acerca del origen de la vida que se basa en la idea de que en la atmósfera primitiva no había oxígeno libre, por lo que podían formarse compuestos orgánicos (compuestos formados en base a átomos de C) a partir de compuestos inorgánicos, independientemente de la existencia de seres vivos que pudiesen formarlos. Posteriormente, la asociación de estos compuestos orgánicos dio origen a las primeras células. Estos dos biólogos, Oparin, de origen ruso, y Haldane, de origen inglés, se basaron en el análisis fisico-químico de la menor oxidación del hierro en rocas muy antiguas y datos geológicos de **fósiles**, que permiten ubicar en cuatro mil millones de años atrás la antigüedad de la vida de la Tierra. Los dos científicos llegaron a conclusiones similares, pero en forma independiente. Luego la teoría fue retomada por Miller y Urey en 1953, quienes reprodujeron las condiciones de la atmósfera primitiva mediante descargas eléctricas sobre un gas mezcla de metano, vapor de agua, hidrógeno, amoníaco, y obtuvieron toda clase de compuestos orgánicos y aminoácidos.

Teoría del *big bang*: Cosmogonía que supone un origen del universo en un instante dado, pero sin referencia a favor o no de un creador. Según esta **teoría**, el universo, junto con el tiempo y el espacio, surgieron de una gran explosión hace unos diez o quince mil millones de años. En dicha explosión estaba concentrada una gran cantidad de radiación o **energía** a elevadísima temperatura (protones, neutrones, electrones y fotones) que, al expandirse el espacio, se desparramó perdiendo densidad. De esta manera se formaron las partículas de **materia** y de anti-materia; luego siguió el enfriamiento, hasta disminuir la producción de materia por no haber tantos choques de energía. Entonces se llegó a un equilibrio entre la energía y la materia. La presencia de partículas creó la fuerza de atracción de estas partículas entre sí; la gravedad fue concentrando materia en nubes estelares, luego en galaxias y estrellas, y atrayendo estos cuerpos entre sí, por lo que fue frenando la aceleración expansiva.

Teoría del conocimiento: Ver **gnoseología**.

Teoría del contrato social: Ver **contractualismo**.

Teoría del cubo: Teoría gnoseológica de raíz **empirista**, que plantea que es necesario haber tenido percepciones -es decir, **experiencias** de los sentidos- antes de poder conocer algo acerca del mundo. Se le opone la **teoría del reflector**.

Teoría del espíritu del pueblo (Friedrich Karl von Savigny): En la primera mitad del siglo XIX, surgió del **historicismo** romántico esta **teoría idealista**, que plantea que fuerzas irracionales de la **comunidad** predominan más allá de la voluntad de los **individuos**.

Teoría del reflector (Karl Popper): Teoría gnoseológica que afirma que las **observaciones** son posteriores a las **hipótesis** o —lo que es lo mismo- que la teoría guía a la **observación**. La TR surgió como una crítica de la visión **empirista** de la **teoría del cubo**.

Teoría del universo estacionario: Cosmología cuyo antecedente es la **teoría** de **Aristóteles** que consideraba eterna a la existencia del universo. Son pocos los científicos, actualmente, que se inclinan por ella. La teoría describe un universo en expansión continua en el que se mantiene un equilibrio eterno entre la cantidad de **energía** y **materia**.

Teoría general de sistemas (Ludwig Von Bertalanffy, 1950): Estudio de los sistemas en todos los campos científicos, con el objetivo de elaborar una serie de conceptos comunes que permitan la unidad de la **ciencia**. Un **sistema** es un conjunto, el cual -si es abierto- recibe *inputs* a los que procesa y devuelve a su **entorno** en forma de *outputs*, estableciendo una **retroalimentación**. Ese conjunto puede particionarse a su vez en los llamados **subsistemas**. Wiener aportó el concepto de **homeostasis**, para referirse a las incidencias que los cambios producidos por el entorno ocasionan en los sistemas y el equilibrio en la relación entre ambos. Partiendo de su aplicación en el campo de la biología, pronto la TGS se aplicó a las **Ciencias Sociales** –por ejemplo, en la **teoría de sistemas** de **Easton** y en **comunicación**-, la física y la química. Luego continuó ampliándose, basándose siempre en un enfoque **holístico** (es decir, tomando como **objeto** de estudio a la totalidad).

Teoría geocéntrica: Teoría que sostenía que la Tierra es el centro del universo y que todos los cuerpos celestes giran alrededor de ella. El primero en proponerla fue **Aristóteles**, en el siglo IV a.C. y fue luego sistematizada y perfeccionada por **Ptolomeo** en el siglo II, agregándose luego interpretaciones cristianas relacionadas con la idea de Creación y de Dios durante toda la **Edad Media**. Según esta concepción, alrededor de la Tierra, que está inmóvil, se encuentra una esfera cristalina de éter donde gira la Luna; luego otra donde giran los planetas (los conocidos en la época de Aristóteles eran Mercurio, Venus, Marte, Júpiter y Saturno, además del Sol); y luego otra esfera donde están los seres más puros o elevados, que son las estrellas fijas. Aristóteles planteaba que todas las esferas están separadas por una sustancia llamada éter y cuanto más elevado está un ser menos cambia y más perfecto es. Por lo tanto, hay una física sublunar, que se aplica a aquello que está debajo de la Luna, que es cambiante, finito e imperfecto (ver **mundo sublunar**); y otra física supralunar, que se aplica a la Luna, los planetas y las estrellas, es decir, al **mundo supralunar**, que no cambia y que es perfecto e incorruptible.

Teoría heliocéntrica: Cosmología basada en la idea de que el centro del universo es el Sol, desplazando a la Tierra de su lugar privilegiado (**teoría geocéntrica**). La Tierra dejó de ser considerada centro de la creación, para ser considerada como un planeta más, que gira alrededor del Sol. El primero que en la época moderna formuló la TH fue **Copérnico**, en 1543 (en la **Antigüedad** había sido formulada por Aristarco de Samos). Luego fue perfeccionada por el astrónomo alemán **Kepler** en 1609, quien propuso, por primera vez, la idea de que las órbitas planetarias son elípticas y no circulares. La física correspondiente a esta concepción astronómica (según la cual la Tierra tiene un movimiento de traslación y otro de rotación), la desarrollaron **Galileo** y **Newton** en los siglos XVI y XVII. La TH subsistió hasta fines del siglo XIX. Los geocentristas objetaron a la **teoría** copernicana que -si se dejaba caer desde una torre un cuerpo pesado- debería quedar lejos del pie de dicha torre, ya que la torre se movería a la velocidad de rotación de la Tierra. Copérnico no pudo responder a esta objeción, que fue contestada por Galileo con la **hipótesis** de que el objeto cae al pie de la torre porque comparte el movimiento de rotación de la torre y la Tierra. Con esta respuesta, Galileo sugirió la idea de movimiento inercial, que sería luego desarrollada por Newton.

Teoría sintética de la evolución (Julian Huxley, 1942 →): Teoría que parte de la **selección natural** de **Darwin** -pero negando la herencia de los **caracteres adquiridos**- y de la incorporación de los **conocimientos** provenientes de la genética (**Mendel**). La "Nueva Síntesis" propuso una idea llamativamente simple: de tiempo en tiempo, las poblaciones de **especies** que tienen una dispersión muy amplia, se ven conmocionadas por un fenómeno natural -por ejemplo, el cambio estructural en una cadena montañosa, un río que cambia de curso-. Si esa barrera corta a la población en dos, las dos poblaciones ahora separadas continuarán cambiando cada una por su lado, hasta que al final se acumularán muchas diferencias entre ellas y no podrán reproducirse entre sí. De este modo, habrá nacido una nueva **especie**. Conocida también como **neodarwinismo**.

Teoría sistémica: Ver **teoría de sistemas**.

Teoría transformista: Ver **transformismo**.

Tercero excluido: Ver **principio del tercero excluido**.

Término: Entidad **lingüística** que es parte de un **enunciado**.

Término mayor: Parte de un **silogismo** que opera como **predicado** de la **conclusión**, simbolizado con la letra P.

Término medio: Parte de un **silogismo** que opera en las **premisas** pero no en la **conclusión**, simbolizado con la letra M.

Término menor: Parte de un **silogismo** que opera como sujeto de la **conclusión**, simbolizado con la letra S.

Término predicado: A veces se llama así al **término mayor** de un **silogismo**. Opuesto: **término sujeto**.

Término sujeto: A veces se llama así al **término menor** de un **silogismo**. Opuesto: **término predicado**.

Términos: Hay al menos dos maneras de usar este vocablo. La primera, frecuente en **metalógica**, es llamar T a un nombre en sentido amplio: una letra proposicional *nombra* a una **proposición** determinada (que se le asigna a la letra mediante una **interpretación**), una letra de **predicado** *nombra* una clase, una constante de **individuo** *nombra* a un individuo y los llamados T lógicos *nombran* siempre a cierta función (ver **conectiva**). En este sentido un T es un **signo** asociado a un **significado**. El otro uso identifica "T" y "**concepto**", es decir, el T es una de las partes de la proposición, que es el significado de una **aserción**. El T "**conjunción**", por ejemplo, ya no sería el signo "." o "y" sino la **función veritativa** misma. Así, un mismo T puede expresarse de diferentes maneras, en diferentes **lenguajes**, según convención. Un mismo T puede estar representado por una, dos o más palabras y también por un único signo (como un punto, una raya, una letra, etc). Hay que tomar en cuenta cuatro reglas de correlación: 1) "Distintas palabras pueden expresar un mismo T", 2) "Palabras iguales pueden expresar T distintos", 3) "Un T puede ser expresado en una construcción de varias palabras" y, 4) "Toda palabra expresa un T, pero no todo T se expresa en palabras" (por ejemplo, las notas musicales, los signos matemáticos). Junto con los **razonamientos** y las **proposiciones**, los T forman las tres **estructuras lógicas**.

Términos categoremáticos: Ver **términos no lógicos**.

Términos definidos: Términos que dentro de un **sistema** se definen a partir de los **términos primitivos**, es decir, mediante una **equivalencia** que de una lado tiene al TD y del otro una **fórmula bien formada** hecha de la combinación de términos primitivos. Una **interpretación** del **sistema** asigna significados sólo a los términos primitivos y mediante estos significados y las **reglas de formación**, pueden determinarse los significados de los TD. Es decir que se cumple el principio que dice que el **significado** del todo está determinado por los significados de las partes. Por ejemplo, en un sistema de lógica cuyos términos primitivos sean "$\rightarrow$", "." y "$\neg$", puedo introducir el término "$\leftrightarrow$" mediante esta ecuación: $p \leftrightarrow q = (p \rightarrow q) \cdot (q \rightarrow p)$

Términos descriptivos: En la **filosofía** de las **ciencias fácticas**, expresiones que hablan de **objetos**, relaciones, propiedades, **hechos** o **procesos** que se pueden observar directamente, sin usar ningún instrumento (por ejemplo, "gusanos"). Llamados también **términos observacionales**. Ya que el límite entre lo que se considera observable y no observable es arbitrario y además muy diferente de un autor a otro, también lo es el límite entre lo que se considera un TD y uno no descriptivo. La **comunidad científica**, por lo general, considera observable a todo lo que se puede ver o medir con instrumentos. Según **Popper**, la distinción entre **términos teóricos** y no teóricos es equivocada, ya que todos los términos son, en algún grado (más o menos) teóricos: no existen los términos puramente observacionales.

Términos lógicos: Los TL son los términos que se denominan **constantes lógicas** y que sirven de nexo para obtener estructuras lógicas de un mayor grado de complejidad. Los TL son esenciales a la **validez** de los **argumentos**. Son constantes, porque no varían sus significados aunque varíen los otros componentes de la estructura, manteniendo de este modo el carácter de la **estructura lógica** que determinan. Por ejemplo, el TL *negación* tiene el siguiente **significado**: "no p" es verdadero cuando "p" es falso y es falso cuando "p" es verdadero. Este significado es constante y determina el **valor de verdad** de la **proposición** a la que se asoció, pero para saber ese valor es necesario conocer el valor de "p". Algo semejante ocurre en matemática, por ejemplo, con la expresión "x2" ("por dos"): reconocemos que tiene un significado **unívoco** (constante) aunque determina deferentes valores de acuerdo al número al que se lo asocia. Si se lo asocia a "3" determina el valor "6", asociado a "10" determina el valor "20", etc (remitimos a las entradas **conectivas** y **cuantificador**, para el significado de estos TL.) Los TL recibieron en la **Edad Media** el nombre de **T sincategoremáticos**, que significa "con- **predicado** (categoría)" y que podríamos parafrasear como "aquello que no es predicado en una **enunciado categórico** y que sólo adquiere significado si está asociado a predicados". Mientras que los predicados tomados aisladamente tienen un significado, *nombran* propiedades, los TL no señalan nada "en el mundo" pero sirven para expresar cosas acerca del mundo si se los asocia con **términos categoremáticos**. Podemos decir esto en términos de **lógica proposicional** de la siguiente manera: los TL no tienen un valor de verdad (porque no son proposiciones) pero asociados a proposiciones conforman proposiciones más complejas y determinan el significado de estas últimas y, por tanto, su valor de verdad. En los sistemas lógicos se asignan los significados a los **términos no lógicos** mediante una **interpretación** o diccionario y para un mismo sistema puede haber infinitas interpretaciones de dichos términos a los que se llama **variables** precisamente porque su significado varía. Mientras que los TL no están sujetos a interpretación y por ello se los llama constantes. Las diferentes **lógicas** se distinguen por los TL que emplean, lo que determina los argumentos válidos que autorizan, o dicho de otro modo, las **tautologías** que son **consecuencias semánticas** del sistema. Por ejemplo, la **lógica de predicados** tiene más TL que la **lógica proposicional**: los **cuantificadores**. Y como comparte con ella todas las constantes inter-proposicionales, permite demostrar las mismas **tautologías** y otras más. Opuesto: **términos no lógicos.**

Términos no lógicos: Términos que tienen **significado** por sí mismos. También llamados **T categoremáticos.** En un **sistema** lógico los TNL son **variables** cuyo significado se asigna mediante una **interpretación** o diccionario. Por ejemplo, "niño". Opuesto: **términos lógicos.**

Términos observacionales: Ver **términos descriptivos.**

Términos primitivos: **Símbolos** elementales de un **sistema** que no están definidos y que sirven de punto de partida. También llamados **símbolos primitivos.** Por ejemplo, en la **axiomatización** de la **lógica proposicional** de Lukasiewicz, los TP son "$\rightarrow$" y "$\neg$".

Términos sincategoremáticos: Ver **términos lógicos.**

Términos singulares: Un TS nombra a uno y sólo un objeto determinado. Los TS pueden ser nombres propios ("Ramiro", "Madagascar", "el Monumental"), **deícticos** sueltos ("esto", "allá", "éste") o deícticos en una construcción con **términos universales** ("*esta* mandarina", "*allá* arriba", "*aquel* semáforo") o descripciones definidas ("la tía de Florencia", "el novio de Karina", "el quiosco de la esquina"). Opuesto: **términos universales.**

Términos teóricos: En las **ciencias fácticas**, expresiones que hablan de cosas que no se pueden observar directamente (por ejemplo, "**inconsciente**", "nivel de **energía**", "**plusvalía**", "electrón", etc). Ahora bien, **términos** que en cierto momento se consideran "teóricos", pasan a ser observables con el avance de la **ciencia** y de la **técnica.** Por ejemplo, las bacterias eran "teóricas" hasta que Leeuwenhoek inventó el microscopio y se las pudo observar (ver también **términos descriptivos**).

Términos universales: Términos cuyo **significado** es una propiedad o relación, de modo que en principio se la puede predicar de todos los miembros de una clase (de allí "universal") y que en general por medio de la cópula se pueden adjudicar a uno o varios objetos. Por ejemplo: "manzana" (que se predica de todas las manzanas), "hombre", "azul", "mayor que". Un término encabezado por un artículo indefinido o **cuantificador** ("un", "una", unos", "algún", "ciertos") es siempre un TU. Por ejemplo en las oraciones: "Sócrates es *un* hombre", "esto es *una* manzana", "*algunas* manzanas son inmortales". Opuesto: **términos singulares.**

Tesis: Primer momento de la **dialéctica**, el momento de la **afirmación.** También, idea fundamental de una **teoría.**

Tesis de la simetría: Argumentación que sostiene la existencia de una simetría **lógica** perfecta entre la naturaleza de las explicaciones y de las predicciones. La TS ha sido muy criticada por los defensores del **método hipotético deductivo**, con el argumento de que la **predicción** no tiene por qué implicar **explicación**: la predicción sólo exige correlación, mientras que la explicación requiere algo más: una **ley** o **hipótesis universal.**

Testeo: Puesta a **prueba empírica** de una **hipótesis** o **teoría**.

Todo lo que es racional es real y todo lo que es real es racional (Georg W. Hegel): Esta frase de **Hegel** ha tenido a menudo una interpretación **conservadora** que es la de entenderla por el lado de que lo que existe está justificado por el solo hecho de existir. Sin embargo, Rubén Dri plantea que la realidad mencionada en la frase es únicamente la realidad en sentido fuerte (la *wirklichkeit*) y no cualquier **fenómeno** real. Lo real que es racional no es cualquier cosa sino únicamente lo **intersubjetivo** e histórico: la familia, la **sociedad civil** y especialmente el **Estado**, es decir, **instituciones** que perduran más allá del tiempo presente.

Todo lo sólido se desvanece en el aire (Karl Marx): Frase con la que **Marx** describe la precariedad de la **Modernidad**, donde todo en apariencia está controlado pero que –en realidad- oculta una gran inestabilidad.

Todo vale: Ver **sociedad libre**.

Tolomeo: Ver **Ptolomeo**.

Tomás de Aquino, Santo: Ver **Santo Tomás de Aquino**.

Tomismo (siglo XIII →): La **doctrina** de **Santo Tomás de Aquino** y sus discípulos, centrada en la **escolástica**. Entre sus principales representantes contemporáneos encontramos a J. **Maritain**.

Torre de Babel: Según la **Biblia**, torre construida en **Babilonia** por los descendientes de Noé, con el fin de salvarse de un nuevo diluvio. Dado que pretendían llegar con ella al cielo, Dios los castigó por soberbios, confundiendo sus lenguas para que no se pudieran entender entre ellos. En la actualidad, se utiliza la expresión TB para referirse a situaciones de desorden y confusión, en las que existen intereses encontrados sin perspectivas de poder llegar a acuerdos.

Trabajo alienado (Karl Marx): Trabajo que el **asalariado** realiza para otro, para el burgués que le compra su **fuerza de trabajo**, para satisfacer el interés de éste y no para realizarse el **trabajador** como ser humano. Así, el **obrero** produce para un extraño, no para sí. El **producto** de su **trabajo** es extrañado (alienado) por el **capitalista**. Pero ese producto es encarnación de su actividad, de su inversión física y mental; los nervios y los músculos del trabajador corren la suerte del producto: el trabajo se convierte en TA. **Marx** sostiene que el TA nació en el momento histórico en el que se separó al productor de los **medios de producción** (máquinas, **tecnología**, herramientas), lo que trajo aparejado otras novedades concomitantes o inherentes: la **explotación del hombre por el hombre**, la separación entre **trabajo manual** y **trabajo intelectual**, la aparición de las **clases sociales** y sus luchas, el **Estado** como forma de **dominación política** concentrada y las **religiones** como institucionalización de la dominación ideológica.

Trabajo de campo: Técnica de investigación caracterizada por la permanencia en el lugar que se va a estudiar, ya que requiere la participación activa del investigador. Utiliza **métodos** tales como la **observación participante** y la elección del informante clave. El TC debe dar un esquema claro de la **estructura** social estudiada. En particular, se destaca el tratamiento dado a esta temática por Bronislaw **Malinowski**.

Transformismo (Jean Baptiste Lamarck): Teoría que sostenía la herencia de los **caracteres adquiridos**, por los que las **especies** animales y vegetales se transforman en otras, debido a las influencias del medio. El ejemplo clásico que planteaba **Lamarck** es el de las jirafas. Decía que las jirafas ancestrales tenían un cuello corto. La necesidad de alcanzar las hojas más altas de los árboles las llevó a estirar su cuello progresivamente. Lamarck rompía con el **fijismo** al sostener que existía, mediante este mecanismo, transformación de una especie a otra.

Transnacionales (década de 1950 →): Empresas que controlan **activos**, **fábricas**, oficinas, etc, en varios países. Actúan desde el país donde tiene su sede central o casa matriz, a través de las fronteras nacionales. Las ETN o **multinacionales** operan en mercados **oligopólicos**, con la meta de expandirse en el **mercado** mundial, asegurando la **producción** al mínimo **costo** posible gracias a la disponibilidad de **tecnología** avanzada y mano de obra barata, y obteniendo un máxima **ganancia**, que provienen de las economías a gran escala y la ventaja **monopólica** del mercado. En América Latina, las T –fundamentalmente las norteamericanas- crecieron fuertemente al calor de las **políticas desarrollistas**, especialmente en las **industrias** automotriz, electrónica, petrolera y plástica. Los **gobiernos** de la región –que planteaban una **sustitución de importaciones** orientada al **desarrollo** de la **industria pesada**- le otorgaron todo tipo de beneficios, tales como excepciones legales y **créditos**. Fue el caso, por ejemplo, de A. **Frondizi** en la **Argentina**, J. Kubitschek en **Brasil** y E. Frei en **Chile**.

Transnacionalización (1945 →): Expansión mundial de las **empresas transnacionales**. El proceso implicó un relativo despegue de los **capitales** con respecto a su origen nacional. La T aumentó considerablemente durante la **Segunda Posguerra**, y continuó hasta la mitad de la década de 1970. Luego surgió el **concepto** de **globalización**, que es hoy el más utilizado.

Trascendental (Immanuel Kant): Categoría que se aplica al **conocimiento**, examen o **filosofía** acerca de la posibilidad del conocimiento y que se ocupa del modo en que conocemos en tanto es posible *a priori*.

Trascendentalismo kantiano: Ver **kantismo**.

U

Unidad de análisis: Dado cierto **análisis** que se lleve a cabo acerca de una parcela de la realidad, la UA será aquella cosa que pertenezca al recorte pero cuya **estructura** interna no es analizada. Por ejemplo, en la **lógica proposicional** las **proposiciones** son la UA porque no se estudia la estructura interna de las **proposiciones atómicas**, como sí la analizan, en cambio, la silogística aristotélica o la **lógica cuantificacional**.

Unión: Relación entre dos clases o conjuntos tal que hay al menos un elemento que es miembro de ambos.

Universal: 1. (adj.) Que abarca todos los elementos particulares existentes en una categoría. 2. (Ver **términos universales**). La controversia sobre su naturaleza dio lugar a la llamada **disputa de los universales**. 3. (Ver **enunciado universal**). Opuesto: particular.

Unívoco: Que tiene un único **sentido** o **significado**. Opuesto: **equívoco**.

Usos del lenguaje: Ver **funciones del lenguaje**.

Utilidad: Ver **principio de utilidad**.

Utilitarismo (Inglaterra, siglo XIX): Doctrina filosófica **liberal** que plantea la superioridad del **conocimiento empírico** práctico por sobre las **normas** y los **valores**. Jeremy **Bentham**, James Mill, John Stuart **Mill**, Herbert **Spencer**, David **Ricardo** y Alfred **Marshall**, describieron a un **individuo** racional y egoísta, en **competencia** con los demás, que busca en el intercambio obtener placer y evitar el dolor. El U –cuya base es el **eudemonismo**- plantea también ideas como la de que lo útil es moralmente válido o bueno, la armonía natural entre los hombres y su carácter a-histórico.

Utopía (siglos XVI-XVII): (Del griego *utopos*, "lugar que no existe"). Idea que propone una **sociedad** o **estado de cosas** ideales. Con antecedentes en *La República* de **Platón**, la U en sí surgió con la obra de T. **Moro** que lleva ese nombre (1516), pero se desarrolló también en otras, como *La ciudad del Sol*, de Tomasso di Campanella (1602) y *La Nueva Atlántida*, de Francis **Bacon** (1621). En el siglo XIX, la idea de la U fue vinculada por **Marx** al pensamiento de una corriente que peyorativamente denominó "**socialismo utópico**". En el siglo XX aparecieron U negativas, centradas en una visión pesimista del futuro (por ejemplo, G. Orwell y A. Huxley). En la actualidad, el **término** refiere a toda aspiración a la que se tiende, pero se sabe de antemano que es imposible de alcanzar.

V

Vaguedad: Falta de precisión o límites precisos en el **significado** de un **término**. Por ejemplo, cuánto quiere decir "mucho".

Validación: Constatación de que una **hipótesis** de trabajo está en correlación con **datos** de la **experiencia**. También puede hablarse de "**adecuación**".

Validez: Cualidad de los razonamientos o de las **formas de razonamiento**. La V es independiente de la **verdad**, dado que un **razonamiento** puede ser válido por ser lógicamente correcto y a su vez tener alguna **premisa** falsa y una **conclusión** falsa porque estas **proposiciones** no coinciden con lo que ocurre empíricamente. Un razonamiento es válido cuando de sus premisas se infiere la conclusión, cuando el resultado de afirmar las premisas y negar la conclusión es una **contradicción**. Así, la V de un razonamiento depende de su forma, de su relación **lógica**, independientemente de los que los **enunciados** signifiquen. Sólo de los razonamientos puede establecerse su V, nunca de las premisas –que son verdaderas o falsas-. Todos los razonamientos válidos son deductivos (ver **deducción**).

Valor: Cualidad positiva o negativa, escasa o abundante, que tiene algo para alguien. El V es el componente esencial de la **axiología**.

Valor de verdad: Cualidad de las proposiciones de ser verdaderas o falsas. La **verdad** y la falsedad son los VV que tienen las proposiciones. Si una **proposición** es verdadera, decimos que su VV es verdadero, y si es falsa, decimos que su VV es falso. En los **enunciados analíticos**, el VV depende de las relaciones internas del **enunciado**. En cambio, en los **enunciados sintéticos** el VV depende de su correspondencia con los **hechos** que describe. Así, el VV de estos últimos puede variar con las circunstancias, por ejemplo, "Es de día en Buenos Aires" es una proposición (verdadera) a las tres de la tarde y es otra proposición (falsa) a las once de la noche. El cambio en el VV del enunciado se debe a un cambio de su **significado**, es decir, dependiendo de qué día se diga el enunciado la proposición expresada será distinta. El VV de una proposición no cambia: cualquier cambio en el VV se debe a un cambio de significado del enunciado. Otras veces, es técnicamente imposible de determinar, por ejemplo, en la proposición "Hace diez millones de años hubo un terremoto en la actual América."

Valor lingüístico (Ferdinand de Saussure): Posición que ocupa un elemento de la **lengua** en su relación con los demás. El VL surge exclusivamente de la presencia simultánea de los demás **signos**. Todo término se determina a partir de lo que lo rodea y se le opone, no a partir de sí mismo.

Variable: Propiedad de un **fenómeno**, característica que puede variar en su calidad o en su cantidad. Elemento que se introduce en un **modelo** con el fin de poder determinar su **valor**. Se llama V a cada una de las propiedades de los **objetos** que están siendo estudiados. Si estamos estudiando a los niños, por ejemplo, una V será la edad, porque ésta variará de un niño a otro. En **lógica**, es un **signo** cuyo **significado** no es siempre el mismo o no está determinado. Por ejemplo, "x" es una V en "8 + 45 . x" y "p" es una V en "no p". Opuesto: **constante** (ver también **operacionalización** y **análisis multivariado**).

Variable antecedente: Variable que antecede a otra. Por ejemplo, la variable "estudios universitarios" tiene como VA a la variable "estudios secundarios".

Variable causada: Ver **variable dependiente**.

Variable causal: Ver **variable independiente**.

Variable continua: Variable que en su **escala** de medición admite infinitas posibilidades intermedias. Por ejemplo, el peso de una persona o la calificación de una película. Opuesto: **variable discreta**.

Variable controlada: Variable que el investigador pretende mantener en un punto fijo. Por ejemplo, si queremos mantener el agua en su punto de ebullición, el punto fijo será de 100 º C y la VC será la temperatura. Opuesto: **variable controladora**.

Variable controladora: Variable que se utiliza para mantener en un punto fijo a una **variable controlada**. Por ejemplo, si queremos mantener el agua en su punto de ebullición, la VC será la intensidad del fuego.

Variable cualitativa: Variable que no admite la construcción de una serie numérica. La VC es utilizada en temas actitudinales o motivacionales. Por ejemplo, la actitud del electorado frente a un acontecimiento familiar de la vida pasada de un candidato. Otros ejemplos: la nacionalidad, la **religión**, los colores, la **clase social**. Opuesto: **variable cuantitativa**.

Variable cuantitativa: Variable que admite una **escala** de medición numérica. Por ejemplo, la cantidad de alumnos que cursan la enseñanza primaria en la Ciudad de Buenos Aires, la edad, el nivel de los **salarios** o el volumen de **exportaciones**. Opuesto: **variable cualitativa**.

Variable de control: Variable de prueba que permite determinar si la relación entre una **variable independiente** y otra **dependiente** es correcta o no (en cuyo caso será una **relación espuria** o "**falacia de relación causal**").

Variable de prueba: Ver **variable de control**.

Variable dependiente: Variable cuyo **valor** sufre modificaciones de acuerdo con las fluctuaciones de otra variable. Por ejemplo, si decimos que la **clase** alta suele votar a **partidos** de **derecha**, "clase alta" será la **variable independiente** y "voto a partidos de derecha", la VD.

Variable discreta: Variable que en su **escala** de medición no admite agregar posiciones intermedias. Por ejemplo, número de hijos o cantidad de listas que se presentan en una **elección** (aunque sí pueden hacerse promedios).

Variable endógena: Variable interior a un fenómeno y que influye sobre él. Por ejemplo, una crisis en el **gabinete** es una VE respecto del **sistema político**.

Variable exógena: Variable exterior que influye sobre un fenómeno. Por ejemplo, la **demanda** de soja proveniente de Europa es para la **Argentina** una VE. Opuesto: **variable endógena**.

Variable experimental: Variable que es creada y/o manipulada en condiciones experimentales. Por ejemplo, la variable "golpe" en los experimentos **conductistas** de **Watson**, quien golpeaba una barra de acero con mayor o menor fuerza para medir el miedo que el ruido le provocaba al pequeño Albert.

Variable extensiva: Variable que alude a la posibilidad de hacer proyecciones, es decir, de extender la asociación entre variables a otras categorías. Por ejemplo, el aumento del **presupuesto** puede impactar tanto sobre los **salarios** del sector docente como del administrativo.

Variable extraña: Variable independiente no vinculada con el **fenómeno** que se está estudiando pero sobre la que puede producir efectos o distorsiones. Por ejemplo, si queremos medir el nivel de lectura de un niño y hay un televisor prendido en la sala.

Variable independiente: Variable cuyo **valor** se supone que no está determinado por otra variable. Por ejemplo, consideremos que una de nuestras **hipótesis** de **investigación** sea que el nivel de educación de una persona varía según la **clase social** a la que se pertenece, ya que las condiciones económicas determinan posibilidades de acceso y permanencia en el **sistema** educativo. Esto significa que en la encuesta que realicemos la clase social será una VI, porque no estará determinada por otra variable. En cambio, "nivel de educación" será la **variable dependiente** porque se la supone determinada por la variable "clase social".

Variable intensional: Variable utilizada por el investigador para "encubrir" la verdadera variable a medir. Por ejemplo, si queremos medir grado de **prejuicio** de las personas, utilizamos otra variable que provoque menos resistencia (a la mayoría de los encuestados les costaría reconocerse como prejuiciosos aunque lo sean).

Variable interviniente: Factor externo a las **variables**, sean éstas dependientes o independientes, vinculado con ambas. Es el caso de una **variable de control** o **variable de prueba**. Por ejemplo, si tenemos una variable A "nutrición en la infancia" (**variable independiente**) y una variable B "coeficiente intelectual adulto" (**variable dependiente**), "nivel socio-económico" es una VI ya que altera la relación entre A y B.

Variable metalingüística: Expresiones lógicas (a, b, c...) que se usan para referirse a **fórmulas**.

Variable proposicional: Ver **forma proposicional**.

Variación: Ver *variatio*.

Variación correlativa (Charles Darwin): Fenómeno según el cual, cuando se producen en una parte leves variaciones y se acumulan por la **selección natural**, otras partes también resultan modificadas. En la **teoría** de la herencia, significa que lo semejante produce lo semejante: el albinismo, por ejemplo, se repite en varios miembros de una misma **familia**, de modo que la herencia de una característica es la regla, mientras que lo anómalo es la no herencia.

Varianza: Grado en que una **variable aleatoria** o **estocástica** se dispersa en torno a su valor medio y que se mide por el cuadrado de la desviación tipo.

Variatio: También llamada **variación**, **figura retórica** que tiene relación con la repetición y la contraposición, en ella se combinan ambas. Consiste en una enumeración de términos homólogos y en la intromisión en esa lista de un elemento que -aunque participe de las características de los otros- se distingue de ellos. De esa diferencia proviene el **sentido**.

Venn: Ver **diagramas de Venn**.

Ventaja absoluta: Situación en que un país puede producir un **bien** con menos recursos que otros países.

Ventaja comparativa: Un país A tiene una VC frente a un país B cuando el **costo** de producir un **bien** en relación con la **producción** de otros bienes en A (o **costo de oportunidad**), es menor que la situación equivalente en B. Es decir que el país con un costo de oportunidad menor es el que tiene una VC en ese bien o servicio. La VC es la base de la **teoría de las ventajas comparativas** de David **Ricardo**.

Verdad: Predicado que se puede atribuir o denegar en una **proposición** o **enunciado**. Según la **teoría de la V como correspondencia**, la V es un elemento del **saber proposicional** que establece una relación de correspondencia entre un enunciado y un **estado de cosas**: un enunciado es verdadero si describe un estado de cosas real y es falso en caso contrario. **Aristóteles** lo expresó de este modo: "Decir de lo que es que es y de lo que no es que no es, es lo verdadero." Por otra parte, la V **lógica** se define por ser un enunciado tal que su **negación** es auto-contradictoria, se define en relación a una noción de **contradicción** formal (desprovista de contenido material), en tanto que la **V como coherencia** implica un acuerdo **intersubjetivo**. Sólo de las **premisas** y de la **conclusión** puede establecerse su V (o falsedad), nunca de los **razonamientos**.

Verdad como coherencia: Ver **teoría de la verdad como coherencia**.

Verdad como correspondencia: Ver **teoría de la verdad como correspondencia**.

Verdad contingente: Verdad de un **enunciado** que no puede establecerse por medios lógicos y que debe contrastarse empíricamente. Opuesto: **verdad necesaria**.

Verdad lógica: No **contradicción** formal. Llamada también **tautología**, una VL es verdadera bajo toda **interpretación**, es decir que su **tabla de verdad** sólo tiene valores verdaderos en la columna que indica el **valor de verdad** de la **proposición** en cuestión.

Verdad necesaria: Enunciado verdadero en todo mundo posible. Opuesto: **verdad contingente**.

Verdades lógicas: Ver **principios lógicos**.

Verificabilidad: Criterio de demarcación científica empirista, planteado por el **Círculo de Viena** (hemos desarrollado esta noción en la entrada **criterio verificacionista del significado**).

Verificable: Que puede ser verificado. Es una propiedad de las proposiciones. Una **proposición** es V si se le puede asignar legítimamente el **valor de verdad** verdadero, ya sea por medios lógicos (si se trata de una **verdad lógica**) o empíricos (si se trata de una verdad **contingente**).

Verificación: En un sentido amplio, se habla de V como la **contrastación** de una **hipótesis** con **datos** de la **experiencia**. Pero en particular, la V refiere a la **prueba** del **valor de verdad** verdadero de un **enunciado** en base a datos **empíricos** favorables al mismo. Desde el punto de vista del **verificacionismo** (**Círculo de Viena** en sus comienzos), es la demostración de la **verdad** de un **enunciado** en forma definitiva. Opuesto: en distintos sentidos, **confirmación**, **corroboración** y **refutación**.

Verificacionismo: Postura científica de una parte del **empirismo** o **positivismo lógico**. Para el V, de las **proposiciones** científicas se puede demostrar su **verdad** de modo definitivo, por medio de la **experiencia**. El V fue criticado por el **inductivismo en sentido amplio** o **confirmacionismo**. Los referentes más salientes del V son **Mill, Wittgenstein** y Schlick.

Verificar (inductivismo ingenuo): Probar la **verdad** de un **enunciado** en forma concluyente, lo que distingue a la **verificación** de la **confirmación** –que se basa en una verdad no definitiva sino probable-. Opuesto: **refutar**.

Veritativo: Referente a la **verdad**.

Veritativo-funcional: Ver **conectivas**.

Verosímil: Lo que es aparentemente verdadero y por ello, creíble, posible y/o admisible. Opuesto: **inverosímil**.

Verosimilitud (falsacionismo): Condición de una **teoría** de aproximación a la **verdad**. Es la máxima aspiración de una teoría ya que no es posible probar que sea verdadera.

Verstehen: Ver **comprensión**.

Vico, Giambattista (1668-1744): Filósofo italiano. Influido inicialmente por **Descartes**, rechazó luego los planteos de éste y sostuvo que solamente podemos tener certeza de aquello creado por nosotros mismos. Entre sus obras principales encontramos a: *Principios de una **ciencia** nueva* (1725).

Viena: Ver **Círculo de Viena**.

Virtud: Aristóteles la define como el "**justo medio**", la situación media entre dos extremos o la capacidad de obrar con moderación según la propia naturaleza. También aparece en éste y en **Platón** como lo racional y perfecto. En el pensamiento **cristiano** la V está ligada al bien obrar y a la **moral**. En **Kant** la V aparece ligada al cumplimiento del deber.

Vitalismo (siglo XIX): Corriente que sostenía que el desarrollo de la vida persigue alguna finalidad (**teleología**) de perfeccionamiento creciente. El V surgió en oposición al **positivismo**, al **mecanicismo** y al **idealismo** y entre sus representantes más destacados encontramos a H. Driesch, F. **Nietzsche** y H. Bergson.

Volitivo: Relativo a la voluntad.

Voltaire (1694-1778): Filósofo y escritor francés, François Marie Arouet fue uno de los más importantes representantes de la **Ilustración**. V fue opositor del **oscurantismo** y la superstición, la intolerancia y el fanatismo, por lo que se enfrentó con la **Iglesia**. Planteaba una **monarquía** ilustrada, con **Inglaterra** como

modelo, ya que desconfiaba de la **democracia**. La **burguesía** llevó adelante sus ideas en la **Revolución Francesa**. Entre sus obras principales encontramos a: *Diccionario filosófico* (1764).

Voluntad de poder (Friedrich Nietzsche): Lucha entre distintas **verdades** por imponerse a la fuerza por sobre las demás. La voluntad, para este autor, es el producto de la lucha de diferentes almas, presentes a la vez en un mismo **sujeto**, por imponer su deseo. La VP, llamada también voluntad de vivir, es la ley que rige esa lucha y su producto, y se caracteriza por no responder a imperativos morales sino a la espontánea necesidad del sujeto de expandirse y conservarse.

Von Schelling, Friedrich: Ver **Schelling**, Friedrich von.

W

Weber, Max (1864-1920): Sociólogo alemán, férreo impulsor del **Estado** alemán. W observó con preocupación que -si bien los *junkers* eran la base social de la unificación **política** alemana en 1890 liderada por **Bismarck**- el futuro económico del país pasaba por la **industrialización**, a la que los *junkers* –**terratenientes** de **Prusia** oriental- se oponían. El tema central de su obra será analizar las condiciones de la expansión del **capitalismo** industrial en **Alemania** que durante el siglo XIX -debido a su falta de unificación política y su debilidad industrial- tenía un atraso con respecto a **Inglaterra** y **Francia**. Destacó al **calvinismo** -una de las ramas del **protestantismo**- como la **religión** que favoreció el desarrollo del capitalismo. El objetivo de W es el de desarrollar una conciencia dirigente en la **burguesía, para** derrotar a los terratenientes y frenar el desarrollo de la **socialdemocracia** –de base **obrera** e **ideología marxista**-. En lo político, para contrarrestar la tendencia inevitable que observaba en toda organización a la **burocratización** -empezando por el Estado y los **partidos políticos**- W propone como cabeza del Estado a la figura de un **líder carismático**, elegido y controlado por un **Parlamento** democrático. En el fondo, W era partidario del ala más **conservadora** de la socialdemocracia, y postulaba un capitalismo basado en la **conciliación de clases**. Metodológicamente, W es uno de los más importantes pensadores del **comprensivismo**, basado en la creencia de que la **Sociología** debe tratar de comprender el **significado** que las acciones tienen para el actor. Para W, el **individuo** es el "átomo" de la sociedad, ya que todas las entidades colectivas (la Nación, el Estado, los partidos políticos) se originan en las acciones de los **individuos**. Estableció también los llamados **tipos ideales de dominación** y **tipos ideales de acción social**. La Sociología weberiana se opone tanto al **positivismo conservador** de **Durkheim** como al **marxismo revolucionario**, adoptando una postura **reformista** frente al capitalismo. Entre sus obras principales encontramos a: *La ética protestante y el espíritu del capitalismo* (1905) y *Economía y sociedad* (1920).

Whitehead, Alfred North (1861-1947): Filósofo y matemático británico, uno de los fundadores de la **lógica formal**, junto con G. **Frege**, B. **Russell** y otros. Entre sus obras principales encontramos a: *Principia Mathematica* (1910-13, con B. Russell).

Wittgenstein, Ludwig Josef Johann (1889-1951): Filósofo y matemático austríaco, uno de los fundadores del **neopositivismo** y analista de las **funciones del lenguaje**, ligadas a la **descripción** y representación del mundo. Aspirando a construir un **lenguaje** lógico perfecto, sostuvo que el **conocimiento** es una generalización teórica de percepciones **empíricas** y que la **lógica** revela la **estructura** del lenguaje a través de las **proposiciones**, que son "retratos" o "maquetas" de la realidad (**estado de cosas**) planteando además que el mundo se basa en **hechos** simples (**atomismo** lógico, influencia de B. **Russell**). Posteriormente abandonó esta perspectiva (luego de haberla desarrollado en el *Tractatus Logico-Philosophicus*, 1921) y delineó una concepción innovadora sobre el lenguaje cuya **tesis** fundamental es que el **significado** de los **términos** está dado por su uso en una comunidad de hablantes: en el lenguaje los "**juegos de lenguaje**", los usos prácticos, determinan significados y **sentidos**. A partir de esto inventó nuevas categorías para dar cuenta del lenguaje, plasmadas en su obra póstuma, *Investigaciones filosóficas* (1954). En virtud de este cambio se habla del "primer W" y del "segundo W". La influencia que esta obra tuvo en filósofos posteriores es tan grande que los historiadores hablan de un momento llamado "el giro lingüístico" a partir del cual el curso de las investigaciones en filosofía del lenguaje abandonó el modelo **Frege**-Russell-primer W, para dedicarse al estudio del **lenguaje natural**.

Y

Y: En **lógica**, **signo** cuyo **significado** es la **conjunción**. Coordina dos **proposiciones** indicando que ambas son verdaderas. Por ejemplo, en "Ariadna y Teseo comieron asado", la "y" coordina las proposiciones "Ariadna comió asado" y "Teseo comió asado". Este **análisis** es propio de la lógica y debe distinguírselo del análisis gramatical que diría que el signo coordina los dos núcleos del **sujeto** (gramatical). Los análisis lógico y gramatical no se contradicen entre sí porque se ocupan de **objetos** diferentes.

Yo he visto pasar a caballo el alma del mundo (Friedrich Hegel): Frase pronunciada por el filósofo alemán al ver entrar a **Napoleón** a la ciudad de Jena. Simboliza su planteo de que la "astucia de la **razón**" va yendo de **pueblo** en pueblo.

Yo trascendental (Immanuel Kant): Facultad humana que permite sintetizar los **datos** de la **experiencia** convirtiéndolas en **objetos**.

Z

Zen: Versión japonesa del **budismo**.

Zenón de Elea (490-430 a.C.): Filósofo griego, discípulo de **Parménides**. **Aristóteles** lo consideró el fundador de la **dialéctica** por sus **aporías** o **paradojas** (por ejemplo, la **paradoja de Aquiles y la tortuga**).

Zoon Politikon (**Aristóteles**): Afirmación sobre el carácter naturalmente político del hombre, definido por **Aristóteles** como un animal político, de naturaleza cívica. El hombre siempre necesita vivir en **sociedad**, es un ser para la **política**, un ser que existe para los asuntos de la *Polis*. En todos existe el impulso hacia la **comunidad**. De lo contrario, se es una bestia o un Dios.

BIBLIOGRAFÍA

En todos los casos se cita el año de edición consultada, que no necesariamente coincide con la primera edición de la obra ni con el año en que ésta fue escrita.

LIBROS

Alchourrón, Carlos y Bulygin, E., *Introducción a la metodología de las ciencias jurídicas y sociales*, Astrea, Buenos Aires, 1974

Ambrosini, Cristina y Bellocchio, Mabel, *Elementos de Epistemología*, Editorial CCC, Centro de Copiado La Copia, Buenos Aires, 1995

Aristóteles, *La Política*, Editorial Tor, Buenos Aires, s/f

Asti Vera, C. y Ambrosini, C., *Estructuras y procesos. Temas de epistemología*, Educando, Buenos Aires, 2005

Bachelard, Gastón, *La formación del espíritu científico*, Siglo XXI, México, 1985

Blanché, R., *La axiomática*, FCE, México, 2002

Brown, Harold, *La nueva filosofía de la ciencia*, Tecnos, Madrid, 1984

Bunge, Mario, *Ciencia y desarrollo*, Siglo XXI, Buenos Aires, 1984

-, *Epistemología*, Ariel, Barcelona, 1980

-, *Filosofía y economía*, Tecnos, Madrid, 1985

-, *La ciencia, su método y su filosofía*, Siglo XXI, Buenos Aires, 1978

-, *La investigación científica*, Ariel, Barcelona, 1980

-, *Seudociencia e ideología*, Alianza Universidad, Madrid, 1986

Carnap, Rudolf, *Fundamentación lógica de la física*, Hyspamerica, Madrid, 1985

Carpio, Adolfo, *Principios de Filosofía*, Glaucos, Buenos Aires, 1995

Chalmers, Alan, *¿Qué es esa cosa llamada ciencia?*, Siglo XXI, Buenos Aires, 2000

Ciapuscio, Héctor et al, *El fuego de Prometeo / Ciencia y tecnología*, Eudeba, Buenos Aires, 2002

Cohen, Morris y Nagel, Ernest, *Introducción a la lógica y al método científico*, Amorrortu, Buenos Aires, 1980

Colacilli de Muro, M. y J., *Elementos de lógica moderna y filosofía*, Estrada, Buenos Aires, 1985

Copi, Irving, *Introducción a la Lógica*, Eudeba, Buenos Aires, 1985

Deaño, Alfredo, *Introducción a la lógica formal*, Alianza, Madrid, 1981

Descartes, René, *Discurso del método*, Alianza, Madrid, 1974

-, *Meditaciones metafísicas*, Alfaguara, Madrid, 1977

Díaz, Esther, *La ciencia y el imaginario social*, Biblos, Buenos Aires, 1996

-, *La posciencia*, Biblos, Buenos Aires, 2002

-, *Metodología de las Ciencias Sociales*, Biblos, Buenos Aires, 1998

Díaz, Esther y Heler, Mario, *El conocimiento científico. Hacia una visión crítica de la ciencia*, Eudeba, Buenos Aires, 1988

Diez, J. A. y Moulines, C. U., *Fundamentos de filosofía de la ciencia*, Ariel, Barcelona, 1997

Feyerabend, Paul, *Adiós a la razón*, Tecnos, Madrid, 1987

-, *Tratado contra el método*, Tecnos, Madrid, 1986

Fillingham, Lidia Alix, *Foucault para principiantes*, Era Naciente, Buenos Aires, 2002

Fink, E., *La filosofía de Nietzsche*, Alianza, Madrid, 1976

Flichman, E. et al, *Las raíces y los frutos. Temas de filosofía de la ciencia*, CCC-Educando, Buenos Aires, 1999

Gaeta, R. y Gentile, N., *Thomas Kuhn: de los paradigmas a la teoría evolucionista*, Oficina de Publicaciones del CBC, Buenos Aires, 1995

Gaeta, R., Gentile, N. y Lucero, S., *Filosofía de la ciencia y de la técnica*, UTN, Buenos Aires, 2001

Gaeta, R., Gentile, N., Lucero, S. y Robles, N., *Modelos de explicación científica*, Eudeba, Buenos Aires, 1996

Gaeta, R. y Lucero, S., *Imre Lakatos: el falsacionismo sofisticado*, Oficina de Publicaciones del CBC, Buenos Aires, 1995

Gaeta, R. y Robles, N., *Nociones de epistemología*, Eudeba, Buenos Aires, 1985

Gamut, L. T. F., *Introducción a la lógica*, Eudeba, Buenos Aires, 2002

Gianella, Alicia, *Introducción a la epistemología y a la metodología de la ciencia*, EDULP, La Plata, Buenos Aires, 2002

-, *Lógica simbólica y elementos de metodología de la ciencia*, El Ateneo, Buenos Aires, 1975

Gibson, *La lógica de la investigación social*, Tecnos, Madrid, 1961

González, María Cristina (comp.), *Temas de pensamiento científico*, Eudeba, Buenos Aires, 2002

Guiber, Nair T. y otros, *Ciencia: un camino entre continuidades y rupturas*, Biblos, Buenos Aires, 1997

Guibourg, R., Guarinoni, R. y Ghigliani, A., *Introducción al conocimiento científico*, Eudeba, Buenos Aires, 1985

Hegel, Georg, *Principios de la Filosofía del Derecho*, Sudamericana, Buenos Aires, 1975

Heler, Mario, *Ética y ciencia. La responsabilidad del martillo*, Biblos, Buenos Aires, 2000

Hempel, Carl, *Filosofía de la ciencia natural*, Alianza Universidad, Madrid, 1987

-, *Fundamentos de la formación de conceptos en ciencia empírica*, Alianza, Madrid, 1988

-, *La explicación científica: estudios sobre filosofía de la ciencia*, Paidós, Buenos Aires, 1979

Hobbes, Thomas, *Leviatán*, FCE, México, 1980

Klimovsky, Gregorio, *Las desventuras del conocimiento científico*, A-Z Editora, Buenos Aires, 1994

Klimovsky, Gregorio e Hidalgo, C., *La inexplicable sociedad. Cuestiones de epistemología en las Ciencias Sociales*, A-Z Editora, Buenos Aires, 1998

Kuhn, Thomas, *La estructura de las revoluciones científicas*, FCE, México, 1995

Lakatos, Imre, *La historia de la ciencia y sus reconstrucciones racionales*, Tecnos, Madrid, 1974

-, *La metodología de los programas de investigación científica*, Alianza, Madrid, 1983

Lechte, John, *Cincuenta pensadores contemporáneos esenciales*, Cátedra, Madrid, 1996

Locke, John, *Segundo tratado sobre el gobierno civil*, Alianza, Madrid, 1990

López Gil, Marta y Delgado L., *La tecnociencia y nuestro tiempo*, Biblos, Buenos Aires, 1990

Lorenzano, Julio C., *La estructura del conocimiento científico*, Zavalía, Buenos Aires, 1988

Lyotard, J., *La condición postmoderna*, REI, Buenos Aires, 1989

Marí, Enrique, *Elementos de Epistemología comparada*, Puntosur, Buenos Aires, 1990

Marx, Karl, *Manuscritos de 1844*, Cartago, Buenos Aires, 1984

Marx, Karl y Engels, Friedrich, *La ideología alemana*, Grijalbo, Barcelona, 1972

Mill, John Stuart, *El utilitarismo*, Alianza, Madrid, 1984

-, *Sobre la libertad*, Hyspamerica, Buenos Aires, 1980

Mitcham, C., *¿Qué es la filosofía de la tecnología?*, Antropos, Barcelona, 1989

Nagel, Ernest, *La estructura de la ciencia*, Paidós, Buenos Aires, 1978

Nietzsche, Friedrich, *Así habló Zaratustra*, Alianza, Madrid, 1996

-, *Más allá del bien y del mal*, Alianza, Madrid, 1987

Obiols, Guillermo, *Lógica y epistemología para un pensamiento científico*, Kapelusz editora, Buenos Aires, 2001

Osborne, Richard, *Filosofía para principiantes I y II*, Era Naciente, Buenos Aires, 1996

Pérez Lindo, Augusto (comp.), *El concepto de realidad, teorías y mutaciones*, Proyecto Editorial, Buenos Aires, 2003

-, *El problema de la verdad*, Biblos, Buenos Aires, 1996

Platón, *Critón*, Eudeba, Buenos Aires, 1987

-, *La República o el Estado*, Espasa-Calpe, Buenos Aires, 1967

Popper, Karl, *Conjeturas y refutaciones. El desarrollo del conocimiento científico*, Paidós, Buenos Aires, 1988

-, *Conocimiento objetivo*, Tecnos, Madrid, 1982

-, *La lógica de la investigación científica*, Tecnos, Madrid, 1980

-, *La miseria del historicismo*, Alianza-Taurus, Madrid, 1987

-, *La sociedad abierta y sus enemigos*, Paidós, Buenos Aires, 1967

Quintanilla, J., *Filosofía de la tecnología*, Eudeba, Buenos Aires, 1991

Rousseau, Jean Jacques, *Discurso sobre el origen de la desigualdad de los hombres*, Alba, Madrid, 1998

-, *El contrato social*, Edicomunicación, Barcelona, 1998

Sabino, Carlos, *El proceso de investigación*, Lumen-Humanitas, Buenos Aires, 1996

Sautet, Marc, *Nietzsche para principiantes*, Era Naciente, Buenos Aires, 1997

Scarano, Eduardo (coordinador), *Metodología de las Ciencias Sociales –lógica, lenguaje y racionalidad-*, Ediciones Macchi, Buenos Aires, 1999

Schuster, F., *El método en las Ciencias Sociales*, CEAL, Buenos Aires, 1992

-, *Explicación y predicción*, Clacso, Buenos Aires, 1982

Schütz, Alfred, *Estudios sobre teoría social*, Buenos Aires, 1974

Suppe, F. (ed), *La estructura de las teorías científicas*, Editoria Nacional, Madrid, 1979

Suppes, Patrick, *Introducción a la lógica simbólica*, Compañía Editorial Continental, México, 1980

Tauber, Ricardo et al, *Filosofía y formación ética y ciudadana II*, A-Z Editora, Buenos Aires, 2002

Tamayo y Tamayo, Mario, *El proceso de la investigación científica*, Ed. Limusa, México, 1998

Van Fraassen, B. C., *La imagen científica*, Paidós-UNAM, 1996

Von Wright, Georg, *Explicación y comprensión*, Alianza, Madrid, 1979

-, *Norma y acción*, Tecnos, Madrid, 1970

Wartofsky, M., *Introducción a la filosofía de la ciencia*, Alianza, Madrid, 1987

Weber, Max, *Ensayos de Sociología contemporánea*, Planeta-Agostini, Barcelona, 1985

ARTÍCULOS

Albornoz, Mario, "La ciencia y la tecnología como problema político", en Albornoz, M. y Kreimer, P., *Ciencia y tecnología: estrategias políticas de largo plazo*, Eudeba, Buenos Aires, 1990

Asti Vera, "Falacias científicas y otras impertinencias", en *Introducción al pensamiento científico*, CCC-Educando, Buenos Aires, 2004

Fau, Mauricio, "Música y Filosofía: Modernidad, Posmodernidad y Posmodernismo", en *Nietzsche actual e inactual. Proyecciones en el pensamiento contemporáneo*, Actas de las Jornadas Nacionales Nietzsche 1994, Oficina de Publicaciones del CBC, Buenos Aires, 1994

Kant, Immanuel, "¿Qué es la Ilustración?", en *Filosofía de la historia*, El Colegio de México, México, 1941

Pérez, Carlota, "Las nuevas tecnologías: una visión de conjunto", en Ominami, Carlos, *La Tercera Revolución Industrial*, GEI, Buenos Aires, 1986

Sábato, Jorge y Botana, Natalio, "La ciencia y la tecnología en el desarrollo futuro de América Latina", en Sábato, J., *El pensamiento latinoamericano en la problemática ciencia-tecnología-desarrollo-dependencia*, Paidós, Buenos Aires,

Schutz, Alfred, "Elaboración de los objetos mentales en el pensamiento de sentido común", en Horowitz, Irving, *Historia y elementos de la Sociología del conocimiento*, Eudeba, Buenos Aires, 1964

Vattimo, Gianni, "Posmoderno, una sociedad transparente", en *La sociedad transparente*, Paidós, Barcelona, 1990

Von Wright, Georg, "Ciencia y razón", en *Ética y ciencia*, N° 2, 1989

ENCICLOPEDIAS, DICCIONARIOS Y GLOSARIOS

Albano, Sergio, *Michel Foucault. Glosario de aplicaciones*, Editorial Quadrata, Buenos Aires, 2004

Albano, Sergio et al, *Diccionario de Semiótica*, Editorial Quadrata, Buenos Aires, 2005

Bobbio, Norberto y Matteucci, Nicola, *Diccionario de Política*, Siglo XXI, México, 1983

Bunge, Mario, *Diccionario de Filosofía*, Siglo XXI, México, 2001

Ducrot, Oswald y Todorov, Tzvetan, *Diccionario enciclopédico de las Ciencias del lenguaje*, Siglo XXI, Buenos Aires, 2003

Ferrater Mora, José, *Diccionario de Filosofía*, Editorial Sudamericana, Buenos Aires, 1975

Ferrater Mora, José, *Diccionario de Filosofía abreviado*, Editorial Sudamericana, Buenos Aires, 25º edición, 2004

Gaig, Edward (ed), *Routledge Encyclopedia of Philosophy*, CD-Rom

García Sierra, Pelayo, *Diccionario filosófico*, Pentalfa, Oviedo, 2000

Goblot, Edmond, *Vocabulario filosófico*, Enciclopedia Didáctica Cúspide, Librería El Ateneo, Buenos Aires, 1945

Mentor, *Enciclopedia de Ciencias Sociales*, Océano, Barcelona, 2000

www.ingramcontent.com/pod-product-compliance
Lightning Source LLC
Chambersburg PA
CBHW031443160726
47994CB00005B/1848